普通高等教育经管类专业系列教材

管理信息系统

(第3版)

刘 伟 编著

清华大学出版社
北 京

内 容 简 介

本书系统地介绍了管理信息系统的基本理论、相关技术、典型应用及开发过程，突出技术与管理相融合的内容，体现了信息技术的最新发展，并配有相应案例，便于读者对知识的理解。全书内容由四部分组成：第一部分为管理信息系统基础理论，内容包含管理信息系统概论、信息系统与组织管理、信息系统安全与道德；第二部分为信息系统的技术基础，内容包含 IT 基础设施、数据库与大数据技术、通信与网络技术；第三部分为信息系统的典型应用，内容包含企业资源计划、跨组织信息系统、知识管理系统、决策支持系统、电子商务与数字市场；第四部分为信息系统的开发与项目管理，内容包含信息系统开发概述、信息系统开发过程、信息系统项目管理。

本书可作为高等院校经济管理、信息管理与信息系统、管理科学与工程等专业学生的教材，也可作为相关专业研究生的教材，还可作为各类技术人员和企事业单位管理人员的培训用书和参考书。

本书封面贴有清华大学出版社防伪标签，无标签者不得销售。
版权所有，侵权必究。举报：010-62782989，beiqinquan@tup.tsinghua.edu.cn。

图书在版编目(CIP)数据

管理信息系统 / 刘伟编著. — 3 版. —北京：清华大学出版社，2021.8（2024.7 重印）
普通高等教育经管类专业系列教材
ISBN 978-7-302-56296-2

Ⅰ. ①管… Ⅱ. ①刘… Ⅲ. ①管理信息系统－高等学校－教材 Ⅳ. ①C931.6

中国版本图书馆 CIP 数据核字(2020)第 153071 号

责任编辑：崔　伟　高晓晴
封面设计：周晓亮
版式设计：方加青
责任校对：马遥遥
责任印制：宋　林

出版发行：清华大学出版社
　　　　网　　址：https://www.tup.com.cn，https://www.wqxuetang.com
　　　　地　　址：北京清华大学学研大厦 A 座　　邮　编：100084
　　　　社 总 机：010-83470000　　　　　　　　邮　购：010-62786544
　　　　投稿与读者服务：010-62776969，c-service@tup.tsinghua.edu.cn
　　　　质量反馈：010-62772015，zhiliang@tup.tsinghua.edu.cn
印 装 者：三河市龙大印装有限公司
经　　销：全国新华书店
开　　本：185mm×260mm　　印　张：19.75　　字　数：598 千字
版　　次：2013 年 9 月第 1 版　　2021 年 8 月第 3 版　　印　次：2024 年 7 月第 4 次印刷
定　　价：59.80 元

产品编号：089155-01

前　言

信息技术的发展日新月异，人工智能、5G、区块链、移动互联网、大数据、云计算、物联网等技术不断催生新兴商业模式和新兴产业实践。与此同时，管理实践不断发展演化，以管理信息系统为代表的信息技术在组织管理中的应用正面临着巨大的变革。信息技术与管理的融合达到了前所未有的深度，组织的管理和决策活动正在演变为依赖信息系统的信息管理活动。

信息技术推动商业模式快速迭代，组织管理模式不断变化，为了适应这些变化，高校管理信息系统课程建设和教学的内容应紧跟时代潮流，不断更新知识体系。目前管理信息系统的课程体系有两种不同的视角，即技术视角和管理视角，技术视角注重管理信息系统的开发技术和实践，管理视角强调管理信息系统的管理实践。本书的内容设计秉承经典、主流与发展结合的理念，以经济管理类本科专业教学为导向，遵循"理论驱动+案例教学"的编写方式，以管理信息系统的经典理论为主线，融合信息技术最新发展趋势，重点突出信息系统对不同类型管理问题的支持和作用，使读者在了解管理信息系统基本理论框架的同时，把握信息技术如何解决组织管理的实践问题。

与第 2 版相比，本版修订的内容如下：

(1) 增加部分案例思考题和课堂讨论专栏，融入课程思政元素。

(2) 针对信息技术的发展和演变，更新了大部分章节的案例。

(3) 为突出关键概念，文中用波浪线标注。

(4) 第 1 章增加了信息系统与商业转型、管理信息系统的体系结构、管理信息系统的学科领域等内容；第 2.2 节重新组织架构，并增加了业务流程管理的内容；第 3 章增加了信息系统的社会问题、大数据的信息隐私问题两节内容；第 4 章增加了 IT 基础设施概述部分，在硬件和软件技术发展趋势中增加了云计算、人工智能和区块链技术等内容；第 5 章增加了大数据计算框架、大数据处理过程的内容；第 6 章的新兴通信与网络技术部分增加了 5G 技术的内容；第 9 章增加了基于人工智能的知识管理系统内容；第 10 章增加了商务智能与决策支持内容；第 11 章的标题调整为电子商务与数字市场，对部分内容进行精简，增加了新兴数字市场内容，介绍了 C2M、O2O、社交商务和共享经济等商业模式创新；第 12 章增加了敏捷开发法的内容；第 13 章的标题调整为信息系统开发过程，增加了信息系统设计、信息系统实施、信息系统运维等内容。

(5) 对其余章节的部分数据和图表等进行了更新，并对部分文字内容进行了修订。

此外，本次修订对知识体系进行了微调，原第 14 章"信息系统安全与道德"本次修订调整为第 3 章，其余章节依次推后编排。

本书修订由刘伟提出编写方案,并完成主要编写工作。本书具体写作分工为:刘伟编写第 1、2、7、8、12、13 章;徐鹏涛编写第 3 章;邸支艳编写第 4、14 章;王朝友编写第 5 章;李博阳编写第 6 章;马大勇编写第 9、10 章;郭晓姝编写第 11 章;贾超冉、马丹丹参与了案例的收集、整理和更新工作;张波椋、张雨晴、贾敏慧参与了课件制作、习题整理和更新工作。在此,向参与本书编写的各位老师和研究生表示衷心的感谢!本书凝聚了作者团队多年来从事管理信息系统课程教学和研究的经验,是工作成果的汇总和整理。

　　本书提供教学资源,内容包含教学大纲、练习题和配套教学课件,教师可通过扫描右侧二维码获取。

　　本书自第 2 版出版以来,得到很多同行的认可,也收获了许多宝贵的建议,对此我们心存感激。感谢清华大学出版社提供的支持,使我们的教学积累得以出版。感谢在写作过程中参考的各类文献的作者,感谢提出写作意见的专家。特别要感谢清华大学出版社编辑的信任、鼓励和支持,以及在本书出版过程中所付出的辛勤劳动。

教学资源

　　尽管付出许多努力,进行资料收集和知识更新,但受作者水平所限,书中还存在很多不足之处,恳请读者批评指正。

编　者
2021 年 5 月

目　录

第一部分　管理信息系统基础理论

第1章　管理信息系统概述 … 2
- 1.1　信息系统与商业转型 … 3
  - 1.1.1　信息技术与数字化转型 … 3
  - 1.1.2　互联网与全球化 … 4
- 1.2　信息与系统 … 4
  - 1.2.1　信息 … 4
  - 1.2.2　系统 … 10
  - 1.2.3　信息系统 … 13
- 1.3　管理信息系统的体系与三维视角 … 13
  - 1.3.1　管理信息系统的体系结构 … 13
  - 1.3.2　管理信息系统思维的三维视角 … 15
- 1.4　管理信息系统的概念与类型 … 16
  - 1.4.1　管理信息系统的概念 … 16
  - 1.4.2　管理信息系统的类型 … 17
- 1.5　信息系统部门与人员角色 … 22
  - 1.5.1　信息系统部门 … 22
  - 1.5.2　信息系统人员角色 … 22
- 1.6　管理信息系统的学科领域 … 23
  - 1.6.1　管理信息系统与相关学科的关系 … 23
  - 1.6.2　管理信息系统的社会—技术系统观点 … 24
- 案例分析 … 25
- 本章习题 … 26

第2章　信息系统与组织管理 … 27
- 2.1　组织 … 28
  - 2.1.1　组织的定义 … 28
  - 2.1.2　组织的要素 … 29
- 2.2　信息系统与组织运行 … 31
  - 2.2.1　信息系统对组织绩效的影响 … 31
  - 2.2.2　信息系统对组织治理的影响 … 33
  - 2.2.3　信息系统对组织运营的影响 … 35
  - 2.2.4　信息技术对业务流程的影响 … 36
  - 2.2.5　信息系统组织变革的阻力 … 40
- 2.3　信息系统与组织战略 … 41
  - 2.3.1　组织战略概述 … 41
  - 2.3.2　五力模型 … 42
  - 2.3.3　基于信息系统的组织战略 … 43
- 案例分析 … 44
- 本章习题 … 46

第3章　信息系统安全与道德 … 47
- 3.1　信息系统的安全问题 … 48
  - 3.1.1　信息系统安全问题的来源 … 48
  - 3.1.2　信息系统安全问题的类型 … 48
  - 3.1.3　信息系统安全管理措施 … 49

3.2 信息系统的社会与道德问题……51
    3.2.1 信息系统的社会问题……51
    3.2.2 信息系统的道德问题……52
    3.2.3 大数据的信息隐私问题……53
    3.2.4 信息系统带来的社会挑战……55
案例分析……57
本章习题……58

第二部分　信息系统的技术基础

第4章　IT基础设施……60
4.1 IT基础设施概述……61
    4.1.1 IT基础设施的内涵……62
    4.1.2 IT基础设施的发展过程……62
    4.1.3 IT基础设施的组成要素……63
4.2 硬件平台……65
    4.2.1 中央处理器……66
    4.2.2 存储器……67
    4.2.3 输入设备……69
    4.2.4 输出设备……70
    4.2.5 硬件技术的发展……70
4.3 软件平台……73
    4.3.1 系统软件……74
    4.3.2 应用软件……76
    4.3.3 软件技术的发展趋势……77
案例分析……80
本章习题……82

第5章　数据库与大数据技术……83
5.1 数据管理的发展……84
    5.1.1 人工管理阶段……84
    5.1.2 文件管理阶段……84
    5.1.3 数据库管理阶段……85
5.2 数据库系统……86
    5.2.1 数据库系统的相关概念……86
    5.2.2 数据库系统的特点……87
    5.2.3 数据库模型……88
    5.2.4 数据库开发……90
    5.2.5 数据库操作……94
5.3 大数据基础……94
    5.3.1 大数据的概念与特征……94
    5.3.2 大数据处理过程……95
    5.3.3 大数据计算框架……98
    5.3.4 NoSQL大数据管理……102
案例分析……104
本章习题……106

第6章　通信与网络技术……107
6.1 通信与网络基础……108
    6.1.1 计算机网络的概念及功能……108
    6.1.2 计算机网络的发展……109
    6.1.3 计算机网络的组成……110
    6.1.4 计算机网络的类型……111
    6.1.5 网络传输介质与互联设备……113
    6.1.6 网络协议与体系结构……115
6.2 互联网……118
    6.2.1 互联网地址管理……118
    6.2.2 互联网服务……119
    6.2.3 内联网……122
    6.2.4 外联网……123
6.3 新兴通信与网络技术……124
    6.3.1 5G……124
    6.3.2 Web 2.0……126
    6.3.3 移动互联网……127
    6.3.4 物联网……128
案例分析……129
本章习题……132

第三部分 信息系统的典型应用

第7章 企业资源计划 ……………… 134
7.1 企业资源计划概述 …………… 136
7.1.1 ERP 的概念 …………… 136
7.1.2 ERP 的发展阶段 ……… 137
7.2 物料需求计划 ………………… 137
7.2.1 MRP 的基本思想 ……… 137
7.2.2 MRP 的逻辑流程 ……… 139
7.2.3 闭环 MRP ……………… 142
7.3 制造资源计划 ………………… 144
7.3.1 MRP Ⅱ 的基本思想 …… 144
7.3.2 MRP Ⅱ 的逻辑流程 …… 145
7.3.3 MRP Ⅱ 的特点 ………… 146
7.4 企业资源管理 ………………… 146
7.4.1 ERP 的基本思想 ……… 147
7.4.2 ERP 系统的功能模块 … 147
7.4.3 ERP 的实施 …………… 148
7.4.4 ERP 的发展趋势 ……… 151
案例分析 ……………………………… 153
本章习题 ……………………………… 155

第8章 跨组织信息系统 …………… 156
8.1 供应链管理 …………………… 158
8.1.1 供应链概述 …………… 158
8.1.2 供应链管理概述 ……… 160
8.1.3 供应链管理的内容 …… 161
8.1.4 供应链管理系统 ……… 163
8.2 客户关系管理 ………………… 167
8.2.1 客户关系管理产生背景 …………………… 167
8.2.2 客户关系管理概述 …… 168
8.2.3 客户关系管理的内涵 … 169
8.2.4 客户关系管理系统 …… 170
案例分析 ……………………………… 176
本章习题 ……………………………… 178

第9章 知识管理系统 ……………… 179
9.1 知识与知识管理 ……………… 180
9.1.1 知识 …………………… 180
9.1.2 知识管理 ……………… 181
9.2 企业知识管理系统 …………… 183
9.2.1 内容管理系统 ………… 183
9.2.2 知识网络系统 ………… 184
9.2.3 学习管理系统 ………… 185
9.3 基于人工智能的知识管理系统 … 185
9.3.1 基于案例的推理 ……… 185
9.3.2 专家系统 ……………… 186
9.3.3 智能代理 ……………… 188
9.3.4 人工神经网络 ………… 189
9.3.5 遗传算法 ……………… 190
案例分析 ……………………………… 191
本章习题 ……………………………… 193

第10章 决策支持系统 ……………… 194
10.1 决策与决策支持 …………… 195
10.1.1 决策 ………………… 195
10.1.2 决策支持 …………… 197
10.2 决策支持系统概述 ………… 198
10.2.1 决策支持系统基本原理 ………………… 198
10.2.2 决策支持系统的结构原理 ………………… 199
10.2.3 商务智能与决策支持 … 200
10.3 经理支持系统 ……………… 207
10.3.1 经理支持系统概述 … 207
10.3.2 经理支持系统的结构原理 ………………… 207
10.3.3 经理支持系统的发展趋势 ………………… 208
10.4 群体决策支持系统 ………… 209
10.4.1 群体决策 …………… 209
10.4.2 群体决策支持系统概述 ………………… 211

案例分析 ……………………………… 213
本章习题 ……………………………… 214

第11章 电子商务与数字市场 ……… 215

11.1 电子商务概述 …………………… 216
    11.1.1 电子商务的概念 ………… 216
    11.1.2 电子商务的分类 ………… 216
    11.1.3 电子商务系统的组成 …… 218
    11.1.4 电子商务的特点 ………… 219
11.2 在线支付 ………………………… 219
    11.2.1 在线支付系统 …………… 219
    11.2.2 在线支付工具 …………… 220
    11.2.3 第三方支付 ……………… 222
11.3 电子商务物流 …………………… 223
    11.3.1 电子商务物流模式 ……… 224
    11.3.2 电子商务物流信息技术 ………………………… 225
11.4 移动电子商务 …………………… 226
    11.4.1 移动电子商务的特点 …… 226
    11.4.2 移动电子商务技术 ……… 226
    11.4.3 移动电子商务的业务领域 ………………………… 227
    11.4.4 移动支付 ………………… 228
11.5 新兴数字市场 …………………… 228
    11.5.1 C2M 模式 ………………… 228
    11.5.2 O2O 模式 ………………… 229
    11.5.3 社交商务 ………………… 230
    11.5.4 共享经济 ………………… 231
案例分析 ……………………………… 233
本章习题 ……………………………… 235

第四部分 信息系统的开发与项目管理

第12章 信息系统开发概述 …………… 238

12.1 信息系统开发的特点及要求 …… 239
    12.1.1 信息系统开发的特点 …… 239
    12.1.2 信息系统开发的要求 …… 241
12.2 信息系统的开发方法 …………… 242
    12.2.1 结构化方法 ……………… 242
    12.2.2 原型法 …………………… 244
    12.2.3 面向对象法 ……………… 245
    12.2.4 敏捷开发法 ……………… 247
12.3 信息系统的开发方式 …………… 247
    12.3.1 自行开发 ………………… 247
    12.3.2 委托开发 ………………… 248
    12.3.3 合作开发 ………………… 248
    12.3.4 商业软件包和云软件 …… 248
    12.3.5 信息系统外包 …………… 248
案例分析 ……………………………… 249
本章习题 ……………………………… 250

第13章 信息系统开发过程 …………… 251

13.1 信息系统规划 …………………… 252
    13.1.1 诺兰阶段模型 …………… 252
    13.1.2 系统规划的任务 ………… 253
    13.1.3 系统规划的特点 ………… 254
    13.1.4 系统规划的方法 ………… 255
13.2 信息系统分析 …………………… 262
    13.2.1 可行性分析与详细调查 ……………………… 262
    13.2.2 管理业务调查 …………… 264
    13.2.3 数据流程分析 …………… 266
    13.2.4 处理逻辑描述 …………… 269
    13.2.5 新系统的逻辑模型 ……… 271
13.3 信息系统设计 …………………… 272
    13.3.1 功能模块设计 …………… 273
    13.3.2 代码设计 ………………… 273
    13.3.3 数据库设计 ……………… 275
13.4 信息系统实施 …………………… 275
    13.4.1 程序设计 ………………… 275
    13.4.2 系统测试 ………………… 275
    13.4.3 系统转换 ………………… 276
13.5 信息系统运维 …………………… 278

13.5.1　系统运行管理 ………278
　　　13.5.2　系统维护……………278
　　　13.5.3　系统评价……………279
　案例分析……………………………279
　本章习题……………………………281
第 14 章　信息系统项目管理……………282
　14.1　信息系统项目管理概述………284
　　　14.1.1　项目……………………284
　　　14.1.2　项目管理………………285
　　　14.1.3　信息系统项目管理
　　　　　　　职能……………………285
　14.2　信息系统项目成本管理………286
　　　14.2.1　项目成本管理概述……286
　　　14.2.2　项目成本管理过程……286

　14.3　管理信息系统项目风险管理…289
　　　14.3.1　项目风险管理概述……289
　　　14.3.2　项目风险管理过程……289
　14.4　管理信息系统项目时间管理…293
　　　14.4.1　项目时间管理概述……293
　　　14.4.2　项目时间管理活动……293
　14.5　管理信息系统项目质量管理…297
　　　14.5.1　项目质量管理概述……297
　　　14.5.2　项目质量管理活动……297
　案例分析……………………………301
　本章习题……………………………303

参考文献……………………………………304

第一部分
管理信息系统基础理论

第1章
管理信息系统概述

人类社会走过了农业经济和工业经济时代,现已步入数字经济时代。如今,信息技术的影响无处不在,数字化已成为经济和社会发展的重要推动力量,数字化水平的高低是衡量一个国家和地区现代化水平的重要标志。信息技术的发展日新月异,以人工智能、云计算、大数据和移动互联网为代表的新一代信息技术不断涌现,使得各类组织面临的商业环境发生了根本性的变化,组织的战略、结构和管理模式需要不断变革才能适应信息技术发展和应用的需要。以现代信息技术、管理科学和系统理论为基础的管理信息系统已经成为组织管理实践的重要工具和手段,有效地提升了组织的效率和竞争力。

知识导航

1. 信息系统与商业转型的关系
2. 信息的概念、特征、度量方法及信息维度
3. 系统的概念、特征、分类,系统分解与集成
4. 管理信息系统的概念与体系结构
5. 管理信息系统思维
6. 管理信息系统的类型
7. 管理信息系统部门与不同人员角色
8. 管理信息系统的学科领域

关键概念

数据 信息 知识 系统 信息系统 管理信息系统 事务处理系统 决策支持系统 经理信息系统 首席信息官

开篇案例

被捅的"马蜂窝":数据造假引发行业信任危机

马蜂窝作为分享型在线旅游社区,一直以优质的内容作为竞争手段,并从内容打进交易环节,建立自己独特的运营模式。在我国十多年的在线旅游社区发展中,马蜂窝是脱颖而出的一匹黑马。

马蜂窝崛起的背后,是用户接受旅游服务和消费方式的转变,消费者开始从线下的旅行社购买转向在线旅游预订。马蜂窝联合创始人、CEO陈罡曾表示:"旅游攻略的出现,将改变在线旅游市场的格局,用户需求的个性化越来越受到重视,在线旅游的发展趋势将逐渐向买方市场转变。"

由于早期马蜂窝对用户社区的营造,使优质的旅游攻略逐渐演变成公司的品牌形象,马蜂窝培养了一群忠实用户,相比于其他在线旅游企业高昂的市场营销费用,马蜂窝的获客成本较低,也为其向旅游电商发展奠定了基础。从内容切入到达成交易,马蜂窝不再只是单纯的旅游

社区，还兼备旅游产品电商的性质。马蜂窝还不断向自由行、定制游、酒店餐饮等细分领域深入，并向O2O电商大步迈进，试图构建"内容+大数据+交易"的商业闭环。

马蜂窝一直鼓励用户发表点评，使点评数据出现快速增长。然而，2018年10月20日一篇名为《估值175亿的旅游独角兽，是一座僵尸和水军构成的鬼城？》的文章却直指马蜂窝数据内容造假。文章直指马蜂窝的核心："马蜂窝作为一家主打用户生产内容的旅游网站，2100万条'真实点评'接近于核心资产，不过这里面有1800万条是通过机器人从竞争对手那里抄袭过来的。"文章称，调查发现马蜂窝上存在7454个抄袭账号，平均每个账号从携程、艺龙、美团、Agoda、Yelp上抄袭搬运了数千条点评，合计抄袭572万条餐饮点评、1221万条酒店点评，占马蜂窝官网声称总点评数的85%，且认为马蜂窝的评论暴涨节点和融资有关。这个数据让外界哗然。此后，马蜂窝对"抄袭点评占总点评数85%"进行了反驳，称"点评内容在马蜂窝用户生成内容的数据量中仅占2.91%，涉嫌虚假点评的账号数量在整体用户中占比更是微乎其微，已对这部分账号进行清理"。马蜂窝CEO陈罡在"圣地巡礼"发布会上表示，马蜂窝在餐饮等点评数据方面存在部分问题，但远没有外界所表述的那么夸大，欢迎各界的善意监督。

(资料来源：吴怡. 被捅的"马蜂窝"：数据造假引发行业信任危机[N/OL]. 时代周报, [2018-10-30]. http://finance.sina.com.cn/roll/2018-10-30/doc-ifxeuwws9390503.shtml. 作者有删改)

讨论：
1. 在信息时代，数据和信息对企业的重要性体现在哪些方面？
2. 如何看待信息技术的作用？

1.1　信息系统与商业转型

1.1.1　信息技术与数字化转型

新兴的信息技术，如人工智能、云计算、大数据、移动互联网、5G通信技术等，正在驱动组织管理快速变革，新产品、新服务及新的商业模式不断涌现。一方面，传统企业在向数字化企业转型(如海尔等)；另一方面，新的数字化企业层出不穷(如阿里巴巴、腾讯、滴滴、饿了么等社交和共享经济平台)。

数字化企业(digital firm)，是企业与客户、供应商及员工借助数字化实现商业关系，通过覆盖整个企业或联结多个企业的数字网络完成核心业务流程。同时，数字化企业也对关键资产，如知识产权、核心能力、财务和人力资源等，通过数字化方法进行管理。在数字化企业中，关键业务决策支持所需的任何信息可以随时随地获得，对环境的感知和响应远比传统企业更迅速，时空转移更加便利，灵活性更强，为组织的管理和发展提供了更大的保障。

数字化企业的核心是各类信息系统，通过信息系统可以促进企业实现以下战略与业务目标：

(1) 改善运营效率。信息系统和信息技术一方面会促进生产、市场、人力、会计等业务过程的自动化；另一方会促进业务流程和管理过程的变革，帮助企业实现更高的运营效率和生产效率。

(2) 提高决策水平。企业不同的管理层次经常需要针对生产、财务、人力等资源的配置进行决策，信息系统可以收集来自企业内部的运营信息，以及来自企业外部的客户、供应商、竞争对手和政府等相关信息并进行加工处理，为企业的决策提供依据。

(3) 新产品、新服务和新商业模式。信息系统和信息技术是企业创造新产品、新服务和新商业模式的主要驱动力。近年来，随着新兴信息技术的快速发展，这种趋势更为明显，产生了颠覆性的商业影响。例如，苹果公司的 iPod 产品和 iTunes 音乐服务对传统的唱片、CD 载体等的冲击；携程等在线旅游平台给旅游产业带来的新商业模式；支付宝、微信等移动支付提供的新服务模式；滴滴、拼多多等共享经济商业模式等，这些都离不开信息技术发展的强大驱动力。

(4) 与客户和供应商建立紧密联系。信息系统为企业与客户的联系提供了便利的渠道，促进企业与客户建立紧密的联系，实现 7×24 小时的全天候服务。信息系统通过收集客户的数据进行客户偏好和行为分析，实施个性化服务，进而更好地维护客户关系。信息系统也为企业与供应商的联系提供便利的渠道，促进企业与供应商之间的信息共享，降低企业运营成本，提高运营效率。

(5) 建立竞争优势。竞争优势是企业战略层面的综合目标，当企业应用信息系统和信息技术实现上述目标时，它就在成本、差异化、效率、客户满意度等方面建立起相较于竞争对手的优势。

1.1.2 互联网与全球化

互联网的去中心化、不受时空限制的特征极大促进了经济、社会、文化、生活等方面的全球化。全球化对企业来说，既是机遇又是挑战。

全球化趋势下，跨国公司将成为商业的主角，它们在全球范围内开辟新市场，从事国际商品流动和资本的跨国运作，扩大生产体系在全球范围内的配置和分工，影响日益增大。全球化导致全球性工作群体、全球制造、全球采购、全球供应，以及全球技术支持和服务等模式的出现。由于互联网极大地降低了企业在全球范围内的运营和交易成本，使得企业内部的社会化网络协作、全球客户请求的实时响应、全球范围内搜寻低成本供应商及与供应商协作更加便利、高效。

同时，企业需要积极应对来自全球企业的竞争，以全球化的视野去制定企业的发展战略、资源配置策略和运营决策。

课堂讨论专题

分析全球信息技术变革和数字经济发展趋势，搜集我国信息技术及相关产业发展战略和规划，结合典型企业的案例分析，讨论我国信息技术领域发展的优势与差距，增强民族自信心和创新使命感。

1.2 信息与系统

1.2.1 信息

1. 信息的概念

信息作为一个科学术语被提出和使用，可追溯到 1928 年哈特莱(R.V. Hartley)在《贝尔系统电话》杂志上发表的"信息传输"一文中的描述。他认为，信息是指有新内容、新知识的消息。此后，许多学者开始研究和关注信息问题。

信息，通常是指事物发出的消息、指令、数据、符号等所包含的内容。人类通过获得、识别自然界和社会的不同信息来区别不同事物，以认识和改造世界。在不同的研究领域，信息具有不同的内涵，如在经济管理领域信息被认为是供决策使用的有效数据，而数学界认为信息是概率论的发展，通信领域则认为信息是不确定性的描述等。

下面给出几个具有代表性的信息的定义。

1948 年,美国数学家、信息论创始人香农(C. E. Shannon),从通信工程的角度研究信息的传递与度量问题,他在《通信的数学理论》中给出了信息的数学定义,认为信息是用以消除随机不确定性的东西,并提出信息量的概念和信息熵的计算方法,从而奠定了信息论的基础。

1948 年,美国数学家、控制论的创始人维纳(N. Wiener),在其专著《控制论——动物和机器中的通信和控制问题》中阐述,信息是人们在适应外部世界,并使这种适应反作用于外部世界的过程中,同外部世界进行互相交换的内容的名称。

1975 年,意大利学者朗高(G. Longo),在其专著《信息论:新的趋势与未决问题》中指出,信息是反映事物构成、关系和差别的东西,它包含在事物的差异之中,而不在事物的本身。

我国著名的信息学专家钟义信教授认为,信息是事物存在方式或运动状态的反映。由于宇宙中一切事物都在运动,都有一定的运动状态和状态改变的方式,因而一切事物都在产生信息。

美国信息管理专家霍顿(F. W. Horton)认为,信息是为了满足用户决策的需要而经过加工处理的数据。简单地说,信息是经过加工的数据,是数据处理的结果。

以上对信息的定义都是从不同角度进行的阐述,如香农的定义强调了信息的客观机制与效果,维纳的定义强调了信息与物质、能量的区别,朗高和钟义信的定义强调了信息的本质,而霍顿的定义则突出了信息在决策和行为中的价值,反映信息作为一种战略性资源的内在含义。

综合上述学者的观点,本书对管理信息系统领域中信息的定义为:**信息是从记录客观事物的运动状态和运动方式的数据中提取出来的,对人们的决策有影响的结构化、组织化的数据集合。**

2. 信息与数据、知识

1) 信息与数据

数据(data)是一个与信息紧密相关的概念,**数据是指那些未经加工的事实,是记录客观事物的、可鉴别的符号。**这些符号不仅包括数字,还包括字符、文字、图形等。从远古时期的结绳记事到后来的象形文字、拼音文字,直至今天在计算机中广泛应用的二进制等符号都是数据的具体表现形式。

数据与信息的关系可以从两方面来看:从认知的角度来看,只有经过加工处理和解释,数据才有意义、才能成为信息,可以说信息是经过加工以后对客观世界产生影响的数据;从应用的角度来看,数据是信息的载体,也是信息的一种重要存在形式。数据和信息具有一种相对关系,根据接收对象的不同,它们是可以相互转换的,比如对于第一次加工所产生的信息,可能成为第二次加工的数据。

因此,信息是一类特殊的数据,是人们经过价值判断而形成的对决策有影响的数据。数据到信息的转化过程,如图 1-1 所示。

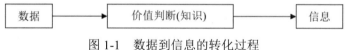

图 1-1 数据到信息的转化过程

数据转换为信息的过程就是信息处理,即通过一定的科学方法和手段对数据和信息实施一系列逻辑上的相关操作,以完成某项预期的输出的过程。

2) 信息与知识

知识(knowledge)是用于选择、组织和操纵数据,以使其适合于某种目的的规则、指南、规程和方法等信息结构。

知识是信息处理的基础,数据通过应用知识进行加工才能变为有用的信息。

3) 信息、数据、知识的关系

下面通过两个例子说明信息、数据与知识的关系。

(1) 木方组合。将数据比作一块块木方,作为一个单独的物体,木方本身没有什么价值,但如果在各个木方之间定义了相互的关系,按一定的规则将其组织在一起,它们就具有了价值。例如,将木方以图 1-2(a)的方式堆积，它就可以作为台阶使用；以图 1-2(b)的方式摆放，可作为某种物体的基座支撑；若再添加几个钉子，就可以制作成一个梯子，这大大提高了以木头为原料的最终产品的价值，如图 1-2(c)所示。信息就是这些定义了关系的木方，信息的类型取决于数据间所定义的关系，增加新的或不同的数据，意味着可以更新所定义的关系或规则，从而生成新的信息。这就是数据处理和信息加工。

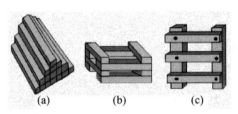

图 1-2　木方组合

(2) 商业活动数据处理。图 1-3(a)是包含单个数据"21"的 Excel 表，"21"仅仅是一个数据，用来描述顾客的年龄。图 1-3(b)是一个商业活动的顾客年龄数据列表，通过这组年龄列表，可以得到顾客年龄的平均值、最小值、最大值及各年龄段的频率分布图，如图 1-3(c)所示。这些是商业活动可能用到的有价值的信息，决策者据此可以做出更加准确的决策。

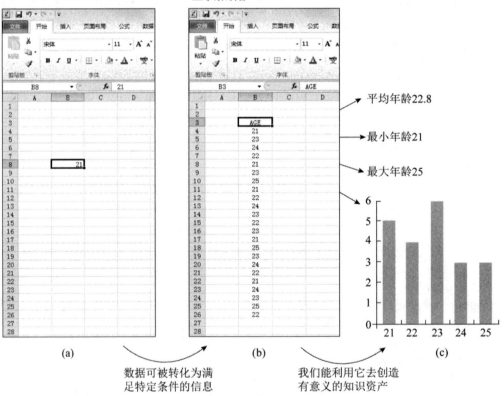

图 1-3　商业活动数据处理

企业管理过程中类似的例子有很多。例如，决策者可以依据销售额的时间序列数据，建立企业产品的市场需求函数模型，不仅能了解市场需求规律，还能进行产品的市场需求预测。如果再增加一些居民的收入数据，那么从所构建的模型中还可以得到更有价值的消费者偏好信息。

3. 信息的特征

信息的特征是指信息区别于其他事物的本质属性，信息的基本特征体现在以下几个方面。

(1) 时效性。信息的时效性是指信息从发出、接收到利用的时间间隔及效率。任何有价值的信息都是在一定的条件下起作用的，如时间、地点、事件等，离开条件，信息将会失去应有的价值。从某种意义上讲，信息的价值取决于信息的时效性，特别是反映客观事物某种发展趋势、动向的信息，时效性越强，信息的价值越大，反之，信息就会失去作用。客观事物本身在不断运动变化，信息也在不断发展更新。及时把握有效的信息将获得信息的最大价值，而使用滞后的信息就会降低效率甚至造成危害。

(2) 客观性。客观性是信息的基本特征，只有信息符合客观存在的事实，才能保证信息的正确性。只有正确、真实的信息才是有价值的，人们才能根据信息做出正确的判断和决策。不符合客观事实的信息不仅没有价值，而且会产生很大的负面影响。所以，强调信息的客观性就是强调信息的事实性和正确性，这是对信息提出的最低要求。

(3) 共享性。信息能够同时为多个使用者所利用。信息扩散后，信息载体本身所含的信息量并没有减少，在使用的过程中没有损耗，信息本身的损耗充其量只是一种时间上的损耗，这是信息与物质、能量等的根本区别。通过传递，信息迅速为大多数人接收、掌握和利用，并会产生巨大的社会效应。正因为信息具有这一特性，社会才为保护信息开发者的合法权益，补偿其在开发整理某些信息过程中付出的代价，制定了专利制度和知识产权制度。

(4) 可传递性。信息的可传递性是指信息可以借助一定的物质载体传递给接收者的特性。信息可以进行空间和时间上的传输，传输速度越快，效用就越大。信息技术的发展，使传播信息的网络覆盖面越来越大，从而使信息得以迅速扩散开来。信息的可传递性与信息传输技术的发展密切相关，即信息传输技术发展得越快，信息扩散的速度越快。

(5) 可替代性。信息的可替代性有两方面含义：一方面是指信息的物质载体形态是可以相互替代的，如语言信息经过记录变成文字信息，就是文字信息替代了语言信息；另一方面是指信息的利用可以替代资本、劳动力等，这也是信息的价值性的体现。在企业管理过程中，信息是管理的重要手段和工具，正确运用信息是提高管理水平的重要环节，利用好信息甚至可以减少资本和物质的投入。

(6) 载体不可分性。信息看不见、摸不着、不占空间，是以物质载体(如声波、纸张、磁性材料、网络等)为媒介的物质运动状态的再现。世界上没有游离于物质载体之外的信息，而不同的载体形式也不能决定和影响信息所要表达的内容。信息离开文字、图像、符号等物质载体就不能表述，而信息的内容又与物质载体无关。

(7) 可开发性。虽然信息是一种客观存在，但它的质量高低、适用程度和效用大小取决于信息资源的利用度，取决于对无效信息的过滤、有效信息的获取及提炼信息的水平等。通常，信息是零散的、分散的、无规则的，不进行信息的处理加工，就无法进行信息的存储、检索、传递和应用，更无法满足人们的信息需求。信息的可开发性就体现在信息的加工处理上，信息可以被分析或综合、扩充或浓缩，可以把信息从一种形式变换成另一种形式，使信息更精练，含量更丰富，价值更高。

(8) 不完全性。关于客观事物的信息是不可能全部得到的，客观事物的复杂性和动态性决定了信息的无限性。信息的获取是与人们认识事物的程度有关的，人们认识事物本身的局限性导致信息总是不完全的。信息的完整性是相对的，信息的不完全性是绝对的。因此，数据收集或信息转换要有主观思路，要运用已有的知识进行分析和判断，只有正确地舍弃无用和次要的信息，才能正确使用信息。

4. 信息的度量

不同的数据资料中包含的信息量是有差别的，有的数据资料包含的信息量多一些，有的则少一些。数据资料中含信息量的多少是由消除对事物认识的"不确定程度"来决定的。在获得数据资料之前，人们对某一事物的认识不清，存在着不确定性，获得数据资料后，就有可能消除这种不确定性。数据资料所消除的人们认识上"不确定性"的大小，也就是数据资料中含有信息量的大小。

信息量的大小与信息的价值联系紧密，一般认为，信息量越大则信息的价值越大，但判断信息量和信息价值的主观性很强，在信息交换的过程中，需要将其量化。

按照信息论的观点，信息量的大小取决于信息内容消除人们认识的不确定性。消除的不确定程度越大，则信息量越大，信息的价值就越大；反之，消除的不确定程度越小，则信息量越小，信息的价值就越小。根据这一认识，信息论的创始人香农结合牛顿热力学第二定律中熵的公式，给出了计算信息量的公式为

$$H(x) = -p(x_i)\log_2 p(x_i)$$

其中，$i=1, 2, \cdots, n$；x_i 表示第 i 种状态；$p(x_i)$ 表示第 i 种状态发生的概率，$0 \leq p(x_i) \leq 1$；$H(x)$ 就是用以消除这个系统不确定性所需的信息量，单位是比特(bit)。1 比特的信息量是指含有两个独立均等概率状态的事件所具有的不确定性能被全部消除所需要的信息。由于每种状态的概率范围是[0, 1]，因此 $\log_2 p(x_i)$ 的值为负数。为了保证信息量的值为正数，在公式的前面加上一个负号。从熵的概念来理解，熵是系统无序状态的度量，即系统的不确定性的度量。信息量和熵所反映的系统运动过程和方向相反，信息在系统的运动过程中可以看作负熵。

5. 组织中的信息维度

在现代组织中，信息是重要的资源。组织中的信息通常表现为多个维度，组织决策的有效性取决于对组织中不同维度信息的准确把握。下面从三个维度对信息进行分析。

1) 垂直维度

按照传统的金字塔式组织结构，垂直的组织层次可以粗略地分为战略层，为组织确定战略计划和目标；策略层，负责设计实现战略计划的方式或策略；操作层，处理日常操作的管理层。处在不同级别的管理者有不同的职责，处理的决策类型不同，需要的信息也不同。

从垂直维度来看，组织中的信息分为三级，包括战略信息、策略信息和作业信息。战略信息属于组织结构中的高层次信息，关系高层管理部门要达到的目标，关系为达到这一目标所必需的资源水平和种类及确定获得资源、使用资源和处理资源的指导方针等方面进行决策的信息。战略信息的加工方法比较灵活，信息大多来自组织的外部，信息的保密度要求高，信息寿命较长，信息的精度要求较低，信息的使用频率低。例如，产品投产与停产、新厂址选择、开拓新市场等都属于组织的战略信息。策略信息又称战术信息，是与组织运营管理有关的信息，使管理人员能掌握资源利用情况，并将实际结果与计划相比较，从而了解是否达到预定目标，并指导其采取必要措施以更有效地利用资源。策略信息一般来自所属各部门，并跨越各部门，如企业的月度计划、生产计划等。作业信息是用来解决经常性的问题，与组织的日常活动有关，并用以保证切实地完成具体任务的信息。作业信息处理方法固定，大多数来自企业内部，信息的保密度要求低，信息寿命较短，信息的精度要求较高，信息的使用频率高。例如，库存信息、考勤信息、各种日常统计信息等都属于组织的作业信息。不同组织层级的信息特性，如表 1-1 所示。

表 1-1 不同组织层级的信息特性

项目	作业信息	策略信息	战略信息
来源	组织内部	组织内部	组织外部
处理方法	固定	较固定	灵活

(续表)

项目	作业信息	策略信息	战略信息
保密要求	低	较高	高
信息寿命	短	较短	长
精读要求	高	较高	低
使用频率	高	较高	低

在具体的管理实践中，只有合理地确定了信息的层次，才能正确地确定信息需求的范围、信息的处理方法，建立既相互区别又相互联系，具有不同结构与功能的信息系统，来有效地完成相应的工作。

2) 水平维度

从组织的水平方向上来看，不论是职能型组织的各个职能部门之间，如市场部门、财务部门、生产部门和人事部门之间，还是流程性组织中的不同工作组之间，如负责不同产品设计生产的工作组之间，都存在信息的平行流动。原因就在于，组织内部的各部分之间并不是孤立存在的，每一种产品或服务的提供，都是各个部分之间协调配合的结果，而协调配合的关键就在于信息的交换。信息平行流动的目的就是消除组织中职能部门或工作组之间的信息壁垒，使得各部门之间相互了解工作的执行情况，实现组织的最优运作。

3) 内外维度

经济的全球化趋势和信息技术的普及应用，使现代组织呈现出开放性的特点。社会分工日益细化，让任何组织都很难完成提供一种产品或服务的所有环节。因此，一个组织与其供应商、分销商、客户和其他商业伙伴之间的互动成为一种常态。组织之间互动的基本手段就是信息的交流，因此信息的内外维度体现为两个方面，即向外的信息流动和向内的信息流动。向外的信息流动表现为组织向外部供应商、分销商、客户和其他商业伙伴之间等有关战略、产品或服务、人员、资金等信息的传递；向内的信息流动表现为客户的需求信息、供应商的物料供应信息、商业伙伴的竞争策略信息、国家的政策信息等向组织内部的传递。信息内外流动的顺畅性对于组织的运行和竞争优势的建立具有十分重要的作用。

在图 1-4 中可以清晰地看出组织中信息的三个不同维度，每一个维度的信息代表组织信息分析的不同视角，组织进行有效和准确的决策依赖于不同维度的信息分析，而不是只关注其中的某一个维度。

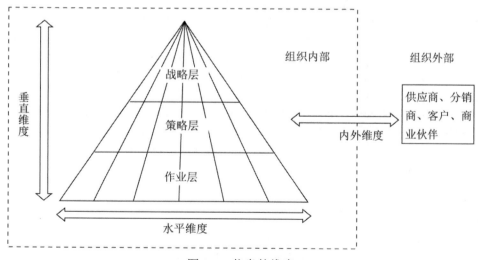

图 1-4　信息的维度

1.2.2 系统

1. 系统的概念

系统是由处于一定的环境中相互联系、相互作用的多个元素(部件)有机集合而成的，能够执行特定功能的综合体。 从系统的结构来看，其包含 5 个基本要素，即输入、处理、输出、反馈和控制，具体结构如图 1-5 所示。

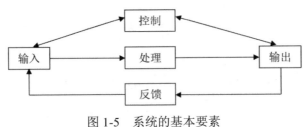

图 1-5 系统的基本要素

2. 系统的特征

(1) 整体性。系统是由两个或更多的可以相互区别的要素，为实现某一特定目标而联系在一起的。各个组成部分不是简单地集合在一起，而是有机地组成一个整体，每个部分都要服从整体，追求整体最优。一个系统中即使每个部分并非完善，但通过综合、协调，仍然可使整个系统具有较好的功能；反之，如果每个部分都追求最优而不考虑整体利益，也会影响系统整体的功能。

(2) 目的性。系统的目的性就是其基本宗旨，是系统追求的一种状态。例如，学校的目标是培养经济建设人才和创造科研成果；工厂的目标是生产高质量、适销对路的产品，提高企业的经济效益。在系统建设的过程中，首先要明确系统目标，然后再考虑运用什么功能来达到这个目标。无法实现既定目标的系统则没有存在的必要；如果开发的系统未达到原定目标，那么它就是一个失败的系统。

(3) 相关性。系统是由各个互相依存的组成部分按照某种规则组合在一起的，因此各个组成部分尽管功能上相对独立，但彼此之间是有联系的，即具有相关性。这种相关性往往表现为系统与环境、子系统与子系统、模块与模块之间的接口。相关性决定了整个系统的运行机制，分析这些相关性是构筑一个系统的基础。例如，工业系统和农业系统之间互有联系并相互作用，工业系统给农业系统提供生产用的设备及其他工业品，而农业系统向工业系统支援工业生产用的原料，这种系统之间的支援和制约是相互的，它们有机地结合在一起形成具有特定功能的社会经济系统。

(4) 层次性。一个系统可以分解成若干个组成部分，如果将这些组成部分看作一个个子系统的话，还可以进一步将这些子系统划分成一些子模块，依此类推可将一个系统逐层分解。例如，可以把一个企业看作一个系统，它可以分解为财务管理子系统、制造子系统、营销服务子系统、物流配送子系统、厂长办公管理子系统等。正是由于系统的层次性，因此在开发管理信息系统的过程中可以采用系统分解的方法，先将系统分解成若干个功能相对独立的子系统，然后分别予以实施。

(5) 环境适应性。环境是一种更高层次的系统，系统在环境中运转。系统与环境相互交流、相互影响，进行物质、能量或信息的交换。不能适应环境变化的系统是没有生命力的系统。

3. 系统的分类

从不同的角度出发，系统具有不同的分类方法。

1) 按系统的抽象程度分类

(1) 概念系统。概念系统是抽象的系统，是人们根据系统的目标和以往的知识初步构思出的系统雏形，它在各方面均不完善，有可能无法实现，但是它表述了系统的主要特征，描绘了系统的大致轮廓，从根本上决定了未来系统开发的成败。概念模型是对概念系统的目标、使命和主要功能的图形描述。以工资管理系统为例，概念模型就是描述系统中人员的基本信息、人员变动、人员考勤、利润分配方案等输入，通过工资管理系统处理形成工资条、工资报表的输出，确定工资管理系统的目标。

(2) 逻辑系统。逻辑系统是在概念系统的基础上构造出的理论上可以实现的系统，它考虑到系统整体的合理性、结构的合理性和实现的可能性，能够根据系统所规定的要求，给出实现系统的要素、功能、方法和规程。逻辑系统是摆脱了具体实现细节的合理的系统。还是以工资管理系统为例，逻辑系统是描述了工资管理系统输入、处理和输出之间的逻辑关系，具体来说描述了利润、奖金分配、工资报表生成、工资奖金统计等处理模块，人员基本信息、人员变动、人员考勤、利润分配方案等输入，以及工资条、工资报表等输出之间的逻辑关系，从管理和技术两个方面可行的逻辑模型。

(3) 实在系统。实在系统也称为物理系统，是客观存在并可以实际运行的系统，是逻辑系统的具体实现。对于信息系统来说，实在系统就是把逻辑模型变成可运行的软件系统。依旧以工资管理系统为例，实在系统是在指定配置的计算机硬件和系统软件平台上可以运行的系统，可实现工资查询和工资报表的生成。

如果说概念系统是回答"想干什么"的问题，逻辑系统则是回答"怎么干"的问题，那么实在系统回答的是"能干什么"的问题。

2) 按系统和外界的关系分类

(1) 封闭式系统。封闭式系统是指系统和外界分开，不与环境进行信息、物质、能量交换，不为系统以外的因素所干扰的系统。没有绝对的封闭系统，但在一定条件下可以把某些和外界联系微弱的系统看作封闭系统，如在超净车间中研究制造集成电路。

(2) 开放式系统。开放式系统是指与环境进行信息、物质、能量交换的系统。开放系统的输入是随机的、不确定的，它的工作方式是通过对自身的调整来实现对环境的适应。自然界和人类社会的系统基本上都属于开放式系统。例如，企业是开放系统，与供应商、客户、竞争对手和政府部门进行物质和信息的交换，实现经济目标。

封闭式系统和开放式系统有时也可能相互转化。例如，企业是开放式系统，但如果把全国甚至全球都当成系统以后，那么企业的系统就可被视为封闭式系统。

3) 按系统内部结构分类

(1) 开环系统。一个没有控制机制、反馈环和目标要素的系统称为开环系统。例如，一个小型电子空间加热器，从通电、开启、释放热量直到被关闭，系统输出是不受控制的。

(2) 闭环系统。一个由目标、控制机制和反馈环等三个控制要素组成的系统称为闭环系统。大多数系统都是闭环系统，如企业系统、生态系统等。

4) 按系统功能分类

按照功能不同，可把系统分为社会系统、经济系统、军事系统、企业管理系统等。不同的系统为不同的领域服务，有不同的特点。

4. 系统分解和集成

系统是由若干个子系统组成的，特别是复杂系统，如果把它分解成子系统或更小的模块，那么复杂系统就会变成多个简单系统，不仅便于理解，更容易实现。信息系统也存在着目标分解的问题，把整个系统分解成若干子系统，然后逐个对子系统进行设计，最后进行系统集成，达到系统整体的目标。

1) 系统分解

对系统的分解来说，只要规定了子系统之间的边界和接口，就可以将系统的分解过程一直进行到易于实现的最小子系统，这种处理的结果通常会形成层级的结构，即下级的子系统是上级子系统的一个元素。系统分解原理，如图1-6所示。

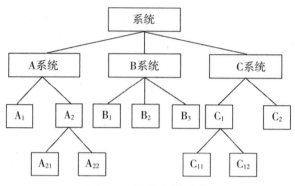

图 1-6　系统分解原理

对子系统的分解可以从不同的角度来进行。例如，从职能的角度将企业系统分为生产子系统、财务子系统、市场子系统、人力资源子系统等；从管理活动的角度将企业系统分为作业控制子系统、管理计划子系统和战略决策子系统等。

为了保证系统分解的准确性及合理性，一般来说需要考虑如下几个原则：

(1) 可控制性原则。系统内部的元素一般是可控制的，而系统外部的元素则是不可控制的，因而在把系统中的若干元素划入同一子系统时，该子系统应该能够管理和控制所属的所有元素。

(2) 功能聚集原则。系统内部的元素通常按照功能聚集原则来进行子系统划分，功能聚集的结果会使子系统间的信息联系最弱，而子系统的独立性最强。

(3) 接口标准化原则。系统在分解的过程中需要定义大量的接口，接口是子系统之间的连接点，以及子系统的输入输出界面，标准化接口有助于提高系统之间分解和集成的效率，增强系统的扩充能力。

2) 系统集成

系统集成是为了达到系统目标，将可利用的要素、资源或子系统有效地组织起来的过程。系统集成原理，如图 1-7 所示。

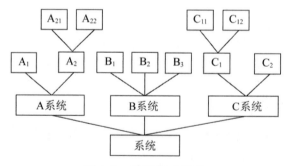

图 1-7　系统集成原理

系统集成可以从不同的角度进行分类，具体原则如下：

(1) 按照优化程度分类。按照优化程度不同，系统集成可分为联通集成、共享集成和最优集成。联通集成，是指保证系统设备能够相互联通。连通性是指计算机和其他设备在无人干涉的情况下，能够实现互相通信和共享信息的功能。连通性不只是联网，同时也要实现硬件和软件的兼容性、可移植性和互用性。共享集成，是指整个系统的信息能够为系统中的所有用户共享。最优集成，是理想状态的高水平集成，一般只有在新建系统时才能达到。新建系统时，根据确定的目标，全面、合理地规划信息系统的功能和流程，使系统各部分的集成达到最优。实际上，随着时间的推移、环境的改变，原来认为最优的系统也会偏移，需要不断地进行调整。

(2) 按照经济活动的内容分类。按照经济活动的内容不同，系统集成可分为技术集成、管理集成和综合集成。技术集成，是指达到技术上的联通。例如，信息系统集成中的网络集成和硬件集成。管理集成，是指不同管理职能、业务和信息的集成。例如，供应、加工和销售的集成。综合集成是指技术和管理的综合运用。例如，信息系统集成除了网络集成和硬件集成外，还包括软件集成、信息集成、业务集成、人与组织机构的集成等。

1.2.3 信息系统

信息系统(information system，IS)，是一系列相互关联的，可以收集(输入)、加工和存储(处理)、传递(输出)信息，并提供反馈机制以实现其目标的元素或组成部分的集合。

从系统的观点来看，信息系统具有一般系统的特征。信息系统的主要目标是把数据转换成信息，即接收输入数据，按照人们规定的要求进行处理，并输出有用的信息。

组织中各项活动表现为物流、资金流、事务流和信息流的运动。"物流"是实物的流动过程，物资的运输，产品从原材料采购、加工直至销售都是物流的表现形式。"资金流"指的是伴随物流而发生的资金的流动过程。"事务流"是各项管理活动的工作流程，如原材料进厂进行的验收、登记、开票、付款等流程，厂长做出决策时进行的调查研究、协商、讨论等流程。

"信息流"是伴随以上各类过程的资讯流动，它既是其他各种流的表现和描述，又是用于掌握、指挥和控制其他流运行的软资源。在一个组织的全部活动中存在着各种各样的信息流，且不同的信息流用于控制不同的活动。若几个信息流联系组织在一起，服务于同类的控制和管理目的，就形成信息流的网，称为信息系统。一个组织的信息系统可以是企业的产、供、销、库存、计划、管理、预测、控制的综合系统，也可以是机关的事务处理、战略规划、管理决策、信息服务等的综合系统。

信息系统包括信息处理系统和信息传输系统两个方面。信息处理系统对数据进行处理，使它获得新的结构与形态或产生新的数据。比如计算机系统就是一种信息处理系统，通过对输入数据的处理可获得不同形态的新的数据。数据传输系统不改变信息本身的内容，作用是把信息从一处传到另一处。由于信息的作用只有在广泛的交流中才能发挥出来，因此网络通信技术的进步极大地促进了信息系统的发展。

1.3 管理信息系统的体系与三维视角

1.3.1 管理信息系统的体系结构

管理信息系统的体系结构(information systems architecture，ISA)是指系统的组成成分之间的联系，也称为组织的信息体系，或信息系统的组成模型等。很多学者从不同角度提出了信息系统体系的结构模型。本书参考刘仲英教授的观点，提出能够全面反映社会—技术系统特征的管理信息系统体系结构模型。

1. 应用信息系统

应用信息系统是管理信息系统体系结构的主要组成部分，它是通过信息系统制造商提交给组织的信息系统应用软件，向组织提供辅助运营、管理和决策的各种应用和服务。应用信息系统所提供的功能由各个子系统提供，如图1-8所示。

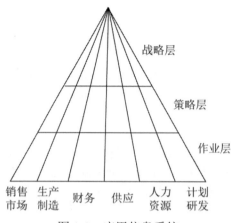

图 1-8 应用信息系统

按照企业的职能分工，应用信息系统横向划分为销售市场管理、生产制造管理、财务管理、供应管理、人力资源管理和计划研发管理等子系统。组织不同管理层次对信息系统的功能和信息需求不同，应用信息系统纵向上对应战略层、策略层和作业层，可分为事务处理系统、管理信息系统、决策支持系统和经理信息系统等子系统。应用信息系统的各子系统间通过数据或者过程进行联系，形成一个集成化的信息系统应用体系。

2. 信息系统基本要素

(1) 信息系统人员。信息系统人员是指与信息系统开发、管理和使用有关的人员，包括信息系统用户、信息系统专家。信息系统用户是指组织中信息系统的使用者和信息需求者，如企业的高层管理者，财务、生产、销售、人力资源等职能部门的各个层级工作人员，也包括客户、供应商、合作伙伴和政府部门等外部主体人员。信息系统专家是指参与信息系统规划、开发和管理的各类专业人员，如首席信息官、系统分析与设计师、程序员、硬件与网络管理员、数据库管理员等信息系统工作人员。

(2) 战略。战略是管理信息系统体系结构中起到主导作用的要素。组织战略是为了适应外部环境对目前从事的和将来要从事的活动所进行的重大决策，包括组织的使命和长期目标、组织的环境约束、当前计划和计划指标的集合。信息系统战略是关于组织信息系统长远发展的规划，是为实现组织战略而采取的基于信息技术的方案。信息系统战略是组织战略的一个组成部分，信息系统在组织战略中的作用是利用信息技术构建组织在成本、产品差异化、细分市场、客户和供应商关系等方面的战略优势，帮助组织提升竞争力，以实现战略目标。

(3) 组织。组织是信息系统得以运行的基本要素。组织是在社会经济系统中为了实现共同目标而形成的具有一定形式和结构的群体和关系，是基于目标、结构和协调活动机制的与一定社会环境相联系的社会系统。组织是管理的载体，它拥有各种资源，如人、财、物、设备、技术和信息，通过对这些资源的管理实现组织的战略目标。组织包括组织结构、组织文化、组织政治、业务流程、组织环境等构成要素。不同组织的信息需求各不相同，因而有不同的应用信息系统。组织与信息系统是相互作用的，一方面，信息系统为组织中的相关人员提供信息，辅助管理和决策，受到各种组织要素的影响；另一方面，信息系统也会对组织产生影响，推动组织的变革和创新。

(4) 管理。管理是组织中的活动或过程，即通过信息获取、决策、计划、组织、领导和控制等职能的发挥来分配、协调组织中的人、财、物、设备、技术和信息等一切可以调用的资源，以实现组织目标。管理的核心要素包括管理职能、管理过程(流程)和管理决策，它们是信息系统处理的对象。流程和职能的含义不同，职能是指人和机构应有的作用、功能、职责和权利，如研发、生产、销售部门的职能分别是研发、生产和销售产品；而流程是一组将输入转化为输出的相互关联或相互作用的活动,如采购流程、人才招聘流程、产品销售流程、生产流程等。流程通常是跨职能、跨部门甚至是跨组织的,如订货流程由销售职能(接收订单、输入订单)、财务职能(财务审查、订单记账)和生产职能(按订单生产和运输)的各项活动组成。信息系统促进管理过程自动化并实现管理过程的重新设计和优化,为管理决策提供决策信息和最优化方案,支持各个管理职能完成任务。

(5) 信息资源。信息资源是指信息系统体系结构中组织、存储、管理和使用的信息集合。信息是组织的重要资源,也是信息系统加工处理的对象,是组织管理决策的依据。信息资源的组织和管理的载体包括数据库、数据仓库和知识库等,这些载体为信息资源在组织中的共享奠定基础。

(6) 信息系统基础设施。信息系统基础设施是指为企业信息系统应用提供共享信息技术资源的平台,是使组织有效运行所必需的硬件、软件和服务的总称。信息系统基础设施包括硬件平台、软件平台和网络通信平台。硬件平台包括计算机主机、存储设备、外部设备等;软件平台包括系统软件、实用工具软件和应用软件,操作系统、数据库管理系统等属于系统软件,各种编程语言、开发工具、浏览器等属于实用工具软件,专门用于预测、统计、办公的软件包属于应用软件;网络通信平台由网络通信设备、通信线路和协议等组成。随着信息技术的发展,新兴信息技术不断涌现,如云计算、物联网、移动互联网等,进一步丰富和完善了信息系统基础设施。

1.3.2 管理信息系统思维的三维视角

为有效地应对组织管理中的商业挑战,提供基于信息系统的解决方案,必须理解组织的环境、结构、功能和政策,理解管理和制定管理决策的作用,还必须研究现代信息技术为问题解决方案所提供的功能和机会。

当我们用管理信息系统思维去分析组织管理中的问题时,需要从信息系统所涉及的组织维度、管理维度和技术维度三个方面入手,只有从这三个维度协同分析商业挑战的应对策略才是管理信息系统解决问题的思维,如图1-9所示。

图1-9 管理信息系统的维度

1. 组织维度

信息系统是组织整体的一部分,组织的正常运作离不开信息系统的支持。组织的要素包括组织中的人员、组织结构、工作规程、组织中的政策、组织文化。组织由不同的层次和职能构成。

从组织层次来看,信息系统可分为战略层信息系统、策略层信息系统、作业层信息系统;从组织的职能来看,信息系统可分为市场销售信息系统、生产制造信息系统、财务管理信息系统、人力资源信息系统、计划研发信息系统等。每一个部门的职能系统通常具备三个层次的系统。例如,生产制造系统中,操作层次的系统记录每天的生产量和原材料消耗量;策略层系统跟踪月份生产数据并指出哪些月份的生产量低于平均水平;战略层系统预测未来两到三年内的生产量及物料消耗的变化趋势。

2. 管理维度

管理工作在于对企业所面临的许多情况进行感知，做出决策，形成解决问题的计划。管理者关注来自外部环境的挑战，制定应对这些挑战的组织战略，以及分配人力和财力资源，以协调工作和达到企业目标。管理者不仅要管理企业的正常运作，而且要为应对未来的挑战提前做出反应，如开发新产品、提供新服务，甚至是组织的再设计和流程再造等。这些工作很大一部分是由新技术和信息驱动的，信息技术起到强有力的推动作用。

从不同组织层次的决策者划分来看，高层领导制定长期战略决策以解决生产或提供什么产品和服务的问题；中层管理者执行高层领导制订的计划和方案；基层执行人员负责监督公司的日常活动。不同组织层次的管理者对信息和信息系统的需求是不同的。

3. 技术维度

从技术维度来看，信息系统一般由人、计算机硬件、计算机软件、数据库、工作规程组成。系统中的人员分为终端用户和系统技术人员两类；硬件包括计算机、服务器、网络、数据输入/输出设备等；软件包括操作系统和应用程序；数据库是数据和数据存储管理设备的综合；工作规程包括系统的使用规则、安全保障规则、人员职责权限规则和系统控制的标准。

所有这些技术，以及运行和管理它们的人员，组成了组织的信息技术基础设施。信息技术基础设施提供了一个基础或者平台，组织可在这个基础或平台上建立自己所需的信息系统。每个组织都必须精心设计和管理其信息技术基础设施，从而使信息技术服务于信息系统需要完成的工作。

1.4 管理信息系统的概念与类型

1.4.1 管理信息系统的概念

管理信息系统(management information system，MIS)是融合了信息技术和管理理念的一门学科。信息技术和管理科学的发展，使得管理信息系统的概念内涵不断发展变化。

国际标准化组织给出的管理信息系统的定义为，**管理信息系统是运用系统管理的理论和方法，以计算机技术、网络通信技术和信息处理技术为工具和手段，具有对信息进行加工处理、存储和传递等功能，同时具有预测、控制、组织和决策等功能的人机系统。**

"管理信息系统"一词在中国出现于20世纪70年代末、80年代初，最早从事管理信息系统工作的学者在《中国企业管理百科全书》中给出的定义为，**管理信息系统是一个由人、计算机等组成的能进行管理信息收集、传递、存储、加工、维护和使用的系统。管理信息系统能实测企业的各种运行情况，利用过去的数据预测未来，从全局出发辅助企业进行决策，利用信息控制企业的行为，帮助企业实现其规划目标。**

综上所述，管理信息系统是对各种类型的数据进行收集、存储、加工处理、输出，以向各个管理层提供所需的信息，以支持决策。同时，信息系统使得业务流程自动化，以提升管理的效率。管理信息系统不仅仅是一个信息技术系统，还是将先进的管理理念和具有主观能动性的人融入其中的人机综合系统，是与组织要素协调的社会—技术系统，以解决组织战略、运营、管理和决策等问题。

在学术研究和企业应用中，通常将管理信息系统简称为信息系统，本书后续部分章节中也将这样使用。

1.4.2 管理信息系统的类型

随着信息技术的发展和管理实践应用的不断深入,管理信息系统经历了从简单到复杂,从单项数据处理到多项业务综合管理,从单机到网络,从部门级应用到企业级应用,直至跨组织、跨地域的集成化信息系统的演变过程。

从管理层次的角度,管理信息系统分为事务处理系统、管理信息系统、决策支持系统和经理信息系统;从管理职能和应用的角度,管理信息系统可分为企业应用系统、供应链管理系统、客户关系管理系统。管理信息系统的类型,如图 1-10 所示。

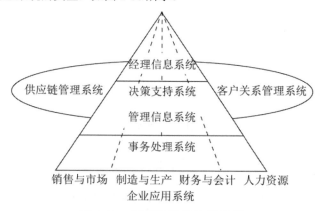

图 1-10 管理信息系统的类型

1. 管理层次角度的信息系统

1) 事务处理系统

(1) 事务处理系统概述。

事务处理系统(transaction process system,TPS),是组织内最基本和最常用的一种信息系统,负责记录、处理并报告组织中重复性的日常活动,记录和更新企业业务数据。 TPS 的特征是业务处理的计算机化,目的是提高业务处理的效率,支持作业层的事务性工作。

事务处理系统可以用于各个部门的基本业务活动中,如工资计算、订单处理、库存管理等活动,构成独立系统或子系统,如工资系统、订货系统、库存系统、计价系统、货运系统、销售系统、收支账目系统、总分类账系统等。由于事务处理工作是常规的、例行的,有些还是法律、政策规定的,这一部分管理业务是最基本而且不可缺少的。

事务处理系统的特点包括:支持企业日常的运作,事务重复性强,结构化程度高;处理大量数据,数据处理的精度要求高,但是数据逻辑关系简单;事务处理系统处理的信息大多来自企业内部;面向组织的作业层,能支持许多用户。

事务处理系统是面向业务的,对日常业务数据进行规则化处理,所处理的问题结构化程度高、处理步骤固定,它充分利用了计算机的快速运算和大量存储的能力,可以减轻业务人员大量重复性的劳动,提升业务工作的效率。具体来说,事务处理系统能够提高业务处理的速度和数据的准确度、及时生成文档和报告、改善客户服务水平、为中高管理层的决策提供原始信息。

(2) 事务处理系统的基本原理。

事务处理系统能够获取和处理反映企业基本事务的数据,并存储在数据库,根据组织内外部事务处理需要产生报表,其主要功能包括:记录、保存精确的数据,分类,数据检索,计算,汇总,产生文件、管理报告、账单等,定期生成常规的报表供检查与监督,也可以生成特别报告。事务处理系统的基本原理,如图 1-11 所示。

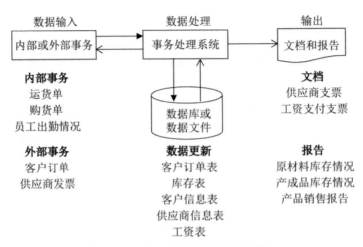

图 1-11　事务处理系统的基本原理

在工作过程中，当一项业务出现时，工作人员通过终端将此事件输入，构成一项事务。从数据输入到文档和报告的输出，事务处理系统的基本活动包括：①数据收集，指获取和收集事务处理所需数据的过程，如手工录入客户订单信息、条码扫描和射频识别录入商品信息等过程。②数据处理，包括数据编辑、数据修改、数据操作、数据更新等操作。数据编辑是对数据的有效性和完整性进行检查；数据修改是对错误的数据的更正；数据操作是对输入数据进行分类、排序、计算、汇总及存储等工作；数据更新是对新的事务进行记录，来更新企业数据库的状态。③生成文档和报告。

2) 管理信息系统

(1) 管理信息系统概述。

管理信息系统(management information system，MIS)的内涵有两种理解：广义的管理信息系统是指使用于各个管理层次(包括作业层、战术层和战略层)的信息系统；狭义的管理信息系统是指那些能从内部和外部收集数据，经过加工处理，形成有用信息，以预定的形式提供给各管理层次(中层为主)使用的信息系统。这里介绍的管理信息系统是狭义的管理信息系统。在信息系统的应用体系结构中，狭义的管理信息系统起着连接事务处理系统、决策支持系统和经理信息系统的作用，通过对事务数据的汇总和分析，向中层管理者提供定期和预先设定的报告、报表和查询，支持中层管理者高效地组织、计划和控制企业的运行。

中层管理者在工作中经常面对以下问题：销售计划的完成情况如何；产品的市场占有率多大；畅销和滞销产品有哪些；财务收支与计划是否一致；生产计划的完成情况如何；人员的招聘和离职情况等。面对这些问题，管理信息系统帮助中层管理者进行资源的分配、计划的制订和调整，使他们能够深入观察组织的日常运行状况，将现有运行结果与预定的目标进行对比，确定问题所在，寻找改善的途径和机会，从而有效控制组织的运行。管理信息系统面向各个业务部门，它常常是由多个子系统构成的，各子系统有自己的功能。

(2) 管理信息系统的基本原理。

管理信息系统的基本原理，如图 1-12 所示。

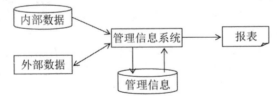

图 1-12　管理信息系统的基本原理

管理信息系统的输入是内部与外部的有关数据，内部数据来自事务处理系统或其他子系统；外部数据包括客户、供应商、竞争对手、合作伙伴等基本数据，来自对方数据库、调研或者互联网上的公开数据。管理信息系统的处理是运用来自事务处理系统和外部数据源获取的数据，按照预先设定的报表要求，通过分类、汇总、排序、计算等对数据进行处理，经过管理信息系统程序处理后可以存入数据库。当用户请求生成报告时，系统能够打印出书面形式的报表，也可在用户终端屏幕或其他显示设备上显示。

3) 决策支持系统

(1) 决策支持系统概述。

决策支持系统(decision support system，DSS)，是以管理科学、运筹学、控制论和行为科学为基础，以计算机技术、模拟技术和信息技术为手段，面向半结构化和非结构化的决策问题，支持决策活动的具有智能作用的人机系统。

决策需要解决的问题是各式各样的，从决策角度看，问题可按其结构化程度来分类。所谓结构化程度，就是人们对问题的理解程度，即对目标、涉及因素、因果关系等的掌握程度。一般说来，问题可分为结构化(好的结构)问题、半结构化问题和非结构化(不良结构)问题三类。对结构化问题，可以利用信息与相应的模型(数学模型或逻辑模型)进行决策分析与抉择，有时候管理信息系统也可以部分地或全部地进行这种工作。但是，在日常的管理工作中，遇到的问题多半是结构化程度较低的。管理信息系统只能对基层的例行性业务起到一些决策与支持作用，对复杂而又非常规性的决策缺乏分析能力，不能够解决管理者面对的半结构化和非结构化问题。对于上述这类半结构化和非结构化问题，就需要借助决策支持系统为管理者提供决策支持。

决策支持系统的一般特征为：面向组织的中层和高层管理者；解决半结构化和非结构化的决策问题；具有良好的人机交互界面，方便管理者使用；用于辅助决策，而不是代替管理者决策；通过模型库和知识库将定量计算和推理分析结合起来；可以为个人、群体和团队的决策提供支持。

决策支持系统是面向决策的，它通常需要面向数据的事务处理系统与面向信息的管理信息系统的支持。如果说事务处理系统是以数据为焦点、管理信息系统是以信息为焦点，决策支持系统则是以知识为焦点，利用知识来进行分析和选择。

(2) 决策支持系统的基本原理。

决策支持系统是一个人机交互的计算机系统，它利用数据库、模型库、知识库和友好的人机对话部分和图形部分，帮助决策者解决半结构化或非结构化的问题。下面以一个简单二库结构决策支持系统为例，介绍决策支持系统的基本原理，如图 1-13 所示。

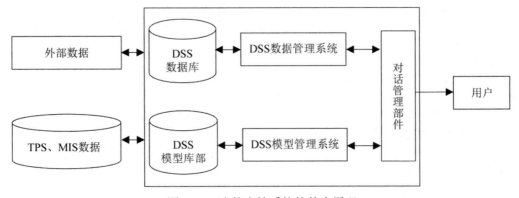

图 1-13 决策支持系统的基本原理

① 数据管理部件。决策支持系统的数据管理部件由 DSS 数据库和 DSS 数据管理系统两部分组

成。DSS 数据库是一种保存决策所需的当前或历史数据的专用数据库。其数据来自组织内部的信息系统，如生产、市场、财务和人力资源等方面的有关数据；组织外部的数据，如供应商的数据、客户的数据、竞争对手的数据、行业发展的数据、宏观经济数据，以及互联网上的非结构化数据等；决策者的经验和洞察力等个人数据。DSS 数据管理系统的主要任务是管理与某一特定决策相关的数据的检索、存储和组织。由数据库、数据字典、数据库管理系统、数据仓库及数据查询工具等共同执行这些任务，并且提供各种安全功能，以确保数据的完整性。

② 模型管理部件。决策支持系统的模型管理部件由 DSS 模型库和 DSS 模型管理系统组成。DSS 模型库中是求解决策问题所需的各种数学模型或逻辑规则模型。DSS 模型管理系统的主要功能包括建立或重构模型，分解或组合模型，修改、插入或删除模型，存储或调用模型，维护与恢复模型等。模型管理系统从调用者获取输入参数传给模型并使其运行，最后将输出参数返回给调用者，对模型执行结果进行分析、评价等。模型管理系统还提供数据库接口的转换功能，将模型中对数据库访问的标准形式转化为具体系统要求的形式。

③ 对话管理部件。对话管理部件由 DSS 用户界面及用户界面管理系统组成，主要负责用户与决策支持系统之间的交互，用户通过用户界面将命令、数据和模型输入计算机。对话管理部件一般具有以下功能：帮助用户使用决策支持系统；接收用户请求，并将请求输入决策支持系统；识别和处理不同类型的会话方式，如程序命令语言或自然命令语言；提供多个决策支持系统用户之间的通信支持；对各种处理结果进行解释、描述和输出；与决策支持系统的数据管理部件和模型管理部件友好交互。总之，用户通过决策支持系统的对话管理部件能够很方便地完成建立模型、修改模型、选择模型、求解问题的操作。

4) 经理信息系统

(1) 经理信息系统概述。

经理信息系统(executive information system，EIS)，能够迅速、方便、直观(用图形)地提供综合信息，并可以预警与控制遇到的问题。 管理者可以通过系统下达命令，提出行动要求，与其他管理者讨论、协商、确定工作分配，进行工作控制和验收等。

经理信息系统的主要目的是向高层经理提供更加有效的计划和控制信息。每个系统都有关于业务变化情况的重要数据，以便高层经理对竞争对手、客户和目标市场进行分析比较，并且可以在时间上进行跟踪。经理信息系统可以使高层经理及时了解当前的业务状态并对未来的发展趋势进行预测，还可以应用分析模型进行有效的分析。

经理信息系统的特点为：是为组织中的高层经理专门设计和开发的、无须他人帮助使用的信息系统；通过抽取、筛选和跟踪广泛的企业内部信息和外部信息为高层经理进行管理和决策提供支持；能够联机进行实时查询、趋势分析和异常报告等工作；用户界面非常友好，高层经理只需简单培训，甚至不需要培训就能够直接使用系统；能够支持高层经理与企业内部和外部进行电子通信。

(2) 经理信息系统的基本原理。

经理信息系统一般由带有菜单、互动图形和通信能力的工作站组成，使用内部和外部数据库，存取有关企业经营的历史和竞争者的数据。经理信息系统的基本原理，如图 1-14 所示。

在经理信息系统中，管理人员可以通过经理工作站或门户网站直接使用经理信息系统，他们从菜单中选择所需的功能或者执行少量的处理，从服务器的数据库或数据仓库中获得企业内部和外部的历史数据和竞争力数据。数字仪表盘实时显示经理希望看到的关于趋势分析、关键指标、异常报告等的图形和数据。办公系统能够提供如文字处理、日程安排、地址簿、待处理事务清单、电子邮件和群件系统的服务。由于高层主管工作繁忙，没有直接使用复杂计算机系统的经验，经理信息系统必须具有友好的图形化用户界面及快速查询的特点。可以认为，经理信息系统是一种功能强大的搜索引擎和职能查询系统。

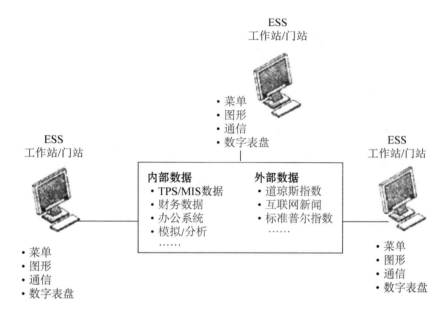

图 1-14　经理信息系统的基本原理

从管理层次来看，上述四种信息系统分别支持不同的管理层次。支持操作层的系统是事务处理型系统，其目的是跟踪、控制组织的销售、财务和物流等日常活动，并且回答一些结构化程度较高的常规性问题，如某月某日生产了多少件产品等。事务处理型系统的处理对象是组织的基本活动，其输入为组织的事务活动信息，处理方法包括事务数据的分类、排列、合并和更新等，其输出为详细报告、报表和总结等，系统的主要使用者为组织中的基层执行人员。战术管理层系统为中层管理人员的监控和决策服务，这一层系统通常从事务处理系统中获取数据，并且回答一些日常管理问题，如本年度的销售额走势如何、如果增加产量、如何调整生产调度安排等。对战术管理层提供支持的信息系统包括管理型信息系统和决策支持系统。管理型信息系统为规划、控制和决策提供日常统计分析和预测报告，为组织内管理人员观察和控制组织的运行提供支持。决策支持系统利用模型和综合数据支持半结构和非结构化决策，为组织的管理决策提供信息和方案支持。支持战略管理层的经理信息系统，目的在于帮助高层经理人员处理企业的战略性和长期趋势问题，比如确定组织目标、制定组织长远的政策和发展方向，并为贯彻方针和实现目标确定资源配置。经理信息系统主要关注的是企业如何适应外部环境的变化并取得自身发展，主要利用图形和通信来支持非结构化问题。

2. 管理职能和应用角度的信息系统

1) 企业应用系统

企业应用系统(enterprise application system)也被称为企业资源规划(enterprise resources planning, ERP)系统，在企业经营过程中对企业业务进行集成，从而提高企业整体的效率水平。企业内部业务系统将制造与生产、财务与会计、销售与市场、人力资源等职能集成起来，并贯穿于不同组织层次，实现企业内部业务的集成和信息的共享，提升组织内部的运行效率。

ERP 系统将企业内部各个职能，包括财务、会计、生产、物料管理、质量管理、销售与分销、人力资源管理等，利用信息技术集成连接在一起，支持企业内部运营的业务自动化需求，同时为管理者提供决策所需的信息。

2) 供应链管理系统

供应链管理系统(supply chain management system, SCM)将企业与供应商、采购公司、分销商和物流公司等的业务集成起来，实现信息共享，更好地组织和调度资源、生产与分销。按照波特的价值链理论,每一个企业都是一个价值链,一个企业的产品又成为另一个企业的原材料,这样不同的价值链就通过供需关系联系起来,构成一个网络,或更高层次的价值链,即供应链。在这个链中,每个企业既是链中某个对象的顾客,又是另一个对象的供应者。供应链的管理目标就是把这个供需的网络组织好,让这个有机组织比它的竞争对手更高效。企业之间的竞争,上升为供应链与供应链之间的竞争。供应链管理系统建立的是一个跨组织的协作,覆盖了从供应商到客户的全部过程,包括外协和外购、制造分销、库存管理、运输、仓储和客户服务等。企业内部的信息系统是现代供应链管理的基础。

3) 客户关系管理系统

客户关系管理系统(customer relation management system,CRM)将企业与客户集成起来,协调销售、市场和服务等信息,提高客户的满意度,提高组织外部运行的效率。客户关系管理是一种管理思想和管理方法,客户关系管理系统是企业利用现代技术手段,使客户、竞争、品牌等要素协调运作并实现整体优化的自动化管理系统,其目标定位在提升企业的市场竞争能力,建立长期良好的客户关系,不断挖掘新的销售机会,帮助企业规避经营风险,获得稳定利润。一个完整、有效的客户关系管理系统中,通常包括业务操作管理子系统、客户合作管理子系统、数据分析管理子系统和信息技术管理子系统。

随着企业面临的市场环境的变化,为了谋求生存和发展,企业必须具有快速的市场响应能力,要能及时提供适应市场需要的高质量、低价格的产品或服务。因此,企业在处理内部信息的同时必须及时、准确、完整地收集、分析、处理和传递大量的外部信息。信息系统在企业中的应用不仅要解决企业内部各部门之间信息的快速、准确传递及信息资源共享,还要实现企业与其合作伙伴之间的信息快速、准确地传递和资源共享。企业信息系统应用的范围不断扩大和深入,呈现出集成化和智能化的趋势。

1.5 信息系统部门与人员角色

企业的战略规划、管理决策和运营需要不同类型的信息系统的支持,而信息系统及其使用的硬件平台、软件平台和网络通信平台的稳定运行需要专门的信息系统部门和人员来保障。

1.5.1 信息系统部门

信息系统部门是企业专门负责信息技术服务的职能部门。信息系统部门负责维护企业IT基础设施的硬件、软件、数据存储的正常运行。信息系统部门由程序员、系统分析师、项目主管,以及信息系统经理等专业人士组成。程序员负责计算机程序的编写和信息系统软件的维护工作。系统分析员是企业中信息系统团队和其他部门成员之间的主要联络人,其职责是将业务问题和需求转化为信息系统的需求。信息系统经理是程序员、系统分析员、项目经理、网络通信技术人员、数据库管理员、软硬件运维人员等团队的领导者。另外,硬件供应商、软件供应商、咨询顾问等外部专家也会参与信息系统部门的发展规划、项目论证和日常运行工作。

1.5.2 信息系统人员角色

1. 信息系统管理人员

随着信息系统在企业战略中的作用不断增强,许多企业设置了信息系统管理人员的职位。

(1) 首席信息官,是全面负责企业中信息技术战略的高层管理者,需要同时具备深厚的业务背景和信息系统专业知识,能够在信息系统与企业战略集成整合的过程中发挥领导作用。

(2) 首席信息安全主管，负责企业信息系统的安全和确保企业信息安全的政策的制定，向用户及信息系统人员传授信息安全知识，提醒管理层关注信息安全问题带来的威胁及可能导致的系统故障，维护安全保护的工具及落实公司的安全政策。

(3) 首席知识主管，负责企业的知识管理项目，帮助企业设计一些程序和系统，在组织与管理流程中发现新的知识源或者使现有的知识得到更好的应用。

(4) 首席数据主管，负责企业范围内的信息治理和利用，以最大限度地发挥数据在组织管理中的价值，确保企业收集适当的数据以满足自身需求，部署用于分析数据的技术，并使用数据分析结果支持管理决策。

2. 系统使用者

终端用户，是指信息系统部门之外的企业各个业务部门人员，作为信息系统的使用者，终端用户在信息系统设计和开发中表达业务需求，以确保信息系统的应用效果。

随着信息系统部门在推动组织变革中发挥的作用越来越重要，各类信息系统的人员角色重要性和发展潜力也越来越大。同时，数据科学家、数据工程师、商务分析师、隐私主管等新的职位也在不断涌现。

课堂讨论专题

结合大数据、人工智能等新一代信息技术发展所催生的商业模式变革和企业数字化转型，以及企业对信息系统人才需求的现状和发展变化趋势，讨论信息系统职业发展路径，树立正确的学习观和成才观。

1.6 管理信息系统的学科领域

1.6.1 管理信息系统与相关学科的关系

管理信息系统是一门多学科交叉的课程，其理论体系尚处于发展和完善的过程中。它从计算机科学、管理科学、运筹学、决策理论、系统理论、经济学、心理学和社会学等学科吸取理论观点、概念和方法，构建其理论基础。它面向管理问题，利用系统的观点、数学的方法和计算机的应用三大要素，形成自己独特的学科内涵。管理信息系统涉及的学科，如图 1-15 所示。

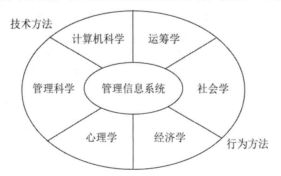

图 1-15 管理信息系统涉及的学科

从图 1-15 可以看出，信息系统的教学研究方法包括两个视角：技术方法和行为方法。

1. 技术方法

技术方法侧重信息技术和数学方法在信息系统中的应用，强调信息系统的软件开发、硬件设计和数学模型的构造。属于技术方法的学科是计算机科学、管理科学和运筹学。计算机科学注重研究计算方法、信息存储、软件开发技术的实现；管理科学强调管理实践问题和决策过程的建模；运筹学注重优化组织运作(如生产调度、物流路径优化等问题)的数学方法和模型。

2. 行为方法

信息系统应用与组织的管理、战略等紧密联系在一起，如战略制定、业务流程设计、组织结构的调整、人员的分配等问题，一般难以采用技术方法中的模型进行研究，而需要采用行为学科中的理论和方法，如经济学、社会学和心理学等理论，关注信息系统应用中人员的行为、管理和组织政策等问题。借助经济学研究信息资源和信息产品的经济价值、数字市场的动态变化，以及信息系统对组织内部的控制和成本结构等问题；借助社会学研究信息系统对群体、组织和社会的作用原理，以及群体和组织如何影响信息系统的开发；借助心理学研究个人对信息系统使用的行为问题。

1.6.2 管理信息系统的社会—技术系统观点

社会—技术系统观点认为，管理信息系统可运用技术方法和行为方法两者结合分析问题，如图 1-16 所示。

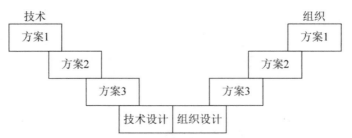

图 1-16 管理信息系统的社会—技术系统观点

社会系统关注的是有关人员的属性(态度、技能及价值观)，组织的沟通体系，工作流体系，权利体系，以及信息系统的社会和文化环境等。对于组织运营来说，只有其所涉及的社会和技术两个系统同时进行最优化，达到相互适配的状态时，组织的绩效才会达到最佳。

技术系统观点有助于避免单纯用技术方法研究信息系统。例如，信息技术的成本快速下降，其功能在逐渐强大，但这并不一定或不容易转化为生产率的提升或盈利的增加。如当一家公司安装了一套新的财务系统，这并不意味着它必然会被很好地应用。同样，当一家公司引入新的业务流程时，也并不意味着员工必然会有更高的生产效率，因为新的业务流程缺少新的信息系统的支撑。

信息系统体系结构的社会系统要素和技术系统要素，如图 1-17 所示。

社会系统要素	技术系统要素
・信息系统用户、信息系统专家 ・信息系统视角的组织、管理、战略 ・组织机构与组织文化 ・管理模式与管理过程	・信息系统软件 ・信息资源 ・信息系统基础设施

图 1-17 社会—技术系统要素

信息系统的社会—技术观点已经得到了信息系统学者和企业信息系统相关人员的认可。

案例分析

沃尔玛：利用信息技术成全其零售业霸主地位

沃尔玛的全球采购战略、配送系统、商品管理、电子数据系统、天天平价战略在业界都是可圈可点的经典案例。可以说，所有的成功都是建立在沃尔玛利用信息技术整合优势资源，信息技术战略与零售业整合的基础之上。

在信息技术的支持下，沃尔玛能够以最低的成本、最优质的服务、最快速的管理反应进行全球运作。1974年，公司开始在其分销中心和各家商店运用计算机进行库存控制。1983年，沃尔玛的整个连锁商店系统都用上了条形码扫描系统。1984年，沃尔玛开发了一套市场营销管理软件系统，这套系统可以使每家商店按照自身的市场环境和销售类型制订出相应的营销产品组合。在1985—1987年之间，沃尔玛安装了公司专用的卫星通信系统，该系统的应用使得总部、分销中心和各商店之间可以实现双向的声音和数据传输，全球沃尔玛分店也都能够通过自己的终端与总部进行实时的联系。

通过采用最新的信息技术，员工可以更有效地做好工作，更好地做出决策以提高生产率和降低成本。同时，联合计划预测补货系统、信息化的配送中心、电子自动订货系统、电子数据交换系统等信息技术的应用，节省了运作的中间环节，使沃尔玛的作业成本得到大幅度的减少，并使其获得高额利润。

在沃尔玛的管理信息系统中，最重要的一环就是它的配送管理。20世纪90年代，沃尔玛提出了新的零售业配送理论，集中管理的配送中心向各商店提供货源，而不是直接将货品运送到商店。其独特的配送体系，大大降低了成本。加速了存货周转，形成了沃尔玛的核心竞争力。沃尔玛的配送系统由三部分组成：

第一，高效的配送中心。沃尔玛的供应商根据各分店的订单将货品送至沃尔玛的配送中心，配送中心负责完成对商品的筛选、包装和分拣工作。沃尔玛的配送中心具有高度现代化的机械设施，送至此处的商品85%都采用机械处理，这大大减少了人工处理商品的费用。

第二，迅速的运输系统。沃尔玛的机动运输车队是其配送系统的另一个无可比拟的优势。沃尔玛可以保证货品从仓库运送到任何一家商店的时间不超过48小时，相对于其他同业商店平均两周补发一次，沃尔玛可保证分店货架平均一周补两次。通过迅速的信息传送与先进的电脑跟踪系统，沃尔玛可以在全美范围内快速地输送货物，使各分店即使只维持极少存货也能保持正常销售，从而大大节省了存贮空间和存货成本。

第三，先进的卫星通信网络。沃尔玛建立了自己的卫星通信系统，通过这个系统，沃尔玛每天直接把销售情况传送给5 000家供应商。沃尔玛商场电脑与总部相连，通过卫星通信系统，可以随时查货、点货。任何一家沃尔玛商店都具有自己的终端，并通过卫星与总部相连，在商场设有专门负责排货的部门。沃尔玛每销售一件商品，都会及时通过与收款机相连的电脑记录下来，每天都能清楚地知道实际销售情况。沃尔玛各分店、供应商、配送中心之间建立的卫星通信网络系统使沃尔玛的配送系统完美无缺。这套系统的应用，使配送中心、供应商及每一分店的每一销售点都能形成在线作业，在短短数小时内便可完成"填妥订单—各分店订单汇总—送出订单"的整个流程，大大提高了营业的高效性和准确性。沃尔玛信息技术在配送管理中的应用，使流通成本得以降低，流通效率不断提高。

管理信息系统的应用使沃尔玛有关各方可以迅速地得到所需的货品层面数据、观察销售趋势、存货水平和订购信息，甚至更多资讯。

沃尔玛将零售业的经营与信息技术战略很好地整合，信息技术始于战略，而非系统。只有清楚信息技术为企业业务所带来的影响，并由此做出正确决策，才能产生最佳方案。沃尔玛的成功在于它能够利用信息系统参与企业经营活动，节约了成本，实现了"天天平价"及"顾客满意"，强化了企业的核心价值，提高了企业的竞争能力。

对于传统零售业来说，其经营的成败决定于收集、处理和传播信息的能力及对信息系统的充分利用。信息系统推动着零售业实现信息的高效流动，从而节约了时间；能够与供应商和顾客建立良好的联动机制，实现了快捷的产销结合；随时监控自身的运作质量，为迅速地适应市场及时做出调整；可大幅度地降低运营成本，提高了企业的经济效益。

(资料来源：姚贤涛. 沃尔玛：利用信息技术成全其零售业霸主地位[EB/OL]. [2002-04-08]. http://www.pinlue.com/article/2018/09/1517/527195949734.html. 作者有删改)

思考题：
1. 信息技术如何有效提升沃尔玛的竞争力？
2. 沃尔玛的物流管理应用了哪些信息技术？取得的效果如何？
3. 分析信息技术在现代企业管理中扮演的角色。

本章习题

1. 信息系统可以实现哪些战略和业务目标？
2. 信息、数据和知识之间的关系是怎样的？
3. 信息的特征体现在哪些方面？
4. 信息的维度有哪些？
5. 系统的特征有哪些？
6. 系统有哪些分类？
7. 系统分解的原则有哪些？
8. 系统集成的分类有哪些？
9. 管理信息系统的体系结构中的基础要素有哪些？
10. 管理信息系统思维的三维视角是什么？
11. 管理信息系统的类型有哪些？
12. 事务处理系统有哪些特点？
13. 管理信息系统与事务处理系统的区别体现在哪些方面？
14. 决策支持系统有哪些特征？
15. 决策支持系统与管理信息系统的区别体现在哪些方面？
16. 经理信息系统有哪些特点？
17. 经理信息系统与决策支持系统的区别体现在哪些方面？
18. 管理信息系统与其他学科的关系是怎样的？
19. 信息系统的社会—技术观点的内涵是什么？

第 2 章
信息系统与组织管理

信息技术的飞速发展和广泛应用，使得组织中出现了各种各样的信息系统。管理信息系统也成为现代组织运作的重要组成部分和支持组织战略目标实现的重要工具。管理信息系统对组织运行的影响表现为员工工作手段和行为习惯上的变化，组织能否有效地应对这种变化，会影响组织的运作效率。本章将重点阐述信息系统与组织运行、组织战略之间的关系。

知识导航

1. 组织的定义和组织要素
2. 信息系统对组织绩效的影响
3. 信息系统对组织治理的影响
4. 信息系统对组织运营的影响
5. 业务流程再造与业务流程管理
6. 信息系统产生的组织变革阻力
7. 波特的组织战略"五力"模型
8. 基于信息系统的组织战略

关键概念

组织(技术性定义)　组织(行为定义)　标准工作程序　组织政治　组织文化　组织扁平化　后工业组织　虚拟组织　业务流程　业务流程再造　业务流程管理　组织战略　成本领先战略　产品差异化战略　集中化战略

开篇案例

利丰集团的信息技术战略

香港利丰集团有着近百年的发展历史，它起初是作为中国制造商和西方买家间的中间商，但到了 2000 年，它的业务已经远不止这些。利丰集团通过全球信息网络协调从原材料到最终产品的整个生产过程，在一种"无边界"的制造环境里提供覆盖整个供应链的增值服务。例如，一件羽绒服，可能羽绒来自中国内地，外衣面料来自韩国，拉链来自日本，衬里来自中国台湾，松紧带标签和其他辅料来自中国香港；衣服可能在南亚国家染色，在中国内地缝制，然后送回中国香港做最后的质量检验和包装再出货。

利丰集团的客户在两方面得到了好处：首先，定制供应链把完成订单的时间从三个月缩短到五个星期，这种更快的周转速度使客户减少了库存成本。作为一个中间人的角色，利丰集团减少了匹配风险和信用风险，还能向客户提供质量保证。此外，由于拥有全球供货网络及规模经济，利丰集团能够以比竞争对手更低的成本更灵活地供货。利丰集团了解全亚洲制造商的生产能力，因此就能以有竞争力的价格准时地完成订单。并且，通过并购和全球扩张，利丰集团把这种优势伸展到撒哈拉沙漠以南的非洲、东欧和加勒比地区。其次，利丰集团向客户提供最新时尚和市场趋势信息，甚至向客户提供虚拟制造和产品设计服务。

利丰集团依托于一系列强大的信息系统以支撑其独特的业务形态和新型的组织形式。这些系统包括电子商务系统、生产数据管理系统、颜色管理系统、出口贸易系统、电子数据交换、订单追踪系统等。因为具有强大的信息控制力，利丰集团作为虚拟制造商，不需要任何工厂、仓库和卡车，只要控制了信息，就能把握全部商务流程。这家企业拥有一个巨大的商业网络，几乎参与供应链中所有的工作，包括进料、计划、生产、订货等。自己没有生产部门，却为全球300多家最大的零售商提供独立品牌产品；虽然没有一家工厂，却能拥有来自44个国家和地区的近6 000家工厂提供的材料与商品。就像总经理冯国经所说的："利丰并不拥有供应链中的任何一部分，我们更愿意在一个更高的层次上来管理和协调，价值的创造就是基于一种价值链的整体概念。"

利丰集团已经开始通过控制或拥有链上的战略环节来改善公司的运作。在某些情形下，利丰集团提供原料。在以前，当客户下一张订单时，利丰集团会决定最适合供货的制造商，然后由工厂自己采购原料。利丰集团比制造商更了解顾客的需求，因此通过向供应商提供原材料，集团既可以确保更好的质量控制，又可以因大量购买而节省原材料成本，从而也为制造商节约了成本。在这种情况下，利丰集团也能在它们每一单的原材料采购中提取佣金，从而获利。

（资料来源：毛基业，郭迅华，朱岩. 管理信息系统——基础、应用与方法[M]. 北京：清华大学出版社，2011. 作者有删改）

讨论：
1. 信息技术如何形成和支撑利丰集团的核心竞争力？
2. 谈谈信息系统对组织及战略会产生哪些方面的影响？

2.1 组　　织

2.1.1 组织的定义

近代的"组织科学"对组织的研究有多种视角，下面从技术和行为两个角度来介绍组织的定义。

组织的技术性定义：组织是一个正式的、稳定的社会结构，它从环境中获得资源，并通过生产将这些资源转化为产品和服务。 这个技术性定义强调组织的三个要素：资本和劳动力是基本生产要素，生产函数是把资本和劳动力转化为产品的加工过程；组织处于特定的环境之中；环境提供组织需要的基本生产要素，并消费组织提供的产品和服务。组织的技术性定义原理，如图2-1所示。

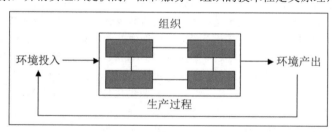

图2-1　组织的技术性定义原理

组织的行为定义：**组织是权利、特权、义务和责任的集合，通过冲突和冲突的解决而在一段时间形成的平衡状态**。组织的行为定义原理，如图 2-2 所示。

组织的技术性定义认为，当技术变化时，投入要素的比例相应变化，以创造产出。组织可以看作具有无限延续性，资本和劳动力可以很容易地相互替代，新技术可以不受任何限制地得到应用。

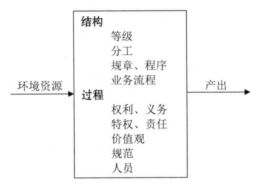

图 2-2 组织的行为定义原理

组织的行为定义认为，建立新信息系统或使用新的信息技术绝不是对设备或人员的技术性再安排。技术变化会引起信息的所有权、使用权和修改信息、决策人员等方面的改变。新的信息系统会打破组织原有的平衡，产生新的冲突和组织阻力，管理者要主动地管理组织的动态平衡过程。

组织的技术性定义和组织的行为定义并不矛盾，而是相互补充的。技术性定义重视组织如何将资本、劳动力，以及信息技术结合在一起，而行为定义强调在应用信息技术的情况下组织如何使用资本和劳动力去进行生产。

2.1.2 组织的要素

1. 标准工作程序

组织的标准工作程序是组织维持正常运行要遵循的基本原则，是针对所有预期情况建立的规则、标准的程序和实际操作方法。标准工作程序是非人治的管理控制制度，它指导组织的业务活动以可预见的、惯例的方式进行。标准工作程序的文本化程度高意味着管理控制的正式化程度高。有些规则和工作方法被明文规定为正式的工作程序，但大多数则作为经验之谈而用在不同的场合。现代组织取得的效率与标准工作程序密不可分，职员遵循标准工作程序进行工作，组织的效率就会提高，成本会随之降低。对标准工作程序的改变需要组织付出巨大的努力。

2. 组织政治

组织中的人具有不同的地位、不同的专业、不同的利益和不同的看法，他们对资源分配、奖惩的看法、见解和观点自然会不同，经理和员工均无例外。这样的结果是在每个组织内部都会有矛盾、竞争，以及为获得资源而发生的冲突。在这种情形下组织政治便成了组织生活的主要内容。**组织政治是指个人或群体为获得、维护或扩大自身利益在组织中有道德地运用权力**。政治活动对组织全局利益不一定有副作用，代表部门利益的政治行动可以维护组织的利益。

政治阻力是组织变革的最大困难，尤其在信息系统开发和应用方面更是如此。任何重大的信息系统投资必然带来企业的重大变化，包括企业目标、企业战略、办事规程、工作效率和人员安排等，因此组织政治的阻力是管理者必须认真面对和解决的问题。

3. 组织文化

组织文化是关于组织应该生产什么、如何生产、在哪里生产、为谁生产的最基本的、无须非议和争辩的前提，它是组织存在和发展的基本假设，是组织自身的目的。 该定义侧重组织文化的成因。组织文化是制定组织战略的基本指导思想，组织文化出自对其运作的特定环境的反应和对其员工需要的响应。形成和维持组织文化的因素有四个方面：一是文化的继承、连续性。一般来说，人们是按以往一贯的方法做事，经验一直在强化组织中的价值观。人们不愿意做出改变的倾向也有助于维持组织文化的连续性。二是组织的求生本能。当组织的环境变化时，组织必须改变其文化。三是组织成员的顺从性。组织愿意吸纳、保留、提升认同组织价值观的人。四是行为的强化性。组织对新成员进行教导，并用激励、考评、提拔制度强化组织文化。

组织文化具有凝聚作用、导向作用和激励作用。组织文化能够抑制政治冲突，倡导共同信念，促进成员遵守规矩和风气。如果人们信奉同样的文化前提，那么在其他问题上较为容易达成共识。同时，组织文化对于变化是一种强大的制约力，特别是对技术的变化。任何威胁众人信奉的文化前提的技术变化将会遇到巨大的阻力。因此，大多数组织尽一切可能避免改变组织文化，新的技术最初总是以支持现行文化的方式而被采用。

4. 组织环境

组织处于环境之中，它从环境中获取资源，又向环境供应产品和服务。组织和环境存在互动关系，一方面，组织依赖于内外部环境，人力资源、财务、营销等支撑组织的日常运行，同时组织必须按照法律法规运营，也要考虑顾客和竞争者的行动；另一方面，组织可能影响它所处的环境，如企业形成联盟去影响政府政策，企业利用广告宣传影响顾客接受它们的产品。

环境的变化往往快于组织的变化，新技术、新产品、消费者偏好、价值观的变化加重了组织文化、组织政治和员工的负担，大多数组织部门随着环境的变化而变化。建立于组织中的标准工作程序的惯性、改变现存秩序的政治矛盾，以及固守文化价值的威胁通常妨碍组织做出重大变革。技术对组织的影响特别值得关注，它已经成为一种破坏力量。例如，某些公司在新技术研发和产品创新处于行业引领地位，可以获得高额利润；另一些公司很快跟进，能在现实运营中游刃有余；还有一些公司由于产品、服务和企业模式过时，不能及时变革而面临倒闭。

5. 组织结构

组织之间差别的重要表现之一是它们的结构与形态。不同的结构反映了组织中决策权威的集中或分散程度、管理幅度、复杂程度。组织结构实质上是协调机制的一种较为形式化的反映。

管理学大师明茨伯格(H. Mintzberg)将组织结构分为五种类型，如表 2-1 所示。

表 2-1 组织结构的类型

组织结构	说明	举例
创业型组织	该组织类型处于动态变化的环境中，结构简单，一般由最高的管理者进行管理	小的创业企业
职能型组织	该组织类型处于稳定的环境中，生产标准化的产品，由于集中式管理团队和集中式制定决策而占据优势	中型制造企业
事业部组织	一家公司分成若干个事业部，每个事业部生产不同的产品或提供不同的服务	通用汽车
专业型组织	以知识为基础的组织，其产品和服务依赖于专家的专业知识，在集中化程度较低的组织中该类型占有优势	事务所、学校、医院
任务小组型组织	该组织必须对环境变化快速做出反应，由大批的专家组成项目小组，项目小组的存续时间较短，并且集中化程度较低	咨询公司

(1) 创业型组织。单人独自或与少数信任的伙伴共同制定公司的战略及执行该战略的组织设计，这种结构在小型企业中比较常见。创业型组织结构的优势在于简单易行、反应敏捷、费用低廉、责任明确；主要缺点是仅适用于小型组织。随着组织规模的扩大，成功的创业型组织结构通常会向职能型组织结构转变。

(2) 职能型组织。其核心是标准化，对职务进行专门化，制定大量规章制度，以职能部门划分工作任务，实行集权式决策，控制跨度狭窄，通过命令链进行决策。这种结构的优势主要在于它能够高效地进行标准化工作；不足在于容易使组织走向僵化，导致不同职能部门之间的冲突，管理层级过多，容易导致信息传递缓慢。职能型组织结构适合环境变化相对缓慢、生产标准化产品的中型组织。

(3) 事业部组织。事业部组织结构也称为分权化结构、特殊的职能制结构。在这种结构中，组织的战略决策和日常运营决策职能分离，分别由总部和事业部承担。事业部作为利润中心，在组织的整体战略框架下谋求发展。这种结构可以在一定程度上克服官僚层级结构的僵化缺陷，避免由信息的层级传递而导致的反应迟缓；该结构的问题如总部与事业部之间信息不对称的可能性增加，机构重叠，事业部之间缺乏联系等。这种结构适合环境变化相对缓慢和生产标准化产品的大型组织。

(4) 专业型组织。专业型组织依赖于专业人员的知识和技能，适合于环境变化相对缓慢的组织。典型例子如事务所、学校、医院和知识密集型组织。这种组织结构受部门领导左右，集权程度较低，组织内的成员拥有足够的信息和权利来创造产品和服务。

(5) 任务小组型组织。它是一种相对较新的组织结构，一般见于研究机构、服务性组织。任务小组型组织比职能型组织更利于创新，比专业型组织更为灵活，并且比简单的创业型组织具有更持久、有效的动力。它是基于项目设置部门，由很多专家组成短期、多学科的任务小组，致力于开发新型产品，对环境和市场的反应迅速，突破了控制统一性的限制。任务小组型组织的优势在于当组织的各种活动比较复杂且相互依存时，有助于各种活动的协调，减少官僚僵化现象；其不足在于有时会产生混乱，增加各小组之间争权夺利的倾向，并给员工带来较大的压力。

2.2 信息系统与组织运行

信息系统已经成为现代组织运作的基本工具，深深地融入组织的日常运营和决策之中。信息系统对组织的影响是多方面的，它对组织绩效、组织治理、组织运营等方面都会产生影响。

2.2.1 信息系统对组织绩效的影响

信息系统对组织绩效的影响体现在信息技术对其他生产要素的替代，以及对生产效率(生产函数的变化)和生产管理成本的影响。

1. 生产函数

从经典的微观经济学理论来看，企业组织可以用生产函数来描绘。信息系统或信息技术的应用降低了组织运行的资本成本和信息成本。信息技术已成为组织中与资本、劳动并列的生产要素，并且可以替代资本和劳动。信息技术的发展使得其成本不断降低，而劳动力的成本在不断上升，信息系统的应用会大大减少组织中的管理者和基层工作人员的数量，部分代替人员的劳动。同样，信息系统的应用也可以部分地代替资本，如费用较高的房屋租金和机器设备，进而节约资金。先进的信息技术使得生产函数曲线向左下方平移，如图2-3所示。

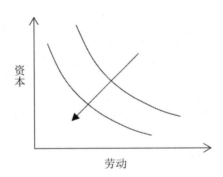

图 2-3　信息系统对生产函数的影响

2. 交易成本

从经济学中的交易成本理论(transaction cost theory)来看，信息系统的应用会影响信息的成本和质量，通过扩大组织的交易规模，显著降低交易成本。

根据交易成本理论，与努力降低生产成本一样，组织同样会积极寻求降低交易成本的方法。由于参与市场活动的成本较高，通常组织会通过垂直集中化、扩大企业规模、雇用更多员工，以及建立自己的供应商和分销商来降低成本。信息技术的使用，有助于降低组织的市场参与成本(即交易成本)，组织与供应商和分销商合作比使用内部资源更经济，将工作外包给竞争性的市场比自己雇人更划算。信息系统使企业的业务外包和合作生产成为可能，大大降低了交易成本。信息技术应用情况下的交易成本与公司规模之间的关系曲线，如图 2-4 所示。使用信息技术可使图中曲线向左下方移动，这样可以在交易费用相同的情况下缩减企业规模。当交易成本降低时，公司规模(雇员人数)将缩小，原因在于公司在市场上容易以较低成本购买到产品和服务，不需要自己来制造。这样，在公司收益增加的情况下，其规模会保持不变或者缩小。

3. 代理成本

从经济学中的代理理论(agency theory)来看，信息系统的应用可以降低内部管理成本。

根据代理理论，组织可以被看作个体的"合约组合"，而不是统一的、利益最大化的实体。代理人需要得到指导和管理，否则他们将会追求个人利益而非雇主的利益。组织规模增大，其代理成本上升，雇主要花费更多的精力进行指导和管理。信息技术可以降低雇主获取和分析信息的成本，从而使组织降低代理成本，原因在于它使管理者更容易掌握职员的工作状况。代理成本与公司规模之间的关系曲线，如图 2-5 所示。在应用信息系统的情况下，代理成本降低，组织可以用较低的费用完成监督管理的一部分工作，从而可以通过缩减中层管理者和基层操作人员的数量而增加收益，使图中曲线向右下方移动。

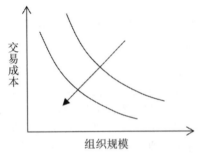

图 2-4　信息系统对交易成本的影响

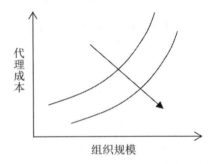

图 2-5　信息系统对代理成本的影响

可见，信息系统的应用降低了组织的交易成本，也降低了组织的代理成本。随着信息系统投资的不断增加和应用的不断深入，组织的规模会不断缩小，并且提高运作效率，增加组织的利润。

2.2.2 信息系统对组织治理的影响

信息系统对组织治理的影响体现在信息系统应用带来的传统组织结构的变化、新型组织结构的形成，以及不同组织结构中的人员安排和权利分配等方面。

1. 扁平化组织

根据决策和控制理论，组织的功能是在不确定和风险条件下，在有限理性下做出决策。组织依赖于提供给决策者们的日常信息流来减少不确定性和风险。传统上，处于等级制中较低层次的人没有决策所需的信息，组织必须集中制定决策和建立决策者的层级结构，即"金字塔"式结构。组织有必要用大量的中层管理人员收集信息、分析信息，并将信息传递给高层管理者。反过来，高层管理者要求中层管理者执行政策，将标准工作程序传递给基层员工。传统的"金字塔"式组织结构采取纵向多层次的集中管理，其运作过程按照一种基本不变的标准模式进行。由于其各项职能分工严格，组织层级较多，信息传递和反馈手段落后，导致应变能力差，管理效率低且成本高昂，使组织缺乏竞争力。

信息技术的应用可以降低信息的获取成本和拓宽信息的分布范围，能够改变"金字塔"式的固定结构，使组织结构趋于扁平化。信息系统可以扩大信息的传播面，把信息从作业层直接带给高层管理者，从而减少中层管理者的数量，提高管理效率，如图 2-6 所示。信息系统推动了组织中的决策权力下放，增加了基层员工的权力。随着基层员工知识水平的提高，他们能够做出较为准确的决策。高层管理者也能够获得及时准确的信息，从而较快地做出决策。这个变化意味着管理幅度的扩大，高层管理者可以管理和控制更多的职员。管理幅度冲破传统管理模式的限制，原来垂直的层级组织中大量的中间层已经没有必要存在，企业内部上下级之间的距离大为缩短，组织结构向扁平化方向发展。

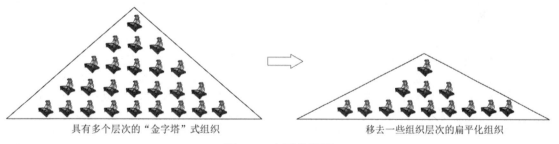

图 2-6 扁平化组织

2. 后工业组织

后工业理论认为，在后工业社会，服务业主导经济，服务业对知识工作者(科学家、工程师等)和数据工作者(秘书、会计、销售人员等)的重视程度胜过服务的提供者。在后工业经济中，工业制造工作转移到低工资国家，而高技能、基于知识的工作集中在发达的高工资国家。根据后工业理论，向后工业社会转变必然同时导致组织结构的变化。管理者权力的获得不再仅仅靠地位，更依靠知识和能力。由于专业工作者往往能自我管理，组织形态变得更为平坦，决策权更加分散。

信息技术的应用使得"任务小组"的组织模式(又称流程型组织)成为可能，并且效率更高。在组织内，按照业务过程，若干专业小组在一定时间内聚集在一起(可能是面对面，也可能用电子手段)

来完成某项任务。一旦任务完成,他们又加入其他任务小组中。传统的垂直型组织是按照职能安排的,而"任务小组"形式的组织是按照业务过程安排的,如图2-7和图2-8所示。业务过程是为了取得规定的结果而执行的逻辑上相关的任务序列。组织中的业务过程有很多,如新产品开发过程、订货处理过程、人员招聘考核过程、财务处理过程等。就业务过程本身的性质来说,它是职能上的交叉,跨越了销售、市场、制造和研发部门之间的边界。

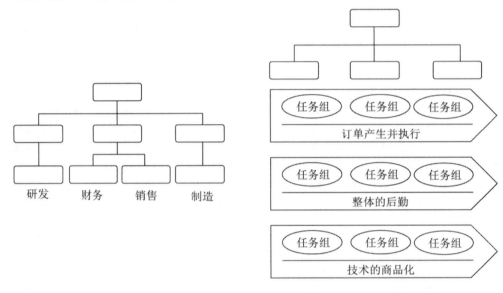

图 2-7　垂直型组织　　　　　　　　图 2-8　流程型组织

3. 虚拟组织和无边界组织

信息技术推动的全球经济一体化和加速更新的现代技术,既带来了广阔的市场空间和后来居上的机会,也带来了更激烈的竞争。同时,顾客需求的多样性、多变性、迅捷化和对质量的高标准要求成为时代潮流。这些外部变化推动着组织的变革,在信息技术的支持下,组织设计并应用了一些新型的组织结构以增强自身的竞争力,其中最为典型的是虚拟组织和无边界组织。

虚拟组织是指两个以上独立的实体,为迅速向市场提供产品和服务,在一定时间内结成的动态联盟。它不具有法人资格,也没有固定的组织层次和内部命令系统,而是一种开放式的组织结构,因此可以在拥有充分信息的条件下,从众多的组织中通过竞争招标或自由选择等方式精选出合作伙伴,迅速形成各专业领域中的独特优势,实现对外部资源的整合利用,从而以强大的结构成本优势和机动性完成单个企业难以承担的市场功能,如产品开发、生产和销售。虚拟组织既是一种组织结构,也是一种战略模式。这种组织的规模较小,决策集中化的程度很高,部门化的程度很低,甚至根本就不存在按产品或职能划分的部门。虚拟组织中的成员可以遍布世界各地,彼此也许并不存在产权上的联系,不同于一般的跨国公司,他们相互之间的合作关系是动态的,完全突破了以内部组织制度为基础的传统管理方法。虚拟组织通过对关系网络的管理来实现经营,其实质是对信息流的管理。

在虚拟组织中,管理者把大量的职能都移交给了外部力量,组织的核心是为数不多的管理人员,他们的主要任务是协调为本公司提供、生产、销售、配送及其他重要职能活动的各组织之间的关系,如图 2-9 所示。只有依托于强有力的计算机网络,这种以信息流管理为核心能力的组织形式才可能存在。许多具有强大影响力的国际性企业都采取了虚拟组织的形式。

无边界组织的核心思想是尽可能地消除组织内部的垂直界限和水平界限,减少命令链,对控制跨度不加限制,取消各种职能部门,代之以授权的团队。在理想状况下,这种组织主要通过互助协调机制来实现运作,整体战略的执行依靠员工之间的相互协调来实现。

图 2-9　虚拟组织

使无边界组织得以正常运行的基础是计算机网络。在新技术的支持下,人们能够超越组织内外的界限进行交流。例如,电子邮件使得成千上万的员工可以同时分享信息,并使公司的普通员工可以直接与高级主管交流。同时,组织间的网络也使得组织外部的边界被突破。

2.2.3　信息系统对组织运营的影响

信息系统对组织运营的影响体现在信息系统对组织内部业务(生产、财务、市场、人力资源等)运行,以及组织与外部要素(供应商、客户等)业务运行的影响,具体表现为对不同组织业务流程的影响。信息系统是实现组织业务流程优化和创新的使能器,也是实现组织流程管理的支撑技术。

信息技术的应用广度与深度、应用方式不同,对组织变革的影响也不同。美国波士顿大学管理学院教授文卡特拉曼(N·Venkatraman)提出了信息技术促进运营变革的五种形式:局部开发与应用、内部集成、业务流程再设计、企业网络再设计、企业范围再设计。这五种变革形式反映了企业信息技术应用的不同程度,如图 2-10 所示。

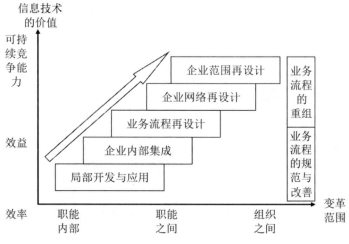

图 2-10　信息技术促进组织运营变革的形式

(1) 局部开发与应用。这是指将信息技术单独运用于组织的不同职能部门,各种应用之间相互隔离。最明显的例子是利用计算机分别进行企业财务管理、客户管理和库存管理等。这些都是信息系统应用的基本单元,在某一种功能上发挥作用,但对业务流程影响不大,更不会影响到企业的战略优势,因为竞争对手也很容易采用这类通用的工具。

(2) 企业内部集成。企业内部集成有两种含义：一种是指技术上的集成，如利用网络技术将企业的财务部门、销售部门和储运部门联结在一起，通过资源共享，实现企业的经营管理；另一种是指业务过程的集成。过去企业十分重视技术上的集成，很少关注业务过程的集成问题，原因之一是外部的设备供应商和系统集成商只能提供技术上的集成，无法解决企业自身的业务过程集成问题。如果企业自身不解决这一问题，无缝的互操作也就无从谈起。

以上两种形式属于进化性即自然发展阶段，它们往往会在企业引入信息技术一段时间后自然地出现。虽然在这两个阶段企业肯定会获得一定的收益，但并未充分发挥信息技术的效力。同后面三种方式相比，其流程变动较小，但只要使用恰当，尽管有一定的局限性，信息技术的作用还是十分明显的。当企业内外环境要求进行流程再造时，这两种方式就不适合了，因为它们是为原流程服务的。

(3) 业务流程再设计。这是指利用信息技术转变企业内部的工作方式，而不是简单地将原来的工作方式自动化。信息技术是实现流程再造不可缺少的工具，针对一项再造任务，可以有不同的实现方案，企业应该详细分析、对比后加以选择，每种实现方案使用的信息系统也会各有特点，需要和流程一并考虑。业务流程和信息流程常常是不可分割的，既不能脱离业务流程来谈信息流程，也不能脱离信息流程来谈业务流程。

上面三种形式都是局限在一个组织内部的，如果有待再造的流程延伸到组织外部，就要考虑第四种形式。

(4) 企业网络再设计。这是指从流程跨越的多个组织形成的网络即供应链的角度去重新设计企业之间的流程。也就是说，运用信息技术，通过企业间的合作重新设计企业流程。在这种情况下，要从业务的深层次考虑信息技术的各种用途，而不仅局限于信息的沟通和文件的传递。

(5) 企业范围再设计。这是指利用信息技术拓展企业的经营业务范围，提供新产品或新服务，或开拓新市场等。例如，在计算机辅助设计方面获得成功的制造业企业，同时出售计算机辅助设计软件和提供设计服务，这时需要进行企业经营范围的重新确定。

在第四种和第五种形式中，企业常常要考虑怎样发挥其核心竞争力，重组它的核心流程，而把另外一些流程外包给其他企业，同时自己的某些核心流程又承担了对外企业的加工任务。信息技术的应用需要从跨组织的战略经营着眼，不是在现有秩序基础上应用信息技术，而是从改变工作本身出发，寻求支持新工作方式的技术能力。

企业有可能从大处着眼，准备采取第三、四、五种形式，也可能在先采取第一和第二种形式时酝酿更高层次的变革。不论采取哪一种形式，流程再造总是最基本的。

2.2.4 信息技术对业务流程的影响

信息系统是企业业务流程变革的使能器。实施企业流程变革主要有两种方法：业务流程再造和业务流程管理。业务流程再造是从根本上抛弃了旧流程，零起点设计新流程；业务流程管理是理解现有流程，在现有流程的基础上逐步规范流程、优化流程和再造流程。

1. 业务流程概述

业务流程是企业为了完成某一项目标或任务而进行的跨越时空的逻辑上相关的一系列活动的有序集合。业务流程以顾客需求、原材料投入为起点并以创造出对顾客有价值的产品或服务为终点，它决定了企业运营的效率和效果。

1) 业务流程的特征

业务流程由组织结构、人、管理原则、管理技术、管理信息和管理方法等要素组成，具有以下特征：每个业务流程都有输入与输出；每个业务流程都有客户；每个业务流程都有一个核心的处理对象；业务流程往往是跨职能部门的；业务流程有目标和绩效。

2) 业务流程的类型

企业中的流程有许多类型：订单处理流程，输入的是顾客的订单，输出的是发送的商品、付款单和顾客的满意度；产品开发流程，输入的是顾客的消费想法、观念和概念，输出的是新产品的样品；服务流程，输入的是顾客需要了解和处理的问题，输出的是问题的答案和解决方法；销售流程，输入的是潜在的顾客，输出的是付款单；管理流程，输入的是公司内外环境中的各种变量，输出的是关于企业发展的各种策略。

3) 业务流程的要素

(1) 活动。业务流程是由活动组成的，活动是流程最基本的要素。活动是一种变换，它包含几个方面的要素，即输入、活动目标、处理规则、处理手段、资源、输出(反馈)等。企业活动，是接收某种输入，在某种规则的控制下，利用某种手段和凭借一定的方法，通过变换转化为一定的输出，如图 2-11 所示。

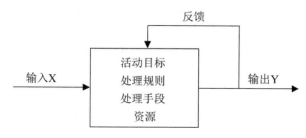

图 2-11　业务流程活动的要素

(2) 活动间的逻辑关系。业务流程是逻辑上相关的一系列活动的有序集合，活动间不同的逻辑关系，可以导致不同的结果。活动间的逻辑关系是流程的关键要素，反映了活动发生的先后顺序与活动间的相互关系。活动间的逻辑关系可以分为串行关系、并行关系和反馈关系。业务流程的改变必将导致其中活动间逻辑关系的改变。

(3) 活动的承担者。活动的承担者指完成部分活动或全部活动的部门或人，分工使原来由一个人完成的工作变成由若干个人共同从事的活动。同一项工作由不同的活动承担者承担时，可以构成不同的业务流程。

(4) 活动的实现方式。活动的实现方式即所采用的技术手段和管理模式。技术手段不同会导致分工不同，从而形成不同的业务流程。例如，信息技术会改变活动完成的方式和输入输出的流向。

2. 业务流程再造

业务流程再造(business process reengineering，BPR)就是从客户需求出发对业务流程进行根本上的考虑和彻底的设计，使其在成本、质量、服务和速度等关键指标上取得显著的提高。

1) 业务流程再造的内涵

业务流程再造就是要从业务流程的重新设计入手，打破过去通过细化任务在各单元分别完成再综合起来的做法，从过程角度进行重新设计，特别是着眼于那些能带来最大效益的过程。总体来看，可以从以下三个方面把握业务流程再造的关键内涵。

(1) 根本。要对业已形成的基本理念从根本上进行重新思考。针对长期以来在经营中所遵循的基本理念如规模经营、分工思想、等级制度、官僚体制、标准化生产等，打破原来的思维定式，运用创造性思维，进行重新思考。只有跳出传统的思维框架，才能从传统的经营理念中找出过时的、不适当的和缺乏生命力的因素。

(2) 彻底。业务流程再造不是对企业进行小修小补，而是要破旧立新，进行脱胎换骨的彻底改造，要抛弃现有的业务流程和组织结构，革除陈规陋习，以势如破竹之势进行根本改造。

(3) 显著。流程再造的目标不是取得绩效上的微小增进，而是要获得业绩上的突飞猛进。这是业务流程再造有别于其他传统理论中的"改进"之处。有许多传统的方法也能带来小幅度的改进,但对企业长远发展并无重大贡献。企业只有显著提高自己的实力,才能在激烈的竞争中脱颖而出,占据领先地位。

2) 业务流程再造的内容

流程的变革必然会引起组织结构发生一定程度的变革,保持原有的陈旧的组织结构而进行业务流程再造是不可能成功的。在进行流程再造时必然伴随着组织结构的再造,使之适应新的、再造后的业务流程。业务流程再造的内容如下。

(1) 技术的再造。企业实施业务流程再造必须用先进的信息技术改造企业的信息基础结构,建立覆盖整个企业的信息网络,使每位员工通过网络就可得到与自己业务有关的各种信息。

(2) 组织结构的再造。企业实施业务流程再造必须按具体项目组成面向经营过程的工作小组,设立小组负责人,对内指导、协调与监督小组中各成员的工作情况,对外负责及时将顾客的意见和建议反馈回小组,并尽快改进工作。明确小组内部各成员的作用和职责,做到责权利统一,使小组形成一个享有充分自主权和决策权的团体。

(3) 企业文化的再造。实施业务流程再造就要建立具有变革精神的企业文化,不安于现状,不满足于以往的成就,不固守传统的经营理念。

(4) 人的再造。实施业务流程再造成败的关键取决于企业内部人员的整体素质与水平。高层领导者要有善于革新、勇于挑战的精神,要有强烈的市场竞争意识和危机感,对市场变化反应敏锐、善于决策,能与公司内外进行有效沟通,具备广博的知识,能切实转变思想观念。同时,要加强对企业员工的培训,为员工提供宽松的工作环境和良好的后勤保障,增强他们的主人翁责任感,使他们能够敬业爱岗、尽职尽责。因此,要正确引导和教育员工,不断强化员工的培训、教育,尽快提高他们的素质,使他们能够处理好与顾客的关系,这样企业才能提升竞争力。

信息技术、人与组织管理是业务流程再造的使能器,同时又是过程变化的执行者。在过程的变化中,信息技术、人力资源与组织管理必须有效协调,才能促使 BPR 成功实施。

案例:IBM 信用公司的业务流程再造

IBM 设立信用公司的目的在于贷款给顾客,让他们购买 IBM 的产品,如计算机硬件、软件、服务等。

起初,公司的工作流程(见图 2-12 左):某一地方的销售代表在接到业务时,先打电话给公司总部的经办员,经办员记录并填写书面申请单,送至信用部(第一步);信用部有专人将其录入计算机,审查信用情况,再将结果用书面方式送给商务部(第二步);商务部的人员再将数据录入计算机,然后拟定贷款合同,送给估价员(第三步);估价员再把数据录入电子表格,计算客户应承担的利率,把它连同其他文件送到文书组(第四步);文书组有专人汇总所有资料,形成报价函,交由快递公司递送给地方销售代表(第五步)。这个过程平均需要 6 天时间,有时甚至需要两个星期。在此期间,顾客与销售代表不停地催问,有时不耐烦的顾客就会转向其他公司。

后来两位资深的经理经过摸索与试验,采取了大胆的改革措施(见图 2-12 右):以一位交易员代替原流程中的信用审核员、估价员,在计算机中装入顾客信用系统、标准化的申请表、具有基本条款的合同样本与利率测算程序,以及专家系统,交易员通过这些系统完成所有工作,这样大大简化了流程,从而把处理时间缩短为 4 个小时。

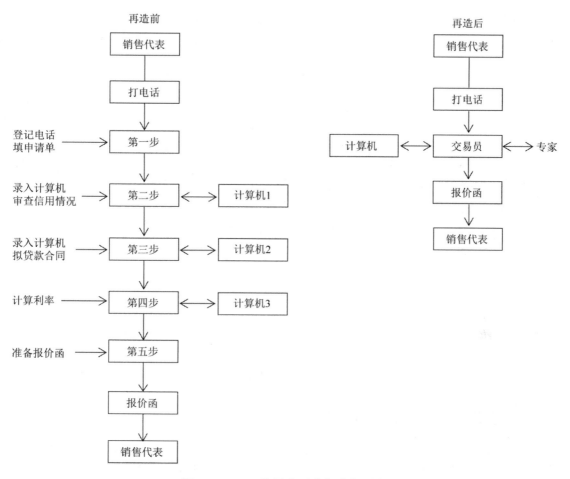

图 2-12 IBM 信用公司业务流程再造

3. 业务流程管理

<u>业务流程管理(business process management，BPM)是在信息技术的支持下，对企业流程活动进行充分、准确的描述，通过持续改善的方式优化和变革流程，使业务流程得到准确和高效执行。</u>业务流程管理是一种规范化的、持续进行的、不断提升的系统化方法。

业务流程管理的实质就是构造卓越流程，保证流程是面向客户的，流程中所有的活动都是增值的活动。业务流程管理的思想包含业务流程再造，比业务流程再造的概念更广泛。业务流程管理与业务流程再造的不同之处在于：

(1) 业务流程再造强调管理的重新规划，采用疾风骤雨式的革命，不主张改革或者改良；企业流程管理是一种系统化方法，是持续进行的、不断提升的动态过程；

(2) 业务流程再造的关键词是"根本""彻底""显著"，业务流程管理的关键词是"规范化""持续性""系统化"；

(3) 业务流程再造要求对所有流程进行再造，业务流程管理不要求对所有流程进行再造，而是根据现有流程的具体情况对流程进行规范化设计；

(4) 业务流程再造仅在再造层面进行，业务流程管理可以在规范流程、优化流程和再造流程三个层面进行。

业务流程管理是一项系统工程，受多种因素影响，如图 2-13 所示。与流程运作直接相关的影响因素是人和管理,其他影响因素包括环境因素、组织结构、信息和技术,产品、服务和绩效是业务流程管理的输出。

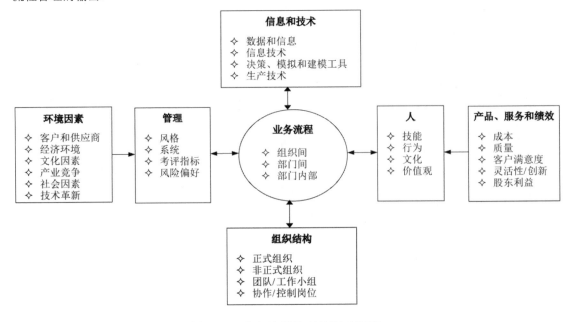

图 2-13　业务流程管理的影响因素

2.2.5　信息系统组织变革的阻力

　　信息系统通过影响组织的关键资源——信息的存取,来影响一个组织中谁做什么,何时、何地和如何做。许多新的信息系统的应用会导致人员分工和办事规程的变化,而那些业已形成的工作模式很难改变。为了适应新的工作任务,职员需要接受再培训和付出额外的精力但得不到任何补偿。因为信息系统可能导致组织结构、组织文化、业务流程和战略的变革,因此引进信息系统常常会遇到相当大的阻力。

　　莱维特(T. Leavitt)提出了表达技术和组织的交互作用及相互调整的性质的钻石模型,如图 2-14 所示。

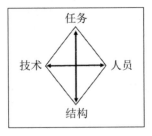

图 2-14　钻石模型

　　在这个模型中,技术的作用会被组织的任务、结构和人员的不适应和抵制等弱化,变革的唯一方式是同时改变技术、任务、结构和人员。其他学者提出在引进技术变革之前需要组织"解冻",然后快速实施技术变革,并再次冻结或制度化这一变革。

　　由于组织变革的阻力十分强大,许多信息系统投资的效果不显著,甚至失败。研究发现,信息系统的应用之所以没有达到预期目标，不是技术的失败，而是组织自身对技术变革的阻碍。

课堂讨论专题

正确理解信息系统应用引起的组织变革和冲击，讨论管理者为什么需要具备技术战略思维，以及需要什么样的适应创新变革的能力。

2.3 信息系统与组织战略

信息系统战略指的是组织在信息系统应用与管理方面的长期目标，为达成这样的目标，组织同样需要完成一系列的任务并分配资源。信息技术的发展改变了组织的战略环境，从而给组织战略的制定与管理带来新的挑战。同时，信息技术与信息系统自身在组织中已经占据重要的战略性地位，对信息技术和信息系统进行合理利用和管理已经成为组织的一项战略性任务。从这个意义上，可以认为信息系统战略已经渗透到组织战略之中，成为现代组织战略不可分割的一部分。

2.3.1 组织战略概述

"战略"一词来源于军事领域，是指为了占据有利的军事地位而对军事力量做出的总体计划和部署。在管理领域，组织战略的意义具有多维视角，它不仅涉及组织的所有关键活动，覆盖组织的未来方向和使命，而且需要根据环境的变化加以调整并有助于管理变革的实现。从这个意义上来说，**战略是组织为了建立或扩大竞争优势，针对其生存和持续发展的全局性、长期性重大问题所制定的目标、策略和计划。**战略的概念中包含五个要点，即目的性、全局性、长期性、关键性和针对性。

一般来说，组织战略分为公司战略、竞争战略和职能战略三个层次。

1. 公司战略

公司战略的对象是由一些相对独立的业务或事业单位组合而成的企业整体。公司战略是企业的整体战略的总纲，是企业最高管理层指导和控制企业的一切行为的最高行动纲领。公司战略主要强调两个方面的问题：一是企业的使命与任务，以及产品和市场领域是什么；二是在企业不同的战略事业单位之间如何分配资源及采取何种成长方向等。对于从事多元化投资经营的企业，公司战略还包括并购与重组战略。对于跨国发展的企业，公司战略还包括国际化战略。

2. 竞争战略

竞争战略也称事业部战略，或者分公司战略，是在公司战略指导下，各个战略事业单位制定的部门战略，是公司战略之下的子战略。竞争战略主要研究的是产品和服务在市场上的竞争问题。

3. 职能战略

职能战略也称业务层战略，是为贯彻、实施和支持公司战略与竞争战略而在企业特定的职能管理领域制定的战略。职能战略的重点是提高企业资源的利用效率，实现资源利用效率的最大化。职能战略一般可分为营销战略、人力资源战略、财务战略、生产战略、研究与开发战略、公关战略等。

公司战略、竞争战略和职能战略一起构成了企业战略体系。在企业内部，企业战略的各个层次之间是相互联系、相互配合的。企业每一层次的战略都构成下一层次的战略环境，同时，低一级的战略又为上一级战略目标的实现提供保障和支持。所以，一个企业要想实现其总体战略目标，必须把三个层次的战略结合起来。

2.3.2 五力模型

战略决定了组织的发展方向，管理者应识别何种技术能最好地支持企业实现战略目标。要识别信息系统能够提供哪些方面的竞争优势，必须进行竞争战略分析。

迈克尔·波特教授提出的"五力模型"认为，一个行业的竞争环境由五种外部竞争压力决定，如图2-15所示。

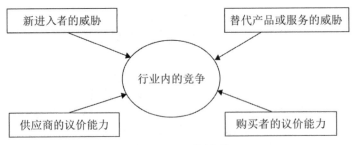

图 2-15 五力模型

利用"五力模型"，管理者可以识别企业的竞争优势和劣势，以及面临的外部压力和机会，它是帮助管理者进行企业战略规划、分析信息技术影响力的有力工具。

1. 购买者的议价能力

企业的获利能力在很大程度上取决于其吸引和留住顾客及索要高价的能力。如果购买者很容易选择竞争者的产品和服务，或者企业和竞争者的产品差异很小，所有产品和服务均能及时地在透明市场竞争，则买方的议价能力较强，反之则较弱。企业可以构建一种竞争优势，使其能够吸引顾客购买自己的商品而不是从竞争者那里购买。通过信息技术来削弱买方的议价能力的一种做法，就是许多企业提供的忠诚计划。忠诚计划是基于客户与企业之间的业务量对客户提供回馈。只有跟踪许多客户的业务量，同时有信息系统的支持，这项计划才可能实施。例如，国内星空联盟的航空公司推出里程积分计划，只要乘坐星空联盟航空公司的航班就可以累计积分以享受免费乘坐航班、免费升舱，以及免费入住宾馆的优惠，使旅客更加愿意与这些航空公司开展更多的业务。

2. 供应商的议价能力

在传统的供应链中，企业可能既是供应商（对客户而言），又是客户（对其他供应商而言），作为其他供应商的客户，企业希望能够增加自己的买方议价能力。供应商的市场权利对企业的利润有重大影响，企业的供应商越多，它在价格、质量、供货时间上就更容易控制供应商，其买方议价能力就越强。例如，笔记本电脑的制造商总有多个相互竞争的键盘、硬盘和显示屏等的供应商。

3. 替代产品或服务的威胁

对于一种产品或服务存在多种选择时，替代产品或服务的威胁就大，反之则小。在理想状态下，对于企业提供的产品和服务，市场中仅存在少量的替代品时，企业会很愿意成为供应商。当然，这种情况在市场中是非常少见的，企业可以通过增加转换成本来建立竞争优势。转换成本就是指使消费者转而使用另一种产品或者服务需要付出的成本。转换成本并不一定是真实的货币成本。

在具有许多替代产品的市场中，一些电商平台通过向顾客提供定制产品增加顾客转向其他在线零售商的转换成本，从而削弱替代产品或服务的威胁。例如，当顾客在淘宝、京东等电商平台购物时，电商平台会通过智能推荐技术建立顾客消费习惯档案，并为顾客提供定制产品。当顾客登录这些电商平台时，在档案中会显示为顾客定制的产品。如果顾客选择去其他网站购物，由于其他网站没有关于顾客过去购买记录的档案，此时就产生了转换成本。

4. 新进入者的威胁

当新的竞争者很容易进入市场时，新进入者的威胁就大，而当进入市场的行业壁垒很高时，进入威胁就小。进入壁垒是指特定行业内客户期望的公司产品或服务所应具有的功能。先进入的公司为了竞争并得以立足必须提供这种功能，建立起这种壁垒，然后壁垒会被新进入者克服，接着新进入者又会建立新的壁垒。不同行业的进入壁垒差别很大，如快餐行业的进入门槛很低，而计算机芯片行业就很难进入。

5. 行业内的竞争

所有的企业和行业内的其他竞争者共同分享市场空间，竞争者们连续以更新、更高的效率生产，引入新产品、新服务，开发品牌，吸引顾客，减少顾客转移成本。例如，零售行业中存在激烈竞争，商家通过收集有关顾客购买习惯的信息，制订价格策略、广告策略和忠诚计划，来应对行业内的竞争。

2.3.3 基于信息系统的组织战略

当企业面对外部环境的竞争压力时，可利用信息系统来阻止替代品、新的市场竞争者的进入，并获得竞争优势。常用的战略有如下四种。

1. 成本领先战略

成本领先战略是指以比任何竞争对手更低的价格提供同质或更优的产品或服务。 通过成本领先战略获得竞争优势的企业有很多，典型的例子就是沃尔玛。沃尔玛的口号"天天平价"深刻地描述了成本领先战略的实质，借助连续库存补充系统，沃尔玛保持着最优库存和低价，成为美国零售业的领导者。当顾客在收银台付款以后，沃尔玛的连续库存补充系统立即直接将订单传给供应商。供应商也可以运用网络技术存取沃尔玛的销售和库存数据。由于系统快速补充库存，因此沃尔玛无须保持大量的库存，可以及时根据顾客需求调整库存，节省了大量的资金。同时，沃尔玛也使用商务智能系统来分析、预测顾客的需求和行为。

如果企业选择成本领先战略，信息技术是非常有效的工具。信息技术支持下的供应链管理系统有助于企业快速获取顾客信息，掌握顾客的购买行为，更好地预测产品库存和货架摆放位置，也方便顾客通过在线销售系统以较低价格购买企业的产品。

2. 产品差异化战略

产品差异化战略是指提供独特的产品或服务，使顾客感知产品或服务是独一无二的。 企业的新产品和服务应明显区别于竞争对手的产品和服务，且不容易被当前的竞争者和潜在的新竞争者复制。许多企业正在利用信息系统创造产品和服务，以满足顾客的个性化需求。例如，戴尔公司以按订单组装生产电脑的方式进行网上直销，满足顾客对电脑性能和部件的特殊需求。淘宝电商平台通过使用支付宝电子支付系统，使顾客支付更加便捷，增加其市场的业务量。还有一些服装生产企业，为顾客提供网上订购服务，企业按照顾客的说明进行个性化定制，整个服装订单处理过程和样本设计过程都是由信息系统完成的，但是其服装的价格与批量生产的服装价格并无多大差异，满足了顾客的个性化和低价格的需求。

3. 集中化战略

集中化战略是指面向特殊的细分市场或购买群体，或者聚焦于产业链的一部分或特定的区域市场提供产品或服务。 信息系统能利用生产和分析数据来调整销售和市场策略以支持这种战略。信息系统基于信用卡业务数据、人口统计数据、商场结账数据，以及顾客的电子商务和网络互动数据等，分析顾客的购买模式和消费偏好，进而有针对性地设计营销策略，帮助企业进行决策。例如，希尔顿酒店使用信息系统分析其所有酒店收集到的顾客详细数据,从而可以确定每个顾客的入住次数和偏好。希尔顿利用这些数据分析结果制定不同的营销策略,对那些入住次数较多的顾客给予额外的优惠,如延迟退房等。

4. 与顾客和供应商建立紧密联系

与顾客和供应商建立紧密联系是指把顾客与企业的产品捆绑在一起,并把供应商纳入本企业的采购计划和价格结构中。这一战略的核心是提高下游顾客与上游供应商的转换成本,并且降低他们的议价能力。

针对顾客的战略信息系统通常能够帮助顾客降低库存甚至实现零库存,而将所有的库存功能转移给配送商。零库存对于顾客有着强大的吸引力,从而带给配送商巨大的竞争优势。例如,美国巴克斯特健康护理公司开发出的一种订货系统,可以帮助医院实现零库存。医院需要订货时,只需要使用计算机终端从巴克斯特的供应目录中订货,提升了便利性,降低了成本,加入这一系统的医院越来越多,而且它们不愿意再转向其他供应商。

针对供应商的战略信息系统能够帮助供应商精确地满足自身的需要,甚至将供应商的生产计划纳入本公司的生产计划中,从而使公司的成本最小化。那些不愿意被纳入系统的供应商将难以获得订单。如果公司未在市场上占据主导地位,也可以通过针对供应商的战略信息系统与供应商结成战略联盟,通过改善信息流来减少不确定性,降低库存,节约开支。

上述这些竞争战略并不是孤立的,企业通常在采用一种战略的同时,也会采用其他战略作为补充,实现企业的整体竞争优势。

案 例 分 析

贝壳找房——立足平台,服务为王

2018 年 4 月,链家 CEO 彭永东在公布"贝壳找房"这一新物种的信中提到过一个愿望:"希望有一个面向全行业而共享的价值观,面向全社会而创造价值。我们的价值实践,在于让行业变得更好,在于培养和服务大批优秀的从业者、服务者,在于让全行业的用户都获得更好的服务体验。"

从链家网到贝壳找房——贝壳为何要做平台

贝壳找房是源于链家网的,然而它又与链家网有着截然不同的商业发展模式。自 2018 年 4 月上线以来,仅仅一年贝壳就实现了进驻全国 98 个城市,连接超过 21 000 家线下门店的成绩。这个发展速度是惊人的,要知道,它的"母家"链家网——作为互联网房产服务领域的龙头企业之一,成立于 2001 年,从 0 起步做到 8 000 家门店,这个业内领先规模花费了整整 17 年的时间。

实际上,虽然链家网完全有资格号称是行业一哥,拥有 8 000 家门店,150 000 名经纪人,1 亿多套真实房源遍布 160 个城市。但由于房产行业特殊的地域性等原因,它的能力也是非常有限的,在全国的市场占有率其实只有不到 10%。在互联网房产服务这个行业中,我国远没有实现集中化。因此让"地产属性"的中介链家后退,让"轻资产互联网公司"贝壳谋取上市,左晖和彭永东都是十分坚定与有决心的——在一年中,对其进行了大刀阔斧的改革:体现在高管换防、团队重整、组织结构调整等多个方面。2020 年 3 月,贝壳宣布启动 D 轮融资,腾讯领投 8 亿美元。而"掏空"了整个链家去打造的贝壳找房如果平台搭建成功,面对的将是我国十多万亿的房产市场,前景诱人。

贝壳找房和链家到底有什么不同?当打开贝壳找房的官方网站,或者手机 App 时,可以发现其中汇集了包括链家自己在内的大批的中介品牌。可以说链家是一种封闭独立的垂直自营模式,那么贝壳就是截然不同的另外一种开放共享的平台模式。这个平台不再把有关租售房的所有服务和业务局限于在封闭中自行完成,而是作为一个平台为全行业提供有关租售房产服务甚至相关工具和提高效率的方案。实际上贝壳正在以共享真实房源、海量信息和赋能优势,吸引大批中介公司和经纪人入驻，并运用自己平台的资源帮助他们提高作业效率和顾客满意度。自营模式的链家和行业中其他的公司企业是处在激烈竞争当中的，并遵循线性的增长曲线；而平台模式的贝壳找房与全行业分享资源，与第三方商家们可以说是互惠互利，共享全行业红利，将内部能力和资源外部化、最大化，最终实现指数级增长。

为了消除行业内的隔阂，左晖首先带头开放了自己的资源，包括链家网和德佑等业务上的资源，以此来说明和推动无差别化的分享。这也就意味着加入贝壳找房，就必须向平台开放自己的资源，当然同时也会获得链家、德佑等其他品牌的资源。在同一个平台内，大家是在合作的基础上开展竞争的，使用同样的资源。

2019年2月，贝壳找房正式进入微信，补齐了微信九宫格的最后一个位置。作为一个平台，通过网站、App，以及微信九宫格等，贝壳获得了巨大的流量，数据显示其日浏览量高达1 274万次。当然，彭永东也很清楚：虽然产业互联网说的是把流量当成每一个人，但是实际上，流量本身并没有任何意义和情感，存在的实际上是流量背后的那一个人。也就是说，服务的出发点和起始点应该是流量背后这些人的需求，贝壳找房通过平台的构建去帮助调动所有的资源并且协调、组织这些资源，为流量背后的人提供更好的服务。贝壳找房做到了，通过合作和优化服务，贝壳找房的门店做到了2.1万家，商机上更是10倍的增长，对于许多门店来说，交易量甚至获得了100%以上的增长。

数字化手段，全方位升级

从封闭直营的链家到开放的贝壳平台，需要做出的转变是极大的，涉及的是整个交易和管理流程。贝壳选择的是依靠技术和数据去实现这个转变，通过这些手段，以消费者为核心，帮助入驻的商家可以为消费者提供更好的服务，让消费者拥有更多的选择权。贝壳找房平台与其说是一个房产服务的平台，不如说是一个数据技术平台。做成现在的数据技术规模，不只是依靠承接链家网的长期积累沉淀，更是其自身坚持科技创新的路线。

大数据支持，楼盘字典破解"假"难题。楼盘字典是一套楼盘的信息系统，这套信息系统可以帮助中介在输入房源信息时自动关联到房源的楼盘位置、面积、容积，甚至配套设施等详细的信息情况。链家网建设楼盘字典已经数十年了，发展到现在已经是楼盘字典4.0。楼盘字典系统下涵盖了多个子系统，如数据血缘、数据反应堆"蚁巢"智能采集等。被楼盘字典记录下来的真实房屋数量已经突破了1亿套，分布在全国的135座城市的25万个小区中。作为一个开放共享的平台，楼盘字典这一重要的信息数据资源也会逐步面向全行业实现共享，其在房产领域承担的角色将类似于计算机的二进制法则，对推动全行业解决虚假房源这个屡禁不止的顽固问题有着重要的意义和作用。

VR看房。如今，贝壳找房对VR的应用已经非常熟练和先进了：平均只需要利用30分钟，就可以完成对一套面积在100平方米左右的房源的拍摄工作，拍摄完成后将数据上传至服务器，后期可以通过智能空洞填补、HDR优化、自动建模、全自动数据提取等三维重建技术，最终只需要十分钟左右的时间就可以利用所有的数据信息建立起一个三维的模型，也就是顾客最终在客户端可以直接看到的真实空间。一年以来，贝壳找房的如视事业部已扫描重构房源超71万套，在近期每月新增的数据样本超过10万套。而在贝壳找房上消费者平均每天使用VR看房的时间已经超过了2.6万个小时。从以上的数据来看，可以说——如视事业部已成为国内最大的空间实景3D重建服务商。

开放共享信息，推动全行业品质服务升级。贝壳所致力打造的一个尤为重要和独特的项目就是ACN经纪人合作网络。这是贝壳构建的重要核心，它的作用是从开始到结束细化整个服务的链条，得出一个非常具体的数字说明每一位经纪人在服务链上中国管理案例共享中心案例库的每一个环节所做出的贡献，并以这个贡献率为依据进行佣金分配，使整个佣金分配的机制更加均等化。有了这个网络以后，在房源信息充分共享的条件下，不同的品牌、经纪人就有机会以不同的角色参与同一笔交易过程中，并得到相应的与他们的工作相匹配的佣金，这也是共生经济在居住领域的第一个落地模式。

未来展望

贝壳找房正在积极打破传统服务企业、服务者之间彼此孤立的现状，串联起泛居住、全业态的生产者、消费者，推动价值互动，重塑居住消费体验。构建居住服务行业的基础设施、推动服务价值崛起是帮助行业有更高效发展的必然要求。而在这个复杂的构建过程中，离不开的是五大支柱：第一，数字化的手段。在大数据的时代背景下，数字化的建设对提升服务具有重要的意义，从标准化到智能化。在互联网房产服务领域中更好地去运用AI、5G互联网、VR等技术是新的趋势。第二，行业基础设施的建设。例如，楼盘字典就是一个典型的示例，便捷良好高效的基础设施将是对提升行业效率的核心支柱。除了楼盘字典的真房源体系，在交易过程中，包括制度、流程、信用等还有许多方面需要去建设。第三，重视平台的作用。平台可以通过搭建规则、重塑信任关系和交互方式等途径将行业全链条串联起来，形成强大的力量。第四，随着开放共享平台的搭建，不同品牌的合作共赢将会成为行业的主流。同样，这种发展趋势也会使消费者得到更好的服务。最后，管理型服务市场兴起离不开的是服务者的职业化，以及从多个方面(收入成长、提升空间、认同感等)对职业服务者做正向的激励，让他们可以提供更好的服务体验，形成一个良性的循环。

(资料来源：张元，吴奕萍，龚智，侯娜，张洁，郝越."贝壳找房——立足平台，服务为王" [EB/OL]. [2020-01]. http://www.cmcc-dut.cn. 作者有删改)

思考题：
1. "贝壳找房"基于IT的组织运行和战略有哪些？
2. 平台型组织具有哪些特征？举几个平台型组织的例子，并分析其商业模式。

本章习题

1. 组织的要素有哪些？
2. 简述组织结构的类型。
3. 信息系统对组织绩效的影响体现在哪些方面？
4. 信息系统对组织治理的影响有哪些？
5. 简述信息技术促进组织变革的层次。
6. 业务流程再造的内容包括哪些方面？
7. 业务流程管理与业务流程再造的差异表现在哪些方面？
8. 信息系统的组织变革阻力有哪些？
9. 组织战略分为哪几个层次？
10. 波特"五力模型"包括哪几个方面？
11. 基于信息系统的组织战略有哪些？

第3章
信息系统安全与道德

新兴信息技术及催生的信息系统应用往往会打破原有的秩序和平衡,技术引发的社会问题涉及信息安全的挑战及道德困境。本章将探讨信息系统应用使企业面临的信息安全问题、道德威胁、大数据的信息隐私问题,以及信息系统带来的挑战。

知识导航

1. 信息系统安全问题的来源、类型与措施
2. 信息系统的道德问题
3. 引发社会问题的信息技术趋势
4. 信息道德的内容和分类
5. 大数据隐私保护问题的解决途径
6. 信息系统带来的社会挑战

关键概念

信息系统安全问题　身份认证　数据加密　信息道德　隐私

开篇案例

淘宝购物中奖的骗局

2014年11月17日凌晨,客户焦某收到一条淘宝客服的短信:"您在淘宝网购物时已被抽选为特别用户,恭喜您获得二等奖,奖品为16万元人民币及苹果电脑一台,请登录官网www.vipy6.com查看领取。"焦某登录网站并按照提示拨打了号码为4006969781的"客服热线",对方称要想领奖需先汇5000元担保金,于是焦某立刻前往附近银行网点办理了转账。第二天上午8点,不法分子打来电话,说还需缴纳3.6万元的个人所得税才可以领奖。焦某便来到中行南郊支行办理汇款,由于不熟悉业务办理流程,焦某向一旁的大堂经理寻求帮助。大堂经理询问了其汇款意图,得知事件的来龙去脉后,断定其遭遇了电信诈骗,随即告知窗口人员终止操作,并耐心地告诉焦某其遭遇了电信诈骗,不能汇款,从而阻止了一起利用假淘宝网站实施的诈骗,帮助焦某挽回3.6万元的经济损失。

这是一起典型的"网络钓鱼"诈骗案件。目前,常见的"网络钓鱼"方法有建立假冒网站或发送含有欺诈信息的电子邮件,以虚假信息引诱用户落入圈套;建立假冒网上银行、网上证券网站,骗取用户账号密码并实施盗窃;利用虚假的电子商务网站进行诈骗。此类犯罪活动往往是建立电子商务网站,或是在比较知名、大型的电子商务网站上发布虚假的商品销售信息,犯罪分子在收到受害人的汇款后就会销声匿迹。

除此之外，由于系统的设计漏洞、管理员或用户的不当使用，都可能被隐藏在角落里的"攻击者"利用。

(资料来源：佚名. 小心中奖信息巧妙躲开诈骗[EB/OL]. [2014-11-25]. http://www.kxnet.cn/news/t_2/801%20.html. 作者有删改)

讨论：
1. 你在生活中是否遇到过相似情形？你是如何应对的？
2. 举例说明信息系统常见的安全问题有哪些。

3.1 信息系统的安全问题

信息系统的安全问题，是指在信息系统应用中被意外或人为地破坏，以及非法使用信息资源，对企业和个人的合法权益造成伤害。针对信息系统可能存在的安全问题，需要在其运行过程中采取一系列保护性措施。

3.1.1 信息系统安全问题的来源

信息系统的安全问题有三种主要来源，即人为错误和失误、恶意的人为活动、自然灾害。

(1) 人为错误和失误。人为错误和失误是指由员工和其他人员错误操作造成意外，产生的问题。例如，员工错误地理解了操作程序，意外删除了客户记录；或者是在备份数据库的过程中，无意间以原来的数据覆盖了当前数据。人为的错误和失误还包括错误地设计和编写应用程序、发生人身意外等。

(2) 恶意的人为活动。恶意的人为活动是指员工或其他人员蓄意破坏数据或其他系统部件，还包括黑客入侵系统、编写计算机病毒，以及闯入系统窃取经济利益的外部罪犯活动和恐怖主义行为。

(3) 自然灾害。自然灾害包括火灾、水灾、飓风、地震和雪崩等不可抗力因素。自然灾害造成的问题不仅包括软硬件的初始损失，还包括灾后系统恢复所付出的成本。

3.1.2 信息系统安全问题的类型

信息系统的安全问题多种多样，归纳起来主要有五类：基础设施损失、未经授权的数据披露、不正确的数据修改、错误服务和拒绝服务。

1. 基础设施损失

自然灾害是造成基础设施损失最主要的原因，如火灾、水灾、地震等事件可能会摧毁数据中心。

此外，人为错误导致的突发事件，盗窃和恐怖事件也会造成基础设施的损失。例如，一个不满被解聘的员工可能会偷走或破坏公司的数据服务器、路由器或其他关键设备。

2. 未经授权的数据披露

未经授权的数据披露主要包括无意披露和恶意披露。

无意的未经授权的数据披露是指由于人为的无意识地违反数据政策而引发的数据泄漏。例如，员工不小心向竞争对手或媒体透露了公司的重要数据，或者错误地通过网络公布企业专有的或内部数据。

恶意的未经授权的数据披露主要涉及一些计算机犯罪，如网络钓鱼、欺骗、嗅探等。网络钓鱼是使用相应的技术通过电子邮件等获取未经授权的数据。例如，犯罪分子会冒充政府机关、金融机构等发送电子邮件给受害者，要求其提供机密数据，如账号、卡号和密码等。欺骗是犯罪分子在网络中冒名顶替他人，如入侵者在非法入侵时使用其他的 IP 地址。嗅探是一种拦截计算机通信的技术。在有线网络下，嗅探需要与互联网有物理上的连接；而在无线网络下，则不需要这种连接，只需要把电脑带到有无线连接的地方，检索未受保护的无线网络，便能随意监听和拦截无线通信。

3. 不正确的数据修改

不正确的数据修改是由于员工执行错误的程序、程序设计错误和系统错误等人为错误，以及一些恶意的计算机犯罪行为造成的。自然灾害后错误的数据恢复行为也可能导致数据不正确的修改。这种错误行为可能是无意识的，也可能是恶意的。

4. 错误服务

错误服务包括由于错误地操作系统所产生的问题和不正确的数据修改，还包括系统运行错误，如给客户发送错误的商品或将订购的货物发给错误的客户、向客户收取错误的金额或者向员工发送错误的信息。服务人员可能会因为程序制定的错误而无意识地造成错误服务；系统开发人员可能会在编写程序时出错或在硬件、软件和数据安装过程中发生错误。错误服务也可能由自然灾害重建过程中产生的错误造成。

此外，当非法程序入侵计算机系统，并取代合法程序的时候。这类非法程序通常会关闭合法程序并取代它们进行操作，造成错误服务。

5. 拒绝服务

执行程序中的人为错误或程序的缺失可能会导致系统拒绝服务。例如，人们可能由于启动一个计算机程序而无意识地关闭了一个网络服务器或公司的网关路由器。一个使用业务数据库管理系统的 OLAP 程序可能会占用大量的数据库管理系统的资源，从而导致订单输入交易无法进行。

拒绝服务也可能是恶意攻击引起的。例如，"黑客"可以用数百万条虚假的服务请求来拥堵网络服务器，使其不能够为合法请求提供服务；计算机蠕虫也能够带着大量的虚假通信渗透互联网，导致合法通信无法接通。自然灾害也可能会致使系统瘫痪，从而导致拒绝服务。

3.1.3 信息系统安全管理措施

1. 安全政策措施

安全政策措施主要包含两个重要的任务，即制定信息系统的安全政策和信息系统的风险管理决策。

信息系统的安全政策包含三个要素：一是对组织安全程序的总的说明，这个说明将成为整个组织内更多具体安全措施的依据。在这个说明中，管理层除了必须明确安全程序的目标和需要被保护的资产外，还必须指定一个部门去管理组织的安全程序和文件，概括地说，就是组织将如何确保安全程序和政策的执行。二是特定问题策略。例如，管理层应当制定有关私人在工作时间使用计算机和电子邮件隐私权的政策。三是特定系统政策，这涉及具体的信息系统。例如，从订单输入系统获得的客户数据哪些可以出售或与其他组织分享，处理员工数据的有关系统的设计和操作应当制定哪些政策，公司应当把这类政策作为系统开发程序的一个组成部分。

风险管理决策主要指高级管理层在对风险进行评估后，决定该怎么做。在一些情况下，做出决策非常容易。企业可以使用一些低成本的、容易操作的保障措施来保护一些资产，如安装杀毒软件。但是，有些漏洞的消除成本非常高，管理层必须明确安全保障措施的成本是否已经超过降低可能的损失所带来的好处。由于很难了解安全保障措施的真正作用，并且可能的损失受到不确定性的影响，因此这种风险管理决策就非常困难。

2. 基础设施的安全管理措施

基础设施的安全管理措施主要包括场地环境、设备设施、供电、电磁屏蔽和信息介质等，以及安全备份管理、运行环境的温度与湿度管理等。此外，还包括树立系统操作人员的安全意识。

3. 技术性安全措施

技术性安全措施主要包括身份认证、数据加密、防火墙、恶意软件防护和设计安全应用程序等。

(1) **身份认证(Authentication)，是指系统通过审查和鉴别用户的真实身份，确定该用户是否具有对某种资源的访问和使用权限。** 除密码识别外，还可以运用智能卡和生物识别身份验证来加强用户识别和验证。智能卡是一个类似于信用卡的塑料卡。不同于信用卡和借记卡等带有磁条的卡片，智能卡有一个微型芯片，这个微型芯片比磁条存储的东西要多得多，其中装满了身份数据。智能卡的用户需要输入个人识别号码以获取授权。生物识别身份验证使用个人的身体特征，如指纹、面部特征和视网膜扫描来验证用户身份。生物识别身份验证提供了强大的验证功能，但是所需的设备非常昂贵。

(2) **数据加密，是为了防止存储介质被非法复制、盗窃，以及信息传输线路被窃听而造成机要数据的泄漏，在系统中对机要数据采取加密存储与加密传输等安全保密技术。** 数据加密已经成为保护数据及其他信息系统资源的一种重要方法，密码、信息、文件及其他数据都可以采用加密编码的方式来传输，并只能由授权用户的计算机系统来解码。数据加密需要借助于特定的数学算法或密钥，将数字数据转换为加密代码，然后进行传输，当到达目的地后再进行解码。

(3) 防火墙相当于一个"门卫"系统，可以是一个通信处理器(如路由器)，也可以是一台装有防火墙软件的专用服务器。在企业内联网与互联网或其他网络间的双向通信中，防火墙为用户提供了一个过滤和安全转发访问请求的控制点。因此，它可以保护企业内部网及其他计算机网络免受攻击。防火墙将过滤所有的网络通信，检查其密码或其他安全码是否正确，并只允许授权的访问进出网络。企业通常使用多重防火墙，即同时安装外围防火墙和内部防火墙。

(4) 恶意软件的防护，是采取一定的防护措施阻止大部分恶意软件，如病毒、蠕虫、木马、间谍软件和广告软件等。具体方法为：安装反病毒和反间谍软件程序；经常用反恶意软件程序扫描，只打开已知来源的电子邮件、升级恶意软件的定义、尽快安装合法来源的软件升级包等。

(5) 设计安全程序。设计安全程序主要指企业组织在开发任何一个信息系统时都应该将安全性作为应用程序的一个要求。

4. 数据保障措施

数据保障措施是指用来保护数据库和其他企业数据的措施。企业需要明确用户的数据权力和责任，以保证某些特定的权力被通过密码验证的特定账户来使用，并且还应当通过加密保存方式来保护敏感数据。另外，企业还需要定期创建数据库内容的备份文件。数据保障的另一个重要措施是数据恢复，特别是灾难恢复机制的建立，灾难恢复机制必须详细说明在灾难后进行数据恢复的全部内容以确保企业数据的安全。

3.2 信息系统的社会与道德问题

以信息技术代表的技术创新及其应用产生的商业模式创新,往往会超出现有的法律、制度和道德范畴,进而引发许多社会与道德问题。因此,信息系统与社会运行的协调是一个动态变化、不断调整和适应的过程。

3.2.1 信息系统的社会问题

新兴信息技术不断涌现和应用,企业面临前所未有的道德挑战,甚至引发社会冲突。

1. 道德、社会和政治之间的关系

信息系统的管理者所面对的道德困境,往往反映社会的矛盾与冲突。如果把社会看作平静的池塘,即由个人、社会和政治机构组成的平衡生态系统,那么新兴信息技术和信息系统就像投入池塘的石块,打破原已形成的平衡状态,引起由个人、社会和政治机构构成的生态系统的扰动。此时,原有的规则、制度和行为规范往往不能很好地解决这些新的社会问题,社会组织也无法迅速做出反应,相关机构可能要花费很长的时间建立一套相应的规则体系。在此期间,行动者就很有可能面对法律的灰色区域。

新兴信息技术及应用会产生一系列的连锁反应,在个人、社会和政治层面引发新的道德、社会和政治问题,这些问题体现在五个道德维度方面:信息的权利和义务、财产的权利和义务、责任和控制、系统质量,以及生活质量。图 3-1 描述了道德、社会和政治之间的关系。

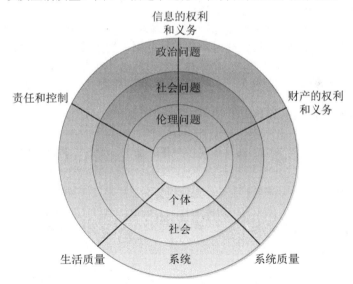

图 3-1 道德、社会和政治之间的关系

2. 信息系统的道德维度

由信息系统产生的道德、政治和社会问题包括如下五个维度。

(1) 信息的权利和义务。个人和组织有哪些信息权利,这些权利能保护什么;个人和组织有哪些信息义务。

(2) 财产的权利和义务。在数字环境中,很难跟踪和追究所有权,而忽视这些产权却很容易。因

此，在数字社会中，应注意保护传统的知识产权。

(3) 责任和控制。由于获取信息或获得产权而使个人受到伤害，谁对此负有责任和义务。

(4) 系统质量。有效保护个人的权利和社会的安全，需要什么样的数据标准和系统质量。

(5) 生活质量。以信息和知识为基础的社会中，应该建立和维护什么样的价值观，应当保护哪些机构免受伤害。新的信息技术支持什么样的文化价值。

3. 引发社会问题的信息技术趋势

信息技术的快速发展加重了商业伦理问题，影响了已有的社会秩序，使一些现有法律不再适用或产生了严重的缺陷。下面列举几个易引发社会问题的信息技术趋势。

(1) 根据摩尔定律，计算机 CPU 的计算能力每 18 个月翻番，信息系统应用显著提升组织运作的效率，促使大多数企业越来越依赖于信息系统，而且对于系统错误和数据质量具有了更强的容忍能力。与此同时，社会规则和法律还未对这种依赖及时做出调整，以致保证信息系统可靠性和准确性的标准并未被普遍接受或推行。

(2) 数据存储技术的发展使存储成本快速下降，私人或公共机构能够以较低代价维护多个数据库，包括雇员、顾客和潜在客户的数据库等。与此同时，个人隐私更容易受到损害。

(3) 大数据分析技术是容易引发商业伦理问题的关键技术。企业利用大数据分析技术比以往更容易汇总和处理存储在计算机里的大量数据片段，发现更为准确的个人特征。利用计算机对多源数据进行整合并建立详细的个人电子档案，称为用户画像。当今社会，能够产生私人信息的途径越来越多，如使用信用卡支付、拨打电话、订阅杂志、登录社交媒体，以及网络购物等。对通过以上途径获取的数据进行用户画像，进一步得到的信息不仅能描述个人的信用状况，还可体现驾驶习惯、饮食口味、社交圈和兴趣爱好等个体特征。零售企业通过信息能够开展更为精准的营销活动，从而应对市场竞争，但同时该技术也使个人信息被暴露。

(4) 以 5G 为代表的通信网络技术发展，使得网络带宽和速度不断提升，异地复制数据和远程存取个人数据的成本更低、更容易。同时，移动互联网的发展使得移动终端的使用普及性持续增强，个人使用移动终端可能在未经用户同意或知悉的情况下被追踪位置信息、网络使用行为等数据，这些未经授权的用户数据的使用会产生较大的隐私暴露隐患。

3.2.2 信息系统的道德问题

信息道德，是指在信息活动中，参与信息的产生、加工、发布、传递和使用的人之间信息关系的行为规范的总和。

信息道德行为不仅可以保障信息的安全，也可以提高保护知识产权的力度。现代企业应加强信息道德教育，使信息活动的相关人员能从思想上、行为上规范约束自己，不损害他人、社会、组织和国家的利益，自觉尊重他人的知识成果，合理、合法地利用他人的知识，树立良好的信息道德风尚。

1. 信息道德的内容

信息道德的主要内容包括信息交流与社会整体目标协调一致，遵循信息法律法规，抵制非法信息行为，尊重他人知识产权，正确处理信息活动中各个环节之间的关系等。具体来看，信息道德主要包括以下内容：

(1) 遵守法律和法规；

(2) 尊重他人知识产权和信息隐私；

(3) 保守商业秘密，维护信息安全；

(4) 不制作、不传播和不使用不良信息或病毒；

(5) 不盗窃或盗用他人信息；

(6) 不窥视他人信息系统或信息；
(7) 不利用信息技术和能力进行计算机犯罪。

信息道德不是国家的法律法规，不属于法律法规强制执行的范畴，而是依靠社会舆论力量，以及人们的信仰、习惯和教育力量来维持。由于互联网时代的信息系统强调开放性和共享性，因此要维持正常的信息秩序，依靠法律不能解决所有问题，而应依靠强大的道德力量。

2. 信息道德的分类

信息道德分为商业道德和技术道德两类。

(1) 商业道德，是指管理人员在日常的企业决策中必须面对大量的道德问题。社会约束理论认为企业对整个社会都有道德责任，社会约束是企业存在的基础。第一个约束条件要求企业提高消费者和员工的满意度。例如，企业的行为不能对环境造成污染，不能让员工在不人道的环境下工作。第二个约束条件要求企业避免欺诈行为，尊重自己的员工，对社会任何群体的地位不会造成系统性损害。

商业道德的利益相关者理论认为管理人员有责任从所有利益相关者的立场出发来管理企业。其中，利益相关者是对企业投资或者对企业拥有索赔权的个人或团体。有时，该概念被扩大到包括所有影响公司或受公司影响的群体。

(2) 技术道德，是指与任何形式的技术应用相关的道德问题。技术道德有四个原则，即均衡性原则、知情和同意原则、公正性原则和风险最小化原则。均衡性原则是指新技术带来的益处必须超过其危害或风险，并且无法找到伤害或风险较小的其他方案来实现相同的或相当的收益。知情和同意原则是指受到技术影响的人应该明白并接受这些风险。公正性原则是指应该公平地分配技术的收益和风险，即受益方应该承担相应的风险，而非受益方承担的风险不应该显著增加。风险最小化原则要求在满足上述三个原则后，实施技术时也应该避免不必要的风险。

3. 建立企业的道德文化

尽管企业道德文化的建立有各种各样的形式，但也有一般性的规律。企业建立道德文化的过程，如图 3-2 所示。

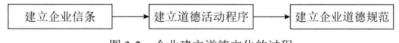

图 3-2 企业建立道德文化的过程

(1) 企业信条，是企业希望提倡的反映企业价值观的简明语言。其目的是向企业内外的人员和组织传播企业的价值观。它反映在各个方面，如对顾客的承诺、对股东的承诺、对社会的承诺等。

(2) 道德活动程序，是进行道德和精神文明教育。它由一些活动组成，如新员工培训、审核各部门如何落实企业信条等。

(3) 道德规范，是指在企业制度中专门用来规定道德标准的内容。

课堂讨论专题

总结信息技术应用负面效应及其引发的道德和法律问题，讨论企业和个人如何树立正确的商业伦理观。

3.2.3 大数据的信息隐私问题

随着互联网技术的飞速发展，整个社会被强行带入大数据时代。人们的个人数据正在不经意间被动地被企业、个人搜集并使用。个人数据的网络化和透明化已经成为不可阻挡的大趋势。过去，能够大量掌控公民个人数据的机构只能是持有公权力的政府机构,但现在许多企业和个人也能拥有海量数据,甚至在某些方面超过政府机构。这些用户数据对企业来说是珍贵的资源,因为它们可以通过数据挖掘和机器学习等大数据分析方法从中获得大量有价值的信息。与此同时,用户数据一旦泄漏,用户的隐私将被侵犯。近年来,已经发生了多起用户隐私泄露事件,从支付宝年度账单事件、Facebook(脸书)用户数据泄露,到携程大数据"杀熟"、华住酒店集团信息泄露案,个人的信息隐私保护遇到了严峻的挑战。

隐私,是指一种私人的免于公众注意和观察的状态,其对应的是主体享有免于被打扰的自由。 "隐私"一词的含义随着时代的发展不断发生变化,过去"隐私"主要是指他人的财产不受侵犯,而互联网时代,"隐私"主要是指限制或控制他人访问私人信息。隐私一般包含身体隐私、心理隐私、社会隐私和信息隐私。其中,信息隐私主要涉及个人信息的收集、存储、控制和传播。常见的信息隐私包括信用隐私、医疗隐私、社交隐私和工作隐私等。大数据时代个人隐私的保护问题受到广泛关注。

针对大数据的隐私保护问题,其解决途径主要包括:制定法律法规、大数据隐私保护技术方法、行业自律制度。

1. 法律法规方面

在法律法规方面,欧美国家早在20世纪70年代就有专门的隐私保护法,如美国的宪法第一修正法案、宪法第四修正法案、隐私法,欧洲的数据保护指令等。

我国虽然没有专门的隐私保护法,但在多个法律法规的条文中涉及了隐私保护,对保护个人隐私做了间接的、原则性的规定。例如,《中华人民共和国宪法》第三十八条、第三十九条、第四十条明确了对公民的人格尊严、住宅、通信自由和通信秘密的保护,这是我国法律对隐私权进行保护的最根本的依据;第三十八条规定,中华人民共和国公民的人格尊严不受侵犯。禁止用任何方法对公民进行侮辱、诽谤和诬告陷害。第三十九条规定,中华人民共和国公民的住宅不受侵犯。禁止非法搜查或者非法侵入公民的住宅。第四十条规定,中华人民共和国公民的通信自由和通信秘密受法律的保护。除因国家安全或者追查刑事犯罪的需要,由公安机关或者检察机关依照法律规定的程序对通信进行检查外,任何组织或者个人不得以任何理由侵犯公民的通信自由和通信秘密。

《中华人民共和国民法典》第三编第五百零一条规定,当事人在订立合同过程中知悉的商业秘密或者其他应当保密的信息,无论合同是否成立,不得泄露或者不正当地使用;泄露、不正当地使用该商业秘密或者信息,造成对方损失的,应当承担赔偿责任。第五百零九条规定,当事人应当按照约定全面履行自己的义务。当事人应当遵循诚实信用原则,根据合同的性质、目的和交易习惯履行通知、协助、保密等义务。《中华人民共和国民法典》第四编第一千零三十二条规定,自然人享有隐私权。任何组织或者个人不得以刺探、侵扰、泄露、公开等方式侵害他人的隐私权。第一千零三十三条规定,除法律另有规定或者权利人明确同意外,任何组织或者个人不得以电话、短信、即时通讯工具、电子邮件、传单等方式侵扰他人的私人生活安宁;不得处理他人的私密信息及以其他方式侵害他人的隐私权。第一千零三十八条规定,信息处理者不得泄露或者篡改其收集、存储的个人信息;未经自然人同意,不得向他人非法提供其个人信息,但是经过加工无法识别特定个人且不能复原的除外。信息处理者应当采取技术措施和其他必要措施,确保其收集、存储的个人信息安全,防止信息泄露、篡改、丢失;发生或者可能发生个人信息泄露、篡改、丢失的,应当及时采取补救措施,按照规定告知自然人并向有关主管部门报告。《中华人民共和国民法典》第七编第一千一百九十四条规定,网络用户、网络服务提供者利用网络侵害他人民事权益的,应当承担侵权责任。

《中华人民共和国刑法》第二百五十三条规定,国家机关或者金融、电信、交通、教育、医疗等单位的工作人员,违反国家规定,将本单位在履行职责或者提供服务过程中获得的公民个人信息,出售或者非法提供给他人,情节严重的,处三年以下有期徒刑或者拘役,并处或者单处罚金。窃取或者以其他方法非法获取上述信息,情节严重的,依照前款的规定处罚。单位犯前两款罪的,对单位判处罚金,并对其直接负责的主管人员和其他直接责任人员,依照各该款的规定处罚。这些法律规定对于保护公民的隐私权具有重要意义。

2. 保护技术方面

大数据在整个生命周期的不同阶段,存在的隐私问题不同,隐私保护技术也存在差异。下面从大数据生命周期的数据发布、数据存储、数据挖掘和数据使用四个阶段,简单介绍隐私保护技术。

(1) 数据发布。与传统针对隐私保护进行的数据发布手段相比,大数据发布面临的风险是大数据的发布是动态的,且针对同一用户的数据来源众多,总量巨大。需要解决的问题是如何在数据发布时,保证用户数据可用的情况下,高效、可靠地去掉可能泄露用户隐私的内容。传统针对数据的匿名发布技术,如 K-匿名、L-diversity 匿名、个性化匿名、基于"角色构成"的匿名方法等,可以实现对发布数据的匿名保护。在大数据环境下,需要不断对这些技术进行改进和发展。

(2) 数据存储。在大数据时代,数据存储一般为云存储平台,大数据的存储者和拥有者是分离的,云存储服务商并不能保证是完全可信的。用户的数据面临着被不可信的第三方偷窃数据或者篡改数据的风险。加密方法是解决该问题的传统思路,但由于大数据的查询、统计、分析和计算等操作也需要在云端进行,为传统加密技术带来了新的挑战。同态加密技术、混合加密技术等方法,是针对数据存储时防止隐私泄露而采取的方法。

(3) 数据挖掘。在大数据环境下,由于数据存在来源多样性和动态性等特点,在经过匿名等处理后的数据,经过大数据关联分析、聚类、分类等数据挖掘方法后,依然可以分析出用户的隐私。针对数据挖掘的隐私保护技术,就是在尽可能提高大数据可用性的前提下,研究更加合适的数据隐藏技术,以防范利用数据发掘方法引发的隐私泄露。现在主要的保护技术是基于数据的失真和加密,如数据变量、隐藏、随机扰动、平移、翻转等技术。

(4) 数据使用。在大数据环境下,如何确保合适的数据及属性能够在合适的时间和地点,给合适的用户访问和利用,是大数据访问和使用阶段面临的主要风险。为了解决大数据访问和使用时的隐私泄露问题,现在的技术主要包括时空融合的角色访问控制、基于属性集加密访问控制、基于密文策略属性集的加密、基于层次式属性集的访问控制等技术。

3. 行业自律方面

行业自律制度是指通过行业内部自律、自控和自我管理的方式对用户隐私进行有效保护,它强调从业人员面对大量有价值的大数据时,能够遵守职业道德,坚持自己的职业行为。目前我国已经有许多网站和平台制定并公布了各自执行的隐私保护政策,但也附有大量免责条款。因此,行业自律制度必须和国家的相关法律规定配套执行才能起到内外约束的作用,从而切实保护信息隐私权不受侵犯。

课堂讨论专题

> 讨论如何解决大数据商业应用的价值及其引起的隐私保护和数据安全问题,个人如何培养数据安全思维、数据产权意识和正确的商业伦理观。

3.2.4 信息系统带来的社会挑战

信息系统的应用大大改变了人们的工作、沟通方式,催生了许多新的职业,对人们的价值观也会产生影响。与此同时,信息系统的应用也会带来更多社会挑战。

1. 社会管理以社会文化建设为核心的软管理为主导

信息技术应用驱动的新经济使人类社会从"物本"阶段回归于"人本"阶段。过去社会管理强调以制度为核心的硬管理，新经济更加重视以文化建设为核心的"以人为本"的软管理。制度是一把双刃剑，它既能规范人的行为，也能影响人的劳动积极性和创造积极性。而以制度管理为基础，以社会文化建设为核心的软管理通过树立国家形象、国家理念和敬业精神等社会文化建设来培养社会成员的创新精神，开发社会成员的创新能力。这种社会文化是自觉的、预先设计的、由专业人员或组织落实后形成的，它将全面地影响各项管理职能的实现和组织效力的发挥。

2. 信息系统应用对就业的挑战

信息系统应用创造了新的工作机会，提高了工作效率，但同时也减少了某些工作的就业机会。例如，当用计算机实现财务系统或机床自控系统时，以前由很多财务人员或制造工人完成的任务现在由系统自动完成。与消除的工作岗位相比，信息系统新创造的工作机会要求不同类型的技能和教育经历。因此，某些人可能会失业，除非他们经过再培训能够适应新的工作岗位或履行新的职责。

3. 信息系统对人们生活方式和价值取向的影响

信息系统的应用使信息处于数字形式之中，大量数字信息以光速压缩传送，信息质量显著提高。许多不同形式的信息可以被合成和创造，并将深刻地影响商务活动和人类生活，信息系统使新的沟通和生活方式的出现成为可能，并不断改变人们的价值取向。

4. 数据流通取代产品流通

万物互联使数字化符号与其物质载体的分离成为可能，从而在越来越多的领域以数据流通取代产品流通。在这种转换过程中，生产将演变成服务，工业劳动将演变成信息劳动。

5. 信息系统对组织的影响

信息系统的开发或引入给组织带来了新的工作方式、新的工作流程、新的工作规范、新的工作边界、组织边界的变化，以及员工岗位的变化。因此，这些变革给现有的企业组织文化带来一定程度的冲击，并引发组织结构和企业文化的变革。

6. 信息系统对企业员工的直接影响

信息系统将给企业员工造成两个直接的影响，即交流方式和身体健康。

(1) 对交流方式的影响。当引入信息系统后，随着工作节奏加快和工作任务、范围与内容的增加，企业中员工的直接性交往越来越少，更多地依赖于间接的交际，并增加了许多网络交际，比如邮件、资源共享、即时通信、群聊天等，加快了交流速度，扩展了交流空间，丰富了交流方式。企业员工之间的交往在引入信息系统带来方便的同时，也造成了人们之间感情的淡薄和隔离，人们对于他人表达自己真实或虚假情感的判断更加困难。此外，在信息系统环境下，人与人之间通过网络交往，不受传统的责任义务、尊严、伦理、法规和规程等约束。这些现象将严重影响企业的正常秩序，因此加强企业的信息系统文化建设，逐渐成为现代企业的一项重要任务。

(2) 对身体健康的影响。企业员工长期处于信息系统的工作环境之中，使他们受到信息污染的影响。信息污染是指企业信息资源以及员工的电子信息交流中，混入了冗余的、干扰性的、诱导性的和具有欺骗性的信息。常见的有计算机病毒、有害信息、虚假信息和冗余信息，这些信息将干扰工作人员的正常思维，影响信息系统的正常工作，或给员工带来信息的鉴别和筛选困难，或增加员工无谓的精力、时间和精神投入，引发信息疲劳、信息超载等问题，降低员工的工作效率和工作积极性。此外，由于员工的工作严重依赖信息系统，极大减少了记忆、判断和思考过程，造成员工记忆力下降和判断力减弱等问题。这一方面说明信息系统对企业和员工的重要性，另一方面也说明信息系统给企业的管理带来潜在风险。

课堂讨论专题

讨论信息系统从业人员应遵守哪些职业规范，增强对工作的使命感和责任感。

案 例 分 析

OTA 行业的大数据"杀熟"

在在线旅游(online travel agency，OTA)行业，大数据杀熟可以说屡禁不止。由于手段比较隐蔽，消费者想找到 OTA 企业通过大数据杀熟的证据并不容易，以携程、飞猪、同程、途牛为代表的 OTA 利用自己手里掌握的大数据信息，对熟客和新客的定价进行区别对待。

为什么在价格上区别对待新老顾客

大数据杀熟在 OTA 行业并不是什么新鲜事，它属于互联网行业特有的一种区别定价模式。普通消费者遇到这种情况多数会忍气吞声，即便是拿到证据，也很难通过诉讼、投诉或者媒体曝光等方式赢得权益，正因为如此，一些 OTA 企业才"有恃无恐"。然而，当一些名人遭遇大数据杀熟的时候，却可以通过个人的影响力和舆论的导向与 OTA 企业较较劲。

一个著名的大数据杀熟事件发生在 2018 年 10 月，"受害人"是知名作家王小山。通过微博，王小山曝光了飞猪的大数据杀熟内幕。王小山在微博中称，这几年用飞猪平台订机票比较频繁，因为平台工作人员态度不错，价格也相对比较合理。直到 2018 年 10 月预订从利马到布宜诺斯艾利斯的机票时，才发现了价格上的"陷阱"。同一航班，别的预订平台卖 2 500 元，但是飞猪显示的售价却高达 3 211 元。而且王小山还在微博里吐槽飞猪机票价格变动过于频繁：一张机票查寻时价格为 1 104 元，到了预订界面就变成了 2 322 元，过了几个小时又变成 2 796 元。

对于在飞猪、携程上多次出现的大数据杀熟现象，《商学院》记者实地做了一个试验，让两位用户同时搜索 11 月 20 日到 25 日，天津飞往大阪的往返国际机票价格，结果第一次用飞猪订票的用户曹先生搜索出来的价格都比经常使用飞猪平台订国际机票的郑先生低 30 元。至于其他航空公司的机票，郑先生的预订机票页面显示的价格也都无一例外的比曹先生的贵出 30 元。事实上，郑先生作为一个飞猪平台的深度用户，几年来，在该平台上预订过的国际机票的费用已经高达数万元，曹先生是第一次使用飞猪平台预订。对于两个用户在同一时间预订机票存在的价格差别，《商学院》记者致电飞猪客服，对方给出的理由是国际航班的价格是时时变动的，所以两个人预订的机票只要在不同时间段，完全有可能存在价格上的差别。然而，事实上，曹先生和郑先生几乎是在同一时间预订的该航线机票，前后不到 1 分钟，基本不存在价格变动的可能。显然，重度用户和陌生用户同时在飞猪 App 上预订国际机票，确实出现了价格差别，而且重度用户的价格总是比陌生用户价格更高。对于国内的 OTA 企业而言，由于需要不断地拓展新用户，因此针对新用户的实惠也很多，在他们看来新用户是利润增长的来源，但是对于老用户却基本没有任何优惠可言，往往在价格上还会更高。

作为 OTA 老大的携程在大数据杀熟方面也是多次被媒体曝光。2018 年 6 月，路金波就在微博上吐槽过携程的大数据"特别优待"。在携程上抢高铁票要购买网速包才可以提升抢票的成功概率，30 元加速包的成功概率为 95.6%，而 10 元的加速包的抢票概率却只有 63%，如果不买加速包成功购票的概率只有 52%。正是通过这种数据的"恐吓"，很多用户不得不购买加速包。此外，在 2019 年 3 月，用户陈利人在携程上购买国际机票，第一次搜索时价格为 17 548 元，退出后再去支付就显示"无票"，该用户再搜索时价格就变成了 18 987 元，高了近 1 500 元，此后多次搜索都是这个价格。用户只能选择航空公司的官网购买机票，价格比携程的价格低得多。

在 OTA 行业，受到大数据杀熟质疑最多的携程曾经站出来对大数据杀熟做过澄清，携程方面认为之所以出现同时不同价，是因为有人抢到了优惠券才导致价格不同，并称绝对不允许价格歧视，对于价格,并不会因人、因设备、手机系统的差异而区别对待。但是携程的声明似乎并没有证明"清者自清",2019年以来,网上各种关于携程大数据杀熟的投诉不断,很多网友依然在微博、知乎上留言表示不同手机预订同一个酒店,价格存在不同;用同一个账号刷票多次,机票价格就开始上涨。在新浪黑猫投诉平台上关于携程的投诉多达2 500条,其中有不少关于携程在非节假日的铁路淡季依然滥用加速包,并且不提示消费者,导致消费者误买;还有用户表示自己作为白金卡用户预订的酒店价格竟然比普通用户还高。

追求短期收益 业绩承压比较大

大数据杀熟的基础是海量用户数据,作为OTA企业会在后台抓取用户的消费记录,通过用户行为分析,判断其消费偏好和消费意愿的强烈程度,如果企业发现用户对价格不敏感,就会调高价格,减少优惠比例。

以携程网为例,它的大数据可以区分用户在上班还是在公务出差,可以判断公务出差的额度是300元还是500元,以此推荐相应价位的酒店;那么在节假日,也可以根据用户休闲度假的大数据推荐相应的度假酒店或者亲子房间,这样的做法目的是为消费者推荐更为适合的产品和服务。

但是如果OTA企业想利用供需双方对信息掌握的不对等,把更高的价格推给消费者,或者加价销售,或者自动屏蔽价格较低、毛利较低的产品,这些都可以通过大数据做到,这就构成了大数据杀熟。OTA企业这么做的原因,是航空公司压缩了渠道方的利润空间,如今机票的佣金已经越来越低,OTA只能通过别的渠道来增加利润来源。一方面通过保险、酒店套餐、接送机服务等捆绑销售的内容增加收益;另外一方面借助大数据对不同用户实施不同价格策略,赚取额外的利润。例如对于价格不敏感的用户,或者商务用户,实施较高的价格策略,就比较容易获得较高的利润。

相对于国内机票价格比较透明,不容易实施价格区别对待的策略,在国际机票这块,由于国际机票的不透明和具有隐蔽性,更容易实施大数据杀熟,在现实中曝光的大数据杀熟的案例基本都发生在国际机票上,一般而言,在OTA平台上预定国际机票,机票实时变动更频繁,存在很多隐蔽性价格,而且监管也比较难,成为大数据杀熟滋生的温床。

(资料来源:赵正. 大数据杀熟屡禁不止"携程们"为何选择"作恶"[J]. 商学院,2019,12. 作者有删改)

思考题:
1. 你是否有过被大数据"杀熟"的经历?
2. 举例说明有哪些行业可能存在大数据"杀熟"的问题?
3. 大数据"杀熟"背后的技术逻辑是什么?
4. 大数据"杀熟"涉及哪些信息系统的安全和道德问题,如何解决?

本章习题

1. 信息系统安全问题的来源有哪些?
2. 简述信息系统安全问题的类型。
3. 为保证信息系统的安全,可以采取的措施有哪些?
4. 简述信息系统的五个道德维度。
5. 引发社会问题的信息技术趋势有哪些?
6. 信息道德的内容是什么?
7. 信息道德的分类有哪些?
8. 大数据的隐私保护问题的解决途径有哪些?
9. 简述应用信息系统对社会产生的主要影响。

第二部分
信息系统的技术基础

第 4 章
IT 基础设施

信息系统是以信息技术为基础，IT 基础设施为企业的信息系统应用和核心业务提供可靠的软硬件支撑及服务。计算机硬件平台和软件平台是 IT 基础设施的核心，了解 IT 基础设施的范畴、计算机软硬件平台的技术要求及技术发展趋势，是更好应用企业信息系统的前提。本章重点介绍 IT 基础设施的内涵、发展过程和组成要素，计算机硬件平台和软件平台的组成及发展趋势。

知识导航

1. IT 基础设施的内涵及发展过程
2. IT 基础设施的组成要素
3. 计算机硬件的组成
4. 硬件技术的发展趋势
5. 计算机软件的组成
6. 软件技术的发展趋势

关键概念

IT 基础设施　计算机硬件　中央处理器　多内核　云计算　网格计算　虚拟化　智能化　计算机软件　系统软件　应用软件　中间件　嵌入式系统　区块链

开篇案例

区块链能否抓住医疗健康的命脉

纵观当下，随着区块链技术的慢慢成熟，区块链产业逐渐升级，区块链助力传统行业转型升级的关注度日渐提高。作为一种分布式加密的数据结构，区块链技术在数据传输、数据更新、数据交互方面存在着天然优势，因此它在供应链、慈善、保险等重数据行业的应用能够切实解决这些行业存在的数据孤岛、数据造假、数据安全等隐患与问题。

目前，区块链在医疗健康领域的应用偏向于重塑医疗数据，通过区块链技术实现医疗领域的数字化转型，对于医疗健康行业是一场巨大的机遇与变革。

区块链助力医疗数据流转与安全

医疗数据具有商业价值与科研价值。随着我国加大对基层卫生事业的投入和远程医疗体系的拓展，"互联网+医疗"优化了医疗体系，一定程度上缓解了医疗资源不均衡的难题。但在互联网体系中，病患数据信息、医疗信息等被暴露在网络中，侧面加剧了医疗数据泄露、数据质量不高、数据遗失等问题。目前，基于区块链技术的个人医疗记录和储存是最主要的应用，通过区块链分布式加密存储技术可对电子病历数据进行加密存储和更新。

数据产生端、数据分析储存端、数据需求端形成了整个医疗数据行业的产业链。不同的医疗机构对患者不同阶段的治疗数据信息记录标准各不相同，各医疗机构对医院信息、器械信息、医生诊断信息、患者信息、健康信息、临床数据、药品数据的记录无法互联互通、共享融合。并且，不同阶段在不同医疗机构接受服务的病历、检查记录处于独立存在状态，无法形成个人完整性的医疗数据链条。每个电子病历都是一份数据账本，账本内的数据零零散散地掌握在不同的医疗机构中，病人没有个人医疗历史记录和数据。整个医疗数据产业链还处于无序无效状态，数据价值大大贬值。如果患者拿着电子病历去其他医疗机构继续治疗，该电子病历里的数据不可使用，患者仍需要重复的检查和治疗。通过智能合约技术制定电子病历存储和访问规则，医生及其他医疗服务人员可以在患者授权的情况下，访问读取患者病历信息。在不同的治疗阶段根据智能合约统一标准输入患者治疗信息，如果患者需要转诊，转院申请通过链条发送至相应医院节点，患者转入医院后，医生可根据自动更新的电子病历进行进一步治疗规划。由此一来，每家医院和医疗机构都能形成统一标准的医疗记录方式，让患者拥有病历自主权，医生可随时可查看病患的历史数据和医疗信息，保证医疗数据交互系统的安全，防止数据篡改失真。

如果溯源药品供应链的完整性

假药问题是医疗健康领域的另一个"灾难级"问题。如果将区块链技术的数据难篡改与可追溯特性应用于药品防伪溯源和分配管理上，就可对药品原材料采购、药品生产、药品销售完整供应链进行全程记录，构建药品可信溯源体系。目前，药品溯源技术已落地应用，药品包装盒上有防伪溯源码，可通过扫描二维码的方式获取药品生产、销售等数据信息，区块链技术确保了数据的真实性和不可篡改。

区块链在医疗健康领域应用的不断升级，将对整个医疗系统产生更深远的影响。

（资料来源：明曦. 医疗数据是基石，区块链能否抓住医疗健康的命脉[J]. 奔跑财经，2020，4. 作者有删改）

讨论：
1. 区块链技术的优势是什么？
2. 案例中的区块链技术解决了医疗健康领域中的哪些问题？
3. 举例说明区块链技术还能在哪些领域应用，可解决哪些关键问题？

4.1 IT基础设施概述

IT基础设施，是指为企业特定的信息系统应用提供平台的共享技术资源。IT基础设施包括硬件、软件、服务(如咨询、教育和培训)等要素，是企业应用信息技术将企业战略和信息系统战略转化为客户服务、供应商联系，以及内部业务管理的桥梁，如图4-1所示。

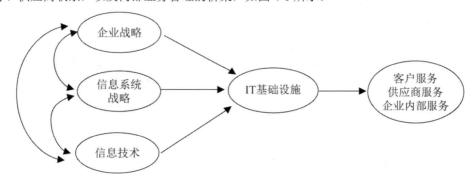

图 4-1　IT基础设施的作用

企业的 IT 基础设施的功能是向客户、供应商和内部员工提供服务。在理想的情况下，IT 基础设施应该支持企业战略和信息系统战略。新兴信息技术对企业战略、信息系统战略及业务运营能力都会产生巨大的影响，需要这些要素之间更好地协调才能形成企业的战略优势。

4.1.1 IT 基础设施的内涵

IT 基础设施是由企业运营所需的一系列硬件设备和应用软件的集合，但 IT 基础设施也是由管理层预算所决定的人和技术能力的服务集合，这些服务包括：

(1) 提供满足计算需求的平台，通过密切关联的数字环境连接企业员工、客户和供应商。平台包括大型主机、中型主机、台式机、便携计算机、移动设备和远程云计算服务。

(2) 为员工、客户和供应商提供数据、音频、视频连接的通信服务。

(3) 存储、管理和分析企业数据的数据管理服务。

(4) 提供企业各业务部门共享的企业资源规划、客户关系管理、供应链管理、知识管理等方面的应用软件服务，包括在线软件服务。

(5) 计算、通信和数据管理等所需硬件设备的安装和管理服务。

(6) IT 管理服务，包括规划与开发基础设施、与业务部门协调 IT 服务、管理 IT 支出的账目，以及提供项目管理服务等。

(7) IT 培训服务，包括为员工提供系统使用的培训、为管理者提供规划和管理 IT 投资的培训。

(8) IT 研究与开发服务，包括研究未来构建企业竞争优势的 IT 项目和投资。

4.1.2 IT 基础设施的发展过程

IT 基础设施的发展过程分为五个阶段，即通用主机及小型计算机阶段、个人计算机阶段、客户机/服务器阶段、企业计算阶段、云计算及移动计算阶段。每个阶段体现了不同的计算能力配置和基础设施构成要素，如图 4-2 所示。

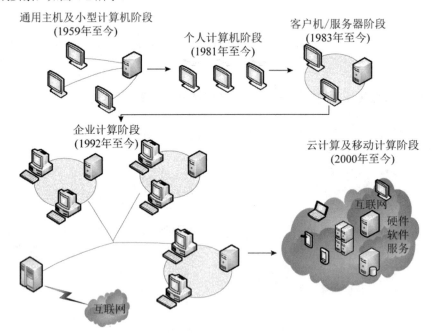

图 4-2　IT 基础设施的发展阶段

1. 通用主机及小型计算机阶段

1959 年，IBM1401、7090 晶体管计算机的出现，标志着主机型计算机开始广泛应用于商业中。1965 年，IBM 推出的 IBM360 系列，使得主机型计算机真正开始普及。IBM360 是第一款拥有强大操作系统的商用计算机，可以实现分时、多任务、虚拟内存等功能。主机型计算机拥有非常强大的功能，能够支持数千个远程终端，通过专用通信协议和数据线与中央主机远程连接。这一阶段采用高度集中的计算模式。

2. 个人计算机阶段

1981 年，IBM 计算机的出现标志着个人计算机时代的开始。个人计算机阶段起初使用基于文本命令的 DOS 操作系统，后来采用 Windows 操作系统的 Wintel PC 计算机成为标准的桌面个人计算机。2015 年，全球总共销售了 2.89 亿台的个人计算机，大约 87%使用 Windows 操作系统，4%使用 Mac OS 操作系统。

3. 客户机/服务器阶段

在客户机/服务器计算模式中，台式机或便携电脑等客户机通过网络与功能强大的服务器连接在一起，服务器向客户机提供各种服务和计算能力。计算机的处理任务被分配在这两类设备上完成，客户机主要作为输入的用户终端，而服务器主要对共享数据进行处理和存储，提供网页或者管理网络活动。客户机/服务器架构使得企业可以将计算任务分散到一些较便宜的小型计算机上，相比采用集中处理的主机系统，能极大地降低成本，其结果使企业的计算能力不断增强，以及应用软件急剧增加。

4. 企业计算阶段

20 世纪 90 年代初期，企业开始应用一些网络标准和软件工具将分散的网络与应用进行整合，形成覆盖整个企业的 IT 基础设施。这一阶段的 IT 基础设施把不同的计算机硬件和较小的计算机网络连接成了一个覆盖整个企业的网络，使得信息可以在组织内部及不同组织之间自由流动。不同类型的计算机硬件可以连接，并进一步与公共基础设施，如公用电话网、公共网络服务等连接。

5. 云计算及移动计算阶段

互联网带宽的升级推动了客户机/服务器模式进一步向云计算模式发展。云计算是提供通过网络(通常是互联网)访问计算资源共享池的一种计算模式。计算资源包括运算、存储、应用和服务。这些云计算资源可以通过按需使用的方式，在任何联网的设备和位置进行访问。

4.1.3 IT 基础设施的组成要素

IT 基础设施的组成要素主要有七类，如图 4-3 所示。

1. 计算机硬件平台

计算机硬件平台是信息系统应用的基础平台，主要承担计算功能。主机、服务器、计算机、平板电脑和移动智能等设备构成了计算机硬件平台。大部分计算机使用英特尔、AMD 制造和设计的微处理芯片。大型主机应用在可靠性和安全性要求较高的大型事务处理中，小型计算机更多用于企业级的各类应用服务器。随着移动计算设备的快速发展，计算机硬件平台发生了巨大的变化，移动智能设备成为越来越重要的计算机硬件平台。

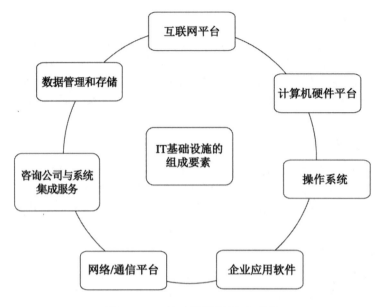

图 4-3 IT 基础设施的组成要素

2. 操作系统平台

操作系统平台是连接计算机硬件平台和各类企业应用软件的桥梁,分为服务器操作系统和客户机操作系统。主流的服务器操作系统有 Microsoft Windows Server、Unix 和 Linux。Microsoft Windows Server 能够提供企业范围的操作系统和网络服务,适合于使用的 IT 基础设施是基于 Windows 的企业。Linux 是一种廉价且功能强大的开放源代码系统,Unix 和 Linux 均具有可扩展性及可靠性,可运行在不同类型的处理器上。主流客户机操作系统有 Windows 系列操作系统、Mac OS 操作系统,移动智能终端操作系统有 Android、iOS 等。

3. 企业应用软件

企业应用软件包括各类企业应用系统、客户关系管理系统、供应链管理系统等,主要用于支持企业的业务运行和管理决策。全球主要的企业应用软件供应商有 SAP、Oracle、微软和 IBM 等。中间件是一类用来连接企业现有的各种应用系统的软件,利用中间件可以实现企业内系统的全面集成,IBM 和甲骨文是全球主要的中间件供应商。

4. 数据管理和存储

数据库管理系统负责对数据进行组织和管理,从而能够更为有效地使用企业数据,帮助管理人员制定决策。目前,主流的数据库管理系统软件供应商有 IBM、Oracle、微软和 Sybase 等。Oracle 公司的 MySQL 软件是一种在 Linux 环境下运行的开源关系型数据库产品;Apache Hadoop 是一种用来管理大规模数据集的开源软件架构;EMC 则是大规模系统数据存储设备的主要供应商。

5. 网络/通信平台

网络/通信平台是信息系统进行信息传输的基础,主要包括网络操作系统、网络硬件设备和通信连接。目前,主流的网络操作系统有 Windows Server、Linux 和 Unix,其中由于部署简单,Windows Server 在局域网操作系统中应用较多,大型企业网络主要使用各种版本的 Unix 操作系统。主流的网络硬件设备供应商有华为、Cisco 和爱立信等。电信/电话服务公司是通信平台提供商,提供语音和数据通信服务，以及广域网、无线网和互联网的接入服务等，我国主要的通信服务供应商有中国移动、中国联通、中国电信等。

6. 互联网平台

互联网平台包括硬件、软件和管理服务，支持企业的网站托管服务、路由器和有线/无线设备的管理等。网站托管服务为企业提供一个大型网站服务器或一组服务器的维护服务，帮助付费用户维护其网站主页的存储空间。另外，许多公司集中管理成千上万的小型服务器、网络交换设备，用来提供互联网接入服务，它们通过提升服务器的功能使单台服务器运行更多应用的软件工具。

7. 咨询与系统集成服务

由于企业资源的制约和社会分工，即便是一家大型企业也很难拥有足够的人员、技术、预算来部署和维护其整个 IT 基础设施的能力。实施新的 IT 基础设施，企业需要对业务流程、员工技能及软件集成等方面进行重大改进。专业的咨询公司(如埃森哲、IBM、惠普等)能够为企业提供各个方面的咨询服务。另外，为了避免因更换和重新设计系统而产生更高的成本，企业往往会继续使用部分遗留系统。专业的咨询公司也可以为企业提供系统集成服务，以将遗留系统和当前的基础设施进行有效整合。

4.2 硬件平台

计算机硬件是指电子元器件和机电装置组成的计算机的物理设备的总称，是计算机完成各种任务和功能的物理基础。 从计算机诞生以来，计算机的制造技术已经发生了极大的变化，但是在基本硬件结构方面，计算机一直沿袭基本的框架结构，即计算机硬件系统是由运算器、控制器、存储器、输入设备和输出设备五大部分组成。

计算机硬件的功能就是通过接受计算机程序指令的控制，从而实现对数据输入、运算、输出等一系列的操作，如图 4-4 所示。

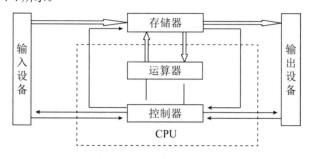

图 4-4 计算机硬件的功能

具体来说，就是原始数据和程序通过输入设备送入存储器，在运算处理过程中，数据从存储器读入运算器中进行运算，运算的结果存入存储器，最后经过输出设备将运算结果输出。指令以数据形式存于存储器中，运算时指令由存储器送入控制器中，由控制器控制各部件的工作。其中，运算器和控制器合称为中央处理器(CPU)，存储器和中央处理器构成主机。在计算机硬件系统中，不属于计算机主机的设备都是外部设备，简称外设。

4.2.1 中央处理器

中央处理器(central processing unit，CPU)，是计算机硬件系统的核心，计算机的主要性能取决于中央处理器，它是计算机进行处理活动的主要部件。

中央处理器由运算器、控制器和寄存器组成。

1. 运算器

运算器是计算机的运算部件，是计算机用来进行算术运算和逻辑运算的核心，在控制器的控制下完成算术运算和逻辑运算。

运算器由算术逻辑单元、累加器、状态寄存器和通用寄存器等组成。

(1) 算术逻辑单元是用于完成加、减、乘、除等算术运算，与、或、非等逻辑运算，以及移位、求补等操作的部件。

(2) 累加器用于暂存操作数和运算结果。

(3) 状态寄存器也叫标志寄存器，用于存放算术逻辑单元在运算过程中的状态信息。

(4) 通用寄存器用于在运算时暂存操作数或数据地址。

2. 控制器

控制器是整个计算机的神经中枢，负责从存储器中取出指令、翻译指令、分析指令，并且向计算机的其他部件发出控制信号，控制和协调计算机各个部件的执行。

控制器一般由指令寄存器、译码器、时序节拍发生器和指令计数器等组成。

(1) 指令寄存器用于存放当前要执行的指令。

(2) 译码器是对指令进行分析，确认指令的类型和指令所要完成的操作，并确定操作数的地址和操作结果的存放地址。

(3) 时序节拍发生器可以产生一定的时序脉冲和节拍电位去控制计算机按节拍、有时序地工作，以完成计算机所要完成的操作。

(4) 指令计数器用于存放下一条指令的地址。

控制器可以实现的功能是：取指令，控制器生成指令地址，发出指令信号，从存储器中取出指令暂存在指令寄存器中；分析指令，由指令译码器分析指令的操作要求；执行指令，根据指令译码器中分析的操作要求，进行相应的操作。

3. 寄存器

寄存器是 CPU 内部很小的存储单元，主要用于缓冲 CPU 内部数据或是记录当前系统的状态或信息。

CPU 性能的高低直接决定了计算机系统的性能，衡量 CPU 性能的指标包括如下几个。

(1) 主频。主频是指 CPU 在一个时钟周期内执行运算的次数。在同样的规格下，主频越高，计算机的运行速度越快。

(2) 时钟周期。时钟周期也称为振荡周期，定义为时钟脉冲的倒数。计算机的中央处理器对每条指令的执行是通过若干个微操作来完成的，这些微操作是按时钟周期的节拍来动作。时钟周期反映了计算机的运算速度，周期越短，计算机的运算速度越快。

(3) 前端总线。前端总线负责将 CPU 连接到内存，前端总线的频率直接影响 CPU 与内存数据交换的速度。前端总线频率越高，表示 CPU 与内存之间的数据传输量越大，更能发挥出 CPU 的功能。

(4) 缓存。CPU 的缓存是位于 CPU 和内存之间的临时存储器。在计算机的发展过程中，内存速度的提高赶不上逻辑电路速度的提高，CPU 执行指令的速度要远远快于内存的读取速度。由于 CPU 执行一条指令往往要访问内存一次甚至几次，内存制约了 CPU 执行指令的效率，所以引入缓存技术，解决 CPU 速度和内存速度的差异问题。内存中 CPU 访问最频繁的数据和指令被复制到 CPU 的缓存中，这样 CPU 就可以不经常到内存取数据，只要到缓存中取就可以，而缓存速度要比内存速度快很多，可以加快 CPU 的运行速度。

4.2.2 存储器

存储器是用于存储程序和数据的部件。在计算机内部，程序中的指令和数据都以二进制代码的形式存储。存储器的基本功能就是存储二进制形式的各种信息，并在计算机运行过程中高速、自动地完成程序或数据的存取。

1. 存储基本操作

(1) 读操作。计算机其他部件从存储器中取出指定的数据或指令，而存储器中其他内容保持不变。

(2) 写操作。将计算机指定的内容存入存储器中。

2. 存储器的性能指标

(1) 存储容量。存储器的主要性能指标是存储容量。存储器采用具有两种稳定状态的物理器件来存储信息，数据是用二进制"0"和"1"来表示。日常使用的十进制数必须转换成等值的二进制数才能存入存储器中。计算机中处理的各种字符，例如英文字母、运算符号等，也要转换成二进制代码才能存储和操作。一位二进制数(0 或 1)称为位(bit，简写为 b)，是度量数据的最小单位。8 个二进制位称为一个字节(byte，简写为 B)，是信息存储的基本单位。

由于存储容量一般都很大，所以常用 KB、MB、GB、TB 和 PB 表示。它们之间的换算关系为：

1B=8bit　　　　　　　　1KB=2^{10}B=1024B　　　　　　　　1MB=2^{20}B=1024KB
1GB=2^{30}B=1024MB　　　1TB=2^{40}B=1024GB　　　　　　　1PB=2^{50}B=1024TB

(2) 存取速度。存储器的存取速度是通过存取时间和存储周期来衡量的，单位是 ns。存取时间又称为存储器访问时间，是指从存储器一次读(写)操作命令发出到该操作完成，并将此命令读入数据寄存器中所用的时间。存储周期是指存储器连续启动两次独立的读(写)操作所需间隔的最小时间。一般来说，存储周期略大于存取周期。

3. 存储体系

由于计算机系统要求存储系统满足存储容量大、存取速度快和价格低等要求，而这些要求往往是相互矛盾的，因此计算机存储一般用三级存储体系来解决这些问题，如图 4-5 所示。第一级存储是高速缓存；第二级是内存储器，即主存储器；第三级是外存储器，即辅助存储器。

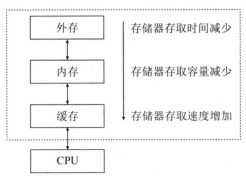

图 4-5　三级存储体系

4. 内存储器

内存储器又称为主存储器，简称为内存，用于存放正在执行的程序指令和数据，具有存取速度快、可直接与 CPU 交换信息等特点。内存中有很多的存储单元，每个存储单元都有一个固定编号，这个编号称为地址。计算机系统对内存储器采取按地址进行存取的工作方式。

内存储器按照工作方式不同，分为随机存取存储器和只读存储器两种。

(1) 随机存储器(random access memory，RAM)是一种读写存储器，其内容可以随时根据需要读出，也可以随时写入新的信息。随机存取存储器主要是用来存放正在执行的程序和临时数据，在关闭电源时，保存的信息都将丢失。这种存储器分为静态随机存储器(SRAM)和动态随机存储器(DRAM)两种。其中，静态随机存储器的特点是只要存储单元有工作电压，它里面存储的信息就会存在。动态随机存储器是利用 MOS 管极间电容保存信息，因此随着电容的漏电，信息也会逐渐消失，所以为了防止信息丢失，就要隔一段时间对存储单元的信息进行刷新。静态随机存储器成本较高，通常在小的存储结构中使用，从而可以省去刷新电路的操作。在存储器大的存储系统中一般采用动态随机存储器，以降低成本。

(2) 只读存储器(read-only memory，ROM)是一种内容只能读出而不能写入和修改的存储器，其存储的信息是在制作该存储器时就被写入的。在计算机断电后，只读存储器的内容不会丢失，计算机重新启动时，其中保存的信息依然是断电前的信息，具有永久保存的特点。

5. 外存储器

外存储器也叫辅助存储器，是一种外部设备，一般只与内存交换信息，而与 CPU 间接交换信息。当电源断开后，其存储信息不会丢失，所以外存一般也称为非丢失存储器或永久存储器，用于长期存放信息。当然这里的永久是相对的，若出现质量或其他损害外存设备的情况，信息也可能会丢失。常用的外存储器有磁盘、光盘和 U 盘等。

(1) 磁盘。磁盘是计算机的主要外存设备，属于磁性材料存储器。磁盘存储介质以铝合金或塑料为基体，两面涂有磁性胶体材料。磁盘上每个被磁化的区域用来存储数据。

磁盘通常分为硬盘和软盘。硬盘是计算机用来记录数据和程序的主要存储设备，是将磁性材料沉积在盘片基体上形成记录介质，在磁头与记录介质的相对运动中存取信息。每个盘面都有一个读写磁头，用来读写所有磁道上的信息。衡量硬盘的技术指标主要包含硬盘容量、硬盘转速和磁盘自带高速缓存的容量等。软盘是由覆盖着铁氧化物的聚酯薄膜盘片构成的。软盘盘片装在塑料保护套中，盘在套中是可以自由旋转的，读写头可以通过保护套上的开口来读取盘片上的数据。由于与硬盘相比，软盘很脆弱，存储在软盘上的数据会因保存或使用不当而丢失，而且软盘可存储的数据量很小，所以现在软盘已经被淘汰。

(2) 光盘。光盘也是一种外存储器，由于它的容量大、存取速度快、不易受干扰等特点，应用越来越广泛。

根据制作材料及记录信息的方式不同，光盘可分为只读光盘、一次性写入光盘、可擦写光盘、数字化视频光盘等。只读光盘是激光通过在母盘螺旋形光道上烧蚀永久性的微小凹坑来记录信息，然后依据母盘大批量生产光盘。只读光盘只能读出信息，不能写入信息。一次性写入光盘可由用户写入信息，但只能写入一次，不能修改和删除，但可以多次读出，常用来在光盘上永久记录数据。可擦写光盘是用户可以写入光盘信息，也可以对光盘上的信息进行修改和删除，它可以像磁盘一样反复使用。数字化视频光盘能够压缩更多的信息，具有存储容量大、声音和影像品质高等特点。

(3) U 盘。U 盘属于半导体类存储器，采用 Flash 芯片存储信息，通过计算机的 USB 接口进行读写操作。U 盘的特点是体积小巧、携带方便、数据安全性高、抗震能力强、存储时间长等。市场上主流的 U 盘存储容量在 64GB～1TB 之间。

(4) 固态硬盘。固态硬盘是一种基于永久性存储器(如闪存)或非永久性存储器的计算机外部存储设备。固态硬盘用来在便携式计算机中代替常规硬盘。和常规硬盘相比，固态硬盘具有高速度、低功耗、无噪声、抗震动、低热量的特点，但是相对价格较高。市场上主流的固态硬盘容量在256GB～4TB之间。

4.2.3 输入设备

输入设备是用来将计算机外部的信息传入计算机中，被计算机识别从而进行相关的处理。输入设备主要是接受用户输入的数字、图形、图像、声音、字符等数据和程序，并将这些数据和程序转换为二进制形式存放于存储器中。

随着计算机的发展，用户的需求也不断变化，各个领域的活动要求有大量的数据进行输入和输出，为了满足需要，出现了大量的输入输出设备。键盘、鼠标、语音识别设备、数码相机、扫描仪、光数据读入器、输入笔、触摸屏等都属于输入设备。随着平板电脑的普及，触摸屏也被人们广泛使用。输入设备主要分为如下五大类。

1. 键盘输入设备

键盘作为必要的输入设备，是使用计算机必不可少的工具。键盘用来输入字符、文本和命令等数据。通过键盘可以将信息转化为数据，输入计算机中。

2. 指点输入设备

这一类输入方式应用也非常广泛，包括鼠标、光笔、触摸设备等。鼠标可以用来指向和单击屏幕上的符号、图标、菜单和命令，对计算机进行操作。光笔是在笔头中装入一个光球，用来辨别笔在屏幕上的位置，从而激活命令，拖动对象。触摸设备是通过触摸屏幕上的一部分，使计算机执行相应的操作。指点输入类设备的特点就是方便光标在屏幕上移动，可以选择窗口和菜单，也可用于制图等操作。

3. 扫描输入设备

常见的扫描输入类设备有扫描仪和条形码扫描器，可用于图像和字符的输入。扫描仪主要用于将单色或彩色图片、表格、文本和其他图像转换为数字形式。条形码扫描器通过识别条形码标签，进行信息输入，广泛应用于商店、图书馆等场合。

4. 语音识别设备

语音识别设备是通过语音识别软件识别声音，将声音转换为模拟信号，进一步将模拟信号转换为数字信号。在安全系统中，语音识别可实现只允许被授权的人员进入控制区域的操作。

5. 射频识别设备

射频识别技术，又称电子标签，是一种通信技术，可通过无线电讯号识别特定目标并读写相关数据，而无须识别系统与特定目标之间建立机械或光学接触。常用的技术有低频(125～134.2kHz)、高频(13.56MHz)、超高频和无源等。射频识别是一种非接触式的自动识别技术，它通过射频信号自动识别目标对象并获取相关数据，识别工作无须人工干预，可在各种恶劣环境中工作。射频识别技术可识别高速运动物体并可同时识别多个标签，操作快捷方便。目前射频识别技术应用很广，如图书馆、门禁系统等。特别是在物流管理方面，射频识别技术可以实现从商品设计、原材料采购、产品生产、运输、存储、配送、售后服务等所有供应链的即时监控，准确掌握了产品的相关信息。

4.2.4 输出设备

输出设备是将计算机处理的数据按照人们所要求的形式输出，或者将信息传送给某种存储设备中保存起来，以供以后使用。这些数据通常包括文本、图形、视频、音频及计算机内部编码数据等。常用的输出设备有显示器、打印机和绘图仪等。

1. 显示器

显示器是计算机系统中的主要输出设备，是人机交换信息的窗体。显示器分为阴极射线管显示器和液晶显示器两种。

阴极射线管(CRT)显示器的核心部件是 CRT 显示管，使用电子枪发射高速电子，经过垂直和水平的偏转线圈控制高速电子的偏转角度，最后高速电子击打屏幕上的磷光物质使其发光，通过电压来调节电子束的频率，就会在屏幕上形成明暗不同的点，最后形成图像和文字。构成图像的点称为像素，屏幕上像素之间的最小距离称为点距。点距越小，像素密度就越大，对于同样尺寸的屏幕而言，可容纳的像素就越多，显示画面就越清晰。该显示器具有可视角度大、无坏点、色彩还原度高、色度均匀、可调节的多分辨率模式和响应时间极短等特点。

液晶(LCD)显示器主要原理是以电流刺激液晶分子产生点、线、面，再配合背部灯管照射构成图像和文字的。液晶显示器具有机身薄、节省空间，不产生高温、省电，无辐射、画面柔和等特点。目前液晶显示器的应用已经非常广泛。

2. 打印机

打印机是以纸为介质，用光、电、机技术组成的打印输出设备。打印机可以将显示器上的输出内容永久地保存在纸上。按照工作机构分类，打印机可分为击打式打印机和非击打式打印机。

击打式打印机主要是指点阵打印机，利用打印钢针在色带上组成的点阵来表示打印内容，针数越多，针距就越密集，越容易打印出大的点阵，打印出来的字也就越清晰。击打式打印机的主要优点是价格便宜、轻便实用、维护费用低等，主要缺点是噪声大、速度慢，且分辨率较低。

非击打式打印机主要是用光、电、磁、喷墨等物理和化学的方法进行打印。非击打式打印机有喷墨打印机、激光打印机等。喷墨打印机主要是通过喷墨管将墨水喷到普通打印纸上而实现字符或图形的输出。激光打印机是目前速度最快、质量最高、价格最贵的打印机。激光打印机集合了光、机、电等技术，主要由激光扫描系统、电子照相系统和控制系统组成。

3. 绘图仪

绘图仪是计算机常用的输出设备，在绘图工具的支持下，使用不同性质的纸张绘出不同的图形。通常按照绘图方式不同，绘图仪可分为笔式、喷墨式和发光二极管式三种类型。目前最常用的是笔式绘图仪，其原理是在绘图软件的控制下，绘图笔在纸上做二维运动，从而绘制出图形。

4.2.5 硬件技术的发展

自世界上第一台电子计算机问世以来，计算机的发展速度越来越快。其表现为计算机的体积越来越小、处理速度越来越快、功能越来越强大，计算机越来越智能化和大众化。

1. 超级芯片

自从 1959 年微处理器芯片诞生以来，每个芯片集成的元器件(晶体管)数量在最小批量生产成本下每年翻一番，随后又在 2002 年更改为翻两番。其具体表现为：集成电路上可容纳的晶体管数目，约每隔 18 个月便会增加一倍，性能也提升一倍。在一个芯片上的晶体管数量增多，意味着主频即运算速度将更快。现阶段通过对芯片的设计,尽量缩小晶体管之间的距离,在单个芯片上安置的晶体管的数目更多,微处理器的执行速度也更快。

2. 多核技术

作为计算机核心的处理器,就是将输入的数字化信息进行加工和处理,然后将结果输出。假定计算机的其他部件不存在瓶颈,那么影响计算机性能高低的核心部件就是处理器。处理器的性能是由处理器的主频和每个时钟周期内可以执行的指令数决定。单核处理器的功耗不断增大,使得其工作频率难以提高,而且由于一个命令流无法包含大量的可同时执行的指令,微处理器也不能通过每个周期指令执行的命令数增加的方式使单核处理器的性能提高。因此,单核处理器的发展已经到了极限,这就需要通过多核技术来予以缓解。

多内核是指在一个处理器中集成两个或者多个内核,多核处理器能够直接插入单一的处理器插槽中,但操作系统会利用所有相关的资源,将每个内核作为分离的逻辑处理器。多核处理器能够在特定的时钟周期里执行更多的任务,使服务器并行处理任务,更易于扩充。

相比于单核处理器,多核技术的优点有:①控制逻辑简单。相对超标量微处理器结构和超长指令字结构而言,单芯片多处理器结构的控制逻辑复杂性要明显低很多,相应的单芯片多处理器的硬件实现必然要简单得多。②高主频。由于单芯片多处理器结构的控制逻辑相对简单,包含极少的全局信号,线延迟对其影响比较小,因此,在同等工艺条件下,单芯片多处理器的硬件实现要获得比超标量微处理器和超长指令字微处理器更高的工作频率。③低通信延迟。由于多个处理器集成在一块芯片上,且采用共享缓存或者内存的方式,多线程的通信延迟会明显降低,这样也对存储系统提出了更高的要求。④低功耗。通过动态调节电压/频率、负载优化分布等,可有效降低单芯片多处理器的功耗。⑤成本低。相对于单核技术花费巨额成本改造 CPU 核的体系结构,多核技术就像复制一样,同时使用多个相同的 CPU 核,以很低的开发成本获得更高的运算性能。

3. 云计算

云计算是一种分布式计算、按使用量付费的模式,这种模式提供可用的、便捷的、按需的网络访问,进入可配置的计算资源共享池(资源包括网络、服务器、存储、应用软件、服务),这些资源能够被快速提供,只需投入很少的管理工作,或与服务供应商进行很少的交互,并能实时监控资源的使用情况。云计算是通过网络向用户提供服务和应用,大量的计算机处理发送至云端的数据,处理分析后,再通过云端返回数据。

1) 云计算提供的服务

云计算提供如下三个层次的服务,分别对应云中的应用资源、平台资源和硬件资源。

(1) 软件即服务(software as a service,SaaS),是指软件供应商将统一部署在服务器或服务器集群上的应用软件通过互联网提供给用户。用户也可以直接向软件供应商购买或租赁能够满足自己需求的软件。用户无须在服务器或软件许可证授权上进行投资,只需将自己需要的软件租赁或购买就可使用。同时软件提供商还负责系统的部署、升级等,大大节省了成本。

(2) 平台即服务(platform as a service,PaaS),是将开发环境、硬件资源及其他服务作为一种平台给用户使用。将软件开发的平台作为一种服务提交给用户,用户则无须建立开发平台,同时供应商可以进行产品多元化和产品定制化,充分地降低了成本。

(3) 基础设施即服务(infrastructure as a service,IaaS),是将虚拟的主机、存储设备、网络资源等作为一种服务提供的商业模式,用户可以根据业务需求灵活定制相应的服务。所以使用云计算的企业一般没有自己的基础设施,不需要大量的投资去购置硬件和软件。

2) 云计算的应用

云计算的应用有云物联、云安全和云存储等。

(1) 云物联是随着物联网业务量的增加,对数据存储和计算量的需求将带来对云计算能力的要求产生的。物联网中的感知识别设备(如传感器、RFID 等)生成的大量信息利用云计算架构可以用来解决数据如何存储、如何检索、如何使用、如何不被滥用等关键问题。

(2) 云安全是通过网状的大量客户端对网络中软件行为的异常检测,获取互联网中木马、恶意程序的最新消息,发送到服务器端进行自动分析和处理,再将病毒和木马的解决方案发到每一个客户端。云安全的策略构想是:使用者越多,每个使用者就越安全。

(3) 云存储是在云计算的概念上延伸和发展出来的一个新的概念,它是指通过集群应用、网格技术或分布式文件系统等功能,将网络中大量各种不同类型的存储设备通过应用软件集合起来协同工作,共同对外提供数据存储和业务访问功能的一个系统。云存储是一个以数据存储和管理为核心的云计算系统。

4. 网格计算

网格计算是利用互联网将地理位置相对分散的计算机组成一个"虚拟的超级计算机",其中每一台参与计算的计算机被称为一个"节点",而整个计算是由很多个"节点"组成的一个网格。网格计算是专门针对复杂的科学计算的计算模式,其核心是消除信息孤岛,共享各类资源,如计算资源、存储资源、通信资源、软件资源、信息资源和知识资源等。网格是基于互联网而建立起来的一种全新的平台,对跨区域、跨管理域的计算机、数据库、传感器、远程设备和应用软件等资源进行管理。网格计算是通过使用分布式计算,充分利用网络上闲置的处理能力,将中央处理器未被利用的资源用于处理额外的工作。通过网格计算,将所要计算的数据分割成若干部分,而计算这些部分的软件通常是预先编好的程序,不同节点的计算机根据自己的处理能力对分割的部分进行计算。现阶段网格计算的应用领域有很多,如分布式超级运算、高吞吐率计算、数据密集型计算等,而且网格的出现使人与人之间的限制得以突破,提高了交流的便捷性,并且可以得到广泛而丰富的资源。

5. 虚拟化

虚拟化是指通过提供一套运算资源(比如运算能力和数据存储空间),以便访问不受物理配置和地理位置的限制。即计算机元件在虚拟的基础上而不是真实的基础上运行,是一种从逻辑角度来分配不同的物理资源的方法,将应用程序及其下层组件从支持它们的硬件中抽象出来,并提供支持资源的逻辑化视图,是对物理实际的逻辑抽象。例如,当前只有一台计算机,通过虚拟技术,在用户看来,似乎是多台计算机,而且每台都有各自的 CPU、内存、硬盘等物理资源。服务器虚拟化使公司可以在一台设备上运行多个操作系统,大多数服务器运行时只发挥 10%~15%的性能,而虚拟化使服务器性能发挥到 70%或者更高。虚拟化已经成为一种趋势,通过使用虚拟化技术,可以降低成本、减少消耗能源量,同时提高资源的利用效率和灵活性、安全性和可靠性,增强可移植性。

6. 微型化

微型化是计算机硬件的一个发展趋势。实现计算机微型化,关键在于电脑芯片的速度快、体积小、价格低。纳米技术的运用使得计算机更加微型化,并且实现的功能更多。其中,个人数字助手是目前非常流行的计算机,也被称为掌上电脑,其主要特点是体积小,它不仅可以管理个人信息(如通讯录、行事历等),也可以上网浏览、收发邮件、发传真等。

最流行的微型化掌上电脑当属苹果公司于 2010 年发布的 iPad 平板电脑,定位于苹果的智能手机 iPhone 和笔记本电脑产品之间,通体只有四个按键,与 iPhone 布局一样,提供浏览互联网、收发电子邮件、观看电子书、播放音频或视频等功能。

7. 智能化

智能化是指计算机具有人的某些职能,并且具备一定的学习与推理能力。智能化使得计算机具有多种感知能力和一定的思考能力,未来人类可以用自然语言与计算机打交道,也可以用手写的文字打交道，甚至可以用表情、手势来与计算机沟通，使人机交流更加方便快捷。让人能产生身临其境感觉的各种交互设备已经出现，虚拟现实技术是这一领域发展的集中体现。智能化使计算机突破了"计算"这一初级含义，从根本上扩充了计算机的能力，可以越来越多地代替人的脑力劳动。未来计算机将越来越智能化地处理人们日常遇到的问题，它将能够根据用户的每次行动逐渐理解其需求，进而变被动寻求信息转为主动地获取信息。

人工智能(artificial intelligence，AI)是一种典型的计算机智能化应用，它是研究、开发用于模拟、延伸和扩展人的智能的理论、方法、技术及应用系统的一门新的技术科学。人工智能是计算机科学的一个分支，它通过了解智能的实质，并生产出一种新的能以人类智能相似的方式做出反应的智能机器。该领域的研究包括机器人、语言识别、图像识别、自然语言处理和专家系统等，涉及计算机硬件和软件的融合领域。人工智能研究的主要目标是使机器能够胜任一些通常需要人类智能才能完成的复杂工作。

4.3 软件平台

计算机硬件构成了计算机和用户作业的物质基础，在信息技术基础设施中扮演着重要的角色，但是计算机硬件所需的指令必须由软件提供才能正常应用，若没有计算机软件的支持，硬件的功能就无法发挥。因此，只有当计算机硬件和软件结合成为系统，计算机才能发挥作用。软件是计算机与用户之间的桥梁，是计算机不可或缺的组成部分，随着硬件技术的发展，计算机软件也在不断完善。

计算机软件是指运算、维护、管理及应用计算机所编制的所有程序，以及说明这些程序的有关资料和文档的总和。软件系统在整体上遵从一定的层次结构，即处在下层的软件要为处在上层的软件服务，而处在上层的软件不必知道下层的细节，但必须在下层软件的支持下才能工作。软件系统层次结构，如图4-6所示。

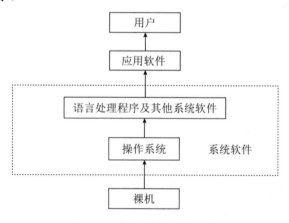

图4-6 软件系统层次结构

在最下层是裸机，即计算机硬件系统，它是计算机软件运行的物质基础，支持着软件系统的正常运行。裸机直接与操作系统接触，是最底层的软件，向下控制硬件的运行，向上支持各类软件的工作。操作系统上层是语言处理程序、通信程序和数据库管理系统等系统软件。语言处理程序是把高级语言编写的程序翻译成机器语言程序，从而被计算机执行；通信程序控制和支持数据在网络上的通信过程，数据库管理系统帮助企业开发、运用、维护和组织数据库。此层上的系统软件是在操作系统的支持下运行的。最上层的是应用软件,可供用户使用,它在系统软件的支持下工作。终端用户面对的是计算机的操作界面,他们主要与应用软件打交道。所以按软件功能划分,计算机软件系统可分为系统软件和应用软件两大类。

4.3.1 系统软件

系统软件负责管理和协调计算机系统的各个部件和资源,是为控制计算机系统协调和高效工作而设置的各种程序。系统软件主要用于发挥和扩大计算机的功能和用途,提高计算机的使用效率,方便用户的使用而管理和控制计算机系统的各部分,使之能协调运行,并进行各种数据处理。一般来说,系统软件包括操作系统、语言处理程序和数据库管理系统等。

1. 操作系统

操作系统是计算机的核心,它负责管理和控制计算机系统的硬件和软件资源,合理地组织计算机系统的工作流程,为用户提供一个良好的、易于操作的工作环境,使用户能够灵活、方便、有效地使用计算机。因此,可以把操作系统看作是计算机系统的主管。操作系统决定哪些计算机资源能够被使用,哪些程序可以运行并且运行顺序是怎样的。

1) 操作系统的功能

(1) 处理器管理。处理器管理要解决如何对使用处理器的请求做出适当的分配。处理器管理主要是以进程或作业的方式进行管理,在实际工作中,处理器主要解决的问题就是处理器在执行多个程序时如何分配处理时间,使用户能够合理地分配时间,高效地利用处理器。处理器进行分配的原则是:若有多个程序需要占用处理器,按照某种原则选择一个程序优先占用处理器;若一个程序正在执行过程中有更高优先权的程序,则暂时停止该程序的执行,转而执行优先权高的程序。

(2) 内存管理。由于内存容量的有限性,所以在多个程序共享内存时,就要为程序和数据分配存储空间,保护程序和数据的安全性,这涉及内存的管理问题。内存管理主要解决在多个程序和数据占用内存时,彼此之间能够互不干扰,因此进行内存的优化管理是必要的。同时,由于内存存储硬件、成本的限制,使得虚拟内存技术成为一种趋势,在逻辑上扩大内存也能够解决内存容量问题。

(3) 设备管理。设备管理就是要有效地分配和使用计算机外部设备,解决处理器与计算机外围设备的时间差异、提高计算机的运行效率。设备分配的基本任务就是根据用户的输入/输出请求,为他们分配所需的设备,为了达到缓解处理器与输入/输出设备速度不匹配的矛盾,达到提高系统吞吐量的目的,许多操作系统通过设置缓冲区的办法来实现。

(4) 文件管理。文件就是在逻辑上有完整意义的信息集合。操作系统对文件进行管理是将文件按一定的规则保存在存储器中,根据用户的要求按名存取,实现从逻辑文件到物理文件之间的转换,此时用户不需要考虑文件结构的组织方式,也不必考虑文件的存储方式。操作系统还能对文件进行有效的存储分配,建立文件目录,实现文件读取权限的共享、保护和加密。

(5) 作业管理。作业就是用户的一个计算问题,作业包括程序、数据以及运算的控制步骤。作业管理就是对作业的调度和控制。作业管理为用户提供一个良好的人机交互界面,实现作业的调度和控制。作业调度是从等待执行的若干作业中选择可以装入内存的作业;作业控制就是对已经装入内存的作业按照用户的意愿进行管理和执行。

2) 操作系统的类型

操作系统按服务功能不同,可分为批处理操作系统、分时操作系统、实时操作系统、网络操作系统和分布式操作系统。

(1) 批处理操作系统。批处理操作系统是用户将程序和数据一起作为作业交给系统操作员,系统操作员将用户的作业组成一批作业,并启动有关程序将作业输入计算机内存,操作系统控制、调试作业的运行并输出结果。批处理系统的主要缺点是用户与计算机之间交互能力差,用户将作业提交给系统后，无法对作业运行中可能出现的意外情况进行干预，将不利于用户多程序的调试，而且批处理的平均周期较长。典型的批处理操作系统有 DOS 等。

(2) 分时操作系统。分时操作系统的工作方式是一台主机连接若干个终端，每一个终端有一个用户在使用。用户向系统提出命令请求，系统接受每一个用户的命令，通过时间片轮转的方式处理服务请求，并通过交互方式在终端上显示处理结果。分时系统给每个终端用户分配资源，并保证多个用户可以共享主机资源而互不干扰。分时操作系统具有多路性、交互性、独占性和及时性等特点。典型的分时操作系统是 Unix 等。

(3) 实时操作系统。实时操作系统是指计算机能够及时响应外部事件的请求，并在规定的时间内完成对该事件的处理，并控制所有实时设备和实时任务协调一致地工作的操作系统。实时操作系统是为某种应用而专门设计的专用系统。实时操作系统的特点是资源的分配和调度首先要考虑实时性，能对外部请求在严格时间范围内做出反应，此外实时操作系统具有高可靠性、完整性和较强的容错能力。实时系统采用双工体制，即两台完全相同的计算机，一台作为值班机，一台作为后备机，两台并行运行，一旦值班机发生故障，后备机立刻切入。

(4) 网络操作系统。网络操作系统是在网络协议、信息交换方式、控制程序和网络操作系统等网络软件的支持下，将地理位置不同、具有独立功能的多个计算机系统，通过通信设备和通信线路连接起来，提供网络通信和网络资源共享功能的操作系统。网络操作系统是开放式的系统，在网络环境下的操作系统，既要为本机用户提供有效地使用网络资源的手段，又要为网络用户使用本机资源提供服务。典型的网络操作系统有 Windows Server 2000/2003/2008、Linux、Unix、Novell Netware 等。

(5) 分布式操作系统。分布式操作系统与网络操作系统类似，是由若干个计算机经互联网络连接而成的。与网络操作系统不同的是，分布式操作系统中的计算机既可以独立工作，又能协同工作。它不仅实现了网络通信和信息资源的共享，还能使网络上的计算机协同来完成一个共同的任务。分布式操作系统的特点是实现多机合作、用户资源的共享性和透明性。典型的分布式操作系统有 Unix、OS/2、Linux 等。

2. 语言处理程序

人类通过使用计算机能够理解和接受的语言向计算机发出命令和信息。人机对话和信息交换时使用的语言就是计算机语言，也叫程序设计语言。计算机只能处理二进制 0 和 1，不能直接执行程序设计语言设计的指令，此时必须将程序设计语言转变成二进制，即机器语言指令。通常将程序设计语言编写的程序称为源程序，而将计算机执行指令的程序称为目标程序。

程序设计语言经历了从低级到高级的发展过程，大致可分为机器语言、汇编语言、高级语言和第四代语言几种类型。

(1) 机器语言，这是一种可以在计算机上直接执行的二进制代码指令。用机器语言编写的程序可以不经编译直接执行。其特点是计算机可以直接识别并执行，执行速度快、效率高；指令的编写烦琐，容易出错。

(2) 汇编语言，这是面向机器的程序设计语言。汇编语言克服了机器语言指令难以记忆和调试的缺点，采用助记符代替机器语言的操作码，并用符号代替操作数的地址，其指令与机器语言的指令一一对应。助记符含义明确，容易记忆，提高了程序的可读性。汇编语言不能直接被计算机识别并执行，必须经过编码系统将其翻译成机器语言程序，而且不同的计算机具有不同的汇编语言，彼此不能通用。因此，与机器语言相比，汇编语言在可读性、编码的复杂度等方面有了很大的进步，执行速度也与机器语言相似，但是汇编语言编程仍然很麻烦，可移植性差。汇编语言与机器语言都是面向机器的语言，也被称为低级语言。

(3) 高级语言。高级语言是独立于机器的程序设计语言，它更便于人们的理解和应用。高级语言采用了人们容易理解的符号和命令构成语句，编程时不必考虑指令系统及计算机内部逻辑，只要选择合适的算法和数据结构，便可设计出程序，这使得高级语言对于问题的处理十分方便。由于高级语言不受具体机器的限制，因此其通用性很强。高级语言的源程序不能直接被机器识别，必须通过编译系统或解释系统的翻译生成目标程序，才能被计算机识别，使得执行效率低于汇编语言和机器语言。

(4) 第四代语言。第四代语言是在高级语言的基础上集成的模块化语言，实质上是一些可以快速开发应用软件的高生产率的软件工具的统称。其包括各种不同的能够使终端用户在具有最小的或无须技术的帮助下开发应用软件的工具和提高专业程序设计人员生产效率的软件工具。第四代语言具有非程序化语言的特点，即仅仅需要说明什么任务需要完成即可，而不需要对执行的任务进行详细的说明。这大大减少了程序设计的时间，使开发软件变得容易。第四代语言开发工具往往包括一些可以直接为最终用户使用的软件包，为用户提供一个功能强大的且使用方便的软件开发环境。

3. 数据库管理系统

数据库管理系统是一种系统软件包，用于开发、使用、维护和组织数据库，能够对数据库进行统一管理和控制，以保证数据库的完整性和安全性。它不仅将所有数据集成在数据库中，也可以使多个应用程序和用户，用不同的方法在相同或不同时刻对数据库进行建立、修改和查询。数据库管理系统提供数据定义语言和数据操作语言，实现对数据的添加、删除等操作。

数据库是数据之间关系错综复杂的数据集合，数据库管理系统提供对数据的编辑、查询、统计和排序等，实现对数据的管理和使用。数据库管理系统产品有很多种，各产品版本更新很快，技术和性能发展很快，但不同数据库管理系统所基于的原理和理论有共同点，目前的数据库管理系统主要是关系型，支持面向对象、Internet、数据仓库、数据挖掘等。常见的数据库管理系统有 Access、Oracle、DB2、SQL Server、Sybase、Informix 等。

数据库管理系统的组成包括：数据定义语言，对数据库中的数据及数据间联系进行描述，根据数据的描述从物理记录导出全局逻辑记录，从而导出应用程序所需的记录；数据操纵语言，对数据库中数据进行存储、检索、修改和删除等操作的工具；数据库例行程序，是由许多程序组成的一个软件系统，每个程序可以相互配合完成相应的工作，它主要由语言处理程序、系统运行控制程序、日常管理和服务程序等组成。

4. 实用程序

实用程序是指用户为了完成一些日常任务而配置的服务性程序，包括界面工具程序、编辑程序、诊断排序程序和连接装配程序等。其主要用于软件和硬件的日常维护、管理和安全控制，如系统性能的监控、优化与测试、系统的故障诊断、系统的备份与恢复、磁盘的格式化和分区、计算机病毒的查杀和防火墙等。

4.3.2 应用软件

应用软件是位于软件系统的最外层，直接面向用户，为用户服务的应用程序。应用软件通过系统软件的接口实现同操作系统的交互和对硬件的操作。应用软件是为了解决各类应用问题而编写的程序，主要是为了解决一些实际问题或是一项具体工作。这类软件主要是由软件开发人员或是用户针对具体问题而编制。按照所能实现的功能，应用软件分为专用应用软件和通用应用软件。

1. 专用应用软件

专用应用软件是指专门为某类用户或某个用户设计和开发的软件。这类软件可以通过自行开发来满足用户的要求，如超市的销售管理和市场预测系统、企业的会计和财务系统、大学的教务系统等。也可以通过其他外部供应商，如第三方软件公司来开发，用以满足用户的要求。开发的应用软件只能用于某个单位,如果对其加以改造,也可以供多个单位使用。

专用应用软件的优点是在自行开发或聘请外部开发商开发软件时,可以完全满足用户的要求,而且开发过程和开发结果容易控制,当用户需求改变时,方便对应用软件进行修改和维护。但专用应用软件开发费用较高,而且耗费大量的开发时间、风险较大、成本高,所以当企业不具备自行开发能力时,只能聘请外部软件开发商完成开发任务。

2. 通用应用软件

通用应用软件一般是由专门从事程序开发的软件公司开发的商品化且适用范围广的软件。通用应用软件具有较强的通用性,其功能往往可以选择、设置和调配,便于用户灵活地配置软件以满足特定需求。常用的通用软件有如下几类。

(1) 文字处理软件。文字处理软件是提供用户创建、编辑和打印文档,并以电子方式将文档存储于计算机上的软件。这些文档包括文本、数据、图形、表格和声音等。文字处理软件可以画图、建立索引、脚注和表格,利用校对工具进行拼写检查、语法检查等,能为大邮件插入数据库文件中的记录地址和通过调制解调器插入传真记录,还可以创建和访问 Web 页面等。常用的文字处理软件有 Word、WPS 等。

(2) 电子制表软件。电子制表软件显示由一系列行与列构成的网格,单元格内存放文本和数值。其提供了电子化工具,代替了诸如会计账簿等传统财务建模工具,有利于管理者更方便地准备预算表、税务分析、投资组合、销售和利润计划,以及其他财务文档。电子制表软件可以进行数据计算,如求和、平均值和最值等。同时,其还能够进行建模和假设分析,如用户可以输入大量不同的数值,查看对结果的影响,帮助管理者进行决策分析。对应于表格中的数据,还可以用线性图、直方图、圆饼图等来直观反映数据关系。利用电子表格软件,可以设计出一些表格和表单作为模板,包括标题和图表中每一项的名称、使用公式等。用户可以利用设计好的模板进行统计和计算。常用的电子制表软件有 Microsoft Excel、WPS 等。

(3) 文稿演示软件。文稿演示软件可以帮助用户制作包含图表、文本、声音、图像和视频的幻灯片。该软件能够把数值转化为图表和其他类型的图形。常用的文稿演示图形软件有 Microsoft PowerPoint、Lotus Freelance Graphics 等,其中 PowerPoint 在日常生活和学习中无处不在。

(4) 套装软件。套装软件是指捆绑在一起的若干个单一应用程序软件包的集合。目前市场上流行着很多套装软件,最常用的 Microsoft Office 系统就是一个通用的套装软件,其中包括文字处理软件 Word、电子表格处理软件 Excel、数据库管理软件 Access 和文稿演示软件 PowerPoint。套装软件中的程序能够相互协调工作,其中包含的软件命令、图形和过程在套件中基本相同。套装软件具有兼容性和集成性,允许用户根据需求,从软件中自行选择其中所需部分灵活组合。

(5) 组件。组件是由能够支持信息共享、电子会议、行程安排和电子邮件,以及网络软件构成的软件,用来帮助人们高效地协同工作。例如,组件允许人们以电子方式交换信息,对某个主题的所有信息,包括日期、时间和作者等都在组中保留。任何一个组成员都可以在任何时候评论其他人的观点,以及写出自己的意见。视频会议软件也属于组件,一组为解决某些共同问题而协同工作的人员,通过互联的计算机系统,及时地相互传递各自的观点和看法,并且能够相互讨论。

从总体上来说,无论是系统软件还是应用软件,都朝着外延进一步"大众化"、内涵进一步"智能化"的方向发展,即软件本身越来越复杂,功能越来越强大,但使用越来越简单,操作越来越方便。

4.3.3 软件技术的发展趋势

目前,计算机系统已由硬件性能改进和产品制造为主转向基础软件技术创新为主的发展时期,基础软件是具有公共服务平台或应用开发平台功能的软件系统。基础软件主要包括操作系统、网络软件、办公软件、编程语言、中间件、数据库和嵌入式软件等。了解基础软件技术的发展趋势，是掌握信息产业发展先机的关键。

1. 操作系统

新一代操作系统是一切信息系统运行的基础，其技术正经历着从"以机器为中心"向"以网络为中心"，"以计算为中心"向"以数据为中心"的重大变革。结构方面的技术发展主要是虚拟化技术、云计算技术等。操作系统虚拟化允许多个不同应用在一个操作系统拷贝的控制下隔离运行。单一的操作系统，或叫宿主操作系统，通过划分其特定部分，成为一个个隔离的操作执行环境，供程序运行。操作系统虚拟化的关键点在于将应用与操作系统独立开来，将操作系统资源访问虚拟化。对上而言，让应用"相信"它是运行于其独立的操作系统实例中；对下而言，翻译和转换上层应用的命名空间、资源进程需求，使之和谐共存于底层的操作系统内核和硬件资源之中，从而达到更细粒度的资源控制和更有效的可管理性。云计算操作系统是云计算后台数据中心的整体管理运营系统。云计算操作系统能管理和驱动海量服务器、存储等基础硬件，将一个数据中心的硬件资源逻辑上整合成一台服务器，并且为云应用软件提供统一、标准的接口，同时云计算操作系统能够管理海量的计算任务及资源调配。

2. 编程语言

近几十年来，编程语言从机器语言、汇编语言到高级语言，其目的是让人们可以更加方便地操作计算机，其发展主要体现在开发框架和工具等方面。随着开发平台的功能越来越强大，编程语言的抽象级别不断提高，语言趋于简单化的同时，又可以完成更多的工作。未来，编程语言的发展趋势是让开发人员更轻松地开发应用系统来控制机器，编程语言愈来愈趋向于简明性、面向对象、与平台无关、代码开源化、高层语言、可扩展性、可嵌入性、自然语言化、自动化和智能化。

3. 中间件

中间件是一种独立的系统软件或服务程序，分布式应用软件借助这种软件在不同的技术之间共享资源。中间件位于客户机/服务器的操作系统之上，管理计算机资源和网络通信，是连接两个独立应用程序或独立系统的软件。即使相连接的系统具有不同的接口，通过中间件仍能相互交换信息。通过中间件，应用程序可以工作于多平台或 OS 环境。中间件技术已成为软件技术的研究热点，已有的主要中间件包括：事务中间件、消息中间件和面向对象中间件等。随着分布系统运行的网络环境规模不断扩展，中间件的定义逐步形成更为广义的内涵。仿真中间件和人工智能中间件等对系统高层设计和专用领域系统开发的中间件成为技术发展热点。中间件技术的发展方向集中于消除信息孤岛，推动无边界信息流，支撑开放、动态、多变的互联网环境中的复杂应用系统，使覆盖范围更广阔、面向服务、平台化、支撑云技术和后端平台深度融合，其发展趋势为业务化、服务化、一体化、虚拟化和垂直化等。

4. 数据库

随着互联网和云计算的发展，企业管理自动化、电子商务和电子政务等与数据库技术相融合，现代数据库技术也呈现出新的发展趋势。目前 XML 标准成为各种复杂的异构数据的核心技术和未来数据定义的标准格式，可以将 XML 格式的数据存储在关系数据库中。网格计算已经成为热点，它所带来的低成本、高性能及方便的计算资源共享正是众多企业所追求的。未来的数据库将构筑在网格计算环境之上，网格数据库可让客户将多台标准服务器系统整合成一套可扩充的容错运算平台，同时可让客户更容易在网格环境中分享储存资源，并且大幅提升数据安全性。随着企业的商业数据呈几何数量级不断递增，为分析决策、将数据转化为商业价值，需要从这些海量数据中获取更多的信息，数据丰富知识贫乏的现实直接导致了联机分析处理、数据仓库、数据挖掘、大数据分析等技术的出现，促使数据库向智能化方向发展。

5. 嵌入式系统

嵌入式系统是一种完全嵌入受控器件，为特定应用而设计的专用计算机系统，由微处理器、定时器、微控制器、存储器和传感器等一系列微电子芯片与器件，以及嵌入在存储器中的微型操作系统和控制应用软件组成。 嵌入式系统是与应用紧密结合的，具有很强的专用性，必须结合实际系统需求进行合理的利用。嵌入式系统的核心是嵌入式微处理器，其具备四个特点：一是对实时和多任务有很强的支持能力，能完成多任务并且有较短的中断响应时间，从而使内部的代码和实时操作系统的执行时间减少到最低限度；二是具有功能很强的存储区保护功能，这是由于嵌入式系统的软件结构已模块化，而为了避免在软件模块之间出现错误的交叉作用，需要设计强大的存储区保护功能，同时也有利于软件诊断；三是可扩展的处理器结构，能迅速地扩展出满足应用的高性能的嵌入式微处理器；四是嵌入式微处理器的功耗很低，尤其是用于便携式的无线及移动通信设备中的嵌入式系统更是如此。嵌入式操作系统的发展趋势为系统内核微型化、高实时性、高可信性、自适应性、构件组件化，支撑开发环境集成化、自动化、人性化，系统具有实用性、适用性、高度可裁剪性，产品功能个性化、可定制性、高效性、节能性。

6. 区块链技术

区块链是信息技术领域的术语，从科技层面来看，区块链涉及数学、密码学、互联网和计算机编程等很多科学技术问题；从应用视角来看，区块链是一个分布式的共享账本和数据库，具有去中心化、不可篡改、全程留痕、可以追溯、集体维护、公开透明等特点。 这些特点保证了区块链的"诚实"与"透明"，为区块链创造信任奠定基础。区块链是采用分布式数据存储、点对点传输、共识机制、加密算法等计算机技术的新型应用模式。区块链具有丰富的应用场景，如金融、保险、物流、数字版权、公共服务、公益等领域，基于区块链能够解决信息不对称的问题，实现多个主体之间的协作信任与一致行动。

区块链技术的特点为：去中心化，区块链技术不依赖额外的第三方管理机构或硬件设施，没有中心管制，除了自成一体的区块链本身，通过分布式核算和存储，各个节点实现了信息自我验证、传递和管理；开放性，区块链技术的基础是开源，除了交易各方的私有信息被加密外，区块链的数据对所有人开放，任何人都可以通过公开的接口查询区块链数据和开发相关应用，因此整个系统信息高度透明；独立性，基于协商一致的规范和协议，整个区块链系统不依赖其他第三方，所有节点能够在系统内自动安全地验证、交换数据，不需要任何人为的干预；安全性，只要未掌控全部数据节点的 51%，就无法操控修改网络数据，这使区块链本身变得相对安全，避免了主观人为的数据变更；匿名性，除非有法律规范要求，单从技术上来讲，各区块节点的身份信息不需要公开或验证，信息传递可以匿名进行。

2019 年 1 月 10 日，国家互联网信息办公室发布《区块链信息服务管理规定》，把区块链作为核心技术自主创新的重要突破口，促进区块链技术和产业创新发展。

7. 基于云计算的企业信息系统

云计算对现代企业的变革及信息系统的发展都产生了巨大的影响。云计算改变传统信息系统中的服务交付和使用模式，企业可以通过网络以按需、易扩展的方式使用所需的数据及信息管理服务。云计算环境下的信息系统可以帮助企业将电子商务、市场营销等各部门的信息、资源实现有效的互通，进而实现管理的效果和效率的大幅提升。

从云计算平台所提供服务的角度，基于云计算的信息系统可以大致分为：提供给使用者的信息系统、提供给开发者的信息系统、整合服务的云计算平台。

(1) 提供给使用者的信息系统。对于不需要任何定制开发的企业，只用云计算就可实现一些在线信息管理功能，云计算就是它们的服务器和数据中心，而这些企业仅仅作为该数据中心的终端用户。

提供 SaaS 模式的云服务平台为这些企业提供所需的服务，而企业只需要使用供应商的服务器并为此支付使用费，不需要专门购买软件和设备。对于中小型企业来说，基于云计算的信息系统服务可以大大节省运作成本，提高生产效率。

提供这种信息系统服务的典型代表是谷歌以应用引擎形式所提供的云计算服务。应用引擎为用户提供了一个完全集成的应用环境，利用谷歌的开发工具企业可以建立适合自己的系统并上传到应用引擎的计算云，这样的开发方式易于维护和扩展。

(2) 提供给开发者的信息系统。采用云计算，企业在自主开发信息系统时有两种选择：一是采用 PaaS 模式，二是采用 IaaS 的模式。

通过 PaaS 模式，企业利用云计算服务商开发环境中的结构单元来创建应用系统，可以实现界面配置、功能配置、安全机制等各项应用服务。这一模式便于企业更简易地构建电子交易平台、ERP 系统、CRM 系统等。这种模式的典型代表是 Salesforce 提供的 Force.com 平台。Force.com 平台提供了专门的 API 开发工具包及 App Exchange 应用交互平台，允许用户开发满足个性化需求的信息系统。

在 IaaS 模式中，用户需要租用或者购买基础设施。以亚马逊网络服务为代表的 IaaS 是采用租借基础设施的方式提供远程云计算平台服务的。它将计算机资源(如处理器、存储单元、带宽等)打包成类似于公共设施的可计量的服务，通过给这些资源定价来向租户收取使用费用。亚马逊网络服务采用了按需收费的模式和具备弹性的云计算平台服务功能：当用户的访问量大时，云计算平台自动为企业分配足够的、满足企业需要的服务器；当企业的访问处于低谷时，又可以收回多余的服务器为其他用户提供服务。因此，对于那些用户访问量波动很大的企业来说，这种具有较强弹性的云计算服务模式非常适用，也为企业用户节省了大量的费用。

(3) 整合服务的云计算平台。对于寻求便捷的、整合的一揽子服务的企业，选择整合一系列服务的云计算平台则更为适合。这种整合服务的云计算平台的最大优势在于企业可以把全部的信息管理工作交由平台提供商来负责。

这种模式的典型代表是阿里巴巴的电子商务云平台。阿里巴巴的电子商务云不仅提供云的计算、存储和网络服务，而且还采取基于 SaaS 的云模式，通过针对中小企业和个人的 SaaS 信息管理应用为用户提供电子商务相关的一系列服务。企业和个人用户无须安装任何软硬件，采用即插即用的方式自由定制功能，快速搭建自己想要的各种应用平台。阿里巴巴还将旗下电子商务平台上的商品信息、信誉体系、支付工具、用户资源等整合到阿里云中，中小企业、个人网商、软件开发商能够通过阿里云享受到阿里巴巴电子商务的各种增值服务。

基于云计算的信息系统是云计算与经济、商务、管理、应用领域交叉产生的新型信息管理和商业服务模式，这些新型系统的出现导致企业在组织形式、盈利方式、营销手段、知识管理等方面发生一系列的重大变革。充分利用云技术在信息管理领域的特点，有效地利用云计算服务商的资源，降低成本，创新商业模式和应用模式，从而提高企业的核心竞争力，是现代化企业所必须面对和思考的问题。

课堂讨论专题

　　总结信息技术发展及其引起社会生活变革的趋势，讨论如何适应并正确对待科技变革，培养与时俱进、拥抱科技的敏感性。

案 例 分 析

云计算和物联网搭建"数字武钢"

武汉钢铁集团公司(以下简称武钢)是中华人民共和国成立后兴建的第一个特大型钢铁联合企业，于 1958 年建成投产，是中央直管的重要骨干企业。武钢从成立至今，三次创业的发展经历印证了我国经济社会改革发展的历程，是中国钢铁工业发展的一个缩影，展示了在国家政策支持下，大型国有钢铁企业和相关产业发展的历史轨迹。发展相关产业是武钢转变发展方式的重要战略举措，是武钢集团发展的重要战略组成部分。武钢正着力改造提升传统优势产业、培育壮大高新技术产业，加快发展战略性新兴产业，形成具有强大盈利能力的相关产业集群。

为迈向云计算和物联网打基础

早在2001年，武钢就自主开发了特大型钢铁企业整体信息系统，包括15大专业系统，91个子系统，解决了企业销、生、研、供、运、储的协同等关键问题，形成了丰富的软件资源。同时还构建了ATM万兆主干网集成多平台的计算机系统，其中包括万余台终端、近1 300台交换机、440余台PC服务器、敷设光纤达725千米、覆盖面积21平方千米、连接各年代20余种自动化控制设备，建立了与178条生产线的实时数据交换体系。

从2011年开始，武钢提出大力发展钢铁相关产业，建立"数字武钢"，利用云计算、物联网等新兴技术支撑企业发展。利用信息化基础，建立企业云服务和物联网服务平台，信息化技术支撑企业可持续发展模式，"两化"深度融合推进了钢铁企业发展转型。武钢围绕企业软件平台，对原有信息化基础设施和应用进行升级和改造，向云计算平台演进。依托新的软件和信息技术，满足企业向物流产业发展需要，推动企业物流规划建设。

发挥工程技术集团整体优势，研究新一代IT服务平台。武钢工程技术集团建成了包括基于IP网络技术的工业通信系统、钢铁信息化产业、LED照明产业、物联网应用产业、工业炉轧制处理线物流信息化、软件交付中心、冶金特殊智能仪表产业、激光装备制造产业、水再生环保处理工程及技术产业、智能交通服务、燃料电池及组件产业等新一代IT服务平台。

利用工程技术集团创新平台开展物联网和云计算研究。武钢工程技术集团积极参与冶金同物联网平台标准规范与编码的研究，其高新产业模式是将漫长产业链进行整合，以自身的市场容量进行中试验证，再通过较强的市场影响力将成熟应用的新技术迅速推广应用。武钢物联网研究的目标是将RFID应用于武钢物流业务领域，形成企业智慧物流信息化。武钢云计算的目标是面向服务的多视角需求建模，软件云服务化与快速交付，构建支持软件迁移、服务柔性重组的信息化系统云服务平台，支撑相关产业发展。同时以钢铁相关产业信息化建设为契机，建立面向特定主题的示范，树立技术优势明显、行业特色鲜明的典型示范。

目前武钢工程技术集团的物联网和云计算的主要研究课题包括智慧物流的整体业务架构设计、城市智慧停车管理系统解决方案，以及对企业已有核心软件的云服务化研究。

云服务初探

借助于"钢铁相关产业信息化系统云服务平台""物联网智慧园区服务平台"及辅助软件，武钢工技集团先后与Cisco、IBM、Oracle、烽火科技等企业，武汉大学、武汉理工大学等著名高校，以及中国物流技术研究所等机构合作成立产业联盟，将武钢系统化的企业核心软件自动迁移到相关产业云环境中，并形成变粒度云服务的技术方法，与中国移动公司合作共建武钢高新产业园。

武钢先后研究出新产品10项，获得专利和软件著作权若干项。这些产品包括云计算环境中按需服务选择系统、基于本体的语义互操作性管理工具、云服务资源搜索和挖掘工具、云服务超市管理工具、服务质量敏感的自适应服务组合支撑系统、多租户模式数据隔离和数据迁移工具、云服务运行时监测与动态分配系统，以及钢铁相关产业信息化系统云服务平台。

正在开发中的武钢企业软件云服务化平台，将构建武钢相关产业统一软件平台，以"PaaS+SaaS"方式提供变粒度的云服务来满足变化频繁、形式多样的企业应用需求。该平台依照需求牵引、服务推动为方向，采用多租户架构，以面向多租户模式的服务需求分析与建模方法，采用多租户模式的架构设计与配置技术，支持多租户模式的数据隔离和数据迁移技术、服务质量敏感的自动服务组合与柔性重组技术。

推进云服务化进程

武钢将借助云计算，按10个产业板块、14大类业务信息系统，做好顶层设计与项目开发，推进钢铁相关产业软件云服务化进程。下一步，武钢将推进物流业务管理(SaaS)功能开发，端到端的供应链可视化应用系统开发工作。

与此同时，武钢还将推进新一代钢铁信息化——基础设施规划设计工作，完善管控中心、智能化工厂、云计算环境、虚拟化动态计算资源池、园区及数据中心网络、园区及数据中心基础设施、IT运维管理体系、信息安全管理、灾难备份体系等的建设。

在云制造架构的研究方面，武钢根据新厂区的实际状况，规划的IaaS云服务为桌面云和基础架构云，PaaS采用应用运行平台云，SaaS将先实施通用办公平台云。在新厂区，云计算业务将实现资源共享和统一计算资源池管理，最终利用桌面云、基础设施云、应用运行平台云、公共应用服务平台云等各类云环境，在服务受理、服务供应、服务保障、服务计量、服务收费等方面提供云服务管理与支撑。

(资料来源：胡星. 借助云计算和物联网搭建数字武钢[J]. 中国制造业信息化，2012，49(16). 作者有删改)

思考题：
1. 与传统信息技术相比，云计算和物联网在武钢的运作中发挥了哪些独特的作用？
2. 云计算还可能在其他哪些领域应用？

本章习题

1. 什么是IT基础设施？
2. 从服务的视角，IT基础设施包括哪些方面？
3. 简述IT基础设施的发展过程。
4. IT基础设施的组成要素有哪些？
5. 简述计算机硬件的组成部分。
6. CPU的性能指标有哪些？
7. 简述硬件技术的发展趋势。
8. 操作系统的主要功能有哪些？
9. 程序设计语言的种类有哪些？
10. 简述软件技术的发展趋势。

第 5 章
数据库与大数据技术

数据是组织中的重要资源，数据与信息管理是驱动组织业务活动的基础，对于一个组织而言，有效率地管理数据并不是一件容易的事情。组织对数据的管理主要面临两个挑战：一是如何消除建立数据库时遇到的组织障碍，建立数据库通常会改变信息管理者在组织中的角色、高层的权力分配、信息的所有权与分享，以及组织的共识等，对组织现有的权力结构带来挑战；二是在整合数据时如何确保数据的质量，组织通常需要花费相当多的时间来集成、整理与标准化数据库中的数据，以消除不同系统或功能领域各自储存与维护数据所引起的不一致、重复与错误情况。作为管理信息系统的一项重要技术基础，本章将阐述传统文件管理方式下的数据组织、数据库系统、商务智能及大数据四个方面的内容。

知识导航

1. 文件管理方式的问题
2. 数据库管理的特点
3. 数据库系统的组成
4. 数据库模型
5. 数据库开发的流程
6. 大数据的概念及特征
7. 大数据的处理过程
8. 大数据的计算框架
9. NoSQL 数据库与关系数据库的区别

关键概念

数据库　数据库系统　数据库管理系统　大数据　数据预处理　数据建模　数据可视化　NoSQL

开篇案例

啤酒与尿布

商业零售连锁巨头沃尔玛公司拥有世界上最大的数据库系统之一。为了能够准确了解顾客在其门店的购买习惯，沃尔玛对其顾客的购物行为进行了购物篮关联规则分析，从而知道顾客经常一起购买的商品有哪些。在沃尔玛庞大的数据库中集合了其所有门店的详细原始交易数据，在这些原始交易数据的基础上，沃尔玛利用数据挖掘工具对这些数据进行了分析和挖掘。一个令人惊奇和意外的结果出现了："跟尿布一起购买最多的商品竟是啤酒。"这是数据挖掘技术对历史数据进行分析的结果，反映的是数据的内在规律。那么这个结果符合现实情况吗？是否为一条有用的信息？是否有利用价值？

为了验证，沃尔玛派出市场调查人员和分析师对这一结果进行调查分析。经过大量实际调查，他们揭示了一个隐藏在"尿布与啤酒"背后的美国消费者的一种行为模式：在美国，到超市去买婴儿尿布是一些年轻的父亲下班后的日常工作，而他们中有 30%～40%的人同时也会为自己买一些啤酒。产生这一现象的原因是：美国的太太们常叮嘱她们的丈夫不要忘了下班后为孩子买尿布，而丈夫们在买尿布后又随手带回了他们喜欢的啤酒；另一种情况是丈夫们在买啤酒时突然记起他们的责任，又去买了尿布。既然尿布与啤酒一起被购买的机会很多，那么沃尔玛就在其所有的门店里将尿布与啤酒并排摆放在一起，结果得到了尿布与啤酒销售量的双增长。

讨论：
1. 结合"啤酒与尿布"的例子，谈谈商务大数据分析的价值。
2. 举出一些企业利用大数据分析支持商业实践的典型案例。

5.1 数据管理的发展

数据管理技术是随着计算机应用领域的扩大和计算机软硬件的发展而不断发展的，根据数据的存储结构和处理方式，人们把计算机数据管理分为三个阶段，即人工管理阶段、文件管理阶段和数据库管理阶段。

5.1.1 人工管理阶段

20 世纪 50 年代中期以前，数据的管理处于人工管理阶段，这是计算机数据处理的初级阶段，由于没有操作系统等软件，计算机主要用于科学计算，在管理中没有应用，数据量少且不能保存。

5.1.2 文件管理阶段

文件管理阶段出现于 20 世纪 50 年代后期，计算机不仅用于科学计算，还大量用于管理，硬件出现了磁鼓、磁盘等直接存取存储设备，软件出现了操作系统，文件管理系统包含在操作系统中，包含数据管理的功能。在这个阶段，数据已经可以组织成文件，独立于程序而存在，每个数据文件都给定一个文件名，由操作系统中的"文件管理系统"专门进行管理与维护。

1. 文件管理的相关概念

计算机系统以层级的方法组织数据，从位、字节，到字段、记录、文件，再到数据库。位代表计算机可处理的最小数据单位，一组位称为字节，代表单一字符，可以是字母、数字或其他符号；一组字符组成一个字、一组文字或一组完整的数字(如人的名字或年龄)，称之为字段(field)；相关字段的有序集合称为记录(record)；一组相同类型的记录称为文件(file)；一组相关文件形成一个数据库(database)，如图 5-1 所示。

2. 文件管理方式的问题

在传统文件管理方式下，组织的各个职能部门都建立各自独立的信息系统，建立和使用不同的部门文件，经过长时间的累积，就会给数据的管理和维护带来一系列的问题，如数据冗余、数据集成度低、数据与程序高度依赖、缺乏灵活性和安全性、共享性低等。

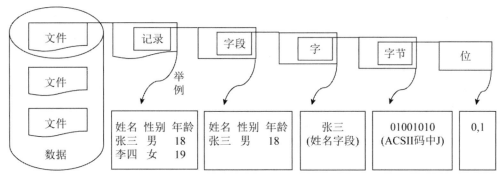

图 5-1　数据的层次

(1) 数据冗余和不一致性。数据冗余是指多个文件中重复存储相同的数据。在传统文件管理方式下，由于各个部门各自建立独立的信息系统，需要收集和存储很多相同的信息，这就导致了彼此独立的数据文件包含很多冗余信息，同一数据(如客户的姓名和地址)被记录和存储在不同的文件里。数据冗余不但浪费存储空间，还会导致数据之间的不一致性。数据的不一致性是指相同的实体属性出现不同的值或不同的表达方式。例如，客户修改了订单，销售部门的订单记录更新，但生产部门的记录却没有同时更新，从而导致数据的不一致。或者有的系统用"M""F"表示男女性别，而有的系统则用"0""1"表示，这就造成了系统间数据表达的不一致。由此可见，数据冗余不但占用系统的存储空间，还会对数据的更新维护产生不利影响。

(2) 数据集成度低。数据文件的独立存储，使得组织很难从多个不同的文件中提取一致性的数据以满足用户特殊的信息需求。对于一些组织来说，流程复杂、浪费时间而且成本太高，以至于根本不可能为终端用户或管理层提供此类信息。终端用户只能从每个独立应用产生的报告中手工提取需要的信息，形成满足管理需要的报告。

(3) 数据与程序高度依赖。在文件处理系统中，物理存储设备上的文件和访问这些文件的应用程序彼此高度依赖。数据与程序依赖会导致一旦某些数据结构发生变化，相应的应用程序也要随之改变，严重妨碍了数据共享。例如，应用程序通常包括对其文件数据格式的引用，因而当文件中数据、记录的格式和结构发生变化时，使用该文件的所有应用程序都需要跟着改变。程序的维护工作是文件处理系统的主要负担，正确地完成这一任务十分困难，因此导致数据文件中出现很多不一致的现象。

(4) 缺乏灵活性。由于各系统数据的独立存储，传统的文件系统只能完成一些常规化的工作，如生成日常用的报表，却无法生成特殊定制的报表或实时的信息查询需要。特殊定制的报表或实时信息查询所需要的信息存储于系统中的不同地方，检索这些信息非常复杂。

(5) 安全性和共享性低。由于传统的文件系统缺乏数据控制和管理手段，缺乏数据加密和恢复等安全机制，使得数据的安全性较低。对于分布在不同系统中的文件，无法获知是哪些应用在读取甚至修改重要的数据。另外，组织所需的信息通常分布在不同系统的不同文件之中，而不同部门之间的文件管理系统是相互独立、缺乏联系的，这就导致实时的数据共享是不可能的。

5.1.3　数据库管理阶段

20 世纪 60 年代后期，由于社会的发展，组织之间联系的复杂程度及信息量增多，导致数据管理规模庞大、数据量剧增，数据冗余越来越突出，数据共享的必要性也越来越高，文件系统的管理方式已经不能满足人们对数据管理的需要。这一时期在计算机的硬件方面出现了大容量存储器磁盘，软件方面出现了数据库管理系统，使数据管理进入了一个新阶段。数据库管理阶段出现的标志是 20 世纪 60 年代末的三个重要事件：一是 1968 年美国 IBM 公司推出层次模型的 IMS(information

management system)系统;二是 1969 年美国数据系统语言组织发布了 DBTG(data base task group)报告,提出网状模型;三是 1970 年美国 IBM 公司的科得(E. F. Codd)连续发表论文,提出关系模型,奠定了关系数据库的理论基础。

数据库技术可以解决传统文件系统所带来的诸多问题。数据库管理方法(database management approach)将原先存储在各个独立文件中的数据记录合并到一个数据库中,供很多不同的应用程序访问。数据库管理就是使用数据库管理软件控制数据库的创建、查询和维护,从而为终端用户提供需要的信息。图 5-2 给出了人力资源管理中数据库管理方法的例子。

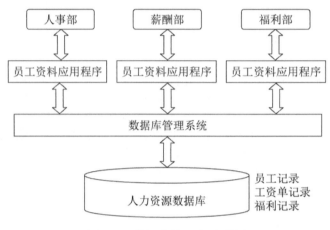

图 5-2 数据库管理方法举例

5.2 数据库系统

5.2.1 数据库系统的相关概念

1. 数据库

<u>数据库是以一定的组织方式存储在一起的相关数据的集合,它用综合的方法组织数据,使数据独立性高、冗余小,可供多个用户共享,能够保证数据的安全性和可靠性,允许并发地使用数据库,并能保证数据的一致性和完整性。</u>

数据库概念的三个主要目标是使数据冗余最小,并达到数据独立性和共享性。数据冗余是数据的重复,即同一数据存储在多个文件中;数据独立性是指数据结构与处理该数据的应用程序是相互独立的,因此更改数据结构时不用更改处理数据的应用程序;数据的共享性则突破了地域范围的局限,允许多用户并发地使用数据库中的数据,促进各方的联系和交流。

2. 数据库系统

<u>数据库系统是指组织、存取和维护大量数据的人/机管理系统,是由计算机、数据库、数据库管理系统和有关人员组成的有机总体。</u>

数据库系统一般有以下四个组成部分。

(1) 计算机系统。计算机系统是指用于数据库管理的计算机软硬件系统。数据库需要大容量的主存以存放和运行操作系统、数据库管理系统程序和应用程序,以及数据库、目录和系统缓冲区等,外存则需要大容量的直接存取设备。此外,系统还应具有网络功能以实现数据资源的共享。

(2) 数据库。数据库是存储在一起的结构化的、逻辑相关的数据集合,并为多种应用服务。数据库既有存放实际数据的物理数据库,也有存放数据逻辑结构的描述数据库。

(3) 数据库管理系统。**数据库管理系统(Database Management System,DBMS),是一个负责数据库管理和维护的软件系统。**

(4) 知识工作者。知识工作者包括:①数据库用户,主要为最终用户和程序设计人员,最终用户是组织中的业务和管理人员。②数据库设计人员,指从事数据库开发的信息专家(包括系统分析员)。③数据库管理员(DBA),是负责数据库全面管理的信息专家。其职责包括定义并存储数据库的内容,监督和控制数据库的使用,负责数据库的日常维护,必要时重新组织和改进数据库。

3. 数据库管理系统

数据库管理系统是数据库系统的主要软件工具,是数据库系统的核心,它控制着组织及其终端用户对数据库的创建、维护和使用。数据库管理系统是应用程序与数据文件之间的接口,用户通过DBMS访问数据库中的数据,数据库管理员也通过DBMS进行数据库的维护工作。现阶段流行的DBMS软件有DB2、SQL Server,以及流行的开放资源数据库管理系统MySQL等。

数据库管理系统的主要目的是使数据作为一种可管理的资源,从而使数据易于为各种用户所共享,同时还能保证数据的安全性、可靠性、完整性、一致性和高度独立性。具体来说,一个数据库管理系统应该具备以下功能:

(1) 数据库定义,可以定义数据库中所含信息的逻辑结构和数据库中的文件结构。

(2) 数据库的操纵,可以完成对数据库数据的装入、删除、修改,可以完成数据库的备份和恢复等操作。

(3) 数据库查询,可以以各种方式提供灵活的查询,使用户方便地使用数据库中的数据。

(4) 数据库控制,可以完成对数据库的安全性控制、完整性控制、多用户环境下的并发控制等功能。

(5) 数据库通信,在分布式数据库或提供网络操作功能的数据库中提供数据库的通信功能。

5.2.2 数据库系统的特点

1. 采用复杂的数据模型表示数据结构

数据库中数据模型不仅描述了数据自身的特征,还描述了数据之间的关系,使数据结构化,这是数据库和文件系统的本质区别。

2. 数据冗余度小,能够实现数据共享,易于扩充

数据库系统允许多个用户或多个应用程序同时访问数据库中的相同数据,数据不再面向特定的某个或多个应用,而是面向整个系统,相关数据集合可由多个应用程序共享,节省了存储空间,数据冗余明显减少,避免了数据之间的不一致现象。在数据库系统下,用户可以根据不同的应用需求使用相应的数据,使系统易于扩充。

3. 具有较高的数据独立性

数据库系统提供了三级数据抽象(视图级抽象、概念级抽象和物理级抽象)能力和三种数据库模式(外模式、模式和内模式),实现了数据的物理独立性和逻辑独立性。数据和程序相互独立,数据的存取和交换由数据库管理系统统一管理,用户以简单的逻辑结构操作数据而无须考虑数据的物理存储结构。

4. 为用户提供了方便的用户接口

用户可以使用查询语言(如 SQL)或终端命令访问数据库，也可以用程序方式(如用 C 语言或数据库语言编制的程序)操作数据库。

5. 提供统一的数据控制功能

为了适应数据共享的环境，数据库管理系统还提供了以下四种数据控制功能。

(1) 并发控制。控制多个事务的并发运行，避免并发程序间相互干扰，保证每个事务产生正确的结果。

(2) 数据恢复。由于意外故障导致数据库被破坏或数据不可靠时，系统有能力把数据库恢复到最近某已知的正确状态。

(3) 数据完整性。通过完整性约束保证数据的正确性、有效性和相容性，如将数据控制在有效的范围内，或要求数据之间满足一定的关系。

(4) 数据安全性。集中存放数据有利于监视和控制数据的安全性，还可以通过设定安全码和口令来限定用户访问并处理数据的权限，从而保证数据的安全，防止数据丢失或被窃取、破坏。

数据库的上述特点表明了信息处理系统的一个重大变化，即在文件系统阶段，信息系统的研制以程序为中心，数据服从程序设计的需要；而在数据库方式下，数据占据了中心位置，数据结构的设计是信息系统首要关注的问题。由于使用数据库管理系统来专门管理数据，实现了数据与程序的真正独立，并且最大限度地降低了数据的冗余度，做到了数据为多个用户共享，并能并发地使用数据，保证了数据的安全性和完整性。

5.2.3 数据库模型

数据库中数据元素间的关系是建立在某种逻辑数据结构或数据模型之上。数据库管理软件都是基于某种特定数据模型而设计的，可以使终端用户快速、轻松地访问数据库中的数据。

1. 数据库模型简介

基本的数据库模型包括层次模型、网状模型、关系模型、多维模型和面向对象模型。

(1) 层次模型。早期基于大型机的 DBMS 软件采用的是层次模型。层次模型的数据库中记录间的关系呈现为层次或树状模型。在传统的层次模型中，所有的记录并非独立存在，而是被安排在一个多层模型里。该模型包括一个根记录和其下的多层子记录，因此记录间的关系均为一对多的关系，每一个数据元素仅同上一层的一个元素发生关系。在层次模型里，处于最高层的数据元素或记录称为根元素。数据访问必须从根元素开始，沿着树的某一分枝到达想要访问的记录。

(2) 网状模型。网状模型可以表达数据间更复杂的逻辑关系，某些大型机上的 DBMS 依然在使用该模型。网状模型允许记录间存在多对多关系，也就是说在网状模型中，可以沿着多条路径来访问同一数据元素，因为任何一个数据元素或记录可以同多个其他数据元素发生关系。

(3) 关系模型。关系模型是数据库模型中使用最广泛的一种。很多大中型计算机系统和微型机上的 DBMS 都采用关系模型。在关系模型中，数据库中的所有数据元素都以简单的表的形式存在。基于关系模型的数据库管理系统可以将不同表中的数据元素连接起来，向用户提供有用的信息。例如，数据库管理系统可以根据部门表和员工表的公共属性(部门编号)将这两个表连接起来，为用户检索并显示员工姓名、工资及其所在部门的名称。其中，姓名和工资取自员工表，而部门名称取自部门表。

(4) 多维模型。多维模型是关系模型的一个变种，它使用多维模型来组织和表示数据间的关系。多维数据模型就像一个嵌套着很多数据的数据立方体。立方体的每一面都可以看作是一个数据维度，每一个数据维度可以表示一个不同的范畴，如产品类型、地区、渠道和时间等。多维模型的每一个单元包含着与各个维的某个维元素相对应的汇总数据。例如，一个单元可以是某个产品在某一月份以及某一地区、某个销售渠道的销售总额。多维数据库的主要优势在于它以紧凑的、易于理解的方式展示和操作相互关联的数据元素。因此，多维数据库已经成为分析型数据库最流行的数据库模型。分析型数据库用于支持联机分析处理(OLAP)应用，可以快速回答复杂的业务查询问题。

(5) 面向对象模型。面向对象的数据库模型被认为是新一代基于 Web 的多媒体应用的关键技术之一。一个对象包括描述实体属性的数据值，以及数据上可以执行的操作两方面内容。这种封装模式使面向对象的数据模型比其他的数据库模型更易处理复杂的数据类型，如文本、图片、音频及其他 Web 页面构成元素等。面向对象的数据库模型还支持继承，也就是说，通过复制一个或多个父对象的一些或全部特性，可以自动生成新对象。这种继承能力使得面向对象的数据库管理系统在计算机辅助设计中非常流行，产生了越来越多的应用。例如，对象技术允许设计人员创建产品设计方案，并以对象形式存储在面向对象的数据库中，然后加以复制和修改形成新产品设计。此外，互联网、内联网和外联网上的基于 Web 的多媒体应用已成为面向对象技术的一个主要应用领域。

2. 数据库模型的比较

下面以最常见的层次模型、网状模型、关系模型为例，进行数据库模型的比较，如图 5-3 所示。

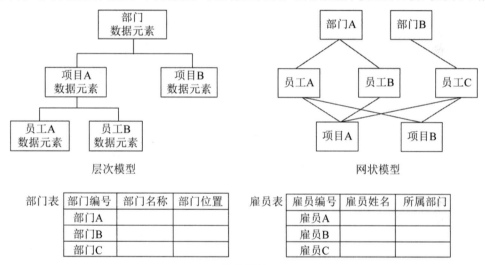

图 5-3　三种数据库模型

层次模型是一种适合于企业运营中存在的很多结构化、常规事务处理数据的数据库模型，因为这些运作数据可以很容易地表示为具有层次关系的记录集合。然而在很多情况下，要记录的信息不一定具有层次关系，如在一些企业中，来自多个部门的员工可以共同参与多个项目。网状模型可以轻松地处理这种多对多关系，它比层次模型更灵活。但是，同层次模型一样，网状模型也需要事先定义好关系，因此难以支持特殊的信息需求。

与层次模型和网状模型不同，关系型数据库允许用户根据特定的需求轻松地从数据库中检索信息。这是因为对关系型数据库来说，不必在创建数据库时指明数据元素之间的所有关系，数据库管理系统可以用几个表中的数据创建新的数据关系表。因此，对于程序设计人员来说，关系型数据库比层次数据库和网状数据库更易于使用和维护。

关系模型的主要局限是在处理大量企业事务时，没有基于层次模型和网状模型的数据库管理系统速度快、效率高；而在支持复杂、高容量的应用时，又不如面向对象的模型。这种性能上的差距限制了关系型数据库管理系统的发展。面向对象和基于多维模型的数据库管理软件正逐渐站稳脚跟，这些技术在联机分析处理(OLAP)和 Web 应用中扮演着越来越重要的角色。

5.2.4 数据库开发

数据库开发是指定义并组织建设数据库所需要的数据内容、关系和结构。因此，要创建数据库，需要了解数据之间的关系、数据的类型和用途。当前的发展趋势是在进行数据库设计时，组织越来越需要考虑与合作伙伴之间的数据共享问题。

开发具有复杂数据类型的大型数据库是一项复杂的任务，数据库管理员、数据库设计专家必须与终端用户一起对业务流程及其所需要的数据建模，然后确定数据库所包含的数据定义、数据的结构及其之间的相互关系。数据库的开发流程，如图 5-4 所示。

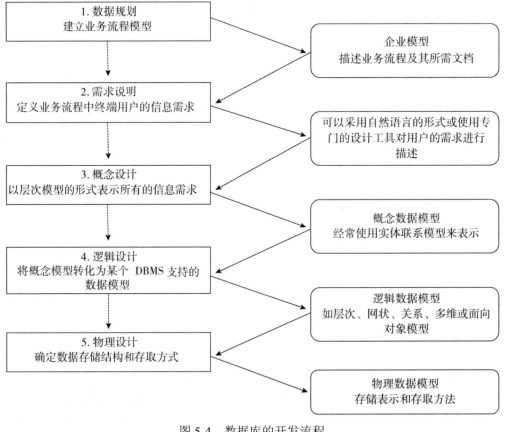

图 5-4　数据库的开发流程

1. 数据规划

数据库开发始于自上而下的数据规划过程，数据库管理员和数据库设计人员要与企业终端用户一起建立企业模型，定义企业基本的业务流程。

2. 需求说明

接着还要定义业务流程中终端用户的信息需求，比如所有企业都要进行的采购和验收过程。然后，终端用户必须识别出完成某项业务活动所需要的关键数据元素。

3. 概念设计

概念设计描述了如何组织数据库中的数据元,包括确定数据元之间的关系、满足信息需求的最佳数据元组织方式、确定冗余的数据元,以及特定的应用程序所需的数据元组合。

在确定信息需求之后,就需要进行概念结构设计,在此用概念模型来进行描述。概念模型的设计是不依赖于任何数据库管理系统的,它是对用户信息需求的归纳,能够方便、准确地表示出信息世界的常用概念,与具体的硬件环境和软件环境均无关。概念模型的表示方法很多,其中最为常用的是实体—联系方法,该方法用 E-R(entity-relationship)图来描述现实世界的概念模型。

建立概念模型首先要根据收集到的资料,抽象出实体,并一一命名,再根据实体的属性描述其间的各种联系。在 E-R 图中,矩形表示实体,矩形框中写明实体名;实体的属性用椭圆形表示,并用无方向线条将实体与属性联系起来;实体之间的关系用菱形表示,用无方向线条将菱形与有关实体连接起来,并在边上标明联系的类型。其中,联系本身也是一个实体,也可以有属性。

例如,在学校课程管理中,涉及的实体及其属性包括如下几个。

学生:学号、姓名、性别、出生年月。
系:系号、系名、系主任。
教师:职工号、姓名、性别、出生年月、职称。
课程:课程号、课程名、学分、成绩。

各个实体及其属性,如图 5-5 所示。

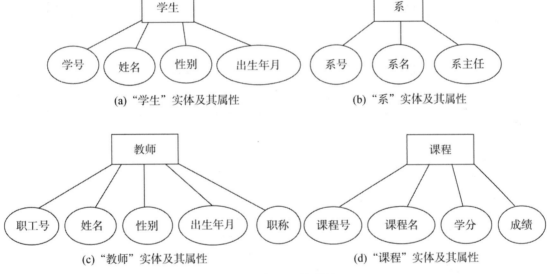

(a) "学生"实体及其属性　　　　(b) "系"实体及其属性

(c) "教师"实体及其属性　　　　(d) "课程"实体及其属性

图 5-5　实体及其属性

这些实体之间的联系包括如下几种。

组成:一个系由多名学生组成,而一名学生只属于一个系,为 $1:n$ 联系。
选修:一名学生可以选修多门课程,而一门课程也可以被多名学生选修,所以是 $m:n$ 联系。
讲授:一门课程可以由多名教师讲授,而一名教师可以讲授多门课程,所以是 $m:n$ 联系。
实体之间的联系,如图 5-6 所示。

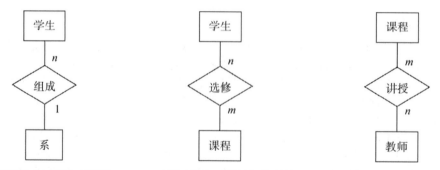

(a) "学生"与"系"的联系　　(b) "学生"与"课程"的联系　　(c) "课程"与"教师"的联系

图 5-6　实体之间的联系

将图 5-5 和图 5-6 合并在一起就形成一个完整的学校课程管理的概念模型，如图 5-7 所示。

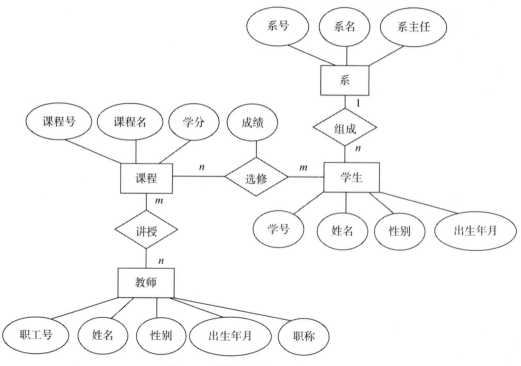

图 5-7　学校课程管理的概念模型

4. 逻辑设计

逻辑设计是将概念模型从 E-R 图转换成某种数据库管理系统支持的数据模型，一般是转换为关系模型。E-R 图中每个实体相应地转换为一个关系，即一个二维表，该关系应包括对应实体的全部属性，并确定出主键。对于 E-R 图中的联系，要根据联系的不同采取不同的手段将其转换为不同的关系，具体的规则如下。

(1) 每一个实体都转换为一个关系模式，实体的名称作为关系的名称，实体的属性就是关系的属性。在图 5-7 所示的 E-R 图中从实体转换得到的关系有：

系(系号，系名，系主任)
学生(学号，姓名，性别，出生年月)
课程(课程号，课程名，学分)
教师(职工号，姓名，性别，出生年月，职称)

(2) 将每一个多对多联系都转换为一个关系模式。联系的名称为关系的名称，联系的属性由相关联系的各实体中的关键属性(能唯一地标识出一个实体的属性)和该联系自己所具有的属性组成。如本例中的"选修"和"讲授"联系，可转换为：

选修(学号，课程号，成绩)
讲授(课程号，职工号)

(3) 将每个一对多联系都转换为一个关系模式，也可以不单独转换为一个关系模式，只需在联系的"n"端实体所对应的关系模式中加入"1"端实体的关键属性即可。如本例中的"组成"联系可转换为"组成(学号，系号)"；也可在"学生"关系中加上一个"系号"，使"学生"关系变为"学生(学号，姓名，性别，出生年月，系号)"，而不再对"组成"联系进行转换。

(4) 两个实体集的一对一联系的转换，可按规则(2)进行，也可按规则(3)进行，视具体情况而定。

根据上述原则，前例中学校课程管理的概念模型可转换为如下两种关系模型。

关系模型一：
系(系号，系名，系主任)
学生(学号，姓名，性别，出生年月)
课程(课程号，课程名，学分)
教师(职工号，姓名，性别，出生年月，职称)
选修(学号，课程号，成绩)
讲授(课程号，职工号)
组成(学号，系号)

关系模型二：
系(系号，系名，系主任)
学生(学号，姓名，性别，出生年月，系号)
课程(课程号，课程名，学分)
教师(职工号，姓名，性别，出生年月，职称)
选修(学号，课程号，成绩)
讲授(课程号，职工号)

概念设计与逻辑设计是从业务的角度建立一个抽象的数据库模型，而物理设计是指数据库如何存储在存储设备之中。

5. 物理设计

物理设计是为数据模型在可用的硬件设备上确定合适的存储结构和存取方法，并建立索引等。物理设计以逻辑结构设计结果作为输入，结合具体的 DBMS 功能、DBMS 所提供的物理环境和工具、应用环境和数据存储设备，进行数据存储组织和方法的设计。物理设计主要包括确定数据的存储结构、存取路径的选择和调整、确定数据存放位置和存储分配等。

经过以上步骤，数据库就建立起来了，就可以利用数据库对信息进行管理。需要注意的是，良好的数据库设计和数据模型并不能保证数据库能提供所需的信息。虽然现代数据库可以尽可能地减少数据冗余和数据的不一致性，但是拼写错误、数字错位和数据遗漏等输入错误依然会使数据质量难以保证。特别是越来越多的公司允许客户和供应商直接在系统中输入数据，导致类似的问题有日益严重的趋势。

因此，在建立新的数据库之前，组织需要找出并纠正错误的数据，建立更严格的数据录入规则。

对数据质量的分析通常以数据质量审核开始，数据质量审核是对信息系统中数据的准确性和完整性的审核。数据质量审核可以通过对所有数据文件的审核，或者对数据文件的抽样审核，以及对终端用户的调查等方式进行。数据清洗是指发现和纠正数据库中不正确、不完整、格式不对或者冗余的数据的过程。数据清洗不但可以纠正错误数据，还可以增强数据的一致性。

5.2.5 数据库操作

数据库管理系统帮助用户对数据库中的信息进行增加、修改和删除，并帮助用户在数据库中挖掘有价值的信息。多数的数据库管理系统包含以下数据操作工具。

1. 视图

视图可以允许用户查看到数据库文件的内容、对其进行必要的修改、完成简单的分类，并通过查找操作得到具体信息的位置。事实上，视图是以电子表格工作簿的格式来处理每个文件。

2. 报表生成器

报表生成器能帮助人们快速地定义报表的格式，确定报表中想要公布的信息。报表生成器的良好特性体现在用户能以习惯的方法保存报表格式。报表保存后，终端用户可以调用该报表，而且DBMS将调用数据库中最近更新的信息来生成该报表。

3. 范例查询工具

范例查询工具(QBE)能够帮助终端用户以图表的方式设计问题的答案。在使用QBE时，首先要找出装有该信息的文件，然后从找出的文件中将所需要的字段拖曳到QBE格栅中，最后指定选择的标准。需要注意的是，QBE依赖被查询信息在数据库中的逻辑关联。

4. 结构化查询语言

数据库查询能力是数据库管理方法的一个主要优点，而结构化查询语言(SQL)是大多数数据库环境下使用的标准的第四代查询语言。SQL执行查询功能是通过输入语句完成的，其基本的查询格式为SELECT…、FROM…、WHERE…。在SELECT之后要列出待查询信息的字段名称，FROM之后要指明使用哪些逻辑关系，WHERE后面要描述选择的条件。

5.3 大数据基础

随着Web2.0、物联网等信息技术的发展，企业的管理决策除了要处理内部各种业务系统中形成的结构化数据，更要处理海量的非结构化数据，如用户的评论数据、产品和设备状态的实时数据、各类社交媒体平台的数据，这些非结构化数据呈现出海量、多样、高速等特点，通常称之为大数据。

5.3.1 大数据的概念与特征

1. 大数据的概念

<u>大数据，也称巨量资料，指的是需要新处理模式才能具有更强的决策力、洞察力和流程优化能力的海量、高增长率和多样化的信息资产。</u>

目前，大数据并没有一个明确的定义。从狭义层面，大数据通常被理解为"用现有的一般技术难以管理的大量数据的集合"。然而，该定义仅着眼于"大数据"一词的数据相关性质，并不能全面解释大数据相关的问题和内容。在广义层面，所谓"大数据"，包括因具备 4V 特征而难以进行管理的数据，也包括对这些数据进行存储、处理、分析的技术，以及能够通过分析这些数据获得实用意义和观点的人员、组织和系统。其中，"存储、处理、分析的技术"，指的是用于大规模数据分布式处理的框架 Hadoop、具备良好扩展性的 NoSQL 数据库，以及机器学习和统计分析方法等。所谓"能够通过分析这些数据获得实用意义和观点的人才、组织和系统"，指的是能够对大数据进行有效存储和运用的技术人员、数据分析公司和管理信息系统。

2. 大数据的特征

大数据的特征包括大量性(volume)、多样性(variety)、高速性(velocity)和价值性(value)，简称 4V。

(1) 大量性。从大数据的定义中可知，大量性指的是现有技术无法管理的数据量。现在来看，基本上是指从几十 TB 到几 PB 这样的数量级。随着数据处理技术的进步，这个数值也在不断变化。若干年后，也许只有几个 EB 数量级的数据量才能够称得上是大数据。另外，对于不同的应用领域，大数据的数据量也有所不同。例如，相对于传统制造业，互联网领域的数据产生的速度更快，数据的获取也更加容易，因此互联网大数据要比传统制造业大数据大量得多。当然，现代制造业中大量使用了传感器网络、RFID 等物联网技术，这些技术时时刻刻都在采集和传输着数据，因此现代制造业中的大数据同样具有大量性。

(2) 多样性。多样性指的是大数据结构和形式的多样性。近年来，随着互联网和物联网的迅猛发展，产生了一系列爆发式增长的数据，如文本数据、位置信息数据、传感器数据、语音视频数据等。现代企业在数据分析中，除了会采用传统的质量、销售、库存等结构化数据，还会收集和使用包括网站日志、社交网络数据、全球定位系统(GPS)所产生的位置数据、温湿度等传感器数据，以及图片、语音和视频等各种非结构化数据。

(3) 高速性。高速性是指数据产生和更新的频率很快，这也是衡量大数据的一个重要特征。例如，POS 机产生的交易数据、电商网站中用户访问所产生的网站点击流数据、社交网站中每时每刻由用户发布的文本图像和视频数据、遍布全球的传感器和摄像头所采集的数据等。每天这些数据都在以极高的速度被生产、存储和利用，对这些数据的分析和处理颇具挑战。大数据分析处理的需求推动了流数据处理等新技术的出现和发展，在此基础上也促成了一系列大数据管理信息系统和应用软件的出现。

(4) 价值性。价值的体现是大数据分析应用的目的所在。通过深入的大数据分析挖掘，可以为各方面的经营决策提供有效支持，创造巨大的经济及社会价值。价值密度的高低与数据总量的大小成反比。以视频为例，一部 1 小时的视频，在连续不间断的监控中，有用数据可能仅有 1~2 秒。如何通过强大的人工智能和机器挖掘算法迅速完成数据的价值提取，成为目前大数据分析亟待解决的难题。

5.3.2 大数据处理过程

大数据处理过程主要包括数据采集、数据预处理、数据建模和数据可视化几个阶段，下面对每个阶段进行简单介绍。

1. 数据采集

传统的数据来源单一，主要分为业务数据和行业数据，这导致数据量相对较小且结构简单。在大数据的体系中，传统数据没有考虑的数据内容可以归为大数据的范畴，主要包含如下三大类：①内容数据，如系统日志、电子文档、多媒体数据等；②线上行为数据，如交互数据、页面操作数据、表单数据、会话数据等；③线下行为数据，如用户位置数据、物联网数据等。

大数据的来源比较丰富，需要通过多种方式进行采集。例如，可以通过便携设备、物联网设备，以及各种传感器来获取气温数据、健康数据、物流数据等。常用的数据采集方法包含如下几种。

1) 系统日志采集

传统的数据采集主要通过数据库进行。然而，数据库存储的内容较为有限，主要存储涉及业务内容的数据内容，涉及用户行为的信息则在大多情况下不予存储，这方面的数据内容较多且数据内容非结构化，这时可以采用日志的方式进行记录。

日志是一个在计算机领域中被广泛使用的概念。主要用于记录计算机程序在运行中的各种状态信息。这些信息可以用于跟踪程序的运转过程，了解系统的运行状况及进行错误回溯等。一般来说，日志中的数据信息的重要性较低，不宜存储在关系数据库中。如果存储在关系数据库中会使得数据库较为臃肿，运行效率较低。日志信息中往往存在一些和用户特征相关的数据，对其进行数据挖掘和分析可以得到有利于商业决策的信息。例如，可以从日志信息中获取每个页面的访问量、用户的 IP 分布等信息。这些信息中包含了有价值的用户偏好特征内容，需要对其进行有效运用。目前，对于 Web 服务器已有较多的日志工作可以利用，例如 AWStats、Webbalizer 等。另外，还有一些工具可以直接嵌入网页代码，让日志的生成和统计可以在云端进行，如 Google Analytics、cnzz 等。这些工具可以直接获取用户的多种行为和特征，如 IP 区域、用户进站来源、网页停留时长等。

2) 网络数据采集

网络数据采集是指通过网络爬虫或网站公开的 API 等方式从网站上获取数据信息。该方法可以将非结构化数据从网页中抽取出来，再以结构化的方式进行本地存储。

(1) API 又叫应用程序接口，是网站的管理者为了使用者方便而编写的一种程序接口。该类接口可以屏蔽网站底层复杂算法，仅通过简单调用即可实现对数据的请求功能。目前主流的社交媒体平台如新浪微博、百度贴吧，以及 Facebook 等均提供 API 服务，可以在其官网开放平台上获取相关 DEMO。

(2) 网络爬虫。网络爬虫是按照一定的规则，自动抓取互联网信息的程序或脚本。最常见的爬虫便是我们经常使用的搜索引擎，如百度、360 搜索等。此类应用统称为通用型爬虫，可以对所有网页进行无条件采集。通用型爬虫的具体工作原理，如图 5-8 所示。

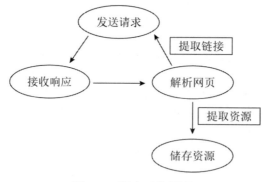

图 5-8 爬虫工作原理

在输入爬虫初始 URL 后，爬虫将网页中需要提取的资源进行提取并保存，同时提取出网站中存在的其他所需链接，再对这些链接发送请求，以此类推。在获取到网页资源后，应使用相关的解析工具对其解析，提取出所需的相关数据内容。

(3) 感知设备数据采集。感知设备数据采集是指通过传感器、摄像头和其他智能终端自动采集信号、图片或录像来获取数据。如今，各种物联网设备层出不穷，这些设备大大增加了数据采集的范围，将数据采集的对象从线上行为扩展到线下内容。例如，车联网的设备可以记录用户驾车的行为习惯数据并评价驾驶者的驾驶能力，以便对其进行精细化的车险报价。

2. 数据预处理

数据预处理是在数据建模前进行的数据清洗、数据集成、数据归约和数据变换，以保证数据建模有高质量的数据输入。

(1) 数据清洗。通常采集到的大数据是不完全的、包含噪音或者不一致的，首先需要进行数据清洗。例如，在通过爬虫获取数据时可能会存在超时、屏蔽、无数据等情况导致数据采集不全，在通过传感器采集数据时可能出现传感器死机等状况。这时需要进行数据清洗来纠正数据中出现的问题。数据清洗方法主要有遗漏数据处理、平滑噪声数据等。遗漏数据处理可通过忽略该条数据、手工补充、利用均值填充、使用邻近值填充、利用最可能的值进行填充等方式；平滑噪声数据通过分箱、回归、聚类和概念分层等方式处理。

(2) 数据集成。数据建模常常涉及多个数据源，需要进行数据集成操作，即将来自多个数据源的数据，如企业内部运营的结构化数据、互联网上的非结构化数据等，结合在一起形成统一数据集合，以便为数据建模提供完整的数据基础。数据集成涉及实体识别问题、数据的重复问题、数据值的冲突问题等处理。

(3) 数据归约。数据归约是降低数据的维度和数据量，但仍保持原始数据的完整性，以提高数据建模计算的效率。数据归约包括维归约和数量归约。维归约是减少所考虑的随机变量或属性个数，主要方法有小波变换、主成分分析、属性子集选择等。数量归约是用替代的、较小的数据表示形式替换原数据，主要方法有参数方法，如回归和对数—线性模型；非参数方法，如直方图、聚类、抽样和数据立方体聚集。

(4) 数据变换。数据变换就是将数据变换成适合数据建模的形式，降低数据的复杂性。数据变换的方法包括：属性构造、聚集、规范化、离散化和概念分层等。

3. 数据建模

数据建模就是通过机器学习、统计学等方法对预处理后的大数据进行描述型和预测型分析。描述型分析主要包括聚类、关联规则和序列分析等。预测型分析根据因变量类型不同分为分类和回归两类。分类的因变量为离散型变量，方法主要有逻辑回归、决策树、分类规则、贝叶斯分类、神经网络、遗传算法和支持向量机等。回归的因变量为连续数值型变量，方法主要有线性回归、对数线性回归等。

4. 数据可视化

数据可视化是指将大型数据、集中的数据以图形图像形式表示，并利用数据分析和开发工具发现其中未知信息的处理过程。数据可视化的核心是用数据讲故事，通过将数据映射为视觉模式，探索和解释隐藏在数据背后的信息，并保证信息传递的基础上寻求美感。人类从外界获取信息，83%来自视觉，数据建模分析的结果通过可视化分析可以使结果更加直观、易理解。同时，数据可视化也是对数据的一种处理方式，使数据以更清晰的方式进行展示。

根据目标的不同，数据可视化可分为探索性分析和解释性分析。探索性分析是探索、理解数据，并找出事先不确定但值得关注或分享的信息。解释性分析是向受众解释确定的问题，并有针对性地进行交流和展示。

数据可视化的开发和应用领域广泛，工具也有许多类型。数据可视化工具的使用方法存在差异，各有优缺点，下面介绍主要的三类。

1) 集成软件工具

集成软件工具一般是由大型商业公司开发的商业软件，能够进行全面而复杂的数据管理、数据分析、数据挖掘。这类软件的使用对象较为广泛，各个行业都可使用，不需要复杂编程，只需要图形化界面操作即可实现数据可视化功能。集成软件工具中一般集成了丰富的标准图表类型，支持快速创建。

常见的集成可视化软件工具有 Excel、Google Sheet、Tableau。其中，Tableau 是一款非常流行的交互式商业智能专业可视化软件，在数据驱动的商业分析和决策中应用十分广泛。Tableau 主要用来将表格数据可视化，不依赖于编程，通过简单拖曳的操作模式进行图表设计，界面简单易操作，支持多种典型可视化方案，也可绘制新型图表类型。Tableau 具有较好的连接性，能够连接不同数据源的数据，支持同时处理海量数据，满足公司级别对海量数据的可视化需求。

2) 编程语言工具

相对于集成软件工具，编程语言工具的灵活性较高，可通过编程进行个性化的数据可视化。

常见的编程语言工具有 R 语言、Python 的可视化第三方库、D3。R 语言是功能强大的免费开源统计分析软件，适合于机器学习和大数据建模，要求使用者具有较强的编程能力，主要用在学术研究之中。在可视化方面，R 语言通过 ggplot2 及其衍生软件包可以绘制较为复杂的图形。Python 拥有强大的数据分析生态圈，代码开源，可以进行二次开发，可扩展性强。Python 提供许多优秀的第三方组件包，涵盖数据分析的各个领域。使用 Python 进行数据可视化，可以方便地与其他第三方组件包进行整合，常见的 Python 可视化软件包有 Matplotlib、Seaborn 和 Plotnine。其中 Matpotlib 是 Python 数据可视化的核心拓展库，是其他 Python 可视化工具的基础，能够实现跨平台的交互式图形可视化。D3(Data-Driven Documents)基于 JavaScript 的编程语言，可以产生动态、交互式的网页版可视化图形。D3 可视化方案主要用在基于网页的可视化案例中，用户无须安装任何软件即可在浏览器中查看。

3) 特定数据可视化工具

特定数据可视化工具是专门针对某一类型可视化开发的软件。

常见的特定数据可视化工具有 Gephi、QGIS、Gapminder。Gephi 是开源免费、功能强大的网络数据可视化工具，主要用于各种网络结构和复杂系统的可视化。可以实现网络数据的探索性分析、链接分析、社交网络分析和社区发现。QGIS 是方便使用的开源地理信息系统，可以创建、编辑、可视化分析与发布地理空间信息，用于处理可视化空间数据，发布地理空间信息。Gapminder 是以国际统计数据为基础的动态交互式数据可视化软件。

5.3.3 大数据计算框架

根据大数据分析的类型，大数据计算框架主要分为批处理框架、流计算框架和交互式分析框架。

1. 批处理框架

批处理框架通常用于对数据规模庞大的历史数据进行挖掘分析。数据处理比较复杂，通常为交互式分析做数据预处理，延迟较高。常用在基于大数据的异常检测或趋势分析。本书以 Hadoop 系统架构为例，介绍批处理框架。

Hadoop 具有很强的横向扩展能力，可以很容易地把新计算机接入到集群中参与计算。在开源社区的支持下，Hadoop 不断发展完善，并集成了众多优秀的产品，如非关系数据库 HBase、数据仓库 Hive、数据处理工具 Sqoop、机器学习算法库 Mahout、一致性服务软件 ZooKeeper、管理工具 Ambari 等，形成了相对完整的生态圈和分布式计算事实上的标准。Hadoop 主要包含分布式文件系统 HDFS 和计算框架 MapReduce 两部分。

1) HDFS

HDFS(hadoop distributed file system)是 Hadoop 所使用的文件存储系统。HDFS 的集群分为名称节点(NameNode)和数据结点(DataNode)。对于最终用户来说，它的使用体验和传统的文件系统一样，可以通过目录路径对文件进行读写操作。HDFS 的实现简单、部署灵活、扩展性好,但也存在数据访问延时长、处理小文件效率低、不支持多用户写入和任意修改文件的缺点。其主要用于"一次写入,多次读取"的应用场景。

2) MapReduce

(1) MapReduce 计算框架基本结构。MapReduce 的 Hadoop 分布式计算框架,其基本处理步骤为:把输入文件按照一定的标准分片,每个分片对应一个 map 任务(一般情况下,MapReduce 和 HDFS 运行在同一组计算机上,也就是说,每台计算机同时承担存储和计算任务);按照一定的规则把分片中的内容解析成键值对;执行 map 任务,处理每个键值对,输出零个或多个键值对;MapReduce 获取应用程序定义的分组方式,并按分组对 map 任务输出的键值对排序;待所有节点都执行完上述步骤后,MapReduce 启动 Reduce 任务,每个分组对应一个 Reduce 任务;执行 reduce 任务的进程通过网络获取指定组的所有键值对;把键名相同的值合并为列表;执行 reduce 任务,处理每个键对应的列表,输出结果。

MapReduce 的计算过程,如图 5-9 所示。

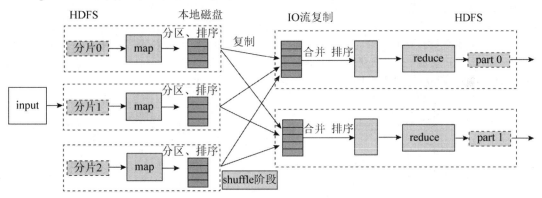

图 5-9　MapReduce 计算过程

(2) MapReduce 计算框架改良。通过多个 MapReduce 的组合,可以表达复杂的计算问题,但是组合过程需要人工设计,比较麻烦。另外,每个阶段都需要所有的计算机同步,影响执行效率。为克服上述问题,业界提出了有向无环图(DAG)计算模型,其核心思想是把任务在内部分解为若干存在先后顺序的子任务,由此可更灵活地表达各种复杂的依赖关系。Microsoft Dryad、Google FlumeJava、Apache Tez 是最早出现的 DAG 模型。Dryad 定义了串接、全连接、融合等若干简单的 DAG 模型,通过组合这些简单结构来描述复杂的任务,FlumeJava、Tez 则通过组合若干 MapReduce 形成 DAG 任务。

MapReduce 的另一个不足之处是使用磁盘存储中间结果,严重影响系统的性能,在需要迭代计算的场合更为明显。加州大学伯克利分校 AMP 实验室开发的 Spark 克服了上述问题。Spark 对早期的 DAG 模型做了改进,提出了基于内存的分布式存储抽象模型可恢复分布式数据集(resilient distributed datasets,RDD),把中间数据有选择地加载并驻留到内存中。与 Hadoop 相比,Spark 基于内存的运算要快 100 倍以上。Spark 对 MapReduce 的改进为:MapReduce 抽象层次低,需要手工编写代码完成;Spark 基于 RDD 抽象,使数据处理逻辑的代码非常简短。MapReduce 只提供了 map 和 reduce 两个操作,表达力欠缺;Spark 提供了很多转换和动作,很多关系数据库中常见的操作如 JOIN、GROUP BY 已经在 RDD 中实现。MapReduce 中,只有 map 和 reduce 两个阶段,复杂的计算需要大量的组合,并且由开发者自己定义组合方式;Spark 中,RDD 可以连续执行多个转换操作,如果这些操作对应的 RDD 分区不变的话,还可以放在同一个任务中执行。MapReduce 处理逻辑隐藏在代码中,不直观;Spark 代码不包含操作细节,逻辑更清晰。MapReduce 中间结果放在 HDFS 中;Spark

中间结果放在内存中，内存不够时才写入本地磁盘，显著提高了性能，特别是在迭代式数据处理的场合。MapReduce 中，reduce 任务需要等待所有 map 任务完成后才可以开始；在 Spark 中，分区相同的转换构成流水线放到同一个任务中运行。

2. 流计算框架

流计算框架通常用于对实时数据进行分析，处理的数据规模相对较小，低延迟。很多场景下，大数据持续不断动态产生，需要在非常短的时间内得到处理，并且还要考虑容错、拥塞控制等问题，避免数据遗漏或重复计算，流计算框架是针对这一类问题的解决方案，如网络安全监测、交通状况监测和伪基站定位跟踪等。

流计算框架一般采用有向无环图(DAG)模型。图中的节点分为两类：一类是数据的输入节点，负责与外界交互而向系统提供数据；另一类是数据的计算节点，负责完成某种处理功能，如过滤、累加、合并等。从外部系统不断传入的实时数据则流经这些节点，把它们串接起来。为提高并发性，每一个计算节点对应的数据处理功能被分配到多个任务(相同或不同计算机上的线程)。在设计 DAG 时，需要考虑如何把待处理的数据分发到下游计算节点对应的各个任务，这在实时计算中称为分组。最简单的方案是为每个任务复制一份，但效率很低，更好的方式是每个任务处理数据的不同部分。随机分组能达到负载均衡的效果，应优先考虑。不过在执行累加、数据关联等操作时，需要保证同一属性的数据被固定分发到对应的任务，这时应采用定向分组。在某些情况下，还需要自定义分组方案。不同的流计算分组方法，如图 5-10 所示。

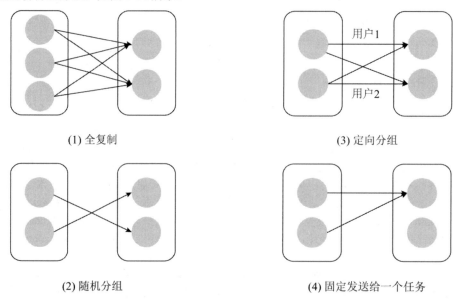

图 5-10　流计算分组

由于应用场合的广泛性，常见的流计算平台包括 Google MillWheel、Twitter Heron 和 Apache 项目 Storm、Samza、S4、Flink、Apex、Gearpump。下面介绍最为流行的流计算框架 Storm。

Storm 具有简单的编程模型，且支持 Java、Ruby、Python 等多种开发语言。Storm 具有良好的性能，在多节点集群上每秒可以处理上百万条消息。Storm 具有较高的容错能力。Storm 还实现了更高层次的抽象框架 Trident，以微批处理的方式处理数据流，如每次处理 100 条记录。Trident 提供了过滤、分组、连接、窗口操作、聚合、状态管理等操作，支持跨批次进行聚合处理，并对执行过程进行优化，包括多个操作的合并、数据传输前的本地聚合等。实时流处理和微批处理原理如图 5-11 和图 5-12 所示。

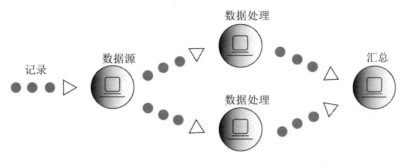

图 5-11 实时流处理的原理

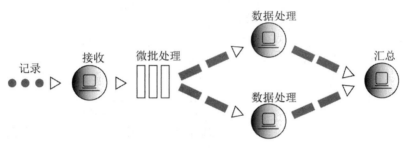

图 5-12 微批处理的原理

3. 交互式分析框架

交互式分析框架通常用于对整理后的、结构化的历史数据进行交互式查询，数据结构较规范，低延迟。主流的平台包括 Google 开发的 Dremel 和 PowerDrill，Facebook 开发的 Presto，以及 Apache 项目 Hive、Drill、Tajo、Kylin、MRQL 等。批处理和流计算平台如 Spark 和 Flink 也内置交互式分析框架。

Hive 是最早出现的架构在 Hadoop 基础之上的大规模数据仓库，由 Facebook 设计并开源。Hive 的基本思想是通过定义模式信息，把 HDFS 中的文件组织成类似传统数据库的存储系统。Hive 保持着 Hadoop 所提供的可扩展性和灵活性。Hive 支持熟悉的关系数据库概念，比如表、列和分区，包含对非结构化数据一定程度的 SQL 支持。它支持所有主要的原语类型(如整数、浮点数、字符串)和复杂类型(如字典、列表、结构)，还支持使用类似 SQL 的声明性语言 HiveQL 表达的查询，HiveQL 被编译为 MapReduce 过程执行。

Hive 的不足是建立在 MapReduce 的基础上，性能受到限制。很多交互式分析平台对 Hive 进行改进和扩展，包括 Stinger、Presto、Kylin 等。其中 Kylin 是中国团队提交到 Apache 上的项目，提供多维分析(OLAP)能力。Kylin 对多维分析可能用到的度量进行预计算，供查询时直接访问，由此提供快速查询和高并发能力。Kylin 在 eBay、百度、京东、网易、美团均有应用。

目前的交互式分析框架都支持用类似 SQL 的语言进行查询。交互式分析框架常用在查看热门板块、热门文章、精准营销(推荐)等应用。对于交互式分析，SQL 查询引擎对性能的影响十分关键。Spark 开发了查询引擎 Catalyst，而 Hive、Drill、Kylin、Flink 等交互式分析平台及数据仓库使用 Calcite 作为 SQL 引擎。Calcite 是一个 Apache 孵化项目，其技术特点为支持标准 SQL 语言；支持 OLAP；支持对流数据的查询；独立于编程语言和数据源，可以支持不同的前端和后端；支持关系代数、可定制的逻辑规划规则，以及基于成本模型优化的查询引擎；支持物化视图的管理。由于分布式存储和计算场景的复杂性，Calcite 和 Catalyst 的性能都在不断优化完善之中。

未来大数据计算框架的发展趋势将融入机器学习和人工智能。Spark 和 Flink 分别推出机器学习库 Spark ML 和 Flink ML。更多的平台在第三方大数据计算框架上提供机器学习，如 Mahout、Oryx 及 Apache 孵化项目 SystemML、HiveMall、PredictionIO、SAMOA、MADLib。这些机器学习平台一般都同时支持多个计算框架,如 Mahout 同时以 Spark、Flink、H2O 为引擎，SAMOA 则使用 S4、Storm、Samza。深度学习迅速发展，SparkNet、Caffe on Spark、TensorFrames 等把深度学习框架与现有分布式计算框架结合起来。此外，同一平台上可支持多种框架。Spark 以批处理模型为核心，实现了交互式分析框架 Spark SQL、流计算框架 Spark Streaming、图计算框架 GraphX、机器学习库 Spark ML。而 Flink 在提供低延迟的流计算的同时，提供了批处理、关系计算、图计算、机器学习框架。

5.3.4 NoSQL 大数据管理

传统的计算机数据管理是由关系型数据库管理系统(RDBMS)来处理，其严谨成熟的数学理论基础使得数据建模和应用程序编程更加简单。随着信息技术发展及应用产生的数据量激增，传统 RDBMS 的数据管理能力表现出一定的局限性。首先，对数据库存储的容量要求越来越高，单机无法满足需求，很多时候需要用集群来解决问题，而 RDBMS 只支持标准化的 SQL 语言，一般不支持分布式集群；其次，大部分数据具有"频繁读取和增加，修改频率低"的特点，而 RDBMS 对所有操作一视同仁，这就带来了优化的空间。另外，固定存储模式增大运维的复杂性和扩展的难度。

在大数据管理中，**NoSQL 不使用 SQL 语言，是一种新型的数据管理方式，NoSQL 数据库对关系型数据库所不擅长的部分进行有益的补充，其理解为"Not only SQL"**。NoSQL 数据库的特点为：非关系型的、分布式的、开源的、水平可扩展的。NoSQL 的拥护者们提倡运用非关系型的数据存储，具有模式自由、支持简易复制、简单的 API、最终的一致性(非 ACID)、大容量数据等优势。常见 NoSQL 数据有 MongoDB、Redis、Neo4j、Cassandra、HBase 和 CouchDB 等。

1. 关系数据库的 ACID 理论

ACID 是指关系数据库管理系统在写入或更新资料的过程中，为保证事务正确可靠，所必须具备的四个特性：原子性、一致性、隔离性、持久性。

(1) 原子性(atomicity)，又称不可分割性。一个事务中的所有操作，要么全部完成，要么全部不完成，不会结束在中间某环节。事务在执行过程中发生错误，会被回滚(rollback)到事务开始前的状态。

(2) 一致性(consistency)。在事务开始之前和事务结束以后，数据库的完整性没有被破坏，这表示写入的资料必须完全符合所有的预设规则，这包含资料的精确度、串联性，以及后续数据库可以自发性地完成预定的工作。

(3) 隔离性(isolation)，又称独立性。数据库允许多个并发事务同时对其数据进行读写和修改，隔离性可以防止多个事务并发执行时由于交叉执行而导致数据的不一致。事务隔离分为不同级别，包括读未提交、读提交、可重复读和串行化。

(4) 持久性(durability)。事务处理结束后，对数据的修改就是永久的，即便系统故障也不会丢失。

关系型数据库严格遵循 ACID 理论。但当数据库要开始满足横向扩展、高可用、模式自由等需求时，需要对 ACID 理论进行取舍，不能严格遵循。以 CAP 理论为基础的 NoSQL 数据库开始出现。

2. 分布式系统存储的 CAP 理论

分布式系统的核心是让多台服务器协同工作，完成单台服务器无法处理的任务，尤其是高并发或者大数据量的任务。分布式是 NoSQL 数据库的必要条件。由于 NoSQL 的基本需求是支持分布式存储，严格一致性与可用性需要互相取舍，由此延伸出了 CAP 理论来定义分布式存储遇到的问题。

(1) 一致性(consistency)。一致性是更新操作成功并返回客户端完成后，所有节点在同一时间的数据完全一致。对于一致性，可以分为从客户端和服务端两个不同的视角。从客户端来看，一致性主要指的是多并发访问时更新过的数据如何获取的问题。从服务端来看，则是更新如何复制分布到整个系统，以保证数据最终一致。一致性是因为有并发读写才有的问题，因此在理解一致性的问题时，一定要注意结合考虑并发读写的场景。

(2) 可用性(availability)。可用性是指服务一直可用，而且是正常响应时间。对于一个可用性的分布式系统，每一个非故障的节点必须对每一个请求做出响应。也就是说，该系统使用的任何算法必须最终终止。好的可用性主要是指系统能够很好地为用户服务，不出现用户操作失败或者访问超时等用户体验不好的情况。在通常情况下，可用性与分布式数据冗余、负载均衡等有着很大的关联。

(3) 分区容错性(partition tolerance)。分区容错性是分布式系统在遇到某节点或网络分区故障的时候，仍然能够对外提供满足一致性和可用性的服务。分区容错性和扩展性紧密相关。在分布式应用中，可能因为一些分布式的原因导致系统无法正常运转，好的分区容错性要求能够使应用虽然是一个分布式系统，但看上去却好像是一个可以运转正常的整体。

从 CAP 理论可以看出，一个分布式系统不可能同时满足一致性、可用性和分区容错性三个基本需求，最多只能满足其中的两项。对于一个分布式系统来说，分区容错是基本需求，否则不能称之为分布式系统。因此，需要在一致性和可用性之间寻求平衡。

3. NoSQL 数据库与关系数据库的区别

大规模分布式环境下，RDBMS 数据更新的同步处理所造成的进程间通信延迟成为瓶颈，如不能处理非结构化数据、难以进行横向扩展、扩展性存在极限等。RDBMS 非常适用于企业的一般业务，但是以非结构化数据为中心的大数据处理的基础，NoSQL 数据库成为更好的选择。NoSQL 数据库是一种以牺牲一定的数据一致性为代价，追求灵活性、扩展性的数据库。

NoSQL 数据库与关系数据库之间的主要区别如下。

(1) 数据模型与数据库结构。在关系型数据库中数据被归纳为表的形式，并通过定义数据之间的关系来描述严格的数据模型。这种方式需要在理解要输入数据含义的基础上，事先对字段结构做出定义。一旦定义好，数据库的结构就相对固定了，很难进行修改。在 NoSQL 数据库中，数据是通过键及其对应的值的组合，或者是键值对和列簇来描述的，因此结构非常简单，也无法定义数据之间的关系。其数据库结构无须在一开始就固定下来，随时都可以进行修改。

(2) 数据一致性。在关系型数据库中，由于存在 ACID 原则，因此可以保持严密的数据一致性。NoSQL 数据库采用结果上的一致性(eventual consistency)，即可能存在临时的、无法保持严密一致性的状态。

(3) 扩展性。传统的关系型数据库由于重视 ACID 原则和数据的结构，因此在数据量增加的时候，基本上是采取购买更大的服务器这样向上扩展的方法来进行扩容，而从架构方面来看，是很难进行横向扩展的。此外，由于数据的一致性需要严密的保证，对性能的影响也十分显著，如果为了提升性能而进行非正则化处理，则又会降低数据库的维护性和操作性。NoSQL 数据库则很容易进行横向扩展，对性能造成的影响也很小。而且，由于它在设计上就是以在一般通用型硬件构成的集群上工作为前提的，因此在成本方面也具有优势。

(4) 容错性。关系型数据库可以通过复制将数据在多台服务器上保留副本，从而提高容错性。然而，在发生数据不匹配的情况下，以及想要增加副本时，在维护上的负荷和成本都会提高。NoSQL 由于本来就支持分布式环境，大多数 NoSQL 数据库都没有单一故障点，对故障的应对成本比较低。

4. NoSQL 的优缺点

1) NoSQL 的优点

(1) 易扩展。NoSQL 数据库去掉关系型数据库的关系型特性，数据之间无关系，非常容易扩展，在架构的层面上带来可扩展的能力。

(2) 高性能。NoSQL 数据库都具有非常高的读写性能，尤其在大数据量下，表现优秀。这得益于它的无关系性，数据库的结构简单。

(3) 灵活的数据模型。NoSQL 无须事先为要存储的数据建立字段，可随时存储自定义的数据格式。

(4) 高可用。NoSQL 在不影响性能的情况下，可以方便地实现高可用的架构。例如，Cassandra、HBase 模型，通过复制模型能实现高可用。

2) NoSQL 的缺点

(1) 没有标准。没有对 NoSQL 数据库定义的标准，因此没有两个 NoSQL 数据库是平等的。

(2) 没有存储过程。NoSQL 数据库中大多没有存储过程。

(3) 不支持 SQL。NoSQL 大多不提供对 SQL 的支持，会使用户产生一定的学习和应用迁移上的成本。

(4) 功能不够丰富。大多数 NoSQL 产品都处于初创期，所提供的功能比较有限，没有关系型数据库所提供的各种附加功能。

案 例 分 析

京东用大数据技术勾勒用户画像

京东是一家大型全品类综合电商，海量的商品和消费者形成了从网站前端浏览、搜索、评价、交易到网站后端支付、收货、客服等多维度全覆盖的数据体系，日益复杂的业务场景和逻辑使得信息的处理挖掘日益重要。也就是说，京东已经形成一个储量丰富、品位上乘且增量巨大的数据金矿。

用户画像就是解决把数据转化为商业价值的问题，就是从海量数据中来挖金炼银。这些以 TB 计的高质量多维数据记录着用户长期大量的网络行为，用户画像借此来还原用户的属性特征、社会背景、兴趣喜好，甚至还能揭示内心需求、性格特点、社交人群等潜在属性。了解了用户的各种消费行为和需求，精准刻画人群特征，并针对特定业务场景进行用户特征不同维度的聚合，就可以把原本冷冰冰的数据复原成栩栩如生的用户形象，从而指导并驱动业务场景和运营，发现和把握蕴藏在细分海量用户中的巨大商机。

那么，用户画像应该怎么做？从逻辑上说，是从具体的业务场景出发，结合数据表现，归纳出基准的规则或方法，然后通过反复迭代的学习过程，生成符合既定约束条件的最优化方案，然后把此方案泛化推广到类似的场景中。很多时候用户画像都是从一个具体品类的业务场景或需求出发，结合业务人员运营经验，工程师将业务语言抽象出来，结合数据语言转化成通用的技术语言。然后用大数据平台生产出符合需求预期的结果，经过业务人员反复验证有效后，这个画像就宣告成功了。工程师会再次将此画像推广到京东全站应用中去，这种"从群众中来，到群众中去"的方法由于其敏捷高效、快速迭代的优点，产生了一大批性能优良的产品。

一些用户画像的基本属性对所有品类或场景的通用性较强，工程师就会跳过单品类测试，直接针对全站用户建模，效果也非常好。用户画像应用服务支持京东集团全业务需求，其下游面向不同类型、不同需求的人群，他们的需求各不相同，从技术方案到使用方法也千差万别，因此有必要采取体系化、多层次服务平台进行支持。对于公司内部，针对研发、采销、市场、客服、物流等各体系的不同需求分别采取统一数据仓库、数据接口服务、产品化平台等多种服务方式提供支持。针对各业务线需求场景不同，人员经验也不尽相同，用户画像的平台化给内部使用人员打造切合自身业务场景和使用经验的操作：对经验丰富的使用者提供更深入、综合的参考并可自主订制或二次开发；给经验较少的用户提供数据之外的培养分析意识；对网络知之甚少的用户则可建立数据化分析运营的意识与习惯；对外部用户的支持力度也在逐步放开、加大。

在京东用户行为日志中，每天记录着数以亿计的用户来访及海量行为。通过对用户行为数据进行分析和挖掘，发掘用户的偏好，逐步勾勒出用户的画像。用户画像通常通过业务经验和建立模型相结合的方法来实现，但有主次之分，有些画像更偏重业务经验的判断，有些画像更偏重建立模型。

业务经验结合大数据分析为主勾画的人群，此类画像由于跟业务紧密相关，更多的是通过业务人员提供的经验来描述用户偏好。例如，根据业务人员的经验，基于客户对金额、利润、信用等方面的贡献，建立多层综合指标体系，从而对用户的价值进行分级，生成用户价值的画像。一方面产品经理可以根据用户价值的不同采取针对性的营销策略，另一方面通过分析不同价值等级用户的占比，从而思考如何将低价值的用户发展成高价值的用户。再如，通过用户在下单前的浏览情况，业务人员可以区分用户的购物性格。有些用户总是在短时间内比较了少量的商品就下单，那么他的购物性格便是冲动型；有些用户总是在反复不停地比较少量同类商品后才下单，那么他的购物性格便是理性型；有些用户总是长时间大量地浏览了很多商品后才下单，那么他的购物性格便是犹豫型。对于不同购物性格的用户，京东可以推荐不同类型的商品，针对冲动型用户，直接推荐给他/她最畅销的同类商品，而理性型用户推荐给他/她口碑最好的商品。并且针对每一位用户，根据其购物性格定制了个性化的营销手段。

以建立模型为主勾画的人群，不能认为买过母婴类用品的用户家里就一定有小孩，因为这次购买很有可能是替别人代买或者送礼物。所以京东会判断这个用户所购买的母婴类商品是否是给自己买的。根据用户下单前浏览情况、收货地址、对商品的评价等多种信息建立模型，最终判断出用户家庭是否有小孩。再根据购买的商品标签，如奶粉的段数、童书适应年龄段等信息，建立孩子成长模型，在孩子所处的不同阶段进行精准营销。

京东拥有最全的品类，各品类间用户转化成为京东业务的一个重点。挖掘一个品类的潜在用户，首先要找出此品类已有的用户，然后通过这些用户的行为、偏好、画像等信息对用户细分，挖掘其独有的特征，最后通过这些特征建立模型，定位出该品类的潜在用户。这一阶段主要是为了验证京东为用户描绘的画像是否准确。比如一个用户的画像是：性别男、年龄在36～45岁之间、家里有小孩、未婚、有车一族、购买等级高，则可以很快发现家里有小孩且未婚这一矛盾的结果。京东可以判断对这个用户的画像肯定是有问题的。接下来看，似乎只有未婚这一条与其他画像格格不入。通过模型之间的验证，会发现一些错误案例并分析原因，进而改进他们的模型。

首先，对用户画像的结果进行标准化加工，同步至企业统一的JDW平台，解决数据孤岛，方便研发底层调用。同时，按主题建立多维分析的数据CUBE，直接面向分析师和工程师。另外，还进一步打通上下游关联数据和产品，尤其是大营销平台。这个主要针对产品经理和一线采销人员，他们可以在CUBE筛选出预定人群后直接调用营销平台进行发券等操作，减少了诸多中间环节，实现了高效运营和精准营销，大大提升了人效。其中，多维分析CUBE是用户画像产品化的出色应用之一，其用户画像的诸多维度和订单、商品、流量等指标的组合可以快速实现智能分析，并可根据数据对比分析提供专业有效的建议，将数据转化成知识和决策供大家使用。

用户画像提供统一数据服务接口供网站其他产品调用，提高与用户间的沟通效率、提升用户体验。例如，提供给推荐搜索调用，针对不同用户属性特征、性格特点或行为习惯在他搜索或点击时展示符合该用户特点和偏好的商品，给用户以友好舒适的购买体验，能很大程度上提高用户的购买转化率甚至重复购买，对提高用户忠诚度和用户黏性有很大帮助；又如数据接口提供给网站智能机器人JIMI，可以基于用户画像给用户量身定做咨询应答策略，如快速理解用户意图、针对性商品评测或商品推荐、个性化关怀等，大幅提升了JIMI的智能水平和服务力度，赢得了用户的欢迎和肯定。

京东数聚汇也是用户画像的一个典型应用，通过深度分析年度网购用户的行为，挖掘网络购物趣味数据，结合用户画像，从用户的购物行为入手，结合年度流行热点，分析不同地域网购人群的购物习惯和喜好，为网民展现一场京东大数据的饕餮盛宴，同时给商家和消费者提供了经营和购物参考。

（资料来源：佚名. 大数据在京东的典型应用[EB/OL]. [2014-11-08]. http://www.360doc.com/content/14/1108/10/60940_423531214.shtml. 作者有删改）

思考题：
1. 京东根据哪些属性来勾勒用户，用户画像有哪些应用？
2. 京东勾勒用户使用了哪些大数据分析技术？

本章习题

1. 文件管理方式的问题有哪些？
2. 数据库系统的组成部分有哪些？
3. 数据库管理系统的功能有哪些？
4. 数据库模型有哪几种？
5. 简述数据库开发的流程。
6. 大数据的特征有哪些？
7. 简述大数据的处理过程。
8. 简述大数据的三种计算框架。
9. 简述 NoSQL 数据与关系数据库的主要区别。
10. 简述 NoSQL 的优缺点。

第 6 章
通信与网络技术

通信与网络技术是信息技术发展最快的领域,计算机网络极大地改变了人们的生活和工作方式,也改变了组织运作和管理的基础。通信与网络技术是管理信息系统的又一重要技术基础,组织中不同信息系统的实时连接和信息共享都需要通信与网络技术的支持。本章将阐述通信与网络的基本原理、互联网及其应用,以及新兴通信与网络技术。

知识导航

1. 计算机网络的概念、功能、组成及分类
2. 网络传输介质及网络互联设备
3. 网络协议与体系结构
4. 互联网的地址管理与服务
5. 内联网与外联网
6. 5G 的特点、关键技术及应用领域
7. Web 2.0 的应用领域
8. 移动互联网的应用领域
9. 物联网的特征及常用技术

关键概念

计算机网络 通信子网 资源子网 局域网 广域网 网络协议 互联网 IP 地址 内联网 外联网 5G Web 2.0 移动互联网 物联网

开篇案例

5G 铺设战"疫"信息高速路

在 2020 年新型冠状病毒疫情期间,中央企业积极发挥 5G 大带宽、低延时、广连接技术特性,搭建信息高速公路,支撑疫情防控和复工复产。

到社区门口,在 5G 健康一码通上刷一下身份证,就可以校验健康码状态;在地铁、火车站,"5G+热成像"人体测温设备对来往旅客进行快速体温筛查;在手机直播中,5G 云旅行、直播带货受到热捧,让疫情防控中宅在家中的市民感受到春天的温暖……

随着国内疫情的逐步稳定,百姓的生活渐渐恢复了往日的节奏。5G 和千兆网络的建设发展为疫情期间 5G 远程医疗、5G 红外测温、线上办公、网上学习顺利实施提供了保障。工业和信息化部新闻发言人、信息通信发展司司长闻库表示,从 2019 年 6 月 6 日发牌照,10 月 31 日中国电信、中国移动和中国联通三家企业的网络正式上线以来,中国的 5G 建设就按下了"快进键"。截至 2020 年 3 月底,全国建成的 5G 基站已经达到 19.8 万个。

据了解，在此次疫情中，中央企业积极发挥 5G 大带宽、低延时、广连接技术特性，搭建信息高速公路，支撑疫情防控和复工复产。数据显示，1 月底至今，中国电信、中国移动和中国联通所提供的在线教育服务累计覆盖 1.09 亿用户，视频会议、无线对讲等办公服务共覆盖 773.8 万政企用户，免费服务时长超过 4 077.97 万分钟。

2020 年 2 月 21 日，中国工程院院士钟南山通过中国移动的云视讯系统为云南玉溪的新冠肺炎重症患者进行了远程会诊。据中国移动相关负责人介绍，5G 远程医疗系统可以让远在几千公里外的专家与战"疫"前线的临床医生实现"面对面"高清救治指导，这样的多方会诊、多学科联合会诊，可以使诊断更加专业高效。

据悉，疫情期间中国移动 5G 远程医疗系统已服务全国 31 个省(区、市)的 5 271 家医疗机构，提供了 5G 远程会诊、医疗服务机器人、疫情防控系统、云医院等 34 项服务，并积极支撑"国家远程中心会诊平台"建设，承担新冠肺炎重症、危重症患者国家级远程会诊任务，为战"疫"一线保驾护航。

"在疫情防控及复工复产的过程中，5G 视频直播与视频监控是 5G 在此次疫情中最直观的应用。"中国工程院院士邬贺铨表示，在火神山、雷神山医院建设期间，5G 将其建设进度直观地带到全世界的面前。

在方便百姓居家生活、办公的同时，5G 也丰富了大众的精神文化生活。

疫情防控期间，从河南红旗渠、四川红军飞夺泸定桥纪念馆等红色景区，到上海自然博物馆、河南郑州博物馆等文博场馆，再到山东泰山、山西乔家大院等名胜古迹，许多景区景点都在通过 5G 推出"云游"模式，有效丰富线上文旅产品创新供给，让公众足不出户也能赏奇观胜景、享文博盛宴。据了解，为了支持国家疫情防控工作，丰富百姓文化生活，从 2020 年 2 月 20 日起，中国联通上线了 5G 文旅互动直播服务。中国联通 5G 创新中心云转播研发中心总监李洁表示，5G 文旅互动直播不仅使人们安坐家中即可游览风景名胜，还为疫情过后重新按下"播放键"的文旅行业做好铺垫。

(资料来源：訾谦. 5G 铺设战役信息高速公路[J]. 光明日报，2020(4). 作者有删改)

讨论：
1. 5G 技术的特点有哪些，支持哪些典型应用场景？
2. 举例说明 5G 技术为传统产业带来哪些变化？

6.1 通信与网络基础

6.1.1 计算机网络的概念及功能

1. 计算机网络的概念

计算机通信网络是指分布在不同地理位置上的具有独立功能的多个计算机系统，通过通信设备和通信线路相互连接起来，在网络软件的管理下实现数据传输和资源共享的系统。它包含两个方面的内容。

(1) 计算机网络由两台以上地理位置不同的计算机组成。这些计算机具有"自主"功能，即它们不依赖于网络也可以独立工作。这些具有"自主"功能的计算机称为主机，在网络中也称为节点。

(2) 计算机网络各个节点之间完成通信或者数据交换，即信息从一个地点到达另一个地点的电子化传输。在传输过程中，需要传输介质、通信协议和网络软件等。

由于通信网络的发展，使得电子邮件、即时信息、无线计算、无线互联网和移动电话等飞速发展，获得了巨大的商业价值。根据麦特卡夫定律，互联网中的用户越多，网络价值也就越大。通信网络使得用户之间交易成本降低、代理成本降低、灵活性提高、决策正确性提高，以及不受时间和空间的限制等，因此计算机网络系统成为当今商业活动中的一个重要组成部分。

2. 计算机网络的功能

计算机网络的功能包括如下四个方面。

(1) 资源共享。所谓资源共享，是指网络中计算机的资源可以互相通用。计算机的资源包括计算机的硬件、软件和数据资源。硬件资源的共享可以提高设备的利用率，节约投资，减少设备的重复投资。例如，一个办公室内的几台计算机可以经网络共用一台打印机。软件资源的共享可以充分利用已有的信息资源，减少软件开发过程中的劳动，避免大型数据库的重复建设，进而实现分布计算的目标。数据资源的共享可以促使人们之间相互交流，达到充分利用信息资源的目的。例如，计算机网络上有许多主机存储了大量文字、音频和视频信息，可供用户自由读取或下载。

(2) 数据通信。数据通信是计算机网络最基本的功能之一。计算机网络为分布在不同地点的计算机用户提供了快速传递信息的手段，联网的计算机之间可以互相传递数据信息(如文字、图片、音频和视频等)，拉近了用户之间的距离。例如，腾讯 QQ 可以使用户之间快速传送文字、语音和视频等信息。电子邮件也是数据通信最广泛的应用，用户可以将计算机网络作为邮局，向网络上的其他计算机用户发送报告和报表等。

(3) 并行和分布式处理。在计算机网络中，用户可以根据情况合理选择计算机网络中的资源，以就近的原则快速处理。对于大型综合计算问题或某一个计算机的任务过重时，可以通过算法将任务分解给不同的计算机系统，缓解用户资源缺乏的矛盾，达到对计算机资源负载均衡的调节，减少用户等待时间。协同计算就是将计算机网络技术、并行算法与计算模式相结合，运用计算机系统共同处理大型的、复杂的问题。

(4) 提高计算机系统的可靠性。网络中的各台计算机可以通过网络彼此互为后备，用多台计算机形成冗余，一旦某台计算机出现故障，故障机的任务可由其他计算机代为处理，提高系统的可靠性。因此，在某台计算机出现故障时，并不影响整个计算机系统的运行，并且可以使丢失的数据得到恢复。

6.1.2 计算机网络的发展

计算机网络的发展大致分为三个阶段，即面向终端的单个计算机为中心的联机系统、多个主机互联的网络，以及体系结构标准化网络。

1. 第一代计算机网络

第一代计算机网络实际上是以单个计算机为中心的远程联机系统，也称为面向终端的计算机网络。在面向终端的计算机网络中，除一台主机外，其余终端都不具有自主处理的能力。在这种结构中，主机是网络的中心和控制者，终端分布在各地与主机连接。面向终端的计算机网络也称为主从网络。这个阶段，网络的主要目的是提供网络通信，保障网络联通，严格来说，仍然是多用户系统的变种。1963 年美国航空公司的预订飞机票系统就是这种远程联机系统的一个代表。在远程联机系统中，随着所连接的远程终端个数增多，主干计算机要承担的各终端之间通信的任务加重，因此出现了数据处理与通信的分工。在主干计算机前面专门设置一个处理机来进行通信，而主干计算机主要进行数据处理，并在终端集中的地方设立一个终端控制器，可以利用一些终端的空闲时间来传送其他处于工作状态的终端的数据，提高主干计算机的利用率。

2. 第二代计算机网络

第二代计算机网络是多个计算机互联的计算机网络，在通信网络的基础上，实现了网络体系结构与协议完整的计算机网络。这种网络将分散在不同地点的计算机经通信线路连接在一起，由通信子网和资源子网组成。此阶段网络应用的主要目的是提供网络通信、保障网络连通、网络数据共享和网络硬件设备共享。其代表是美国国防部高级研究计划局的 ARPANET 网络，人们通常认为它就是网络的起源。

3. 第三代计算机网络

第三代计算机网络就是国际标准化的网络，它解决了计算机互联网与互联标准化的问题，提出了计算机网络的"开放式系统互联基本参考模型"的国际标准。在此标准的基础上，不同计算机和不同计算机网络之间可以方便地实现互联互通。这里的开放系统是相对于第二代计算机网络中只能进行同种计算机互联的每个厂商各自封闭的系统而言，它可以和任何其他遵循同样的国际标准的系统通信。该模型共有七个层次，称为 OSI 七层模型，OSI 模型极大地促进了计算机网络技术的发展。最具有代表性的第三代计算机网络是互联网。直到现在，互联网还是使用 ARPANET 的 TCP/IP 协议。

现代计算机网络是宽带数字网，它能够处理综合业务，运行多种多媒体信息，常被人称为"信息高速公路"。现代计算机网络的特点是信息综合化和网络高速化，并且向无线移动网络的方向发展。移动互联网正是随着互联网和移动通信的发展应运而生，使得用户可以在无线设备范围内的任何地点连入网络。

6.1.3 计算机网络的组成

从系统功能的角度看，计算机网络主要由资源子网和通信子网两部分组成。计算机网络结构，如图 6-1 所示。

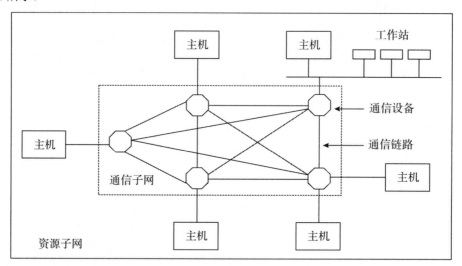

图 6-1 计算机网络结构

1. 通信子网

通信子网负责完成网络数据传输和转发等通信处理任务。 通信子网是由通信控制处理机和通信链路组成的一个独立的数据通信系统。

（1）通信控制处理机。通信控制处理机在网络拓扑结构中被称为网络节点。它一方面是将资源子网的主机、终端与网络连接的接口，将主机和终端连入网络中；另一方面又是通信子网中的分组存储转发节点，完成分组的接收、校验、存储和转发等功能，通过网络节点向其他计算机发送信息，鉴别和接收其他计算机发送来的信息，实现将源主机报文准确发送到目的主机的作用。目前，通信控制处理机一般为路由器和交换机。

(2) 通信链路。通信链路是指连接两个网络节点的通信信道，包括通信线路和相关的通信设备。通信线路是为通信控制处理机之间、通信控制处理机与主机之间提供通信信道。通信线路一般是双绞线、同轴电缆和光纤等有线介质，也可以是微波、红外等无线介质。相关的通信设备包括中继器、调制解调器等。其中，中继器是网络物理层上面的连接设备，适用于完全相同的两类网络的互联，主要功能是通过对数据信号的重新发送或者转发，来扩大网络传输的距离。调制解调器是一种使数据能在模拟信道中传输的转换设备。

2. 资源子网

资源子网主要由实现网络资源共享的主机、终端、外部设备、网络协议及网络软件等组成。 资源子网实现了面向应用的数据处理和网络资源共享，提供了访问网络和处理数据的能力。

(1) 主机。主机是资源子网的主体，装有本地操作系统、网络操作系统、数据库和用户应用系统等软件。负责本地或全网的数据处理，运行各种应用程序或大型数据库系统，向网络用户提供各种软硬件资源和网络服务。主机可以是大型机、中型机、小型机和微机等。

(2) 终端。终端是用户与网络之间的接口，用户通过终端访问网络。

(3) 网络软件。网络软件包括网络操作系统和网络数据库系统。网络操作系统是建立在各主机操作系统之上的一个操作系统，用于实现不同主机之间的用户通信。网络数据库是建立在网络操作系统上的一种数据库。

(4) 应用系统。应用系统是建立在上述部件基础上的具体应用，以实现用户的需求。

6.1.4 计算机网络的类型

计算机网络的分类标准很多，可以从不同的角度对其进行分类。

1. 按照网络的覆盖范围分类

(1) 局域网。**局域网(local area network，LAN)是一种在较小区域内使用的网络，其传输距离一般不超过 10 千米。** 覆盖范围通常是一个房间、一幢建筑或是几幢建筑之间。局域网的传输速率高、可靠性好、建设成本低，但地理位置上局限于一个较小的范围。局域网大多采用以太网技术，传输速率通常为 10~100Mbps。现在局域网已被广泛使用，一个组织中可构建一个或多个局域网，一个局域网可以包含多个子网，使得所有计算机能够共享局域网的软、硬件资源，各用户之间还可以彼此通信，互相交换信息。例如，部门级网、校园网、企业网等。

(2) 城域网。城域网(metropolitan area network，MAN)是一种为将网络覆盖延伸到一个城市而设计的网络，这种网络的连接距离可以达 10~100 千米。城域网的作用范围在广域网与局域网之间，可以为一个或几个单位所拥有，也可以是一种公共设施，用来将多个局域网互联。城域网通常采用以太网技术，由于城域网和局域网使用的是相同的体系结构，有时也将城域网看作是局域网。

(3) 广域网。**广域网(Wide Area Network，WAN)也称远程网，它所覆盖的范围比城域网更广，一般是在不同城市和不同国家之间的 LAN 或者 MAN 互联，地理范围可从几百千米到几千千米。** 广域网要使用公共的通信系统，利用各种通信设施覆盖广泛的地理区域，如长途电话、卫星传输和海底电缆。例如，国际银行业务网络和航班订票系统。因特网可以视为世界上最大的广域网。

2. 按照网络的传输介质来分类

(1) 有线网。有线网采用双绞线、同轴电缆或光纤作为传输介质。采用双绞线和同轴电缆连接的网络经济且安装简便，但传输距离较短；以光纤为介质的网络传输距离较远，数据传输速率高，抗干扰能力强,安全性好,但是成本较高。

(2) 无线网。无线网是指由无线电波传送信息,连接通信设备的网络。在无线网络中使用的主要技术协议有 IEEE 802.11、蓝牙等。无线网具有功能强、容易安装、组网灵活、即插即用和可移动性等优点。无线网不受地点和时间的限制,因此是未来网络的发展方向。

3. 按照网络的拓扑结构分类

所谓网络拓扑,就是网络形状,即地理位置上分散的各个网络节点互联的逻辑布局。网络中的每一台计算机都是一个节点,通信线路可以看作是一根连线。网络拓扑结构主要是指网络的链路和节点组成的一个几何结构。

常见的网络拓扑结构主要有总线型、星型、环型和树型,如图 6-2 所示。

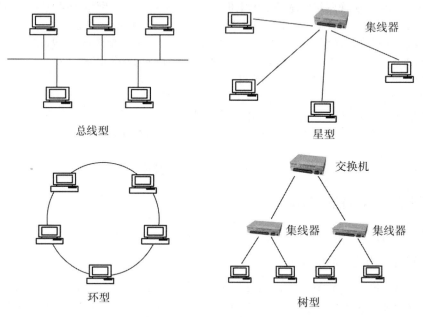

图 6-2 网络拓扑结构

(1) 总线型。总线型拓扑结构是指工作站或服务器都连接在一条总线上,每个工作站地位相等,无中心节点控制。任何一个节点的信息都可以沿着总线向两个方向传输扩散,并且能被总线上的任何节点所接收,其传递方向也总是从发送信息的节点开始向两端扩散,如同广播电台发射信息一样,因此又称为广播式计算机网络。整个网络的通信处理分布在多个节点上,减轻了网络管理控制的负担。

总线型网络的优点是电缆长度短,易于布线;增加节点时只需要在总线上增加一个分支接口便可与分支节点相连,而且当总线负载不允许时,又可以增加总线,易于扩充;结构简单,可靠性高,信息传输不存在路由和转发问题等。总线型网络的缺点是虽然单个节点失效并不影响整个网络的正常通信,但是如果总线损坏,则影响整个网络的正常运行;故障诊断不易;各节点连接在总线上,传输速度随着接入网络的用户的增多而下降;一次仅一个终端用户发送数据,其他用户必须等待获得发送权。

(2) 星型。星型拓扑结构中每个设备只与中央控制器相连(通常是集线器),当一个节点要传输数据到另一个节点时,需要通过中央节点,中央节点负责管理和控制所有的通信。中央节点执行集中式通信控制策略,它接受各分散节点的信息再转发给相应节点,具有中继交换和数据处理的功能。

星型网络的优点是控制简单,每一个节点都只和中央节点相连接,易于网络监控和管理;故障诊断和隔离较容易;中央节点对连接线路逐一进行隔离和定位,而且单个连接点的故障只能影响一个设备，并不会对整个网络造成影响。星型网络的缺点是可靠性差，性能依赖于中央节点，一旦中央节点出现故障，整个网络都会受到影响，所以对中央节点的要求很高，中央节点负荷较重；所需的线路过多，安装工作量大。

(3) 环型。环型拓扑结构是网络中若干个中继器通过点对点的链路首尾相连形成一个闭合的环。数据传送过程大致是发送报文的节点将报文分成报文分组，每个报文分组包含一个含有目的地址的控制信息和一段数据；发送站依次将每个报文分组发送到闭路环上，每个中继器都对报文分组的目的地址进行判断，看其是否与本节点地址相同。仅有地址相同的报文分组才会被接收，并将该分组复制。

环型网络的优点是信息在网络中沿着固定的方向流动(单向或双向)，两个节点之间有唯一的通路，简化了路径选择的控制；传输速度快；两个电缆之间较短，安装和配置都相对容易，抗故障性能好。环型网络的缺点是整个线路是一个环，当网络规模较大时，不易扩充；任何一个节点出现故障都会对整个网络造成影响，可维护性较差。

(4) 树型。树型拓扑结构可以看作是星型结构的叠加，又称为分级的集中控制式网络。与星型相比，它的通信线路总长度较短，成本低，节点易于扩充，寻找路径比较方便。树型结构也可看作是总线结构的扩展，它是在总线网上加上分支形成的。在树型结构中，节点按层次进行连接，信息交换主要是在上、下节点之间进行。

树型网络的优点是结构比较简单，成本低，网络中节点易于扩充；故障容易分离，若有某一分支的节点或线路发生故障，很容易将故障分支与整个系统隔离。树型网络的缺点是对根节点的依赖性大，若根节点发生故障，则全网瘫痪，这一点类似于星型结构。

6.1.5 网络传输介质与互联设备

1. 网络传输介质

传输介质是网络设备连接的介质，也是信号传输的媒体，它是网络中发送方与接收方之间的物理通路。常用的网络传输介质有双绞线、同轴电缆、光纤和无线传输媒介等。在选择传输介质时，通常考虑的标准有吞吐量和带宽、成本、网络介质的尺寸和可扩展性、抗干扰性和性价比等。

(1) 双绞线。双绞线又称为双扭线，是最常见的传输介质，它由两根相互绝缘的铜导线绞合在一起组成。两根铜导线互相缠绕是为了降低信号的干扰程度。双绞线可用于点对点连接，也可用于多点连接。根据结构的不同，可将双绞线分为屏蔽双绞线和非屏蔽双绞线。其中，屏蔽性的双绞线比非屏蔽性的双绞线增加了一层金属丝网，从而增强了其抗干扰性能，也改善了带宽特性，但是屏蔽双绞线价格较之非屏蔽双绞线高。用双绞线传输信号线路损失大，传输速率低，并且抗干扰性差，传输距离一般为十几千米，适用于短距离的点对点连接。但由于其价格便宜，易于安装，且性能相对来说不错，因此在局域网中应用十分广泛。

(2) 同轴电缆。同轴电缆是计算机网络布线中较早使用的一种传输介质，目前还在一些小型的计算机网络中使用。同轴电缆由一个中心的铜质导线或是多股绞合线包一层绝缘皮，再包上一层金属网状编织的屏蔽体及保护塑料外层共同组成。由于外导体的金属屏蔽层将磁场反射回中心导体，同时中心导体免受外界干扰，使得同轴电缆比双绞线有更好的抗干扰作用。同轴电缆又分为基带同轴电缆和宽带同轴电缆。基带同轴电缆用于直接传输数字信号，典型的基带同轴电缆的最大传输距离限制在几千米。宽带同轴电缆用于频分多路复用的模拟信号传送，以及不使用频分多路复用的高速数字信号发送和模拟信号发送，宽带电缆传输距离可达几十千米。

(3) 光纤。光纤即光导纤维，是一种细小、柔韧并能传输光信号的介质，一根光缆中包含有多条光纤。它是一种利用内部全反射原理来传导光束的传输介质，分为单模光纤和多模光纤。单模光纤多用于通信业，多模光纤常用于网络布线系统。光纤为圆柱状，由纤芯、包层和护套组成，每一路光纤包括两根，一根接收信号，一根发送信息号。光信号在光纤中传播几乎无损耗，因此传播距离较远。光波的频率范围很宽，所以光纤具有很宽的频带。另外，光纤是非电磁传播，而且无辐射，因而光纤的抗干扰能力较强、保密性好。不过，光纤的价格较贵，一般适用于高性能、高吞吐率的局域网或者远距离的高速数据传输。采用分光技术可以在一条光纤上复用、发送和传输多路信号，分光复用技术是一种新的数据传输技术。

(4) 无线传输媒介。无线传输媒介不需要架设、铺埋电缆或光纤，可以在自由空间利用电磁波发送或接收信号进行通信，因此无线传输常用于有线铺设不便的特殊地理环境，或者作为地面通信系统的备份和补充。最常用的无线通信方式是红外线通信、微波通信和卫星通信。红外线通信是以红外线的方式传递数据，可以方便地在办公室环境下实现无线方式连接，传输速度快。微波通信在数据通信中占有很重要的地位，其频率很高，可以同时传送大量的信息。卫星通信是利用地球赤道上空的人造同步卫星作为中继器来传播信号的通信方式。卫星通信与微波通信相似，其宽带很宽、通信容量很大、信号所受到的干扰较小、通信比较稳定，缺点是有较大的传播延迟。

2. 网络互联设备

网络互联除了传输介质外还需要一些互联设备。网络互联的目的就是使网络上的主机之间能够互相通信，使得用户之间实现资源共享和数据交换等。常见的网络互联设备有调制解调器、网卡、中继器、网桥、网关、集线器和路由器等。

(1) 调制解调器。调制解调器是计算机通过电话线接入互联网的必备设备，它具有调制和解调两种功能。电话线只能传递模拟信号，而计算机处理信息都是数字信号，要通过电话线传递信息，需要在发送前将数字信号转化为模拟信号，而在接收信息时需要将模拟信号转换为数字信号。调制解调器分为外置和内置两种。外置调制解调器是在计算机机箱之外使用的，一端用电缆连接在计算机上，另一端与电话插口连接，其优点是便于从一台设备移到另一台设备上。内置调制解调器是一块电路板，插在计算机或终端内部，价格要比外置调制解调器便宜，但是一旦插入机器就不易移动。

(2) 网卡。网卡也称为网络适配器或网络接口卡，在局域网中用于将用户计算机与网络相连。网卡是工作在物理层的网络组件，不仅能实现与局域网传输介质之间的物理连接和电信号匹配，还涉及帧的发送与接收、帧的封装与拆分、介质访问控制、数据的编码与解码，以及数据缓存等功能。网卡的工作原理与调制解调器的工作原理相似，只不过在网卡中输入与输出的都是数字信号，而且传输速度比调制解调器要快得多。

(3) 中继器。中继器是最简单的互联设备，工作在网络物理层上。由于任何一种介质的有效传输距离都是有限的，电信号在介质中传输一段距离后会自然衰减并且附加一些噪声。中继器的主要功能就是通过对数据信号的重新发送或转发，来扩大网络传输的距离，经过中继器连接的两段电缆上的工作站就像是在一条加长的电缆上工作一样。一般情况下，中继器两端连接的既可以是相同的传输介质，也可以是不同的传输介质，但中继器只能连接数据传输速率相同的局域网。

(4) 网桥。网桥工作在数据链路层上，是连接两个局域网的一种存储/转发设备。它用于连接协议相同的网络，适用于局域网的互联。由于连接的是相同协议的网络，因而无协议转换问题，只需负责网络之间信息的传送，起到延伸网段的作用。网桥在延长网络跨度上的功能类似于中继器，然而它能提供智能化的连接服务，即根据帧的目的地址(MAC 地址)处于哪一网段来进行转发或过滤，其包含了寻址和路径选择的功能。

(5) 网关。网关也叫协议转换器，是一种可以把具有不同网络体系结构的两个(或多个)计算机网络连接起来，并在网络不同层次之间传递数据，进行相应的协议转换的通信设备。网关工作在传输层或更高层，在所有网络互联设备中，它最为复杂。网关有两种：一种是面向连接的网关，用于虚拟电路网络的互联；另一种是无连接的网关，用于数据包网络的互联。网关既可用于广域网互联，也可用于局域网互联。在实际应用中，网关往往被分成两半，称为半网关。半网关分属互联的两个网络，由网络的拥有者对其进行维护与管理，同时也方便使用，用户可灵活地互联两种不同的网络。

(6) 集线器。集线器在计算机网络中连接多台计算机或其他设备，它是一个多端口的中继器，有一个端口与主干网相连，并有多个端口连接一组工作站。集线器的主要功能是信号放大和中转，以扩大网络的传输距离。集线器工作在物理层，没有智能处理能力，发送数据时没有针对性，采用广播的方式发送，即集线器要向某个节点发送数据时，不是直接将数据发送到目的节点，而是把数据包发送到与集线器相连的所有节点。

(7) 路由器。路由器工作在网络层，在网络中起着数据转发和信息资源转发的枢纽作用，是计算机网络的核心设备。路由器用于连接类型不大相同的网络，这些网络在通信的某些方面可以不同，如通信数据包的大小。路由器内部有一张路径表，依据此路径表来决定数据的传输路线，这也是"路由"的来由之处。路由器内的路径表可由管理员生成，也可自动生成。由于路由器是面向协议的设备，所以不同的协议需使用不同的路由器。也就是说，一个特定的路由器只能适用于一个特殊的协议。在实际应用时，路由器通常作为局域网与广域网连接的设备。

6.1.6 网络协议与体系结构

1. 网络协议

计算机网络中的多台计算机之间要进行通信，各个节点之间就需要不断地交换数据。**要保证各节点之间交换数据的有序性和正确性，就必须制定一个网络数据交换的规则、约定与标准，这种规则、约定与标准称为网络协议。**网络协议的作用是控制并指导通信双方的对话过程，发现对话过程中出现的差错并确定处理策略。网络协议主要由三个要素组成，即语法、语义与时序。

(1) 语法：规定了用户数据与控制信息的结构与格式。
(2) 语义：规定了用户控制信息的意义，以及完成的控制动作与响应。
(3) 时序：是对事件实现顺序的详细说明。

协议是一种通信规则，通常，语义规定通信双方彼此"讲什么"，语法规定通信双方彼此"如何讲"，时序规定事件执行顺序。常用的网络协议有 TCP/IP、IPX、NETBIUE。

网络协议对于计算机网络来说是不可缺少的，一个功能完备的计算机网络需要制定一整套复杂的协议集。对于结构复杂的网络协议，最好的组织方式是层次结构模型。计算机网络就是按照层次结构模型来组织的，网络层次结构模型与各层协议的集合共同构成网络的体系结构。

2. 开放系统互联参考模型

网络体系是为了完成计算机之间的通信合作，把每台计算机互联的功能划分成有明确定义的层次，并规定了同层次进程通信的协议及相邻层次之间的接口和服务。而层次结构是描述体系结构的基本方法，它的特点是每一层都是建立在前一层的基础之上，低层为高层提供服务。早期许多公司纷纷提出各自的网络体系结构，使得在计算机通信中，只有同一制造商生产的系列计算机才可互相通信，不同结构的计算机和不同的网络之间均不能通信，形成网络孤岛。随着信息技术的发展，急需实现各种计算机系统联网和各种计算机网络互联，并且需要一个国际标准，在这种形势下，开放系统互联参考模型应运而生。

1984 年，国际标准化组织(ISO)公布了网络协议指南的模型，该模型被称为开放系统互联参考模型 OSI/RM(open systems interconnection reference model)，简称 OSI。OSI 是一个七层协议的体系结构，它描述了信息流自上而下通过原设备，再经过中介设备，然后自下而上经过目标设备的七层模型。开放系统是指一个系统与其他系统进行通信时，能够遵循 OSI 标准的系统，按 OSI 标准研制的系统均可实现互联。OSI 参考模型包含七层功能和对应的协议，包括物理层、数据链路层、网络层、传输层、会话层、表示层和应用层，每一层完成一个明确定义的功能集合，并按照协议进行通信。各层具有相对独立性，层间的相互作用通过层接口进行通信，每一层只与它的上、下邻层产生接口，履行其特定的功能。其中，物理层、数据链路层和网络层属于通信子网范畴，会话层、表示层和应用层属于资源子网范畴，传输层起着连接下三层和上三层的作用，如图 6-3 所示。OSI 参考模型各个层次划分遵循的原则包括网中各节点都有相同的层次，相同层次具有同样的功能；同一节点内相邻层之间通过接口通信；每一层使用下层提供的服务，并向其上层提供服务；不同节点的同等层按照协议实现同等层之间的通信。

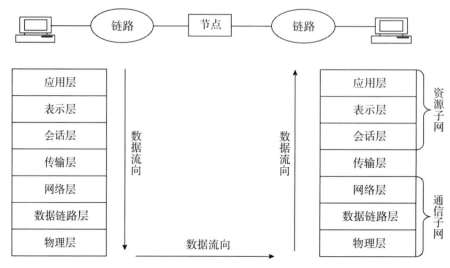

图 6-3　开放系统互联参考模型

(1) 物理层。物理层是 ISO 模型的第一层，即最底层。物理层是完全面向硬件的，它负责物理链路的建立、维护和拆除等工作，传输数据的单位是比特。原始的数据比特流在物理媒介上传输，并不在物理层协议之内，而是在物理层协议的下面，物理层要做的是尽量屏蔽这些差异，对数据链路层提供服务。

(2) 数据链路层。数据链路层负责数据帧在物理层和网络层之间的无差错传送，每一帧包括数据和必要的控制信息(如同步信息、地址信息、差错控制等)。数据链路层主要是通过校验、确认和反馈重发等手段，将不可靠的物理链路改造成对网络层来说无差错的数据链路。数据链路还要协调收发双方的数据传输速率，即进行流量控制，以防止接收方因来不及处理发送方传来的高速数据而导致缓冲器溢出及线路阻塞。

(3) 网络层。网络层解决的是网络与网络之间的问题，即网络的通信问题。网络层传送的数据单位是分组，分组也称为 IP 数据包。网络层的主要功能是选择到达目标主机的最佳路径，并沿该路径传送数据包。除此之外，网络层还能够消除网络拥挤，具有流量控制的能力。网络层将数据链路层提供的帧组成数据包，包中封装有网络层报头，含有逻辑地址信息，包括原站点和目的站点的网络地址。

(4) 传输层。传输层负责向两个主机进程之间的通信提供服务，解决的是数据在网络之间的传输质量问题。传输层提供端到端的透明数据传输服务，使高层用户不必关心通信子网的存在，用统一的传输原语书写的高层软件便可运行于任何通信子网上，同时传输层还处理差错控制和流量控制。传输层主要使用两种协议，即传输控制协议 TCP 和用户数据报协议 UDP。当使用 TCP 协议时，数据传输的单位是报文段；而使用 UDP 时，数据传输的单位是数据报。

(5) 会话层。会话层利用传输层来提供会话服务，管理主机之间的会话进程，负责建立、管理和终止进程间的会话。它允许两个主机之间的用户进程建立会话连接，双方相互确认身份，协商会话连接的细节，其数据传送的单位是报文。

(6) 表示层。如果通信双方用不同的数据表示方法，它们之间就不能相互理解，表示层就是要屏蔽这种不同之处，解决用户之间信息的语法表示问题。表示层为上层用户提供 OSI 系统内部使用的数据或信息的语法，即对源站点内部的数据结构进行编码，形成适合传输的比特数据流，到目的站再进行解码，转换成用户所要求的格式，并保持数据的意义不变。

(7) 应用层。应用层是 OSI 参考模型的最高层，它直接面对用户的具体应用，解决的是程序应用过程中的问题，提供了网络与应用软件之间的接口服务。互联网中的应用层协议很多，如支持万维网应用的 HTTP 服务、支持文件传送的 FTP 服务，支持不同类型的终端和主机之间通过网络交互访问的虚拟终端 VT 协议等。

3. TCP/IP 协议

TCP/IP 协议称为传输控制/网际协议，它是互联网的基础，包括上百个各种功能的协议，如远程登录、文件传输和电子邮件等，而 TCP 协议和 IP 协议是保证数据完整传输的两个基本协议。TCP/IP 参考模型共分为四层：应用层、传输层(TCP)、网络互联层(IP)和主机至网络层。与 OSI 参考模型相比，TCP/IP 参考模型没有表示层和会话层，网络互联层相当于 OSI 模型的网络层，主机至网络层相当于 OSI 模型中的物理层和数据链路层。OSI 参考模型与 TCP/IP 参考模型的结构对比，如图 6-4 所示。

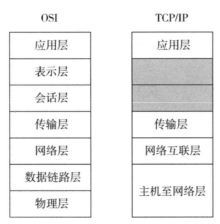

图 6-4　OSI 与 TCP/IP 参考模型的对比

(1) 主机至网络层。主机至网络层也称为网络接口层或网络存取层，该层协议没有具体定义，作用是能传输经网络互联层处理过的信息，并提供主机与实际网络接口，而具体的接口关系则可以由实际网络的类型所决定，随不同主机、不同网络而不同。

(2) 网络互联层。TCP/IP 网络互联层和 OSI 网络层在功能上非常相似。但是，OSI 参考模型中的网络层是面向连接的，而 TCP/IP 模型中的网络互联层是以包交换为基础的，它把 IP 报文从源端送到目的端，采用非连接的传输方式，不保证 IP 报文顺序到达，主要负责解决路由选择、跨网络传送等问题。

(3) 传输层。传输层是网络互联层的上一层，它的功能是使源主机和目标主机上的对等实体可以进行会话。传输层定义了两个端－端协议，对应两种不同的传输机制。其一为传输控制协议(TCP)，它是一个可靠的面向连接的协议，保障某一机器的字节流准确无误地投递到互联网上的另一机器上；其二为用户数据报协议(UDP)，它提供无连接的服务，无重发和纠错功能，不保障数据的可靠传输，但在客户机/服务器类型的请求响应查询模式中使用广泛，在快速交付重于准确交付的应用中(如语音、视频应用)也有广泛的应用。

(4) 应用层。应用层位于 TCP/IP 模型的最上层，它向用户提供一组常用的应用程序，使用户在需要时调用该程序就可以完成对 TCP/IP 互联网络的访问。这一层包含了所有的高层协议，主要有虚拟终端协议 Telnet、文件传输协议 FTP、电子邮件传输协议 SMTP、域名系统服务 DNS 等。

TCP/IP 是一组通信协议的代名词，它是由一系列协议组成的协议簇，如图 6-5 所示。

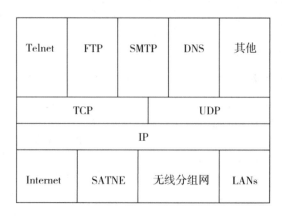

图 6-5　TCP/IP 协议簇

6.2　互联网

互联网即 Internet，它是以 TCP/IP 协议为基础组件的全球最大的国际互联网络。 Internet 是当前信息高速公路的雏形，由遍布全世界的大大小小的各种各样的网络组成的一个松散结合的全球网。Internet 提供了极其丰富的信息资源和先进的信息交流手段，大大缩短了人与人之间交流的空间距离。

Internet 由主干网、各类广域网、各种局域网等数以万计、互连有序的网络组成。目前 Internet 已经覆盖了 180 多个国家和地区，连接的网络有 20 多万个，拥有的用户有上亿个，已成为全球最大的计算机网络，而且还在高速发展着。

6.2.1　互联网地址管理

互联网是通过路由器将物理网络连在一起的虚拟网络，在一个具体的物理网络中，每台计算机都有一个物理地址，根据此地址来识别网络中的每一台计算机。物理地址是每台计算机的唯一标识，不允许重复。互联网的地址分为两种形式，即用数字标识的 IP 地址和用字符标识的域名地址。

1. IP 地址

互联网上为每台计算机分配的唯一地址称为 IP 地址。 每个 IP 地址由网络号和主机号两部分组成，网络号表明主机所连接的网络，主机号标识了该网络上特定的一台主机。IP 地址是唯一的，并且采用固定格式，即每个 IP 地址由 32 位二进制位组成，一般将 4 个字节的 IP 地址用 4 个小数点隔开的十进制数表示，如 168.155.55.118。IP 地址由 4 部分数字组成，每部分不超过 255。

按照网络规模的大小，可将 IP 地址分为 A、B、C、D、E 五类。其中，A 类网络号第一位是 0，B 类前两位是 10，C 类前三位是 110，D 类前四位是 1110，E 类前四位是 1111。A、B、C 类地址是基本的 IP 地址，用户可以根据需要申请使用的 IP 地址；D 类是一种专供多目传送的多目地址；E 类是扩展备用的地址，留作将来使用。

IPV4 地址在设计初期没有预测到互联网网络和主机数量爆炸式的增长，而且由于美国掌握了 IP 地址的控制权，IP 地址在分配上有失公平。1990 年开始，Internet 工程任务组着手开发 IP 地址的新版本，即 IPv6。IPv6 所拥有的地址容量理论上约为 IPv4 的 8×10^{28} 倍，达到 $2^{128}-1$ 个，不但解决了网络资源数量的问题，同时也为其他终端设备接入互联网扫清了障碍。IPv6 地址长度为 128 位，简化了报文头部格式，字段只有 8 个，加快了报文转发，提高了吞吐量；身份认证和隐私权保护是 IPv6 的关键特性，提高了安全性，IPv6 逐渐取代 IPv4。

2. 域名系统

互联网通过使用 IP 地址标识网络中的每一台主机，但对于用户而言，这种数字地址既无简明的含义，又不容易记忆。为了解决这一问题，TCP/IP 又规定了一种字符型标识的机制，称为域名系统(DNS)。在域名系统中，Internet 上的每台主机不仅具有数字表示的 IP 地址，又有字符表示的域名。

域名采用层次结构，每一层构成一个子域名，用圆点分隔，最末端的域称为顶级域，其他域称为子域。一个主机的域名地址由 4 部分组成，一般格式为

主机名.网站名.机构名.最高域名

例如，清华大学校园网的域名地址为 www.tsinghua.edu.cn。其中 www 表示清华大学的一台 www 服务器，tsinghua 表示清华大学，edu 表示教育网，cn 表示中国。

在 Internet 中，最高域名是标准化的，表示主机所在的国家或地区，部分国家或地区名。例如，cn 表示中国、jp 表示日本、uk 表示英国、us 表示美国等。机构名则反映组织机构的性质。例如，edu 是教育机构、com 是营利性商业实体、gov 是政府部门、int 是国际性机构、mil 是军事机构、net 是网络资源或组织机构、org 是非营利性组织机构等。网站名表示主机所属域或单位，主机名可以由管理员自行定义。

即使使用域名后方便了用户的使用和记忆，但在 Internet 通信时，域名地址必须转化为 IP 地址，完成转换的主机叫作域名服务器。域名服务器负责注册域内的所有主机，建立本域中的主机名与 IP 地址的对照表。当该服务器收到域名请求时，将域名解释为对应的 IP 地址。

6.2.2 互联网服务

Internet 的主要价值在于它能够将全球各地的各种网络资源以简单而低成本的方式连接起来，任何一个网络用户都可以通过自己的计算机跨越地域来访问网络资源，实现资源共享和信息快速传递。随着 Internet 的不断发展，它提供的服务不断增长，支持的应用领域也不断扩大，它提供的基本服务有如下几个方面。

1. 万维网

万维网即 WWW(World Wide Web)服务，是 Internet 应用最广泛的服务。WWW 是一个基于超文本(Hypertext)方式的信息浏览服务，是通过 HTTP 协议在互联网上连接和访问文档、图片、声音和视频等资源的集合，这些资源与它们之间的链接一起构成一个庞大的信息网。

万维网通过使用统一资源定位符(URL)来标志万维网上的各种文档，并使每一个文档在整个互联网的范围内具有唯一标示符 URL。这些文档页面采用超文本格式，即可以含有指向其他 Web 页面或自身内部其他特定位置的超级链接。当用户从 WWW 服务器取到一个文件后，万维网使用超文本标记语言 HTML，使得万维网页面的设计者可以很方便地用链接从本页的某处链接到互联网上的任何一个万维网页面，并且能够在自己的主机屏幕上将这些页面显示出来。万维网使用超文本传送协议 HTTP

来实现万维网客户程序与万维网服务器程序之间的交互。万维网集中了全球的信息资源,如教育科研、新闻出版、金融证券、医疗卫生和娱乐等,是存储和发布信息的地方,也是人们查询信息的场所。

2. 电子邮件

电子邮件简称 E-Mail,是 Internet 用户使用最频繁的一项基本服务。电子邮件是通过网络收发以电子文件格式写作的邮件,它不仅可以传递各种文本,而且可以传递图片、声音和视频等,是一种非交互式的通信方式。

通常电子邮件的地址格式为 username@hostname,其中 username 是邮箱用户名,hostname 是邮件服务器名,@为分隔符。例如,电子邮箱地址 xiaowang@163.com,表示用户名是 xiaowang,电子邮件服务器的域名是 163.com。电子邮件系统是一种典型的客户机/服务器系统,客户机程序和服务器程序相互配合,将电子邮件从发信人的计算机传送到收信人的计算机中。系统主要包括电子邮件客户机、电子邮件服务器和支持 Internet 上的电子邮件服务的各种协议。其中,包含的协议有简单邮件协议 SMTP 协议,用以把电子邮件从客户机传输到邮件服务器,以及从某个服务器传输到另一个服务器上。但是 SMTP 协议只定义了通过 Internet 传输普通文本的标准,不适合用于传输图片、声音和视频等非文本电子邮件的标准。作为对 SMTP 的补充,MIME 协议规定了通过 SMTP 协议传输非文本电子邮件的标准。POP 协议是负责用户和邮件服务器之间传递信件的通信协议,它允许电子邮件用户向 SMTP 服务器发送邮件,同时允许用户从 SMTP 服务器上接收邮件。目前 POP3(邮局协议)是最常使用的一种协议。

使用电子邮件不仅方便,而且还具有传递迅速和费用低廉的特点。电子邮件可以进行一对多的邮件传递,同一邮件可以同时传递给多人,更重要的是,电子邮件传递不需接收方与发送方同时在场,为电子邮件用户提供了极大的方便。

3. 远程登录

在网上人们有时需要调用远程计算机的资源,同本地计算机协同工作,可以用多台计算机共同完成一个较大的任务;或者用户使用的计算机在运行大的、复杂的程序时要耗费大量的时间,甚至无法完成。此时,用户可以通过终端来使用主机强大的计算能力,这种用户使用 Telnet 命令登录到一台具有合法账户的远程主机上,使用主机的应用程序和资源的服务就是远程登录。

远程登录使用客户机/服务器模式,用户在本地主机上运行一个称为 Telnet 的客户程序,客户程序可与远地主机上的 Telnet 服务程序建立连接,此时用户在本地键盘上输入命令或数据会通过 Telnet 程序传送给远程计算机,而远程计算机的输出内容会通过 Telnet 显示在用户的本地计算机上。利用远程登录,用户可以实时使用远程计算机对外开放的全部资源,可以查询数据库和检索资料等,全世界许多大学的图书馆、学术机构和一些政府部门,都通过远程登录服务对外提供检索功能。

4. 文件传输

文件传输提供了 Internet 上主机之间相互传输文件的机制,实现了远程计算机与本地机之间文件传输的功能。用户可以从 FTP 服务器上复制文件到本地计算机,即下载;也可以在权限允许的情况下,将本地计算机的文件传送到 FTP 服务器,即上传。

FTP 协议采用客户机/服务器模式,用户从客户机上启动一个 FTP 应用程序,与 FTP 服务器建立连接,使用 FTP 命令,实现服务器与客户机之间的文件传输。FTP 服务有两种类型,即普通 FTP 服务和匿名 FTP 服务。普通 FTP 服务向注册用户提供文件传输服务,匿名 FTP 向任何联网用户提供文件传输服务。通过 FTP 可以传输任何类型的文件,如文本、图片、声音和视频等。FTP 与 Telnet 的不同之处在于 Telnet 把客户端当成远程主机的一台终端,用户完成远程登录后,具有与远程主机的本地用户一样的权限。而 FTP 只允许用户对远程主机上的文件进行有限的操作,如查看文件、交换文件,以及改变文件目录等。

5. 即时通信

自 1996 年 ICQ 诞生以来，即时通信获得了迅速的发展。如今，即时通信不仅是作为通信工具，更发展成为一种综合的信息平台，它集交流、咨询、音乐、网络、搜索、电子商务、办公协作与企业服务于一体。目前即时通信工具主要有 QQ、微信、IP 电话和阿里旺旺等。

即时通信软件大多数采用客户机/服务器模式进行工作。用户登录即时通信软件客户端用以连接服务器，服务器随即传回用户联系人列表。用户之间互相通信遵循一些协议，如互联网中继聊天协议(internet relay chat，IRC)、移动状态通信协议(mobile status notification protocol，MSNP)等，用户将信息发送给接收者时，即时通信软件遵循这些协议将信息分割成数据包，然后数据包被发送到服务器进行分发。

随着即时通信软件的广泛使用，它呈现出一些新的发展趋势，即时通信逐渐发展成为商业化应用的工具。例如，淘宝交易等专业的电子商务和即时通信网络普遍在计算机网络和移动通信网络平台上应用，实现了跨平台、跨网络的开放性。即时通信软件种类不断增加，所提供的服务也越来越多，实现了产品的多元化。

6. 微博

微博，即微博客(MicroBlog)的简称，是一个基于用户关系信息分享、传播及获取的平台。用户可以通过 Web、WAP 等各种客户端组建个人社区，以 140 字左右的文字更新信息，并实现即时分享。最早、最著名的微博是美国的 Twitter(推特)。2009 年 8 月，中国门户网站新浪网推出"新浪微博"内测版，成为门户网站中第一家提供微博服务的网站，微博正式进入中文上网主流人群的视野。

微博可广泛分布在桌面、浏览器和移动终端等多个平台上，有多种商业模式并存。但无论哪种商业模式，都离不开用户体验的特性和基本功能。微博具有如下特点。

(1) 信息获取具有很强的自主性和选择性。用户可以根据自己的兴趣偏好，依据对方发布内容的类别与质量，来选择是否"关注"某用户，并可以对所有"关注"的用户群进行分类。

(2) 微博宣传的影响力具有很大弹性，与内容质量高度相关。其影响力基于用户现有的被"关注"的数量。用户发布信息的吸引力、新闻性越强，对该用户感兴趣、关注该用户的人数也越多，影响力越大。只有拥有更多高质量的粉丝，才能让微博被更多人关注。此外，微博平台本身的认证及推荐有助于增加被"关注"的数量。

(3) 内容短小精悍。微博的内容限定为 140 字左右，内容简短，不需长篇大论，门槛较低。

(4) 信息共享便捷迅速。微博可连接各种网络平台，在任何时间、任何地点即时发布信息，其信息发布速度超过传统纸媒及网络媒体。

7. 社交网络

社交网络即社交网络服务(social network service，SNS)，由于四字构成的词组更符合中国人的构词习惯，因此人们习惯上用社交网络来代指 SNS。

社交网络源自网络社交，网络社交的起点是电子邮件。互联网本质上就是计算机之间的联网，早期的 E-mail 解决了远程的邮件传输的问题，至今它也是互联网上最普及的应用，同时它也是网络社交的起点。BBS 则更进了一步，把"群发"和"转发"常态化，理论上实现了向所有人发布信息并讨论话题的功能，并把从单纯的点对点交流的成本降低，推进到了点对面交流成本的降低。即时通信和博客更像是前面两个社交工具的升级版本，前者提高了即时效果(传输速度)和同时交流能力(并行处理)，后者则开始体现社会学和心理学的理论——信息发布节点开始体现越来越强的个体意识，因为在时间维度上的分散信息可以被聚合，进而成为信息发布节点的"形象"和"性格"。比如从 RSS、flickr 到 YouTube、Digg、Mini-feed、Twitter、Fetion、Video-Mail 等，都解决或改进了单一功能，是丰富网络社交的工具。

社交网络不仅仅是一些新潮的商业模式，从历史维度来看，它更是一个推动互联网向现实世界无限靠近的关键力量。社交网络涵盖以人类社交为核心的所有网络服务形式，使得互联网从研究部门、学校、政府、商业应用平台扩展成一个人类社会交流的工具。同时，社交网络更是把其范围拓展到移动手机平台领域，借助手机的普遍性和无线网络的应用，利用各种交友/即时通信/邮件收发器等软件，使手机成为新的社交网络的载体。

6.2.3 内联网

内联网(Intranet)又称企业内联网，是一种使用互联网技术和标准组建的企业内部计算机网络，是基于 TCP/IP 协议，使用 WWW 工具建立的可支持企事业内部业务处理和信息交流的综合网络信息系统，通常采用防止外界侵入的安全措施为内部服务的企业内部网络。

互联网是面向全世界公开的公众信息网，它允许任何人从任何站点去访问它的资源，而内联网是互联网技术在企业内部的实现，是企业内部的计算机网络。内联网可以物理性地控制对公司内部服务器的使用，因而比互联网有更大的安全级别。企业可以根据自己的经营和发展需求来设置内联网的规模和功能。

1. 内联网的特点

(1) 内联网采用的是 TCP/IP 协议及 WWW 技术和工具，客户端使用通用的浏览器，是一个开放性的系统。由于 WWW 服务器软件采用的是公开的协议和技术标准，因而内联网不局限于任何应用平台或操作系统，可以虚拟地运行在任何平台上。

(2) 内联网采用的是 B/S 三层结构体系模式，主要由四部分组成，即网络、服务器、客户机和防火墙。内联网服务器主要有 WWW 服务器、Mail 服务器、DNS 服务器和业务数据库服务器。因此，内联网在整个系统中采用了统一的浏览器界面，便于用户操作。

(3) 内联网上的信息分为两类，即企业内部信息和向社会公开的信息。企业内部信息不允许任何外部用户访问，它主要用于企业内部的信息共享和协同工作。内联网根据企业安全要求，设置防火墙和安全代理等，用以保护企业的信息，防止外界侵入。

(4) 建立内联网费用低廉，如果企业已经具有了传统的网络设施，几乎不需要重新投资就可以建设内联网。因此，内联网的通信费用投入相对非常低。

(5) 内联网应用程序的开发比传统网络上的应用程序开发要容易，开发周期短。它完全摆脱了为每一个客户机单独编程和为所有用户进行应用软件升级的麻烦。

2. 内联网对信息系统的重要性

内联网是一种新的企业内部信息管理与交换的基础设施，它不仅是企业内部的信息发布系统，也是企业内部信息管理与运转系统。内联网技术已经渗透到企业信息系统的管理中。

(1) 互联网的应用促进了企业信息化。内联网是将互联网技术应用于企业内部的信息网络，企业信息系统在企业内部网络上以 WWW 方式向企业用户提供各种信息资源。在内联网中，企业传统的信息交流方式，如文件、会议和报告等将被电子邮件和电子公告等方式取代。内联网为企业提供全球范围的信息管理的技术解决方案，能把分散在世界各地的企业员工连接在一起，共享企业的信息资源，从而为企业引入高效的信息化经营方式。

(2) 内联网改进了企业信息系统的结构。近年来，基于内联网的企业管理信息系统发展应用广泛，如学校建立的校园网、单位使用的企业网等，这些都属于内联网。企业内联网是利用内联网的 Web 模型作为标准平台，采用 TCP/IP 协议作为通信协议，同时运用防火墙技术保证网络资源的安全性，在企业内部网络上使用 B/S 三层结构模式，构成了企业的信息系统结构。B/S 模式只需安装通用浏览器软件，客户端操作风格比较一致，基本不用维护，只要有浏览器的合法用户都可以很简单地使用，使得 B/S 结构在企业内部广泛使用。

内联网给企业带来了巨大的利益，使得企业信息化有了很大的发展，但是关于网络和信息资源的安全问题是企业不得不面对的。信息是企业的无形资产，是企业赖以生存的生命线，一旦信息和数据出现安全隐患，则会对企业造成很大的损失。防火墙技术是针对内联网网络特点而建立的对外部入侵者的防范措施，是加强互联网和互联网之间安全防范的系统，它能够控制系统的访问，对企业信息和外部信息进行控制，使入侵者不能进入企业内部。而企业内部人员仍能够访问互联网，不与外界脱离。

3. 内联网的应用

(1) 文件传送。在内联网中，基于 FTP 协议，企业员工可以在任意两台计算机间传送文件，这些文件类型包括文本文件、二进制文件、图像文件、声音文件和数据压缩文件等。

(2) 信息发布。企业所有的信息都可以在 Web 服务器上以 HTML 页面的方式发布，企业内及企业外所有对该信息有访问权的人都可以看到在企业网站上所登录的信息。

(3) 建立管理业务系统。根据企业工作流程和管理特点建立管理业务系统，员工在浏览器上通过 Web 服务器来访问数据库，接受管理或了解业务信息。

(4) 安全性管理。建立用户组，在每个用户组下再建立用户。对于某些需要访问权的信息，可以对不同的用户组或用户设置不同的读、写权限，对于需要在传输中保密的信息，可以采用加密和解密技术。

(5) 网上讨论组。根据需要建立不同的讨论组，在讨论组中可对参加讨论组的人加以限制，只有那些对该讨论组有访问权的人才能访问这个讨论组。在讨论组中，企业员工可以自由地在网上发送信息、阐明观点或提出问题，进行相互交流和沟通。这种交流有利于企业获得更多的商业机会和商品信息，也有利于促进企业管理，提高生产力和增强竞争能力。

6.2.4 外联网

外联网(Extranet)是内联网的一种延伸，它不仅仅局限于一个企业内部，而是把相互合作企业的内联网网络连在一起，是一种广义上的企业内部网。 外联网通常与内联网一样位于防火墙的后面，但不像互联网为大众提供公共的通信服务，也不像内联网只为企业内部服务而不对公众公开，外联网只对一些有选择的合作者开放或向公众提供有选择的服务，即对外联网的访问是半私有的，用户是由关系紧密的企业结成的小组，信息在信任的圈内共享。

外联网把企业内部已存在的网络扩展到企业之外，从而可以完成一些合作性的商业应用(如企业和其客户及供应商之间的电子商务、供应管理等)。外联网可以完成如信息的维护和传播、在线培训、企业间的合作、客户服务，以及产品、项目管理和控制等各种应用。

基于外联网的新型企业外部网既具备传统企业内部网络的安全性，又具备互联网的开放性和灵活性，它改善了 MIS 的信息共享方式，使得企业与客户、企业内部人员之间、企业与合作对象之间可以更加方便、快捷地共享信息，并集成了多种信息源。过去，实现企业间信息交流的主要手段是电子数据交换(EDI)，但由于 EDI 主要是通过专用网络传输的，因此主要应用于规模较大的企业之间。基于外联网的外部信息系统由于应用了互联网网络，克服了 EDI 网络费用非常昂贵的缺点，使中小企业也可以加入企业间的合作中，给中小企业的发展提供了良好的机会。另外，EDI 是通过标准的贸易单证来完成企业间计算机之间的通信，而外联网采用的是 Web 技术，一个企业的操作人员登录到另一个企业的主页上，通过填写网页上的单证完成交易，因而更加方便、灵活和直接。

互联网、内联网和外联网三者既有区别又有联系，主要表现为：互联网是基础，是网络基础和包括内联网和外联网在内的各种应用的集合；内联网强调企业内部各部门的联系，业务范围仅限于企业内部；外联网强调各企业间的联系，业务范围包括贸易伙伴、合作对象、零售商、消费者和认证机构。由此可见，互联网业务范围最大，外联网次之，内联网最小。

6.3 新兴通信与网络技术

近年来，新兴通信与网络技术快速发展，驱动着商业应用变革和人们生活方式的改变，其发展趋势呈现高速度、用户导向、移动化和万物互联的趋势。下面重点介绍 5G、Web2.0、移动互联网和物联网等几种新兴通信与网络技术。

6.3.1 5G

随着移动互联网的发展，越来越多的智能终端接入移动网络中，新的服务和应用层出不穷，移动数据的需求快速增长。移动数据需求的增长给移动通信网络带来了严峻的挑战。为了应对流量增长对网络能耗、比特成本、频谱需求和多网并存的异构移动网络等的挑战，亟须发展新一代 5G 移动通信网络。**第五代移动通信技术(5th generation mobile networks，简称 5G 技术)是最新一代蜂窝移动通信技术，是继 4G(LTE-A、WiMax)、3G(UMTS、LTE)和 2G(GSM)系统之后的延伸。**

1. 5G 的特点

(1) 超大带宽。5G 是增强型移动互联网，峰值速率可达到 20Gbit/s 的标准，在连续广域覆盖和高移动性下，用户体验速率达到 100Mbit/s，可以满足高清视频，虚拟现实等大数据量传输。

(2) 超低时延。5G 具有超低时延、高可靠通信的特点，空中接口时延水平在 1~10ms 左右，包交换的可靠性在 99.999%以上，可以满足自动驾驶、远程医疗等实时应用需求。

(3) 超密连接。5G 网络的连接数密度和流量密度大幅度提高，提供千亿设备的连接能力，连接密度达到 10K~1M devices/km^2，流量密度 10Mbps/ m^2，可以满足智能家居、智慧城市等智慧物联网的应用需求。

2. 5G 的关键技术

(1) 超密集异构网络。在 5G 网络中，减小小区半径，增加低功率节点数量是 5G 网络支持 1 000 倍流量增长的核心技术之一。因此，超密集异构网络成为 5G 网络提高数据流量的关键技术。

5G 密集部署的网络拉近了终端与节点间的距离，使得网络的功率和频谱效率大幅度提高，同时也扩大了网络覆盖范围，扩展了系统容量，并且增强了业务在不同接入技术和各覆盖层次间的灵活性。虽然超密集异构网络架构的节点间距离减小，越发密集的网络部署将使得网络拓扑更加复杂，从而容易出现与现有移动通信系统不兼容的问题。同时，干扰是一个必须解决的问题，现有通信系统的干扰协调算法只能解决单个干扰源问题，而在 5G 网络中，相邻节点的传输损耗一般差别不大，这将导致多个干扰源强度相近，进一步恶化网络性能，使得现有协调算法难以应对。

(2) 自组织网络(self-organizing network，SON)。传统移动通信网络中，主要依靠人工方式完成网络部署及运维，既耗费大量人力资源又增加运行成本，而且网络优化也不理想。在 5G 网络中，由于网络存在各种无线接入技术，且网络节点覆盖能力各不相同，它们之间的关系错综复杂。因此，自组织网络的智能化将成为 5G 网络必不可少的一项关键技术。

自组织网络技术解决的关键问题主要有：①网络部署阶段的自配置和自规划。自配置即新增网络节点的配置可实现即插即用，具有低成本、安装简易等优点；自规划的目的是动态进行网络规划并执行，同时满足系统的容量扩展、业务监测或优化结果等方面的需求。②网络维护阶段的自优化和自愈合。自优化的目的是减少业务工作量，达到提升网络质量及性能的效果；自愈合指系统能自动检测问题、定位问题和排除故障,大大减少维护成本并避免对网络质量和用户体验的影响。

(3) 内容分发网络(content distribution network,CDN)。在 5G 网络中,面向大规模用户的音频、视频、图像等业务急剧增长,网络流量的爆炸式增长会极大地影响用户访问互联网的服务质量。如何有效地分发大流量的业务内容,降低用户获取信息的时延,仅仅依靠增加带宽并不能解决问题,它还受到传输中路由阻塞和延迟、网站服务器的处理能力等因素的影响。内容分发网络会对 5G 网络的容量与用户访问具有重要的支撑作用。

内容分发网络是在传统网络中添加新的层次,即智能虚拟网络。CDN 系统综合考虑各节点连接状态、负载情况,以及用户距离等信息,通过将相关内容分发至靠近用户的 CDN 代理服务器上,实现用户就近获取所需的信息,使得网络拥塞状况得以缓解,降低响应时间,提高响应速度。CDN 网络架构在用户侧与源 serve 之间构建多个 CDN 代理 server,可以降低延迟、提高 QoS(quality of service)。当用户对所需内容发送请求时,如果源服务器之前接收到相同内容的请求,则该请求被 DNS 重定向到离用户最近的 CDN 代理服务器上,由该代理服务器发送相应内容给用户,降低网络时延并提高用户体验。

(4) 设备到设备通信(device-to-device communication,D2D)。在 5G 网络中,网络容量、频谱效率需要进一步提升。设备到设备通信是一种基于蜂窝系统的近距离数据直接传输技术。D2D 会话的数据直接在终端之间进行传输,不需要通过基站转发 而相关的控制信令,如会话的建立、维持、无线资源分配,以及计费、鉴权、识别、移动性管理等仍由蜂窝网络负责。蜂窝网络引入 D2D 通信,可以减轻基站负担,降低端到端的传输时延,提升频谱效率,降低终端发射功率。当无线通信基础设施损坏,或者在无线网络的覆盖盲区,终端可借助 D2D 实现端到端通信甚至接入蜂窝网络。

(5) 信息中心网络(information-centric network,ICN)。随着实时音频、高清视频等服务的日益激增,基于位置通信的传统 TCP/IP 网络无法满足数据流量分发的要求,网络呈现出以信息为中心的发展趋势。信息中心网络作为一种新型网络体系结构,不同于传统的以主机地址为中心的 TCP/IP 网络体系结构,它采用的是以信息为中心的网络通信模型,忽略 IP 地址的作用,甚至只是将其作为一种传输标识。信息中心网络所指的信息包括实时媒体流、网页服务、多媒体通信等,而信息中心网络就是这些片段信息的总集合。信息中心网络的主要概念是信息的分发、查找和传递,不再是维护目标主机的可连通性。全新的网络协议栈能够实现网络层解析信息名称、路由缓存信息数据、多播传递信息等功能,从而较好地解决计算机网络中存在的扩展性、实时性及动态性等问题。与传统的 IP 网络相比,信息中心网络具有高效性、高安全性且支持客户端移动等优势。

3. 5G 的应用

5G 是应用驱动的通信技术,基于应用驱动的导向和 5G 特点,定义了三类应用场景。

(1) 增强型移动宽带应用(eMBB)。要求超大带宽的应用领域,如产品服务的沉浸式 VR/AR 体验、移动 VR/AR 游戏、高清直播、远程医疗、基于云的办公、安全生产等。

(2) 超低时延及高可靠通信应用(URLLC)。要求网络传输时延低、数据传输可靠性高的应用领域,如工业自动化、无人驾驶、远程机器手术等。

(3) 海量连接物联网应用(mMTC)。要求高密度连接的应用领域,如智慧农牧业、智慧物流、智慧公用事业、智慧楼宇、智慧城市等应用。

课堂讨论专题

剖析比较中国与世界发达国家的 5G 等新一代信息与通信技术的发展态势,分析我国的优势及可持续发展的关键问题,激发创新使命感和动力。

6.3.2　Web 2.0

Web 2.0是相对Web 1.0的第二代互联网应用平台的统称，是一个利用Web的平台，由用户主导而生成内容的互联网模式。

Web 1.0 的主要特点在于用户通过浏览器获取信息。Web 2.0 则更注重用户的交互作用，用户既是网站内容的浏览者，也是网站内容的制造者。所谓网站内容的制造者是说互联网上的每一个用户不再仅仅是互联网的读者，同时也成为互联网的作者；在模式上由单纯的"读"向"写"及"共同建设"发展；由被动地接收互联网信息向主动创造互联网信息发展，从而使网站更加人性化。

1. Web 2.0 的特点

(1) 用户参与网站内容制造。与 Web 1.0 网站单向信息发布的模式不同，Web 2.0 网站的内容通常是用户发布的，使得用户既是网站内容的浏览者也是网站内容的制造者，这也就意味着 Web 2.0 网站为用户提供了更多参与的机会。

(2) 用户分享。在 Web 2.0 模式下，可以不受时间和地域的限制分享各种观点。用户可以得到自己需要的信息，也可以发布自己的观点。

(3) 信息聚合。信息在网络上不断积累，不会丢失。

(4) 以兴趣为聚合点的社群。在 Web 2.0 模式下，聚集的是对某个或者某些问题感兴趣的群体，可以说，在无形中已经产生了细分市场。

(5) 开放的平台，活跃的用户。平台对于用户来说是开放的，而且用户因为兴趣而保持比较高的忠诚度，他们会积极地参与其中。

2. Web 2.0 的应用

Web 2.0 的应用主要包括博客、简易信息集合、维基、社交网络服务等。

(1) 博客(Blog)是以网络作为载体，简易、迅速、便捷地发布自己的心得，及时、有效、轻松地与他人进行交流，再集丰富多彩的个性化展示于一体的综合性平台。比较流行的博客网站有 Twitter、QQ 空间、新浪微博等。

(2) 简易信息集合(really simple syndication，RSS)是一种基于 XML 标准，在互联网上被广泛采用的内容包装和投递协议，是一种描述和同步网站内容的格式，也是使用最广泛的 XML 应用。RSS 搭建了信息迅速传播的一个技术平台,使得每个人都成为潜在的信息提供者。发布一个 RSS 文件后，这个 RSS 文件中包含的信息就能直接被其他站点调用，而且由于这些数据都是标准的 XML 格式，所以也能在其他的终端和服务中使用，是一种描述和同步网站内容的格式。目前 RSS 广泛用于网上新闻频道、博客。使用 RSS 订阅能更快地获取信息，网站提供 RSS 输出，有利于让用户获取网站的最新内容。

(3) 维基(Wiki)是一种多人协作的写作工具。Wiki 站点可以有多人(甚至任何访问者)维护，每个人都可以发表自己的意见，或者对共同的主题进行扩展或者探讨。Wiki 是一种超文本系统，该系统支持面向社群的协作式写作，同时也包括一组支持这种写作的辅助工具。Wiki 系统属于一种人类知识网格系统，可以在 Web 的基础上对 Wiki 文本进行浏览、创建、更改，而且创建、更改、发布的代价远比 HTML 文本小。同时，Wiki 系统还支持面向社群的协作式写作，为协作式写作提供必要帮助。最后，Wiki 的写作者自然构成了一个社群，Wiki 系统为这个社群提供简单的交流工具。与其他超文本系统相比，Wiki 有使用方便及开放的特点，所以 Wiki 系统可以帮助人们在一个社群内共享某领域的知识。常见的 Wiki 平台有维基百科(Wikipedia)、百度百科、知乎等，也有很多大的企业建立内部 Wiki 系统用于知识共享。

(4) 社交网络服务(social network service，SNS)是建立人与人之间的社交网络或社交关系连接的平台。例如，利益共享、活动、背景或现实生活中的连接。一个社交网络服务，包括表示每个用户(通常是一个配置文件)的社交联系和各种附加服务。大多数社交网络服务是基于网络的在线社区服务，并提供用户在互联网互动的手段，如电子邮件和即时消息。在更广泛的意义上说，社交网络服务通常是指以个人为中心的服务，并以网上社区服务组为中心。社交网站允许用户在网络中共享自己的想法、图片、文章、活动、事件。社交网络服务包括社交软件(social network software)和社交网站(social network site)。常用的社交软件有微信、QQ等；常用的社交网站有脸书(Facebook)、豆瓣网等。

6.3.3 移动互联网

随着宽带无线接入技术和移动终端技术的飞速发展，人们迫切希望能够随时随地乃至在移动过程中都能方便地从互联网获取信息和服务，移动互联网应运而生并迅猛发展。**移动互联网(mobile internet)是指互联网的技术、平台、商业模式和应用与移动通信技术结合并实践的活动的总称。** 目前，移动互联网正逐渐渗透到人们生活、工作的各个领域，如移动音乐、手机游戏、视频应用、手机支付、位置服务等丰富多彩的移动互联网应用迅猛发展，正在深刻改变信息时代的社会生活。

1. 移动互联网的特点

移动互联网是高速度的移动通信网络，具有智能感应能力，是由业务管理和计费平台、客户服务支撑平台共同构成的一个新的业务体系。移动互联网具有一些传统互联网的基因，也有自己的特点，具体如下。

(1) 相对封闭的网络体系。移动互联网的网络不是自由开放的平台，它是一个相对封闭的网络体系。基于移动互联网的平台具有管控能力，与传统互联网相比，用户使用的态度非常不同。

(2) 庞大的用户群。移动互联网是以智能手机及其他移动终端进行接入，具有庞大的用户群体。

(3) 广域的泛在网。由于移动终端的泛在性，使得移动互联网具有广域的泛在特点，让随时随地、如影随形成为可能，这也让大量需要即时的业务和通讯成为可能。

(4) 病毒性信息传播。移动互联网时代，信息更容易高速度、广泛地、大范围地传播。因为信息的传播依靠社会网络关系，如好友、同事、同学和朋友，很大程度上受众更容易相信信息的可靠性。

(5) 安全性更加复杂。智能手机已经成为人们生活的一个组成部分，随时随地被携带、永远在线，但通过用户的移动应用行为和位置追踪更容易暴露用户的隐私，成为安全隐患。

(6) 占用用户时间碎片。传统的信息传播是一点对多点的传播。移动互联网的使用时间呈现出碎片化的倾向。

(7) 智能感应。移动互联网的终端是智能手机，智能手机不仅具有计算、存储和通信能力，同时具有越来越强大的智能感应能力，这些智能感应让移动互联网不仅联网，而且可以感知世界，形成新的业务。

2. 移动互联网的应用领域

移动互联网的应用领域主要包括移动社交、移动广告、手机游戏、手机电视、移动电子阅读、移动定位服务、手机搜索、手机内容共享服务、移动支付、移动子商务等。

课堂讨论专题

列举网络通信技术引起的沟通方式和工作方式的变革，讨论如何适应并正确对待变革。

6.3.4 物联网

随着传感技术的不断成熟及网络接入和信息处理能力的提高，出现了一种通过智能感应装置，经过网络传输到达指定的信息处理中心，实现物与物、人与物之间自动化信息交互与处理的智能网络，即物联网(internet of things)。

物联网是指通过射频识别(RFID)、红外感应器、全球定位系统和激光扫描器等信息传感设备，按照约定的协议，把任何物体与互联网连接起来，进行信息交换和通讯，以实现智能化识别、定位、跟踪、监控和管理的一种网络。在整个网络中，物体能够彼此进行"交流"，而无需人的干预，其实质就是利用射频识别技术，通过计算机互联网实现物体之间的自动识别和信息的互联与共享。物联网用途广泛，遍及智能物流、智能交通、绿色建筑、智能电网和环境监测等各个领域。

1. 物联网的特征

(1) 全面感知。利用 RFID、传感器和二维码等随时获取物体的信息，每一件物品均具有通信功能，成为网络终端。感知与识别将物理世界信息化，对传统上分离的物理世界和信息世界实现高度融合。

(2) 可靠传递。各种异构设备利用无线通信模块和标准通信协议，构建成自组织网络。在此基础上，运行不同协议的异构网络之间通过"网关"互联互通，实现网际间信息共享和融合。

(3) 智能处理。利用云计算和模糊识别等各种智能计算技术，物联网将大规模数据高效、可靠地组织起来，对海量的数据和信息进行分析和处理，实现对物体的智能化的控制。数据存储、组织及检索成为行业应用的重要基础设施。各种决策手段包括运筹学理论、机器学习和数据挖掘等广泛应用于各行各业。

2. 物联网的层次结构

(1) 感知识别层。感知识别是物联网的核心技术，是联系物理世界和信息世界的纽带。感知识别层包括射频识别(RFID)、无线传感器等信息自动生成设备，也包括各种智能电子产品用来人工生成信息。

(2) 网络构建层。网络构建层的主要作用是把下层(感知识别层)数据接入互联网，供上层服务器使用。

(3) 管理服务层。在高性能计算和海量存储技术的支撑下，管理服务层将大规模数据高效、可靠地组织起来，为上层行业应用提供智能的支撑平台。

(4) 综合应用层。从早期以数据服务为主要特征的应用，到以用户为中心的应用，再发展到物品追踪、环境感知、智能物流、智能交通、智能电网等。

3. 物联网的技术

(1) 自动识别技术。常用的自动识别技术包括：光符号识别技术，是一种让机器按照人类方式来阅读和识别的方法。语音识别技术，将人类的语言转化为计算机可读的输入，应用在语音拨号、语音导航、室内设备控制、语音文档检索等方面。生物计量识别技术，通过生物特征的比较来识别不同生物个体的方法，包括虹膜识别技术、指纹识别技术、人脸识别、视网膜识别、体型识别和签字识别等。IC 卡技术，是集成电路卡(intergrated circuit card)的英文简称，特点是存储容量大、安全保密性好，具有数据处理能力且可对数据进行加解密。

(2) 条形码技术。条形码是由一组规则排列的条、空及对应的字符组成的标记，这些条和空按照一定的规则组成，可以表示一定的信息。条形码可以极大地提高输入速度，可靠性高并具有一定的纠错能力，制作简单，成本较低。条形码分为一维条形码和二维条形码。二维条形码具有存储量大、抗损性强、安全性高、可传真和复印、印数多样性、抗干扰能力强等特点，目前应用非常广泛。

(3) 射频识别技术。射频识别技术(radio frequency identification，RFID)是利用射频信号通过空间耦合(交变磁场或电磁场)实现无接触信息传递并通过所传递的信息达到自动识别的目的。RFID 的组成包括阅读器、天线、标签等。

(4) 传感器技术。传感器是物联网的核心技术，传感器不仅包括了传感器部件，而且集成了微型处理器和无线通信芯片等，能够对感知的信息进行分析处理和网络传输。无线传感网是由部署在监测区域内的大量微型、低成本、低功耗的传感器节点组成的多条无线网络。

(5) 定位技术。定位技术(global positioning system，GPS)是世界上最常用的卫星导航系统。GPS 定位的基本运作原理是首先测得接收机与三个 GPS 卫星之间的距离，然后通过三点定位方式确定接收机的位置。GPS 系统由三大部分组成：宇宙空间部分、地面监控部分、用户设备部分。

蜂窝基站定位。最简单的蜂窝基站定位方法是 COO 定位(cell of origin)，它是一种单基站定位方法。用移动设备所属基站的坐标视为移动设备的坐标。该定位方法的精度很低，其精度直接取决于基站覆盖的范围。

新兴定位系统。A-GPS(assisted global positioning system)意为辅助 GPS 定位，这种定位方法可以看作是 GPS 定位和蜂窝基站定位的结合体。无线 AP(Access Point，接入点)定位，是一种 WiFi 定位技术，它与蜂窝基站的 COO 定位技术类似，通过 WiFi 接入点来确定目标的位置。

4. 物联网的存储体系

物联网中的对象(设备、终端、物体等)的数量庞大到以百亿为单位，这些对象所产生的数据或信息是各种传统应用无法企及的，物联网数据的特点呈现出海量性、多态性、关联性和语义性，数据存储面临巨大挑战，需要建立独特的存储体系结构进行数据的管理。

物联网的网络存储体系结构主要分为直接附加存储、网络附加存储和存储区域网络三种。

(1) 直接附加存储(direct-attached storage，DAS)。直接附加存储是指将存储系统通过缆线直接与服务器或工作站相连。直接附加存储的主要特点是存储设备与主机总线适配器之间不存在其他网络设备。直接附加存储的优点是管理容易，成本较低，结构相对简单；缺点是当网络用户通过网络访问数据资源时，被访问数据在存储设备和文件服务器之间进行多次存储转发。

(2) 网络附加存储(network attached storage，NAS)。网络附加存储是一种文件级的计算机数据存储架构。NAS 中，计算机连接到一个仅为其他设备提供基于文件级数据存储服务的网络。NAS 与 DAS 本质的区别在于 DAS 是对服务器的简单扩展，而 NAS 则将网络作为存储实体，更容易实现文件级别的共享。NAS 的缺点是性能严重依赖于网络中的流量，当用户数量过多，读写操作过于频繁或计算机处理不能满足需求时，NAS 的性能就会受到限制。

(3) 存储区域网络(storage area network，SAN)。存储区域网络是一种通过网络方式连接存储设备和应用服务器的存储架构。SAN 的一个重要特点是存储共享。存储共享使得多个服务器将它们的私有存储空间合并为磁盘阵列，简化了对存储的管理，还有利于提高存储容量的利用率。SAN 的另一个特点是支持服务器从 SAN 直接启动。SAN 与 NAS 的区别是 SAN 仅支持存储块级别的操作，并不直接提供文件级别的访问能力。

案 例 分 析

日本企业的"物联网云计算"

物联网是指通过传感器把物品与互联网相连接，进行信息交换和通信，以实现对物品的智能化识别、定位、跟踪、监控和管理的一种网络。物联网云计算正渐渐成为智能城市的信息化基础设施。

无线通信技术的发展使物联网变为现实

物联网中被联网的设备可以有许多种。例如，工厂的生产设备、建筑设备、监控摄像头、各种传感器、RFID 等。物联网云计算平台，为实现物联网提供采集与管理各种传感器测量的大量数据的计算环境。日本一些企业已经纷纷推出物联网云计算平台服务(见表6-1),如富士通的"融合服务"、NEC的"物联网服务平台"、NTT DATA的"物联网平台服务"。

表6-1 物联网云计算平台服务概括

供应商	服务	概要
富士通	融合服务	该服务可对大量数据进行分析,提供实时服务的云计算平台。该平台收集各种传感器采集的数据,并通过开放接口,提供各种应用。富士通与用户企业联手在该平台上搭建各行业、各类业务的服务
NEC	物联网服务平台	该平台封装了可让企业和通信运营商提供物联网服务之际所需的基本功能。例如,接入物联网服务的各种传感器与自动售货机等的认证与控制、来自各设备的数据采集与存储功能、安全功能等。除了向服务商提供该平台之外,NEC自身也开展了基于该平台的云计算业务
NTT DATA	物联网平台服务	该服务是通过网络连接各种传感器与设备,可实现安全管理与数据收集的一个平台。该平台为了将智能建筑管理、电动汽车充电基础设施、桥梁监测等以往独立搭建的应用通用化,规定了通用标准

物联网云计算平台具备联网设备与传感器的认证、确保安全等功能。它不仅仅是汇集大量数据后进行分析,还具备可支持"现在正发生的"实时数据的处理功能,以及通过分析结果发送控制指令,自动处理整个业务流程的功能。

其实,"物联网"在日本并不是新词。以前日本就出现过通过网络将自动售货机连接到管理中心服务器,远程获取商品销量,事前确定补充数量与最佳补充途径。如今它又一次被广泛关注的最大原因是移动通信、无线局域网等的普及,彻底改变了设备联网的网络环境。由于连接无线网络所需的零部件价格有所降低、无线通信具备了高速性能且费用下调,使得连接大量设备的无线应用成为现实,同时还有传感器获取的大量数据的管理与搜索技术的进步、实时处理采集数据所需的新技术的进步等因素。另外,用网络环境执行应用处理的云计算快速发展也是让企业业务模式发生变化的原因。

数据聚合产生新价值

日本一些企业纷纷推出了物联网云计算上可实现的各类应用。除了智能电网与智能家居等能源领域之外,还有农业、医疗、交通物流、设备远程管理等领域的应用。以往各种应用大多是独立按需设计。物联网云计算将推动这些应用搭建在一个通用的信息化基础设施上,共享数据。也可以说,智能城市是这些集中各领域应用的大平台。

关于物联网云计算的意义,富士通认为,以往企业只是有目的的采集自己所需的数据。而现在,在物联网云计算中存储的各类数据的基础上,通过将其组合就可产生新应用。一方面没有必要自己采集所有数据,另一方面数据价值也将发生很大改变。富士通推出的"SPATIOWL"就是一个具体应用,该服务是一个结合位置信息的数据应用服务。例如,如果在区域内的房地产信息中,结合交通拥堵信息与区域内居民需求等信息进行搜索,就可以得到"该区域是不是离地铁近,是不是治安环境好,是不是适合早起型或晚睡型生活习惯人群居住"等有价值的参考信息。

云计算使工厂、电动汽车充电站互联

在因大地震所造成的电力不足的背景下,日本一些企业以物联网云计算建设的形式,开发了连接各种传感器和设备的云计算服务。例如,NEC与三菱电机共同开展的"IFS云计算服务"、新日铁解决方案(NSSOL)与欧姆龙、Oracle三家公司联手的"电力高峰解决方案"都能够把握制造业的生产设备用电量。这两项服务的共同点在于,都是一种将面向生产设备的传感器或可编程控制器(PLC)的数据投入ERP软件或信息可视化软件的云计算服务。这里的传感器或PLC相当于工厂中的智能电表。使用该服务,能够实现在生产中降低耗电量,掌握多个工厂的用电量。传统上用于生产设备的传感器或者 PLC 等通常都是在一个工厂内、一条生产线内使用。但是，如果将它们获取的实时数据与生产管理数据相结合，就会显现出与实际生产无关的那部分耗电量，从而将工厂实时信息有效应用于工厂管理，实现"智能工厂"。

大地震过后，在日本关注度较高的电动汽车充电站的管理服务也是能源领域的物联网云计算应用之一。日本 UNISYS 已经以"Smart Oasis"的名称，进行综合管理大阪市内与东名高速沿线的充电站。提供基于 IC 卡的用户认证与结算、向车载导航或手机发送充电站排队等候信息等服务。

物联网云计算拯救水环境

从国际竞争力角度来看，物联网云计算建设也非常重要。基于这一目的，日本水环境服务公司 metawater 在水业务信息化基础设施中采用了物联网云计算平台。该公司由日本 NGK 与富士电机的水环境业务分公司合并而成，2011 年 4 月推出"水业务云计算"，期望通过扩展云计算服务，与外资企业竞争。他们推出的水业务云计算是指一体化管理与控制水处理设备的云计算平台。通过桌面小工具服务适配器(GSA)进行数据收集，使水处理设备连入云计算。

日本水环境实际上除了设备不断老化之外，很多地方政府也无法提供足够的管理负责人，日本隐藏着巨大的水环境危机，今后必将发生水道管改修等物理上的巨额成本，所以可以事先采用云计算平台来降低管理成本。

物联网云计算决定国际竞争力

日本的一些企业纷纷参与到海外的物联网项目，表 6-2 所列是日本企业在国外开展的主要物联网项目。

表 6-2 日本企业在国外开展的物联网项目

供应商	主要项目	摘要
NEC	中国物联网项目(大连港湾项目、广东佛山市项目等)	通过网络连接 RFID 和各种传感器，将其作为社会基础设施，以最优化工业、农业、物流、能源等各种应用
日立	在美国夏威夷开展离陆型智能电网实验验证	在美国夏威夷州茂伊岛，为高效利用可再生能源，结合电动汽车测试，搭建智能电网验证平台

NEC 除了在欧美的一些项目中与国外企业紧密合作之外，还积极参与以中国市场为主的物联网项目，推出了许多基于 RFID 的应用。今后还计划以物联网云计算应用为前提，进行整体上的系统设计。日立在美国夏威夷州的智能电网项目中，利用当地通信运营商提供的物联网网络，对实现更加稳定的智能电网进行实验验证。日本国内智能电网实验主要停留在获取数据，而欧美的实验验证已经涉及经由智能电表进行设备控制层面，日立参与该项目为以后的发展抢占了先机。据称，日立计划除了基于国内外的实验成果之外，还要搭建包括利用可再生能源的能源管理系统(EMS)，积累各种经验。

目前，物联网云计算的建设处于大规模应用阶段，迫切需要解决的问题与其说是基于无线通信的控制机制，不如说是云计算环境中如何汇集大量数据，如何聚合处理，如何存储等。但是，至少我们已经看到物联网云计算平台这一基础设施的概貌，它必将是智能城市、智能电网等新应用的一体化设计开发方法。

(资料来源：王喜文. 日本企业的"物联网云计算"案例[J]. 物联网技术，2002(5). 作者有删改)

思考题：
1. 结合 5G 技术的发展，谈谈物联网技术在其他领域的应用。
2. 物联网技术的发展需要解决哪些关键问题？

本章习题

1. 计算机网络的功能有哪些？
2. 简述计算机网络的组成。
3. 计算机网络有哪几种分类？
4. 网络的传输介质有哪些？
5. 网络的互联设备有哪些？
6. 简述 TCP/IP 协议的层次划分。
7. 互联网的服务有哪些？
8. 内联网的特点有哪些？
9. 简述内联网、互联网和外联网之间的关系。
10. 简述 5G 的特点及应用领域。
11. 举例说明 Web2.0 的应用领域。
12. 讨论移动互联网的应用领域及发展前景。
13. 物联网的特征有哪些？

第三部分
信息系统的典型应用

第7章
企业资源计划

随着企业面临的市场环境的变化,为了谋求生存和发展,及时提供适应市场需要的高质量、低价格、服务好的产品或服务,企业必须具有快速的市场响应能力和决策能力。因此,企业需要及时、准确、完整地收集、分析、处理和传递大量的内外部信息。企业应用系统不仅解决企业内部各部门之间的信息快速、准确地传递和信息资源共享的问题,也实现了企业与其合作伙伴之间的信息快速、准确地传递和资源共享。企业资源计划是面向企业内部各个业务的信息系统,经历了物料需求计划、制造资源计划和企业资源计划等发展过程。本章将重点介绍不同类型的企业资源计划系统的基本思想及功能。

知识导航

1. MRP 的基本思想
2. MRP 的逻辑流程
3. MRP II 的基本思想
4. MRP II 的逻辑流程
5. ERP 的基本思想
6. ERP 实施的任务、角色及过程

关键概念

企业资源计划   MRP   物料   MRP II

开篇案例

中石油的十年 ERP 艰辛之路

21世纪初,中国石油天然气集团公司(简称中石油)的信息基础设施建设初具规模,勘探、开发、科研等方面的计算机装备和应用水平处于国内领先水平。但是在办公自动化、网络平台、财务管理等信息基础建设领先完成后,却面临着巨大的难题,企业里各职能部门自选软件形成了"信息孤岛",强化了"部门壁垒"。因此,建立一个高度集成的保证信息互通的管理平台迫在眉睫。ERP 系统可以将企业的财务、采购、销售、生产和库存等业务整合到一个统一的信息管理平台上,实现企业的价值流、资金流、信息流、物流四流合一,实现对业务经营过程的控制、提高经营管理水平、降低企业风险,因此 ERP 项目成为中石油信息化建设的重点。

2005 年,中石油决定在山东销售公司、东北化工销售公司和一家专业技术公司即测井公司共三家单位启动 ERP 的试点工作。针对中石油"业务范围广、地域分散、机构复杂、人数众多"等特点,ERP 系统在实施方案上采用试点、推广并优化模板、快速推广的三步走方法。试点阶段为总体快速框架设计和以试点单位为基础试点实施。在推广第一阶段,完成板块模板的设计并进行初步推广，进一步增强和完善模板。在第二阶段，采用已经比较成熟的模板进行大规模快速推广。

在应用方案上，将股份公司 ERP 系统分为勘探与生产、天然气与管道、炼油与化工、销售与市场、总部、人力资源共 6 个方面的解决方案，形成各具特点而又紧密集成的 ERP 系统应用体系。2005 年 12 月，公司正式启动 ERP 试点项目，试点先在山东销售公司展开。ERP 项目范围包括 15 个所属公司，28 个油库营业室，涉及用户共 580 人。系统涵盖了山东销售公司从财务、油品采购、运输、库存及销售的业务流程，其中有财务、销售管理、采购与库存管理、设备管理。在数据准备阶段，山东销售公司制定了一套员工宣传、培训的方案。为了让员工都认识到 ERP 的好处，使员工对 ERP 的态度从不接受到接受，再到欢迎，通过会议、网站、内部刊物等多种渠道，多方面宣传 ERP 理念，同时多次邀请 IBM 的咨询顾问为企业员工进行培训，逐渐扫平了 ERP 实施的思想障碍。2006 年 11 月 6 日，ERP 系统在山东销售公司 15 家分公司顺利上线。

除了在销售系统进行试点外，其他系统的 ERP 试点工作也在同步展开。2008 年，完成天然气与管道 ERP 系统、总部—人力资源管理系统；2009 年，完成销售与市场 ERP 系统、装备制造 ERP 系统；2010 年，完成炼油与化工 ERP 系统、工程建设 ERP 系统(含科研单位)、海外业务 ERP 系统；2011 年上半年，完成勘探与生产 ERP 系统(含油田服务)、工程技术 ERP 系统。

可是，2009 年年底，东北销售公司的 ERP 项目上线失败，使企业大规模推广 ERP 系统的计划受创。建设失败的原因：首先，虽然东北销售公司主动提出上 ERP 项目且认识到了 ERP 的重要性，但是公司内部从领导到基层员工并没有做好准备，没有明确的目标，动机也很片面，单纯为了上 ERP，有些急于求成，而不是真正从企业管理的角度出发。其次，没有充分考虑公司自身业务的特殊之处。因为同样作为销售公司，所以基本上是"照搬"西北销售公司的系统，SAP 的系统是由一些成型的模块搭建，只是在此基础上对接口和流程进行了些许的调整修改，这在一定程度上减轻了试运行前的工作量。但是，进入试运行阶段，由于两个公司业务上的不同，弊端就暴露了出来。由于西北销售公司地处内陆，东北销售公司地处东部沿海，在运输方式和结算方式上较之有更多选择，这造成了项目组要根据这些差异增加功能模块和流程，试运行也就变成了边运行边开发，又导致了一系列问题的出现。最后，ERP 系统与财务 7.0 进销存系统并行冲突不断。试运行需要两个系统的并行，为了保证新老系统的一致性，必须要将在老系统已经做完的、新系统还没做的单据复印一份，以便一一对应，造成了人力和物力的极大浪费。有些工作拖欠的时间很长，造成单据丢失和混淆的情况，试运行的系统也不是很稳定，频频出现问题，造成流程无法进行，进入了"做单据——冲销单据——再做单据——出现错误"的混乱局面。单位人员里中老年和未受过高等教育的员工占有一定的比例，许多老年员工的新系统工作就要由年轻的员工代为完成，加上操作人员在系统录入时不负责任，数据错误频出，造成员工对这个新系统的抵触情绪相当严重。

2010 年 3 月底，经过调整东北销售公司业务系统实现单轨运行，财务系统也在 4 月初实现了单轨运行，ERP 项目第二次的整改取得了成功。

2011 年 8 月 23 日，中石油 ERP 系统整体上线运行标志着 ERP 项目的成功，该系统覆盖业务范围之广、涉及企业和用户数量之多、系统集中度之高，均开创了国内企业信息化建设的先河。

(案例来源：金镭、雒伊莎. 中石油 ERP 的十年艰难之路[J]. 第三届中国企业管理创新案例研究前沿论坛论文集，2014. 作者有删改)

讨论：

1. 从运营管理的供应与需求计划方式的发展历程来分析，为什么大型集团公司需要导入 ERP 系统？
2. 从信息系统战略规划理论出发分析，如何在一个大型集团公司推进 ERP 系统的实施？

7.1 企业资源计划概述

7.1.1 ERP 的概念

1990 年,美国计算机技术咨询和评估集团(Gartner Group)发表了以《ERP: 下一代 MRP 的远景设想》为题的研究报告,第一次明确提出了 ERP 的概念。**企业资源计划(enterprise resource planning, ERP)是指建立在信息技术基础上,以系统化的管理思想,为企业决策层及员工提供决策运行手段的管理平台。** 该报告中提到了两个集成的概念:内部集成和外部集成。内部集成实现产品研发、核心业务和数据采集等方面的集成,外部集成实现企业与供需链上所有合作伙伴的集成。因此,狭义的理解把 ERP 看作是企业内部的管理系统;而广义的理解则把 ERP 看作是面向供应链的企业资源计划系统。

ERP 支持离散型、流程型等混合制造环境,应用范围从制造业扩展到了零售业、服务业、银行业、电信业、政府机关和学校等事业部门,通过融合数据库技术、图形用户界面、第四代查询语言、客户服务器结构、计算机辅助开发工具、可移植的开放系统等对企业资源进行了有效的集成。从具体的应用来看,ERP 系统包括企业内部应用系统、供应链管理系统、客户关系管理系统。ERP 系统在职能和企业过程上对企业业务进行集成,从而提高了企业整体的效率水平。图 7-1 描述了完整的 ERP 系统架构。

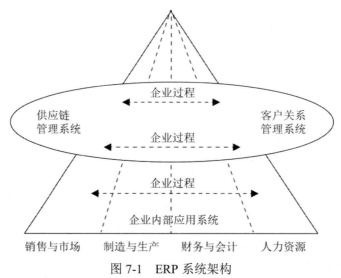

图 7-1 ERP 系统架构

企业内部业务系统将制造与生产、财务与会计、销售与市场、人力资源等职能集成起来,并贯穿于不同组织层次,实现企业内部业务的集成和信息的共享,提升组织内部运行的效率。供应链管理系统将企业与供应商、采购公司、分销商和物流公司等业务集成起来,实现信息共享,更好地组织和调度资源、生产与分销;客户关系管理系统将企业与客户集成起来,协调销售、市场和服务等信息,提供客户的满意度。这两个系统提高了组织外部运行的效率。本章重点介绍 ERP 系统中的内部应用系统的原理。

7.1.2 ERP 的发展阶段

从 20 世纪 60 年代开始,起源于制造业的 ERP 大致经历了 4 个发展阶段,即 MRP 阶段、闭环 MRP 阶段、MRP Ⅱ 阶段和 ERP 阶段。虽然各阶段系统的名称和内容各有不同,但从信息集成的角度分析,其核心思想在于信息集成的范围不断扩大,由此所解决的问题、运行机理、所包含的管理思想也在不断丰富。

1. MRP 阶段

20 世纪 60 年代中期,物资需求计划(MRP)的出现,解决了控制库存问题。在 MRP 阶段,实现了物料信息的集成,企业使用计算机完成物料需求的计划安排,技术上解决了企业物料供需的矛盾,做到物料既不积压库存,又不出现短缺,满足了生产变化的需求。

2. 闭环 MRP 阶段

20 世纪 70 年代中期,随着制造业不断扩大,需求也持续增加,MRP 逐渐发展为有反馈功能的闭环 MRP,形成了封闭的计划与控制系统,成为管理整个生产过程的制定综合性物流计划的工具。

3. MRP Ⅱ 阶段

20 世纪 80 年代初期,企业的管理者认识到制造业企业必须有一个集成的计划,以便解决阻碍企业生产的各种问题。制造资源计划(MRP Ⅱ)实现了物流和资金流的信息集成,把生产子系统与财务子系统合二为一,集成为一个系统,并建立中央数据库,使企业管理在统一的数据环境下工作。企业的实物账与资金账同步生成,MRP Ⅱ 成为整个企业的一种综合性生产管理工具。

4. ERP 阶段

20 世纪 90 年代以来,随着科学技术的进步及其不断向生产与控制方面的渗透,解决合理库存与生产控制问题所需要处理的大量信息和企业资源管理的复杂化,要求信息处理的效率更高。信息的集成度要求扩大到企业整个资源的利用和管理,因此产生了新一代的管理理论和计算机信息系统,这就是企业资源计划(ERP)。很显然,ERP 不仅仅扩充了企业的人力资源、产品研制、服务等信息,实现了企业内部信息的集成,并把管理信息系统拓展到企业的外部,实现了包括供应商和客户资源的信息集成。ERP 使管理信息系统已不再仅仅局限于制造业,而是走向包括金融、商业企业,甚至包括教育的诸多行业,走向产业化的全社会。ERP 展现出的一个完全开放的信息集成态势,它适应的是世界经济一体化的要求,将满足全球化市场变化的需求。ERP 解决了在经济全球化的环境下,提高企业竞争力的问题。

7.2 物料需求计划

7.2.1 MRP 的基本思想

物料需求计划(material requirement planning,MRP)是以物料需求的计划与控制为主线的管理思想,以此形成的信息系统被称为 MRP。MRP 主要是解决企业的产供销脱节问题,达到既不出现短缺,又不积压库存的目标。

1. 传统库存管理方法——订货点法

20世纪60年代以前，企业生产能力较低，制造资源矛盾的焦点是供需矛盾，计划管理问题局限于确定库存水平和选择补充库存策略的问题。人们尝试用各种方法确定采购的批量和安全库存的数量，这就产生了订货点法。订货点法是一种使库存量不得低于安全库存的库存补充方法，以此来保证需求。物料逐渐消耗，库存逐渐减少，当库存量降到某个时刻，剩余的库存量(假定不动用安全库存)可供消耗的时间刚好等于订货所需要的时间(订货提前期)，就要下达订单来补充库存消耗，这个时刻的剩余库存量称为订货点，如图7-2所示。

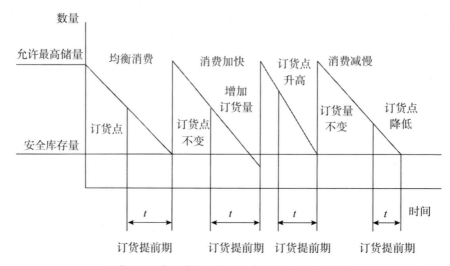

订货点=订货提前期起始时的库存量+安全库存量

图 7-2 订货点法

在稳定消费的情况下，订货点是一个固定值。当消费加快时，如果保持订货点不变，会消耗安全库存；如果要保持一定的安全库存，就必须增加订货量来补充消耗的安全库存；如果不增加订货量，又不消耗安全库存，就必须提高订货点，这样，订货点就不再是一个固定值。因此，对需求量随时间变化的物料，由于订货点会随消费速度的快慢而升降，无法设定一个固定的订货点。所以说，订货点法只适用于稳定均衡消耗的情况，如日用消费品生产或商场的商品补充。订货点法不能保证消耗多变的情况下不出现短缺，也无法起到降低库存的作用。订货点法受到众多条件的限制，而且不能反映物料的实际需求，往往为了满足生产需要而不断提高订货点的数量，从而造成库存积压，库存占用的资金大量增加，产品成本也就随之提高，企业缺乏竞争力。为了解决这个问题，美国IBM公司的管理专家通过在管理实践中探索，从分析产品结构入手，首先提出了物料需求计划(MRP)的解决方案。

2. MRP的方法体系

制造企业生产的工序一般是将原材料制造成各种毛坯，再将毛坯加工成零件，零件组装成部件，最后将零件和部件装配成产品。如果要求按照一定的交货时间提供不同数量的各种产品，那么就必须提前一定时间加工所需要数量的各种零件；要加工各种零件，就必须提前一定时间准备所需数量的各种毛坯，直至提前一定时间准备各种原材料。这些生产中涉及的物质资料统称为物料，**所谓"物料"是指为了产品销售出厂，需要列入计划、控制库存、控制成本的一切不可缺少的物的统称。**物料不仅可以是原材料或零件，也可以是配套件、毛坯、在制品、半成品、成品、包装材料、产品说明书，甚至是工艺装备、工具、能源等一切物料。

企业的生产过程就是将原材料转化为产品的过程。如果确定了产品出产数量和部件的生产周期，就可以按照产品的结构确定所有零件和部件的数量，并且可以按照各种零件和部件的生产周期，反推出它们的出产时间和投入时间。

MRP 的基本思想是围绕物料转化组织制造资源，实现按需要准时生产。物料在转化过程中，需要不同的制造资源，如机器设备、场地、工具、工艺装备、人力、资金等，有了各种物料的投入出产时间和数量，就可以确定对这些制造资源的需要数量和需要时间，这样就可以围绕物料的转化过程，来组织制造资源，实现按需要准时生产。

按照 MRP 的基本思想，从产品销售到原材料采购，从自制零件的加工到外协零件的供应，从工具和工艺装备的准备到设备维修，从人员的安排到资金的筹措与运用，都要围绕 MRP 的基本思想进行，从而形成了一整套方法体系，它涉及企业的每一个部门，每一项活动。因此，可以说，MRP 是一种新的生产方式。

7.2.2 MRP 的逻辑流程

制造企业都是从供应方买来原材料，经过加工或装配，制造出产品，销售给需求方。这是制造业区别于金融业、商业、采掘业(石油、矿产)和服务业的主要特点。任何制造业的经营生产活动都是围绕其产品展开的。

企业内部的物料按需求的来源不同，可分为独立需求件和相关需求件两种类型。独立需求件是指其需求量和需求时间由企业外部的需求来决定，即由市场需求决定的物料。例如，客户订购的产品、科研试制需要的样品、售后维修需要的备品备件等。相关需求件是指根据物料之间的结构组成关系由独立需求的物料所产生的需求，即由出厂产品决定需要的各种加工和采购物料。例如，半成品、零部件、原材料等的需求。

MRP 的基本任务是从最终产品的生产计划(独立需求)导出相关物料(原材料、零部件等)的需求量和需求时间(相关需求)；根据物料的需求时间和生产(订货)周期来确定其开始生产(订货)的时间。MRP 的逻辑结构流程图，如图 7-3 所示。

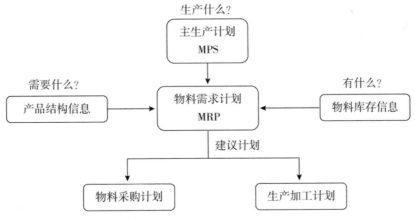

图 7-3 MRP 的逻辑结构流程图

从图中可以看出，**基本 MRP 的依据是主生产计划、产品结构信息或物料清单和库存信息**。通过这些信息，MRP 系统可输出各种生产、库存等计划和报告。

1. 主生产计划

主生产计划(master production schedule，MPS)是确定每一具体的最终产品在每一具体时间段内生产数量的计划。这里的最终产品是指对于企业来说最终完成的、要出厂的完成品，它要具体到产品的品种和型号。这里的具体时间段，通常是以周为单位，在有些情况下，也可以是日、旬、月。主生产计划详细规定生产什么、什么时段应该产出，它是独立需求计划。主生产计划根据客户合同和市场预测，把经营计划或生产大纲中的产品系列具体化，使之成为展开物料需求计划的主要依据，起到了从综合计划向具体计划过渡的承上启下作用。

2. 产品结构与物料清单

MRP 系统要正确计算出物料需求的时间和数量，特别是相关需求物料的时间和数量，首先要使系统能够知道企业所制造的产品结构和所有要使用到的物料。产品结构与物料清单(bill of material，BOM)系统列出构成成品或装配件的所有部件、组件和零件等的组成、装配关系和数量要求。它是 MRP 产品拆零的基础，图 7-4 以一个方桌的产品结构为例，它是一个上小下宽的锥状产品结构。其顶层是出厂产品即独立需求件，是属于企业市场销售部门的业务；底层是采购的原材料或配套件，是企业物资供应部门的业务；介于其间的是加工制造件，是生产部门的业务。不难看出，一个产品结构就把制造业的三大主要部门的业务——产、供、销集成起来了。产品结构说明了每个物料在产品层次中相互之间的从属关系和数量关系，解决了"不出现短缺"的问题，但是此时还没有满足"不积压库存"的要求。

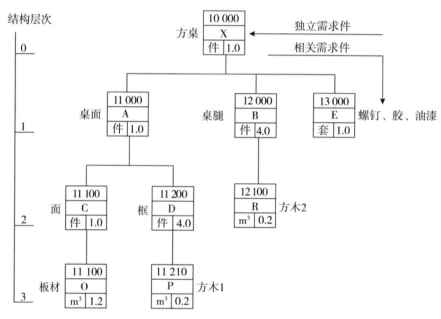

图 7-4　产品结构图

不难理解，在产品结构上物料方框之间的连线代表了工艺流程、工序和时间周期。如果把结构层次的坐标换成时间坐标(见图 7-5)，就可以根据需求的优先顺序(完工日期)，按照加工或采购周期的长短，有区别地规定计划订单下达的顺序，做到物料不多、不少、不早、不晚地按需入库(或直接到达使用点)，从而起到降低库存的作用。一个时间坐标上的产品结构，把企业的"销产供"物料数量和生成物料所需时间的信息集成起来。

产品结构是一种图形，为了便于计算机识别，必须把产品结构图转换成规范的数据格式，这种用规范的数据格式来描述产品结构的文件就是物料清单。物料清单是 MRP 的重要文件，表 7-1 给出了产品对应的物料清单。

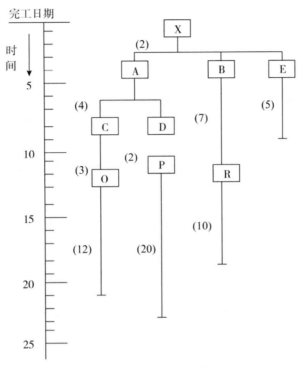

图 7-5 时间坐标上的产品结构

表 7-1 物料清单

层次	物料号	物料名称	计量单位	数量	类型	生效日期	失效日期	成品率	累计提前期	ABC 码
1	11000	A	件	1.0	M	19990101	99999999	1.00	26.0	A
2	11100	C	件	1.0	M	19990101	99999999	1.00	15.0	A
3	11110	O	件	1.0	B	19990101	99999999	0.90	12.0	B
2	11200	D	件	4.0	M	19990101	99999999	1.00	22.0	C
3	11210	P	kg	0.2	B	19990101	19991231	0.90	20.0	C
3	11210/1	P1	kg	0.2	B	20000101	99999999	1.00	15.0	C
1	12000	B	件	4.0	M	19990101	99999999	1.00	17.0	B
2	12100	R	件	0.2	B	19990101	99999999	1.00	10.0	C
1	13000	E	件	1.0	B	19990101	99999999	1.00	5.0	C

注:"M"为自制件;"B"为外购件。

3. 库存信息

库存信息是保存企业所有产品、零部件、在制品和原材料等存在状态的数据库。在 MRP 系统中,将产品、零部件、在制品、原材料和工装工具等统称为"物料"。为便于计算机识别,必须对物料进行编码,物料编码是 MRP 系统识别物料的唯一标识。物料的库存状态数据包括如下几个。

(1) 现有库存量,是指在企业仓库中实际存放的物料的可用库存数量。

(2) 计划收到量(在途量),是指根据正在执行中的采购订单或生产订单,在未来某个时段物料将要入库或将要完成的数量。

(3) 已分配量，是指尚保存在仓库中但已被分配掉的物料数量。
(4) 提前期，是指执行某项任务由开始到完成所消耗的时间。
(5) 订购(生产)批量，是指在某个时段内向供应商订购或要求生产部门生产某种物料的数量。
(6) 安全库存量，是指为了预防需求或供应方面不可预测的波动，在仓库中经常应保持最低库存数量作为安全库存量。

根据以上的各个数值，可以计算出某项物料的净需求量，即

$$净需求量=毛需求量+已分配量-计划收到量-现有库存量$$

4. MRP 系统的输出

MRP 系统可以提供多种不同内容和形式的输出，其中主要是各种生产和库存控制用的计划和报告。具体包括如下内容。

(1) 零部件投入产出计划。零部件投入产出计划制订了每个零件和部件的投入数量和投入时间、产出数量和产出时间。如果一个零件要经过几个车间的加工，则要将零部件投入产出计划分解成分车间零部件投入产出计划。分车间零部件投入产出计划规定了每个车间一定时间内投入零件的种类、数量及时间。

(2) 原材料需求计划。原材料需求计划规定了每个零件所需的原材料的种类、需要的数量及需要的时间，并且按原材料品种、型号、规格汇总，以便供应部门组织用料。原材料需求计划具体包括：①互转件计划，按原材料品种规定了互转零件的种类、数量、转出车间和转出时间、转入车间和转入时间等；②库存状态记录，提供各种零部件、外购件及原材料的库存状态数据，可随时查询；③工艺装备和机器设备需求计划，提供每种零件及不同工序所需的工艺装备和机器设备的编号、种类、数量和需要的时间。

7.2.3 闭环 MRP

物料需求计划(MRP)只是根据市场需求和主生产计划提出了"建议的"加工和采购计划，它只是一种自上而下的计划信息，说明了需求，但是还没有论证实现的可能性。因此，必须再加入运行能力需求计划，来验证 MRP 的可行性。如果能力有问题，还需要对 MRP 进行调整，使下达给执行部门(车间、供应)的不再是一个"建议"计划，而是一个经过确认了的可行计划。计划下达后，在执行的过程中，可能会出现物料的问题(如设计更改、废品、外购件未能按时到货)，也可能出现能力问题(如定额不准、设备利用率低、设备故障、人员缺勤)。闭环 MRP 系统除了物料需求计划外，还将生产能力需求计划、车间作业计划和采购作业计划也全部纳入 MRP，形成了一个封闭的系统。

1. 闭环 MRP 的逻辑流程

MRP 系统的正常运行，需要有一个现实可行的主生产计划，它除了要反映市场需求和合同订单以外，还必须满足企业的生产能力约束条件。因此，除了要编制资源需求计划外，还要制订能力需求计划(capacity requirement planning，CRP)，同各个工作中心的能力进行平衡。只有在采取了措施，做到能力与资源均满足负荷需求时，才能开始执行计划。而要保证实现计划就要控制计划，执行 MRP 时要用派工单来控制加工的优先级，用采购单来控制采购的优先级。这样，基本 MRP 系统进一步发展，把能力需求计划和执行及控制计划的功能也包括进来，形成一个环形回路，称为闭环 MRP，其逻辑流程如图 7-6 所示。

企业根据发展的需要与市场需求来制订生产规划，根据生产规划制订主生产计划，同时进行关键工作中心的负荷平衡，该过程主要是针对关键资源的能力与负荷的分析，即建立资源需求计划，或称为粗能力计划(rough cut capacity planning，RCCP)，它的计划对象为独立需求件，主要面向的是

主生产计划。只有通过对该过程的分析,才能达到主生产计划基本可靠的要求;再根据主生产计划、企业的物料库存信息和物料清单等信息来制订物料需求计划。

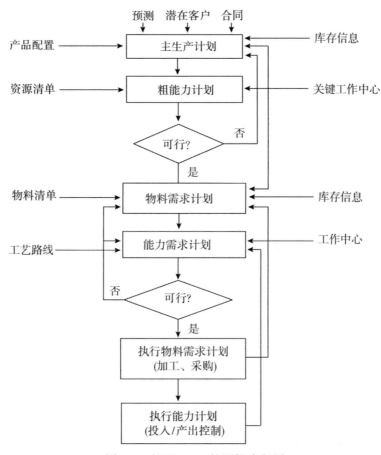

图 7-6 闭环 MRP 的逻辑流程图

然后由物料需求计划、产品生产工艺路线和车间各加工工序能力数据,生成能力需求计划。能力需求计划是对全部工作中心的负荷平衡,称为详细能力计划,它的计划对象为相关需求件,主要面向的是车间。能力需求计划的依据如下。

(1) 工作中心。它是各种生产或加工能力单元和成本计算单元的统称,统一用工时来量化其能力的大小。

(2) 工作日历。它是用于编制计划的特殊形式的日历,是由普通日历除去每周双休日、假日、停工和其他不生产的日子,并将日期表示为顺序形式而形成的。

(3) 工艺路线。它是一种反映制造某项"物料"加工方法及加工次序的文件,说明了加工和装配的工序顺序、每道工序使用的工作中心、各项时间定额、外协工序的时间和费用等。

2. 能力需求计划的计算逻辑

闭环 MRP 的基本目标是满足客户和市场的需求,因此在编制计划时,总是先不考虑能力约束而优先保证计划需求,然后再进行能力计划。经过多次反复运算,调整核实,才转入下一个阶段。能力需求计划(CRP)的运算过程就是根据物料需求计划(MRP)和各物料的工艺路线,对在各个工作中心加工的所有物料计算出加工这些物料在各个时间段上要占用该工作中心的负荷小时数,并与工作中心的能力进行比较，生成能力需求报表。能力需求计划的计算过程，如图 7-7 所示。

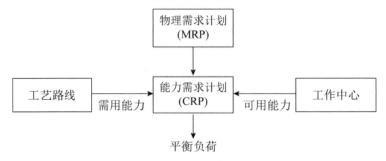

图 7-7 能力需求计划的计算过程

各工作中心能力与负荷需求基本平衡后，下一步就要解决如何具体地组织生产活动，使各种资源既能合理利用又能按期完成各项订单任务，并将生产活动进行的状况及时反馈到系统中，以便根据实际情况进行调整与控制。它的工作内容一般包括以下四个方面。

(1) 车间订单下达：订单下达是核实 MRP 生成的计划订单，并转换为下达订单。
(2) 作业排序：从工作中心的角度控制加工工件的作业顺序或作业优先级。
(3) 投入产出控制：是一种监控作业流(正在作业的车间订单)通过工作中心的技术方法。利用投入/产出报告，可以分析生产中存在的问题，采取相应的措施。
(4) 作业信息反馈：跟踪作业订单在制造过程中的运动，收集各种资源消耗的实际数据，更新库存余额，完成 MRP 的闭环。

7.3 制造资源计划

7.3.1 MRPⅡ的基本思想

MRP 解决了物料的计划与控制问题，实现了物料信息的集成，但它还没有说明计划执行结果带来的效益，是否符合企业的总体目标。企业要求系统在处理物料计划信息的同时，能够同步处理财务信息。也就是说，企业要求财务会计系统能同步从生产系统获得资金信息，随时控制和指导生产经营活动，使之符合企业的整体战略目标。

1977 年 9 月，美国著名的生产管理专家奥列弗·怀特(Oliver W. Wight)在美国《现代物料储运》月刊的"物料管理专栏"中，首先倡议把资金信息集成进来的 MRP 系统称为制造资源计划(manufacturing resource planning)系统，英文缩写为 MRP，为了与物料需求计划区别而记为 MRPⅡ。于是，在 20 世纪 80 年代，人们把生产、财务、销售、工程技术和采购等各个子系统集成为一个一体化的系统，称为 MRPⅡ。

MRPⅡ 是针对制造业企业资源进行有效计划而制定的一套方法，它将企业作为一个有机整体，从整体最优的角度出发，通过运用科学方法对企业各种制造资源及产、供、销、财各个环节进行计划、组织和控制，使它们得以协调发展，并充分地发挥作用。 MRPⅡ是一种计划主导型管理模式，计划层次从宏观到微观、从战略到战术、由粗到细逐层优化，但始终保证与企业经营战略目标一致。由于事先尽可能周密的计划安排，使得复杂的生产活动，特别是机械制造业的多品种、中小批量的生产有了合理的组织与科学的秩序。

7.3.2 MRP II 的逻辑流程

MRP II 有效解决了财务和业务脱节的问题,它通过具有成本属性的产品结构(成本 BOM),赋予物料以货币价值,实现了资金与物料信息的集成。MRP II 系统的成本计算是在正确的 BOM 基础上进行的。MRP II 通过定义物料流动的事务处理过程(如物料位置、数量、价值和状态的变化),对每一项事务处理过程赋予代码,定义会计科目上的借、贷关系,实现了资金流同物流的动态信息集成,做到财务账与业务同步,或"财务账"与"实物账"同步生成,随时将生产经营状况通过资金运行状况反映出来,提供给企业的经营管理者,以便及时处理。MRP II 的逻辑流程,如图 7-8 所示。

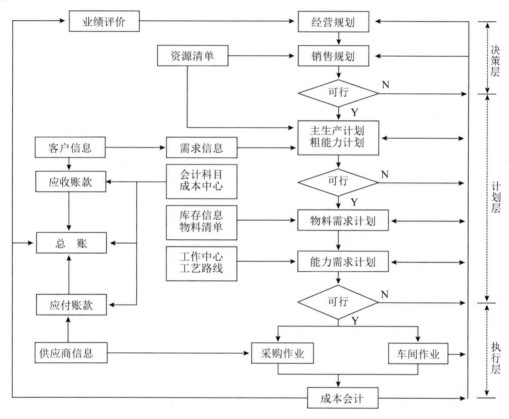

图 7-8 MRP II 的逻辑流程

图中右侧是计划与控制的流程,它包括了决策层、计划层和执行层,可以理解为经营计划管理的流程;中间是基础数据,储存在计算机系统的数据库中,并且反复被调用。这些数据信息的集成,把企业各个部门的业务沟通起来,可以理解为计算机数据库系统;左侧是主要的财务系统,这里只列出应收账款、总账和应付账款。各个连线表明信息的流向及相互之间的集成关系。

MRP II 运用管理会计的概念,注重为企业内部各级管理人员提供财务信息(如成本控制、盈利分析和产品)。MRP II 把传统的财务处理同发生账务的事务结合起来,不仅说明账务的资金状况,而且追溯资金的来龙去脉。例如,将体现债务、债权关系的应收和应付同采购业务和销售业务集成起来,同供应商或客户信誉集成起来,同销售和生产计划集成起来等,使与生产相关的财务信息直接由生产活动生成,保证了"资金流"同"物流"的同步和一致,改变了资金信息滞后于物料信息的状况,便于企业管理者据此实时做出决策。

7.3.3 MRP Ⅱ的特点

1. MRP Ⅱ的优势

MRP Ⅱ是一个比较完整的生产经营管理计划体系，是实现制造业企业整体效益的有效管理模式。其特点表现在以下几个方面：

(1) 计划的一贯性与可行性。MRP Ⅱ是一种计划主导型管理模式，计划层次从宏观到微观、从战略到战术、由粗到细逐层优化，但始终保证与企业经营战略目标一致。它把通常的三级计划管理统一起来，计划编制工作集中在厂级职能部门，车间班组只能执行计划、调度和反馈信息。计划下达前反复验证和平衡生产能力，并根据反馈信息及时调整，处理好供需矛盾，保证计划的一贯性、有效性和可执行性。

(2) 管理的系统性。MRP Ⅱ是一项系统工程，它把企业所有与生产经营直接相关部门的工作联结成一个整体，各部门都从系统整体出发做好本职工作，每个员工都知道自己的工作质量同其他职能的关系。

(3) 数据的共享性。MRP Ⅱ是一种制造企业管理信息系统，企业各部门都依据同一数据信息进行管理，任何一种数据变动都能及时地反映给所有部门，做到数据共享。在统一的数据库支持下，按照规范化的处理程序进行管理和决策，改变了过去信息不通、情况不明、盲目决策和相互矛盾的现象。

(4) 动态的应变性。MRP Ⅱ是一个闭环系统，它要求跟踪、控制和反馈瞬息万变的实际情况，管理人员可随时根据企业内外部环境条件的变化迅速做出响应，及时调整决策，保证生产正常进行。它可以及时掌握各种动态信息，保持较短的生产周期，因而有较强的应变能力。

(5) 模拟的预见性。MRP Ⅱ具有模拟功能，它可以解决"如果怎样……将会怎样"的问题，可以预见在相当长的计划期内可能发生的问题，事先采取措施消除隐患，而不是等问题已经发生了再花几倍的精力去处理。这使管理人员从忙碌的事务里解脱出来，致力于实质性的分析研究，并且系统提供多个可行方案供领导决策。

(6) 物流与资金流的统一。MRP Ⅱ包含了成本会计和财务功能，可以由生产活动直接产生财务数据，把实物形态的物料流动直接转换为价值形态的资金流动，保证了生产和财务数据一致。财务部门及时得到资金信息用于控制成本，通过资金流动状况反映物料和经营情况，随时分析企业的经济效益，参与决策，指导和控制生产经营活动。

2. MRP Ⅱ的不足

随着管理需求和技术发展的变化，MRP Ⅱ也表现出一些不足：

(1) 需求量、提前期与加工能力是 MRP Ⅱ制订计划的主要依据，而在市场形势复杂多变、产品更新换代周期短的情况下，MRP Ⅱ对需求与能力的变更，特别是计划期内的变动适应性差，需要较大的库存量来吸收需求与能力的波动。

(2) 竞争的加剧和用户对产品多样性和交货期日趋苛刻的要求，使单靠"计划推动"式的管理难以适应。

7.4 企业资源管理

20世纪90年代，随着市场竞争的进一步加剧，企业竞争空间与范围进一步扩大。MRP Ⅱ主要面向企业内部资源计划管理的思想，逐步发展为怎样有效利用和管理整体资源的管理思想。以面向企业内部信息集成为主的 MRP Ⅱ系统，已经不能满足及时了解瞬息万变的全球市场、迅速响应并组织供应来满足全球市场竞争的要求。因此,必须扩大软件的功能,把"前端办公室"(市场与客户)和"后端办公室"(供应商)的信息都纳入管理信息系统中来。于是,在 20 世纪 90 年代初,出现了企业资源计划(enterprise resource planning, ERP)的概念。ERP 不仅可用于生产企业的管理,而且许多非生产和公益性的企业也可以应用 ERP 系统进行管理。

7.4.1　ERP 的基本思想

与 MRP Ⅱ 相比,ERP 体现了供应链管理的思想,还吸收了准时生产、精益生产、并行工程和敏捷制造等先进的管理思想,主要体现在以下几个方面。

1. 对整个供应链资源进行管理

现代企业不但要依靠自己的资源,还必须把经营过程中的有关各方如供应商、制造工厂、分销网络和客户等纳入一个紧密的供应链中,才能在市场上获得竞争优势。ERP 系统的管理范围是企业的内外部资源,它把客户需求和企业内部的制造活动及供应商的制造资源整合在一起,形成一个完整的供应链并对供应链上的所有环节,如订单、采购、库存、计划、生产制造、质量控制、运输、分销、服务与维护、财务管理、人事管理、实验室管理、项目管理和配方管理等进行有效管理。

2. 体现精益生产和敏捷制造的思想

ERP 系统支持混合型生产方式的管理,其管理思想表现在两个方面:其一是精益生产(lean production,LP)的思想,即企业把客户、销售代理商、供应商和协作单位纳入生产体系,同它们建立起利益共享的合作伙伴关系,进而组成一个企业的供应链;其二是敏捷制造(agile manufacturing)的思想。当市场上出现新的机会,而企业的基本合作伙伴不能满足新产品开发生产的要求时,企业可组织一个由特定的供应商和销售渠道组成的短期或一次性供应链,形成虚拟工厂,把供应和协作单位看成是企业的一个组成部分,运用同步工程组织生产,用最短的时间将新产品打入市场,保持产品的高质量、多样化和灵活性。

3. 强调事先计划与事中控制

ERP 系统中的计划体系主要包括主生产计划、物料需求计划、能力计划、采购计划、销售执行计划、利润计划、财务预算和人力资源计划等,而且这些计划功能与价值控制功能已完全集成到整个供应链系统中。ERP 系统通过定义事务处理相关的会计核算科目与核算方式,在事务处理发生的同时自动生成会计核算分录,保证了资金流与物流的同步记录和数据的一致性,从而实现了根据财务资金现状,追溯资金的来龙去脉,并进一步追溯所发生的相关业务活动,便于实现事中控制和实时决策。

4. ERP 是企业体制的创新

ERP 是企业管理模式从纵向一体化向横向一体化演变的结果,也是面向业务流程的系统,有别于传统的金字塔式组织结构。ERP 的应用要求企业体制发生变革,采用流程式管理,打破部门间的信息壁垒,由金字塔式组织向扁平化组织转变,进行业务流程重组。因此,ERP 是企业体制的创新。

7.4.2　ERP 系统的功能模块

ERP 系统是将企业所有资源进行整合集成管理,简单地说,就是将企业的三大流——物流、资金流和信息流进行全面一体化管理的管理信息系统。ERP 的功能模块不同于以往的 MRP 或 MRPII 的模块,它不仅可用于生产企业的管理,而且在许多其他类型的企业,如一些非生产和公益性的企业,也可导入 ERP 系统进行资源计划和管理。

ERP 系统包括了许多模块，一般的 ERP 系统包括的模块有：主生产计划、物料需求计划、能力需求计划、销售管理、采购管理、库存管理、制造标准、车间管理、JIT 管理、质量管理、财务管理、成本管理、应收账款管理、应付账款管理、现金管理、固定资产管理、工资管理、人力资源管理、分销资源管理、设备管理、工作流管理、系统管理，这些模块之间都是紧密关联的，它们的集成形成了 ERP 系统。ERP 系统的逻辑流程，如图 7-9 所示。

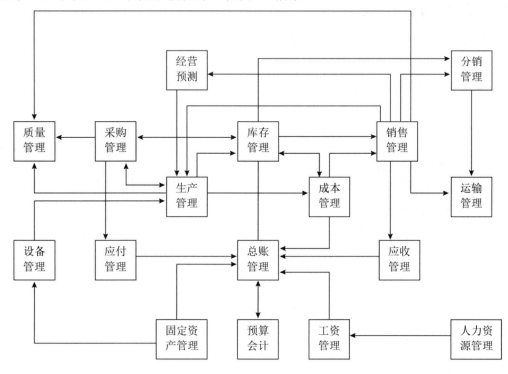

图 7-9 ERP 系统的逻辑流程

7.4.3 ERP 的实施

1. ERP 实施的任务

任何一个 ERP 系统要在企业获得成功，取得效益，最重要的是要落实到 ERP 的实施和应用上，实施的效果最终决定着 ERP 软件产品思想的发挥。由于 ERP 是信息技术与管理思想的结合，因此在企业中成功应用和实施 ERP 不能仅仅依靠软件系统，必须首先从企业的组织和管理问题出发，遵循 ERP 的应用规律和实施方法论。

ERP 实施从企业的现状分析出发，进行企业诊断和需求分析，以此进行目标定位和 ERP 支持机制的引入，进而站在企业信息化的高度进行企业信息系统的规划，以及 ERP 管理模式的详细设计，并经过投资预算分析和可行性论证，才正式立项和开展项目管理工作。在系统设计时，可以先期进行企业"信息资源规划"，描绘出企业的数据信息模型和功能模型，作为后续工作的参考和软件选型的技术依据。系统实施的全过程，均可借助企业建模的方法获得支持。还有就是一些 ERP 实施路线、数据基础工作、软件系统、网络系统、系统集成和效益评估等实施工作方法。贯穿于整个 ERP 应用过程的是以企业建模和项目管理为主线，以人员组织管理、实施流程管理和产品选型管理为重点，遵循 ERP 应用模式的总体规范，形成一个完整的 ERP 实施方法论的理论体系。

2. ERP 实施的角色

(1) ERP 供应商。ERP 供应商也是软件开发商，它们投入大量的时间和精力研发软件产品，创建能够解决某些特定商业运作问题的系统。供应商竭尽全力使系统更高效和更有弹性、容易实施和使用，并且随着最新技术的引入，它们还要将自己的产品不断升级。当公司与供应商签订完合同后，供应商应该提供产品及一系列书面材料，并且有责任解决项目实施小组在实施过程中遇到的各种问题。供应商也要充当培训者，为公司将来系统实施过程中的重要人物提供培训。培训的内容包括软件包的工作原理、主要组成部件、数据和信息的流动、什么可以配置、什么可以客户化、存在哪些限制，以及优缺点何在等。同时，供应商也要提供项目支持并在实施过程中实现质量控制。

(2) ERP 实施顾问。ERP 实施顾问擅长于开发技术和项目实施的方法论，能够有效处理实施过程中出现的各种问题，他们是经营管理的专家，拥有在不同行业实施不同 ERP 项目的丰富经验。实施顾问要对项目实施的各个阶段负责，以确保要求的运作在规定的时间里按要求的质量完成，并使参与人员真正高度有效地参与进来。实施顾问在评价现有的公司流程时一定要保持公允的态度，应该尽力改进公司的现有流程使之适合初始的 ERP 软件包，这可以优化系统的实际业绩并且最大限度地提升操作人员的满意度。实施顾问必须对工作的大环境和可发展空间有高度的了解，清楚什么时间应该向公司管理层预警以保证项目的顺利实施。顾问还要留下技术文献资料，以备公司人员学习。

(3) ERP 企业最终用户。一旦 ERP 项目落实，最终用户就要面临着从旧系统到新系统的转变，旧的工作流程将会改变，工作性质将会产生大的跃迁。人的本性是抵抗变化的，而实施 ERP 系统时，必定涉及大规模的管理变革，人们总会有各种顾虑，如果管理层不注意这些问题，不提前设定解决方案，就一定会产生麻烦。但是，ERP 实施在取消许多原有的工作职位的同时又开辟了许多新的附带有更多责任和价值的工作，使企业职员离开单调乏味的岗位到一个新的充满挑战的环境中，以实现其自身价值。如果公司能让职员们清楚地认识到这一点并帮助他们完成这次转变，那么 ERP 实施的一个最主要的障碍就得到了解决。

3. ERP 实施过程

一般来说，ERP 的实施过程就是企业管理信息系统的建立过程，主要分为 5 个阶段：

1) 项目准备阶段

项目的准备阶段非常重要，关系到项目的成败，主要工作包括：

(1) ERP 原理的培训。主要的培训对象是企业高层领导及全体员工，通过全体员工学习，让其掌握 ERP 的基本原理和基本思想，认识 ERP 系统的重要性及 ERP 能够带来的好处，同时也要清楚 ERP 带来的变化。而企业领导则需要全面理解 ERP 的含义，充分估计企业管理信息化过程中可能遇到的困难。这一工作往往要持续相当长的时间，但如果企业全体员工能够充分理解 ERP 并支持 ERP 系统的实施工作，接下来的工作就能够顺利地开展下去。

(2) 企业诊断。企业诊断是为了了解企业的实际情况而进行的，即了解企业现行管理的业务流程和存在的问题，进行评议和诊断，找出问题，寻求解决方案，用书面形式明确预期目标，并规定实现目标的标准，为成功实施 ERP 打下坚实的基础。

需求分析。需求分析就是了解企业通过 ERP 项目的建设想要达到的目标。这一步要持续比较长的时间，因为企业很难在短时期内准确表达自己的需求，如果需求分析不准确，很有可能导致 ERP 项目建设的结果与企业的期望相去甚远。为此，企业必须明确：是不是到了急需应用 ERP 系统的阶段、企业当前最迫切需要解决的问题是什么、ERP 系统是否能够解决、企业财力是否能够支持 ERP 项目的实施、ERP 系统要达到哪些目标，以及基础管理工作是否符合实施 ERP 的要求等。

(3) 软件选型。在选型过程中，首先要对企业本身的需求进行细致的分析和充分的调研，同时要弄清软件的管理思想和功能是否满足企业的需求，这两者是相互交织进行的。可以通过软件的先进管理思想来找出企业现有的管理问题，而特定的软件则可能由于自身的原因，不能够满足企业的特殊需求，也需要一定的补充开发。除此，还要了解实施的环境，这个环境包括两个方面：国情、行业或企业的特殊要求。根据这些运行流程和功能，从"用户化"和"本地化"的角度来为 ERP 选型。

2) 实施准备阶段

(1) 项目组织。ERP 的实施是一个大型的系统工程，需要组织上的保证，如果项目的组成人员不当、协调配合不好，将会直接影响项目的实施周期和成败。项目组织应该由三层组成，一是领导小组，由企业的一把手牵头，与系统相关的副总一起组成领导小组；二是项目实施小组，主要的 ERP 实施工作是由他们来完成的，一般是由项目经理来领导组织工作，其他的成员应当由企业主要业务部门的领导或业务骨干组成；三是业务组，这部分工作的好坏是 ERP 实施能不能贯彻到基层的关键所在，每个业务组必须有固定的人员，带着业务处理中的问题，通过对 ERP 系统的掌握，寻求一种新的解决方案和运作方法，并用新的业务流程来验证，最后协同实施小组一起制定新的工作规程和准则，还包括基层单位的培训工作。

(2) 数据准备。在运行 ERP 系统之前，要准备和录入一系列基础数据，这些数据是在运行系统之前没有或未明确规定的，故需要大量的分析研究工作。数据主要包括一些产品、工艺和库存等信息，还包括一些参数的设置，如系统安装调试所需信息、财务信息和需求信息等。

3) 项目实施阶段

(1) 系统安装调试。在人员和基础数据准备齐全的基础上，就可以进行系统安装，并进行一系列的调试活动。

(2) 软件原型测试。这是对软件功能的原型测试，由于 ERP 系统是信息集成系统，所以在测试时，应当是全系统的测试，各个部门的人员都应该同时参与，这样才能理解各个数据、功能和流程之间相互的集成关系。找出不足的方面，提出解决企业管理问题的方案，以便接下来进行用户化或二次开发。

(3) 模拟运行及用户化。在基本掌握软件功能的基础上，选择代表产品，将各种必要的数据录入系统，带着企业日常工作中经常遇到的问题，组织项目小组进行实战性模拟，提出解决方案。

(4) 制定工作准则与工作规程。进行了一段时间的测试和模拟运行之后，针对实施中出现的问题，项目小组会提出一些相应的解决方案，在这个阶段就要将与之对应的工作准则与工作规程初步制定出来，并在以后的实践中不断完善。

(5) 验收。在完成必要的用户化工作和进入现场运行之前，还要经过企业最高领导的审批和验收通过，以确保 ERP 的实施质量。

4) 项目完成阶段

(1) 系统切换和运行。根据企业的具体条件来决定系统切换的方式，可以各模块平行地一次性切换，也可以先实施一两个模块，然后逐步实施其他模块，最后系统投入正常运行。

(2) 项目改进阶段。一个新系统被应用到企业后，实施的工作并没完全结束，而是将转入到业绩评价和后期支持阶段。

4. ERP 实施成功的标志

(1) 系统运行集成化。这是 ERP 实施成功在技术解决方案方面最基本的表现。ERP 系统是对企业物流、资金流和信息流进行一体化管理的软件系统，其核心管理思想就是实现对供应链的管理。软件的应用将跨越多个部门甚至多个企业，为了达到预期设定的应用目标，最基本的要求是系统能够运行起来，实现集成化应用，建立企业完善的决策数据体系和信息共享机制。

一般来说，如果 ERP 系统仅在财务部门应用，只能实现财务管理规范化，改善应收账款和资金管理；仅在销售部门应用，只能加强和改善营销管理；仅在库存管理部门应用，只能帮助掌握存货信息；仅在生产部门应用，只能辅助制订生产计划和物资需求计划。只有集成一体化运行起来，才有可能达到降低库存、提高资金利用率和控制经营风险、控制产品生产成本、缩短产品生产周期、提高产品质量和合格率、减少财务坏账金额等目的。这些目标能否真正达到，还要取决于企业业务流程重组的实施效果。

(2) 业务流程合理化。这是 ERP 成功应用在改善管理效率方面的体现。ERP 成功应用的前提是对企业实施业务流程重组，因此，ERP 成功应用也意味着企业业务处理流程趋于合理化，并实现了 ERP 应用的以下几个最终目标：企业竞争力得到大幅度提升，企业面对市场的响应速度大大加快，客户满意度显著改善。

(3) 绩效监控动态化。ERP 的应用将为企业提供丰富的管理信息，如何用好这些信息并在企业管理和决策过程中真正起到作用，是衡量 ERP 应用成功的另一个标志。在 ERP 系统完全投入实际运行后，企业应根据管理需要，利用 ERP 系统提供的信息资源设计出一套动态监控管理绩效变化的报表体系，以期即时反馈和纠正管理中存在的问题。这项工作一般是在 ERP 系统实施完成后由企业设计完成的，企业如未能利用 ERP 系统提供的信息资源建立起自己的绩效监控系统，将意味着 ERP 系统应用没有完全成功。

(4) 管理改善持续化。随着 ERP 系统的应用和企业业务流程的合理化，企业管理水平将会明显提高。为了衡量企业管理水平的改善程度，可以依据管理咨询公司提供的企业管理评价指标体系对企业管理水平进行综合评价。评价过程本身并不是目的，为企业建立一个可以不断进行自我评价和不断改善管理的机制才是真正目的，这也是 ERP 成功应用的一个重要标志。

7.4.4 ERP 的发展趋势

1. ERP 的发展过程

从 MRP、MRP II 到 ERP 的过程，企业计划与控制的原理、方法和软件逐渐成熟和完善，ERP 的功能也在不断扩大，其发展变化过程，如图 7-10 所示。

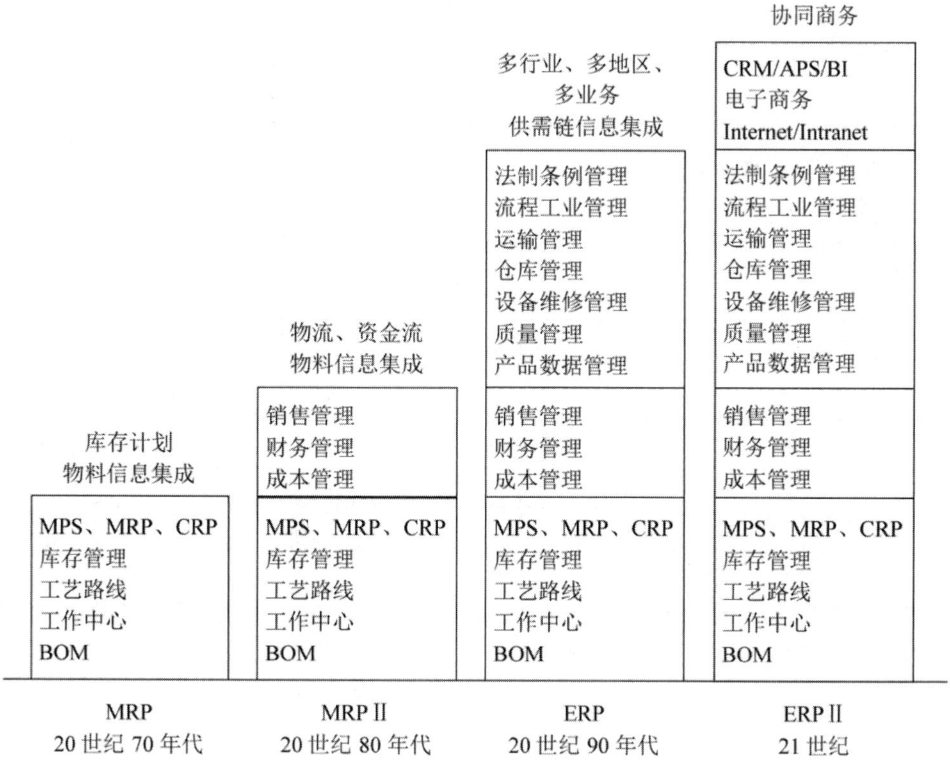

			协同商务
		多行业、多地区、多业务供需链信息集成	CRM/APS/BI 电子商务 Internet/Intranet
		法制条例管理 流程工业管理 运输管理 仓库管理 设备维修管理 质量管理 产品数据管理	法制条例管理 流程工业管理 运输管理 仓库管理 设备维修管理 质量管理 产品数据管理
	物流、资金流物料信息集成		
	销售管理 财务管理 成本管理	销售管理 财务管理 成本管理	销售管理 财务管理 成本管理
库存计划 物料信息集成			
MPS、MRP、CRP 库存管理 工艺路线 工作中心 BOM	MPS、MRP、CRP 库存管理 工艺路线 工作中心 BOM	MPS、MRP、CRP 库存管理 工艺路线 工作中心 BOM	MPS、MRP、CRP 库存管理 工艺路线 工作中心 BOM
MRP 20 世纪 70 年代	MRP II 20 世纪 80 年代	ERP 20 世纪 90 年代	ERP II 21 世纪

图 7-10 ERP 的发展变化过程

在发展过程中，ERP 表现出如下特点：

(1) 注重对整个供应链的管理支持。通过链上信息的共享，加强对合作伙伴与客户信息的管理。也就是说，企业资源的范围已经超过了原有的单一企业的范畴，在逐渐向企业的上下游延展。

(2) 注重知识管理。现代企业更加注重对信息的深度利用，强调企业知识的收集、创新、传递与利用。知识管理已成为许多企业增强竞争能力，提高其市场价值的战略措施。

(3) 数据分析能力不断得到加强。采用数据仓库、数据挖掘等技术，直接针对企业经营管理者面对的问题提供分析工具，使得管理者能够从纷繁复杂的海量数据中找到规律和价值。

(4) 更加开放的集成系统。新的 ERP 系统采用互联网技术、移动通信技术等，与电子商务平台相互集成。

2. ERP Ⅱ

2000 年，Gartner Group 发布了亚太区副总裁、分析家邦德(B. Bond)等 6 人署名的报告，其中提出了 ERP Ⅱ 的新概念。ERP Ⅱ，是通过支持和优化企业内部和企业之间的协同运行和财务过程，以创造客户和股东价值的一种商务战略和一套面向具体行业领域的应用系统。ERP Ⅱ 已经在 SAP、PeopleSoft 等企业的产品中出现，其特征在于，一方面企业正在由纵向、高度集成、注重内部功能优化的大而全模式向更灵活、更专注于核心竞争力的实体模式转化，从而企业可以在整个供应链和价值网络中优化其经济和组织结构；另一方面，企业在互联网上的 B2B 和 B2C 的电子商务应用，正在由单一的销售、采购行为转向整个从消费者到生产者、从供应商到生产者的协同商务过程。

为了与 ERP 对企业内部管理的关注相区别，Gartner Group 在描述 ERP Ⅱ 时，引入了"协同商务"的概念。协同商务是指企业内部人员、企业与业务伙伴、企业与客户之间的电子化业务的交互过程，是一种各个经济实体之间的实时、互动的供应链管理模式。ERP Ⅱ 通过信息技术的应用，强化了供应链上的各个实体之间的沟通和相互依存，不再局限于生产与供销计划的协同，而且包含产品开发的协同。

ERP Ⅱ 与 ERP 的主要区别是强调了协同商务的作用，如表 7-2 所示。

表 7-2 ERP Ⅱ 与 ERP 的比较

特 征	ERP	ERP Ⅱ
角色	企业优化	价值链、协同商务
领域	制造、分销	所有领域
功能	制造、销售、分销、财务	跨行业及特殊行业
业务处理	内部信息	外部信息
系统平台	封闭、关注 Web	基于 Web、开放、组件技术
数据处理	内部集成和使用	内部和外部、公开和共享

可以看出，除了系统平台的不同之外，ERP Ⅱ 的这些特征代表了传统 ERP 的扩展。ERP Ⅱ 必须不断吸收新的先进的管理思想和管理模式，同时充分利用 Internet 带来的巨大技术革新，使整个软件系统都建立在 Web 基础之上。具体来说，ERP Ⅱ 应当具备以下主要特点：

(1) 高级计划排产(advanced planning and scheduling，APS)。APS 运用最前沿数学理论和最先进管理理论，借助最新 IT 技术中的存储计算能力，在整体考虑企业资源限制下，对企业间、企业内的原材料供给、生产与销售实施运筹管理，找到满足多种约束条件、手工排产难以找到的、优化的排产方案。

(2) 动态企业建模技术(dynamic enterprise modeling，DEM)。该技术的提出就是为了满足企业不断增长的动态重整过程的需求，实现管理业务与软件系统的分离。动态企业建模的实现，使得企业管理者、业务分析人员也包括了系统实施者可以将注意力集中于一系列高层管理职能、最优业务实践和流程，而不是复杂的应用软件调试或没完没了的产品细节配置。

(3) 智能资源计划(intelligence resource planning，IRP)。它是一种具有智能化及优化功能的管理思想和模式，打破了以前所有"面向事务处理"的管理模式。它可使管理人员按照设定的目标去寻找一种最佳的方案并迅速执行。这样就可以紧紧跟踪，甚至超前于市场的需求变化，快速做出正确的决策，随之改变原有的计划，并以最快的速度执行这些变化。此外，IRP 还将解决以前无法解决的"协同制造"和"约束资源"等问题。

(4) ERP 与供应链的整合。ERP 系统在强调提高企业内部效率的同时，企业不得不调整客户服务驱动的物流运作流程，实施与业务合作伙伴协同商务的供应链管理，最终实现对企业外部资源，如供应商、客户和营运商的协调管理。ERP 更加符合现代供应链管理的理念，为企业实现现代化供应链管理提供了坚实的信息平台。

(5) ERP 与信息技术、电子商务技术的集成。ERPⅡ一方面要实现管理思想到企业管理的集成；另一方面要实现 ERP 系统自身内部之间、ERP 与其他应用系统之间的集成。第一方面集成的目的是解决管理思想、管理方法与管理系统之间的应用互动；第二方面集成主要实现 ERP 与其他功能分系统之间的集成，包括与客户关系管理、电子商务、协同商务、产品数据管理、制造执行系统、工作流管理系统等的进一步整合，加强数据仓库和联机分析处理等功能。

案例分析

ERP 实施助力联想管理水平提升

在实施 ERP 之前，联想的产供销各环节和财务都是隔离的，各种业务先在各部门内流转，最后"批处理"地反映给财务部门。财务只起到了记账和核算的作用，起不到对业务的支撑作用。同时，成本核算完全是模糊的、滞后的，销售发生后的月末才能结算出成本，并且是混在一起的大成本。销售部得不到财务准确、实时的数据支持，完全是"跟着感觉走"。处于被动地位的财务容易造成管理漏洞，导致各种"跑冒滴漏"现象的出现。以往，财务是在看到采购入库后通过库房传来的入库单才知道采购的发生，上亿元的采购合同有很大的"空子"可钻，采购部门因此被称为最有"油水"的部门。基于不准确的财务报告进行的经营分析出现了很大偏差，直接影响了下一财年的预算编制。

上述企业管理中出现的种种问题，是联想决定实施 ERP 的重要原因。联想 ERP 项目采用的是德国 SAP R/3 系统。在实施之前，德勤公司为联想的 ERP 系统进行了项目咨询，按照德勤的方法论，该项目需通过五个阶段来实现：第一阶段是范围评估；第二阶段是目标确认；第三阶段是流程设置；第四阶段是系统配置和测试；第五阶段则是交付使用。实施过程中，联想集团认识到，第三阶段流程设置是该项目实施的关键阶段。对于流程设计，联想主要关注于三个层次的工作。第一层是清理、规范现有流程，找出缺少的流程，把不规范的流程规范化。第二层是对流程的系统化、集成化，如利用 R/3 中的物料管理模块，将所有事业部原来不统一的做法标准化。像采购系统，原来的做法是在临近采购时拿出单据直接报账，这是一种零散的做法，而 R/3 系统是每一部门在采购前必须经过系统审查，然后订单才可以到达部门。同样在财务、销售、生产和制造领域也是这样，这使得公司内部真正形成了几个相互协同作业的支持子系统。第三层是将这些优化统一的流程在计算机系统中实现，即电子化，达到信息的集成、准确和实时。

按照最初项目实施进度计划的要求，所有的流程设计都必须在第三阶段完成，包括系统培训在内。实现这种进度的首要前提是实施人员对 R/3 系统非常了解。由于实施如此大的系统对于联想还是第一次，实施人员对于德勤公司的方法论和 SAP R/3 系统都是陌生的。实际上到了项目实施的第四阶段，联想项目组才真正了解了第三阶段的要求，才真正理解了方法论的含义，这时项目组又回过头来对第三阶段的缺陷进行弥补和修正。

尽管 R/3 系统设计了一系列的参数，但对于一个中国的大企业来说，不可能所有的功能都能通过这个参数来实现和满足。对于 R/3 系统中极富特色的部分，联想都不计代价地引进到自己的 ERP 系统中。但实际业务流程与 ERP 业务流程还是有一些矛盾，有些时候只能先按照 ERP 流程去做，再逐步优化，也就是所谓的"先僵化后优化"。联想在实施整个 ERP 项目时，成功清理、规范和优化了 77 个业务流程。联想集团也并非完全照搬 R/3 系统原有的做法，经过多年的实践和摸索，联想公司自行开发的财务系统体现了一些适合国情的做法。例如，财务部的一位经理发现，公司购买的元器件随着库存时间的增加，其价值也发生了变化，因此不能按原值充损，但在库存账目上所反映的却仍然是购进时的价值，没有体现出亏损，这使得大家都不关心对库存产品的处理，使库存越积越多，给企业造成很大的经营风险。另外，由于国内的特殊原因，许多企业的应收账款长期不能回收而成为坏账。针对这种情况，账务部门制定了一项"计提两面金"制度，即"计提削价准备金"和"计提坏账准备金"。计提削价准备金的具体操作方法，是当产品进入库存后三个月就开始折算损耗，在损益上减去 10%，一年以后，该产品无论是否已经卖出，在账面上已经没有价值了。而计提坏账准备金也是以同样的方法，将可能成为坏账的资金先行计提，一旦回收还可以反冲。这些做法都体现到联想的财务系统中，也都在 ERP 系统中得到了保留，并与 R/3 系统开发了相应的接口。在这些系统的二次开发过程中，联想的科技人员发挥了极大的作用，并形成了创造性应用先进知识的能力。

联想项目组的一个切身体会是：ERP 不应被片面地理解为 ERP 系统，它首先是一种现代企业的管理思想和管理哲理。无论什么企业想要实施 ERP，之前都应对先进的管理思想进行消化和整理，认清它对业务的推进作用，然后根据自身实力的需要进行软件的选型和业务重组等。上 ERP 绝不是为了赶时髦，而是通过对先进管理思想的消化理解、学习参照最佳行业实践，梳理、优化、再造业务流程，并应用 IT 技术，规范、集成、共享信息，从而达到提高效率、降低成本、提升客户满意度和企业运作管理水平的目的。同时，实施 ERP 需要企业有决心和信心，克服很多困难。在实施过程中经常需要领导亲自去拍板，很多涉及企业运作程序调整的重大决策，都需要领导想清楚。

实施了 ERP 之后，联想有如脱胎换骨般得到了巨大的发展，销售、采购、库房、生产的全部过程都和财务紧密挂钩；原始数据只需唯一的一次输入，就能被有权限的人共享，且一旦被录入就不能随意更改，更改就会留下记录；所有作业都必须且能够在系统中实时地反映出来；整个集团实现了真正的一体化和透明化。借助先进的信息系统，联想还大刀阔斧地进行了组织结构变革，将产品导向的事业部重组为客户导向的业务群组结构。

借助 ERP，联想的财务系统真正起到了事前预算、事中控制和事后准确核算的作用，无论是全世界哪个地方发生的业务或是开支都要进入系统才能实现，并且一进入系统总部财务就能进行跟踪，各地方分支或核算单位的报表对于总部来说是完全透明的。如今的销售人员根本不接触销售票据和资金，采购人员发出订单后就由财务监控和执行，所有人员的开支都有财务的监管，财务与各业务部门之间的"墙"被推倒了，原来的"财权一支笔"被分解为由多个环节衔接而成的流程，业务部门上下级之间也变得透明，减少了做假账和腐败的可能性，大大降低了企业的经营风险。

据统计，ERP 系统正常运营后，联想为客户的平均交货时间从 11 天缩短到 5.7 天，应收账周转天数从 23 天降到 15 天，订单人均日处理量从 13 件增加到 314 件，独立核算法人单位结账天数只需 0.5 天，集团结账天数从 30 天减少到 6 天，订单周期从 75 小时缩减到 58 小时，财务报表从 30 天缩至 12 天。联想的运作成本大幅度降低，企业利润也实现了较大增长。

(资料来源：宋永乐. CIO 22 条生存法则[M]. 北京：世界图书出版社，2004. 作者有删改)

思考题：
1. 联想在实施 ERP 过程中主要解决了哪些问题？
2. 成功的 ERP 实施会有哪些效果？
3. 试分析 ERP 实施过程中不同角色的作用。

本章习题

1. 简述 ERP 的发展阶段。
2. 订货点法存在什么问题?
3. MRP 的基本思想是什么?
4. 简述 MRP 的逻辑流程。
5. 简述闭环 MRP 与 MRP 的区别。
6. MRP Ⅱ 的基本思想是什么?
7. MRP Ⅱ 有哪些特点?
8. ERP 的基本思想是什么?
9. ERP 实施的过程包括哪些阶段?
10. 简述 ERP 的发展趋势。

第 8 章
跨组织信息系统

社会分工的日益深化促进企业之间的合作越来越紧密。一方面，因为产品生产复杂、客户需求各异，导致单一企业难以独立完成，需要研发者、供应商、制造商、分销商、零售商和客户之间的紧密结合和实时互动，要求相应的跨组织流程对这些活动加以规范和组织，使得跨组织流程成为供应链上各节点企业运营的重要特征。另一方面，通过分工合作，使得企业可以集中主要资源在其最擅长的核心业务运营上，将非核心业务外包，与其他企业组成跨组织业务流程。为了促进信息共享、获取竞争优势，许多企业借助跨组织信息系统来连接其消费者、分销商、供应商等合作伙伴。本章将介绍两种典型的跨组织信息系统，即供应链管理系统和客户关系管理系统。

知识导航

1. 供应链的概念、结构及特征
2. 供应链管理的概念与基本思想
3. 供应链管理的目标、内容及运行机制
4. 供应链管理系统的结构模型
5. 供应链管理系统集成的基础技术及策略
6. 客户关系管理的概念及关键要素
7. 客户关系管理的内涵
8. 客户关系管理系统的结构模型

关键概念

供应链　供应链管理　客户关系管理

开篇案例

利丰集团：面向供应链下的客户关系管理

20世纪90年代以来，越来越多的企业、公司将供应链管理的概念纳入战略议程中，国际上一些著名的大企业，如惠普公司、IBM 公司、戴尔计算机公司等，在供应链管理实践中都取得了瞩目的成绩。在供应链管理实践中，香港利丰集团(以下简称"利丰")无疑是其中的佼佼者。

利丰积极拓展全球性的采购经销网络，对产品供应链进行优化管理，并实现供应链各节点上企业的紧密合作。在竞争日趋激烈的国际市场环境下，利丰管理层极为重视"零售价里的软三元"，即一件商品在美国的零售价是 4 美元，其生产成本仅为 1 美元，要再减已经非常困难，但另外 3 美元则是供应链各个环节的价值，包括产品设计、原材料采购、物流运输、批发零售、信息和管理等，在这些方面企业有很多机会节省获利。传统的市场智慧是研究如何把这价值4美元的产品卖得更多、卖价更高，但利丰却是从供应链上的 3 美元增值入手。只要售价不变，来自供应链上的收益就可直接增加经济效益。因此,利丰积极拓展全球性的采购经销网络,通过不断改善供应链管理赚取"软三元"。

为了能在全球范围内为客户制定最优化的供应链,利丰非常重视供应链各节点上企业的紧密合作。利丰通过其庞大的全球采购网络,与各种不同类型的生产商保持长期的密切合作,建立了互信关系。利丰能为其网络中的生产商带来一定数量、价格合理的订单,生产商也愿意在预订产能、快速生产和各种生产细节上与利丰配合,并提供最高的生产弹性,以便利丰能为客户度身定做最优化的供应链。跨国界生产体现了各个企业依其核心竞争力进行分工的情况:将供应链分拆,让每个企业集中于其专长的某一个或几个环节或生产工序;通过有效率的运输,使生产活动得以在世界各个角落进行配置,联结成为一条有竞争力的供应链;建立从采购、经销到零售的一条完整供应链的组织管理架构,重视并不断强化各企业的核心业务和核心竞争力。

20世纪80年代中期,利丰的供应链管理从采购贸易扩大到零售环节,90年代收购英之杰在亚太区的市场推广及相关业务后,进一步扩大到经销领域,从而形成从采购、经销到零售的整条供应链管理。在整条供应链管理中,利丰集团的三个重要组成部分——利丰贸易、利和经销,以及包括利亚零售在内的利丰零售,分别处于产品供应链的上游、中游和下游,并以其具竞争优势的核心业务为客户提供服务,而把非核心业务外包。

处于供应链上游段落的上市公司——利丰贸易,主要业务是从亚洲发展中国家或地区采购货品(主要是成衣和各种硬产品,如玩具),销售给欧美的经销商和零售商客户。长期以来,利丰贸易一直专注其核心业务——贸易采购,包括接单、选择生产商和供货商、根据顾客(消费者/客户)需求设计和开发产品、制订生产计划、采购原材料、监控生产和保证质量等,而把非核心业务的生产、实际运输都外包给有能力的工厂和货运代理。作为供应链上游段和组织专家,利丰贸易凭借其核心竞争力(主要是客户服务、采购网络和管理能力),与各种不同类型的生产商和供货商建立紧密合作关系,形成一条高度专业化、极具经济效益的供应链,为客户提供最具成本竞争力的产品和服务。

处于供应链中游段落的利和经销,主要专注于经销代理和批发业务,包括市场推广、品牌代理、品类管理、物流服务、销售渠道的拓展和管理等。与利丰贸易代理外国客户采购不同,利和经销作为一个区域性的经销商,是品牌厂家与零售商的中间桥梁,主要负责推广生产商或品牌持有商(供货商)的产品,包括食品、家居用品及医疗药品等,其销售市场主要是亚太地区,客户遍及区域内的大型综合超市、超级市场、便利店、小市场、家庭式商店、医院、诊所、药房、传统药店及牙科诊所等。在这段供应链里,利和经销的角色有三个不同的层次:销售、完整的市场服务(包括销售、进出口、处理订单、存货管理)、整段供应链的管理(从生产、采购到销售一条龙),可根据供货商的需求提供不同层次的服务。为了更好地提供这些服务,利和经销一直致力于其销售网络的拓展,为产品打开销售渠道。

处于供应链下游段落的利丰零售,旗下拥有利亚零售和利邦两家上市公司,主要经营三个连锁店集团——OK连锁便利店、利邦连锁服装店和玩具"反"斗城,其核心业务是紧贴消费市场,针对目标顾客的需要提供产品和服务,建立零售店的品牌形象,改善对顾客的销售服务,优化工作流程、实物流程、资金流程和信息流程,从而最大限度地减少库存,提高效率。在这段供应链里,零售店以顾客为中心,针对顾客的需要提供产品和服务;同时,与供货商紧密合作,在各个流程相互配合,以提高双方的工作效率和工作绩效,并降低成本,为整条供应链创造效益。

利丰的供应链管理属于拉动式的供应链运作模式,以客户为中心,以市场需求为原动力。利丰的供应链管理强调了真正的客户导向,它将客户分为大客户和中小客户,大客户由一个部门专门负责,提供一对一的贴身服务;小客户由专门的人员全程服务,满足客户多样化、个性化需求。利丰根据顾客的需求,从采购服务逐步发展起一系列的增值服务,并扮演简单代理商、增值代理商、贸易供货商、虚拟生产商等多种角色。作为简单采购代理商,利丰会根据客户的需求为客户选择合适的供货商,为客户提供设计、执行各项采购计划,但具体的合约则由客户和供货商直接签署,利丰从中收取佣金。作为增值代理商和贸易供货商,利丰除仍为客户执行采购和生产计划外,还会为客户提供一系列附加值服务，包括从事各项市场调查来了解消费者的需求，为客户提供主要市场潮流信息；研究与开发原材料，为客户收集最新的原材料信息；根据市场最新的潮流趋势，设计和开发符合市场需求的产品；根据客户对于原材料的需求和不同地区的供应能力进行配对，与客户共同选择最佳的采购国家与地区，执行无疆界的生产，实现产品全球化的增值；监控采购、航运和配置原材料与配件到各个工厂；在生产过程中提供技术援助，确保产品的质量和各个生产环节都能遵循客户的生产要求；不单监控主要生产原料的供应，而且策略性地管理库存和适时适量地补充库存；将信息技术应用到产品开发及寻找新的供货商的环节中。作为贸易供货商和虚拟生产商，利丰会与客户直接签约，为客户提供最终的产品，使客户无须自己与供货商打交道。在这一模式下，利丰收取的不是佣金而是产品的利润。利丰旗下的贸易公司还推行了虚拟生产模式。

供应链管理本身就是一个流程管理，包括工作流程(商流)、实物流程、资金流程和信息流程的管理，是工作流程、实物流程、资金流程和信息流程的综合，并将这四个方面综合考虑进行优化。其中，工作流程是主体，但需要实物、资金、信息等流程的密切配合。流程管理的水平，关系到能否最大限度地为客户提供最具价格竞争力的产品和最优质服务的问题。因此，利丰的供应链管理，极为重视流程管理的设计、执行、检讨和不断改善。以利丰零售旗下的OK便利店为例，面对零售市场竞争日趋激烈的严峻环境，OK便利店进行了大规模改革，以顾客需求为出发点，根据目标顾客需求重新设计店铺形象，确定销售商品组合，并为顾客提供优质服务。在物流配送系统管理方面，公司投资2000万港元建立综合供应链网络，形成快捷、低成本的供货商直接配送系统和仓库配送系统。在信息流程管理方面，OK便利店先后建立综合信息系统、电子数据交换系统、仓库管理系统和电子销售点管理系统，为公司提供准确、及时的信息，以改善销售计划。通过改善流程管理和信息系统去优化供应链的运作，OK便利点的营运开支占销售百分比逐年下降，最终实现扭亏为盈。

讨论：
1. 供应链的业务过程和操作，可以从哪些方面进行分析？
2. 在客户管理方面，利丰集团采取了哪些措施？

8.1 供应链管理

供应链管理(supply chain management，SCM)作为新型的管理技术，能有效地拆除企业的围墙，将分散的企业信息化孤岛联结在一起，建立一种跨企业的协作，通过信息技术与互联网把过去分离的业务过程集成起来，建立从生产领域到流通领域一步到位的全业务过程，以实现企业间的优势互补和全社会的资源整合。

8.1.1 供应链概述

1. 供应链的概念

供应链(supply chain)的概念是在企业管理理念不断变化中逐步形成的。传统的供应链是将从企业外部采购的原材料和零部件，通过生产和销售等活动，再传递到零售商和用户的整个过程。其概念只局限于企业内部，注重企业内部资源的充分利用和企业自身的利益目标。

随着供应链观念的发展，有些学者把供应链的概念与采购、供应管理联系起来，用来表示与供应商之间的关系，但这种关系也仅仅局限在企业与供应商之间，而且供应链中的各企业独立运作，忽略了与外部供应链成员企业的联系，往往造成企业间的目标冲突。

后来的供应链概念关注了与其他企业的联系，注意了供应链企业的外部环境，认为它应是一个"通过链中不同企业的制造、组装、分销和零售等过程将原材料转换成产品，再到最终用户的转换过程"，这是更大范围、更为系统的概念。

近来，供应链的概念更加注重围绕核心企业的战略联盟关系，如核心企业与供应商、供应商的供应商乃至一切上游企业的关系，核心企业与用户、用户的用户及一切下游企业的关系。此时对供应链的认识形成了一个网链的概念。

综合以上的观点，**供应链是围绕核心企业，通过对工作流、信息流、物流、资金流的协调与控制，从采购原材料开始，制成中间半成品及最终产品，最后由销售网络把产品送到消费者手中的将供应商、制造商、分销商、零售商，直到最终用户连成一个整体的功能网链结构**。它是一个拓展了的企业结构模式，包含所有加盟的节点企业，从原材料的供应开始，经过供应链中不同企业的零件加工、部件组装、产品总装及分销等过程直到最终用户。它不仅是一个连接供应商到用户的物流链、信息链、资金链，而且是条增值链，物料在供应链上因加工、包装、运输等过程而增加其价值，给相关企业及整个社会都带来效益。

2. 供应链的结构

根据以上供应链的定义可知，供应链是由所有加盟的节点企业组成，其中一个为核心企业，其他节点企业在需求信息的驱动下，通过供应链的职能分工与合作(生产、分销、零售等)，以物流、资金流和信息流为媒介实现整个供应链的不断增值。供应链的结构可以简单地归纳为如图 8-1 所示的模型。

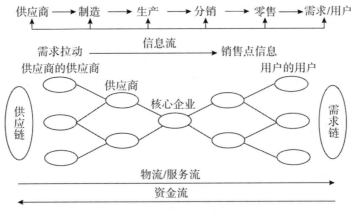

图 8-1 供应链的结构

从图中可以看出，供应链是一个范围更广的企业结构模式，它包含所有加盟的节点企业，从原材料的供应开始，经过链中不同企业的制造加工、组装、分销等过程直到最终用户。供应链不仅是一条连接供应商与用户的物料链、信息链、资金链，而且是一条增值链，物料在供应链上因加工、包装、运输等过程而增加其价值，给企业带来收益。在这个网络中，每个贸易伙伴既是其客户的供应商，又是其供应商的客户，它们既向上游的贸易伙伴订购产品，又向下游的贸易伙伴供应产品。

3. 供应链的特征

供应链是社会化大生产的产物，它以市场组织化程度高、规模化经营的优势，有机地连接生产和消费，对生产和流通有着直接的导向作用。网链上的节点企业和节点企业之间是一种需求与供应的关系，供应链包括不同环节之间持续不断的信息流、物流和资金流，每个环节都执行不同的程序，并与其他环节相互作用和影响。因此，供应链具有以下主要特征：

(1) 增值性。将产品研发、供应、生产、营销、市场一直到服务看成是一个整体供应链,用系统的观点来思考企业增值过程。一方面要根据客户的需求,不断增加产品的技术含量和附加价值;另一方面要不断地消除客户所不愿意支付的一切无效劳动与浪费,使投入市场的产品同竞争对手相比,能为客户带来真正的效益和满意的价值,同时使客户认可的价值大大超过总成本,从而为企业带来应有的利润。

(2) 复杂性。组成供应链的一些节点企业相对于核心企业的跨度在时间、地点、交易活动的不同,由此引发供应链活动的不规范和不可预测。另外,供应链往往是由多个多类型甚至多国的企业构成,所以纵横交错组成复杂的状态决定了供应链结构和运作模式的复杂性。

(3) 动态性。供应链因节点企业的发展战略,以及为适应市场需求变化的需要而建立,所以链上各节点企业动态更新的频率比较高,这就使得供应链具有明显的动态性。

(4) 交叉性。对于产品而言,每种产品的供应链都由多个链条组成。对于企业而言,每个企业既可以是这个链条的成员,同时又可以是另一个链条的成员,市场众多相互交错的供应链体系,增加了协调节点企业管理的难度。

(5) 市场性。供应链的形成、存在和重构都是基于一定的市场需求而发生的,在供应链的运作过程中,用户的需求拉动是供应链中信息流、物流、资金流运作的驱动源。所以,供应链是反映市场用户状态的晴雨表。

4. 供应链面临的问题

(1) 供应链中的一个非常典型的问题就是信息在从供应链中的一个环节传递到另一个环节时经常发生扭曲。如市场需求的微小变化,可能涉及供应链中不同的成员,如分销商、制造商、供应商、二级供应商和三级供应商,这个变化经过供应链波动放大,使得需求的微小变化创造了超额的库存、生产、仓储和运输成本。

(2) 供应链的无效率,如零部件的短缺、工厂能力利用不足、产品的库存积压、运输成本过高等问题,均是由于不正确或不及时的信息及信息的扭曲引起的。因此,需要对供应链进行人为干预,使其有效运行。

8.1.2 供应链管理概述

1. 供应链管理的概念

供应链管理是一种集成的管理思想和方法,它执行供应链中从供应商到最终用户的物流的计划和控制职能。早期人们把供应链管理的重点放在库存管理上,作为平衡有限的生产能力和适应用户需求变化的缓冲手段,它通过各种协调手段,寻求把产品迅速、可靠地送到用户手中所需要的费用与生产、库存管理费用之间的平衡,从而确定最佳的库存水平。因此,主要的工作任务是库存控制和运输。现在的供应链管理则把供应链上的各个企业作为一个不可分割的整体,使供应链上各企业分担的采购、生产、分销和销售的职能成为一个协调发展的有机体。

因此,<u>**供应链管理就是使供应链运作达到最优化,以最低的成本和最好的服务水平,通过协调供应链成员的业务流程,使供应链从采购开始,到满足最终顾客的所有过程,包括工作流、物流、资金流和信息流等均能高效率地运作,把合适的产品以合理的价格及时准确地送到消费者手中。**</u>

由该定义可以看出,供应链管理就是要对传统的、自发运作的供应链进行人为的干预,使其能够按照企业(以核心企业为代表)的意愿,对相关合作伙伴的工作流程进行整合和协调运行,从而达到供应链整体运作绩效最佳的效果。但是,供应链管理不像单个企业的管理,不能通过行政手段调整企业之间的关系,只能通过共同分担风险、共同获得收益来提高供应链的竞争力。因此,供应链管理所反映的是一种集成的管理思想和方法,即通过所有成员企业的合作共同获得成长和收益。

2. 供应链管理的基本思想

供应链管理的基本思想可以概括为以下几个方面。

(1) "横向一体化"取代"纵向一体化"。供应链企业之间的关系是横向联合,而不是纵向一体的兼并与合并。在这样的运作模式下,强调核心企业与相关企业的协作关系,通过资源优化配置和有效的供应链激励机制实现经营一体化。企业必须了解整个价值增值过程以发现自己的信息和能力在何处有利于价值链,进而最终有利于消费者与合作伙伴。

(2) 组织与业务过程敏捷化。为了提高供应链的市场响应能力,必须提高组织与业务过程的敏捷性,为此必须连续监测供应链和价值链,并进行价值分析和整体优化,消除不增值的业务过程,以建立具有快速反应能力的敏捷供应链管理系统。

(3) 信息共享化。供应链管理强调企业之间的信息共享,以此作为加强企业之间联系的纽带。信息共享可以使企业之间的运作活动获得协调一致,计划与需求保持同步,同时也是实施快速响应、有效客户响应等战略的前提条件。

(4) 协作跨组织部门化。由于供应链管理活动跨越不同组织部门,因此不同组织之间的协作对于供应链的整体竞争力起决定性的作用。如果仍然采取部门主义的做法,供应链的效率将无法体现。供应链管理强调的是打破组织壁垒,实现供应链的无缝连接。

(5) 利益共享与风险分担的战略协作伙伴关系。战略性协作伙伴关系是供应链管理的核心理念。供应链管理的目的就是通过建立协作伙伴关系,使企业从供应链合作过程中获得提高抗风险的能力,适应市场变化需求的能力。为了建立战略性伙伴关系,企业之间应以提高用户满意作为一个最高的宗旨,进行有效的沟通、资源的共享,保证客户服务及产品的质量。

3. 供应链管理的类型

供应链是围绕核心企业而形成的一个功能网链,从拓扑结构来看,供应链是一个自主或半自主的围绕核心企业而构成的网络,这些实体包括外部供应商、运输公司、加工厂、仓库、子公司、配送中心、分销商、零售商和用户等。一个完整的供应链始于原材料的供应商,止于最终用户。

供应链管理是围绕供应链上不同的环节而展开的,目前比较常见的是以制造企业为核心、以零售企业为核心和以第三方物流企业为核心的三种供应链管理类型。

(1) 以制造企业为核心的组织模式。以制造企业为核心的供应链管理组织模式是最常见的,制造企业通过与供应商、分销商、零售商及最终消费者之间的信息协同,实现对供应链上各个环节的协同,从而保证整条供应链的利益最大化。

(2) 以零售企业为核心的组织模式。该组织模式的核心企业是零售企业,由零售企业进行对制造、分销、采购和终端消费者之间的协同。核心零售企业往往是指那些具有较大规模的连锁超市,它们在供应链上具有较强的判断能力,因而具有较大的控制力。

(3) 以第三方物流企业为核心的组织模式。随着现代物流业的快速发展,物流供应能力在不断增强,尤其是第三方物流企业能力的增强,使得集成物流供应商的资源整合能力逐渐增强,在整个供应链上的位置也日趋重要,因而出现了以第三方物流供应商为核心的供应链管理组织模式。

8.1.3 供应链管理的内容

1. 供应链管理的目标

供应链管理的目标,是通过调和总成本最低化、客户服务最优化、总周期时间最短化,以及物流质量最优化等目标之间的冲突,实现供应链绩效最大化。

(1) 总成本最低化。众所周知,采购成本、运输成本、库存成本、制造成本,以及供应链物流的其他成本费用都是相互联系的。因此,为了实现有效的供应链管理,必须将供应链各成员企业作为一个有机整体来考虑，并使实体供应物流、制造装配物流与实体分销物流之间达到高度均衡。从这一意义出发，总成本最低化目标并不是指运输费用或库存成本，或其他任何供应链物流运作与管理的成本最小，而是整个供应链运作与管理的所有成本的总和最低化。

(2) 客户服务最优化。在激烈的市场竞争时代，企业提供的客户服务水平，直接影响到它的市场份额和物流总成本，并且最终影响其整体利润。供应链管理的实施目标之一，就是通过上下游企业协调一致的运作，保证达到客户满意的服务水平，吸引并保留客户，最终实现企业的价值最大化。

(3) 总周期时间最短化。在当今的市场竞争中，时间已成为竞争成功最重要的因素之一。市场竞争不再是单个企业之间的竞争，而是供应链与供应链之间的竞争。从某种意义上说，供应链之间的竞争实质上是时间竞争，即必须实现快速、有效的客户反应，最大限度地缩短从客户发出订单到获取满意交货的整个供应链的总周期。

(4) 物流质量最优化。企业产品或服务质量的好坏直接关系到企业的成败。同样，供应链企业间服务质量的好坏直接关系到供应链的存亡。如果在所有业务过程完成以后，发现提供给最终客户的产品或服务存在质量缺陷，就意味着所有成本的付出将不会得到任何价值补偿，供应链物流的所有业务活动都会变为非增值活动，从而导致整个供应链的价值无法实现。因此，达到与保持服务质量的水平，也是供应链管理的重要目标。而这一目标的实现，必须从原材料、零部件供应的零缺陷开始，直至供应链管理全过程、全人员、全方位质量的最优化。

就传统的管理思想而言，上述目标相互之间呈现出互斥性。客户服务水平的提高、总时间周期的缩短、交货品质的改善必然以库存、成本的增加为前提，因而无法同时达到最优。而运用集成化管理思想，从系统的观点出发，改进服务、缩短时间、提高品质与减少库存、降低成本是可以兼得的。因为只要供应链的基本工作流程得到改进，就能够提高工作效率，消除重复与浪费，缩减员工数量，减少客户抱怨，提高客户忠诚度，降低库存总水平，减少总成本支出。

2. 供应链管理的领域

供应链管理是以同步化、集成化生产计划为指导，以各种信息技术手段为支持，尤其要以 Internet/Intranet 为依托，围绕供应、生产计划、物流、满足顾客需求来实施的。供应链管理的领域，如图 8-2 所示。

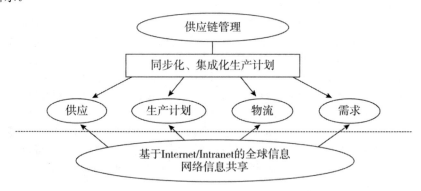

图 8-2 供应链管理领域

供应链管理主要包括从供应商到用户的所有产品和零部件生产及交付活动的计划、组织和协调。供应链管理的目标在于提高用户服务水平和降低总的交易成本，并且寻求两个有冲突目标之间的平衡。

供应链管理主要涉及四个领域，即供应、生产计划、物流、需求。在这四个领域的基础上，可以将供应链管理细分为基本职能域和辅助职能域。基本职能域主要包括产品工程、产品技术保证、采购、生产控制、库存控制、仓储管理和分销管理等；辅助职能域主要包括客户服务、制造、设计工程、会计核算、人力资源、市场营销、信息管理和风险管理等。

除了企业内部与企业之间的物料转运和实物分销问题以外,供应链管理还包括以下内容:
(1) 战略性供应商和用户合作伙伴关系管理;
(2) 供应链产品需求预测和计划;
(3) 供应链的设计(全球节点企业、资源、设备等的评价、选择和定位);
(4) 企业内部与企业之间物料供应与需求管理;
(5) 基于供应链的用户服务和物流(运输、库存、包装等)管理;
(6) 企业间资金流(汇率、成本等)管理;
(7) 基于 Internet/Intranet 的供应链交互信息管理;
(8) 供应链全球化问题(贸易壁垒、税收、政治环境、产品各国差异性);
(9) 协调机制问题(供应—生产协调、生产—销售协调、库存—销售协调)。

供应链管理注重总的成本(从原材料到最终产品的费用)与用户服务水平之间的关系,为此要把供应链各项职能活动有机地结合在一起,从而最大限度地发挥出供应链整体的力量,达到供应链企业群体获益的目的。

3. 供应链管理的运行机制

(1) 合作机制。供应链合作机制体现了战略伙伴关系和企业内外资源的集成与优化利用。基于这种企业环境的产品制造过程,不仅缩短了从产品的研发到投放市场的整个周期,而且顾客导向化程度更高,模块化、标准化的产品组件,使企业在多变的市场中柔性和敏捷性显著增强,虚拟制造与动态联盟提高了业务外包策略的利用程度。企业集成的范围从原来的中低层次的内部业务流程重组上升到企业间的协作。在这种企业关系中,市场竞争策略最明显的变化就是基于时间的竞争、价值链及价值让渡系统管理或基于价值的供应链管理。

(2) 决策机制。由于供应链企业决策信息来源不再局限于一个企业内部,而是处于开放的信息网络环境下,不断进行信息交换和共享,达到供应链企业同步化、集成化计划与控制的目的。Internet/Intranet 为企业的决策支持提供了信息平台,供应链中的企业决策模式都是基于 Internet/Intranet 的开放性信息环境下的群体决策模式。

(3) 自律机制。自律机制主要包括企业内部的自律、对比竞争对手的自律、对比同行业企业的自律和对比领头企业的自律。企业通过推行自律机制,可以降低成本,增加利润和销售量,更好地了解竞争对手,减少用户的抱怨而提高客户满意度,提高企业信誉,也可以缩小企业内部各部门之间的业绩差距,从而提高企业的整体竞争力。

(4) 风险防范机制。为了使供应链各方合作者达到预期目标,必须采取一定的措施规避风险,如信息共享、合同优化、建立激励机制和监督控制机制等,尤其是必须在企业合作的各个阶段通过建立激励机制,采用各种激励手段调动每一个参与者的积极性,使供应链企业之间的合作更加有效。应该针对供应链企业合作存在的各种风险及其特征,采取不同的防范对策,建立有效的应急机制。

(5) 信任机制。供应链管理的目的在于加强节点企业的核心竞争能力,要达到此目的,加强供应链节点企业之间的合作是供应链管理的关键。供应链企业之间相互合作的基础是信任,没有企业间的相互信任,任何合作、伙伴关系、利益共享等都只能成为一种美好的愿望。因此,建立供应链企业间的信任机制至关重要。

8.1.4 供应链管理系统

1. 供应链管理系统的必要性

随着商品贸易量的扩大,信息数量的增加,供应链上贸易伙伴的组织费用、数据处理费用及支持人员费用会大幅度增加。对信息进行精确、可靠、及时地采集、传输和处理变得越来越重要。信息共享是实现供应链管理的基础,供应链的协调运行建立在各个节点企业高质量的信息传递与共享的基础之上。因此,有效的供应链管理离不开信息系统提供的可靠的支持。

供应链管理系统改进和强化了供应链物流、资金流和信息流的集成管理,有效地推动了供应链管理的发展。它提高了企业信息交换的准确性,减少了复杂、重复工作中的人为错误,以及由此而导致的时间浪费和经济损失,提高了供应链管理的运行效率。

供应链是以核心企业为中心所构成的价值链条,这条价值链主要由四种类型的"流"组成,它们分别是信息流、商流、物流和资金流。商流是指供应链中产品物权的一种转换,是通过买卖活动而发生的商品价值变化。商流是形成在买卖关系和物权转换基础上的一种价值流,而买卖关系和物权转换的前提是企业之间或者企业和消费者之间能够达成交易,而达成交易的前提就是各方信息的充分沟通和了解。这些交易信息的有效传递,单纯地依靠传统的口头协商和书面协商的方式是不能满足的。因此,建立在供应链管理信息系统基础上的快速有效的信息流是商流的前提。资金流是供应链管理中最重要的一个部分。随着供应链规模的不断扩大,企业之间的资金流呈现出数量大的特点,单纯的纸币交易已经被电子货币所代替,而电子货币交易则必须依赖于安全可靠的信息网络技术。供应链管理信息系统通过运用 EDI 和在线支付系统等先进的信息技术,为资金流提供了重要保障。物流是物质实体的物理流动过程,及时准确的信息对于物流运作的有效性越来越重要。供应链的有效运作要求提供有关订单状况、产品可得性、送货计划、运输查询及结算等各种必要的信息,通过这些信息的运用,管理者可以决定何时、何地、采用何种方法来使用资源,从而减少不确定性,降低库存,获得战略优势。

可见,在供应链管理中,信息流扮演着越来越重要的角色,它能够为商流、资金流和物流提供技术和信息支持,从而保证供应链的增值,提高整条供应链的竞争力。因此,供应链管理系统是供应链管理的必然要求。

2. 供应链管理系统的结构模型

供应链管理信息系统的基本结构模型,如图 8-3 所示。在这个模型的数据库中,有来自自动识别系统所提供的数据,更多的是企业内部供应链流程作业的各种信息,还有来自企业间信息系统的信息。经过电子数据处理系统进行各种数据模型的计算,生成周期性报表,然后在决策支持系统(DSS)中进行预测、分析和控制,以帮助管理层做出合理的决策。

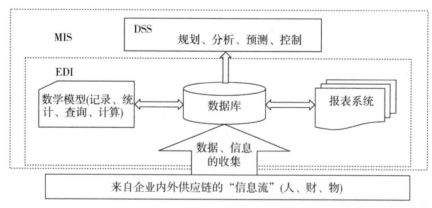

图 8-3 供应链管理系统的基本结构模型

对图 8-3 进一步扩展,可以得到供应链管理信息系统的逻辑结构模型,如图 8-4 所示。供应链管理信息系统将信息处理的逻辑结构模型分为 3 层,即供应链管理作业层、电子数据处理层和商业应用层。

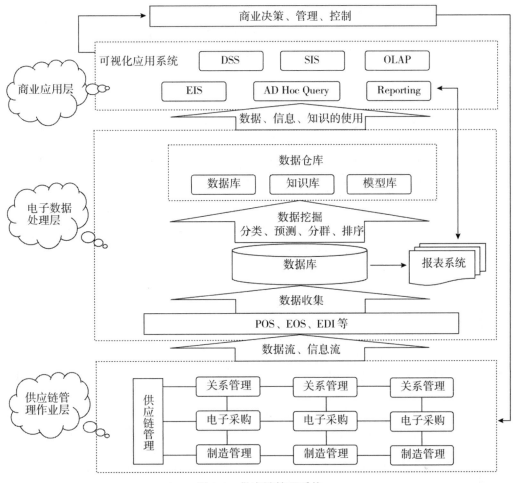

图 8-4 供应链管理系统

(1) 供应链管理作业层。供应链管理作业层主要进行实质性的操作，包括物流管理、仓储管理、运输管理、订单管理、分销管理、制造管理、财务管理、电子化采购管理和关系管理等。这些具体的操作是根据"商业应用层"中的商业决策、管理和控制信息进行的。根据企业实际运营状况和行业特点，在作业层中有不同的应用软件支持，如在制造业中有 MRP、MRPⅡ。常见的作业操作流程还包括企业间的系统，它们都依赖不同的应用软件支持作业全程。

(2) 电子数据处理层。电子数据处理层是将供应链管理操作层中实质性操作过程的数据和信息，通过各种收集数据的子系统，如 EOS、POS、EDI 等，收集到数据库中来。通过数据库管理系统收集和存储这些数据。一些数据通过分类、排序、综合分析的数据挖掘过程，形成特有的商业信息、商业知识和商业模型等。这些结构化的信息、知识和模型可供商业应用层调用，在企业的决策、管理和控制过程中发挥作用。

(3) 商业应用层。商业应用层是供应链管理信息系统的最终应用和最关键的层次，所有数据收集、存储和提取后，如果没有实现商业应用都是无效的。所以商业应用层十分重要，它包括了许多可视化的应用系统，如决策支持系统、报表系统、随机查询系统和在线分析等。

3. 供应链管理系统集成的基础技术

(1) XML 技术。XML 是一种可扩展标记语言，适用于不同应用系统间的数据交换，且这种交换不预先规定数据结构的定义，具有很强的开放性。通过使用 XML 文档封装企业的信息数据，企业可以在不破坏原有信息内容的同时，自由定义、扩充、修正和标记文档结构，以满足不断变化的应用需求，也易于实现异构应用系统间的信息交换、数据共享和集成，容易被计算机识别，进行智能搜索和推理。

XML 在三层架构上为数据处理提供了很好的方法，由于是开放的、基于文本的格式，它可以通过 HTTP 像 HTML 一样传送。XML 提供一种完全可以移植的数据格式，为跨企业信息系统集成中异构信息系统间的信息交换带来全新的解决方案。XML 解析服务器，就好像是在企业的信息系统之间设立的互动式的信息交换中心，专门从事不同数据格式数据信息的交换和翻译工作。一方面将对方请求的数据资料翻译成事先约定好的 XML 格式；另一方将收到的数据资料解析还原，企业就不需要重新设置一个信息系统，在一定程度上减轻了企业负担。

(2) Web 服务技术。Web 服务技术是一种分布式计算模式，是基于标准和松散耦合的结构，它主要解决在互联网环境下的资源共享和集成问题，建立在广泛接受的 XML 的标准之上，为不同厂商的应用系统提供了交互性。由于供应链上合作企业和基于动态联盟企业伙伴的信息系统集成需要对业务敏捷反应，因此需要基于标准和松散耦合的构架，而基于 Web 服务的信息系统架构恰好满足了这种需求。因为 Web 服务具有松散耦合、与具体平台无关的特性，供应链的企业不需要对自己原有的信息系统进行很大的改动，只要把所需供应链上其他企业的库存状态、生产计划和需求数据等信息利用 Web 服务包装起来就可以了。

无论供应链上其他企业的信息系统是基于何种平台，使用何种语言，只要遵循 Web 服务的标准就可以相互通信。通过 Web 服务把供应链上的企业连成一个虚拟的网络，信息传递的方式由逐级传递方式转变成一种发散式的传播，信息传递具有简单、方便、快速的优点。同时，供应链上的企业可以随时发布自己的信息和从其他企业获取所需信息，形成了一个信息共享的集成化供应链。

(3) 多 Agent 技术。随着社会经济的发展和市场竞争的加剧，对市场变化的敏捷度和服务质量已经成为企业赢得市场和顾客的关键。传统企业正朝着高度集成化、高度柔性和灵活性的方向发展，供应链上的企业信息系统的集成应该保证在企业组织结构和业务流程发生调整时不能被放弃，应该强调"以人为中心"的管理，达到人与系统的高度融合。多 Agent 系统具有自主能力、社交能力、反应能力和行为理性等特点，能为企业应用集成平台提供一条崭新的途径。多 Agent 系统是一个既分布又协调的系统，非常适合构造具有高度开放性、分布性、重构性和伸缩性的信息集成框架，为集成"异质信息孤岛"提供了新途径。多 Agent 系统具有智能性、自适应性、自组织性和层次性等特点，能有效地实现对企业流程的全面适应，形成协调技术与组织之间的相互依赖关系，并能极大地提高信息集成平台的通用性和适应性。

4. 供应链管理系统集成的策略

(1) 组织重构。组织重构是供应链的企业信息系统集成的基础阶段，它为供应链的企业信息系统集成建立了支撑的"骨架"，提供了组织和制度保障。供应链的组织架构反映了供应链上的权利关系和联系方式，同时决定了信息在供应链上的传递方式。组织重构的好坏直接影响到人们的积极性和能力的发挥，关系到供应链信息系统集成实施的成败。因此，应将供应链的战略目标作为企业组织机构调整的出发点，根据供应链的战略目标来进行组织重构。组织重构目标是完成职能机构的改造、人员的重新分配、管理制度的健全、绩效的评价和考核、企业协调文化的培育等工作。

(2) 流程重构。流程重构就是要改变那些不合理的企业流程，以适应供应链协同管理的需要，从而提升供应链管理的绩效和顾客满意度，降低供应链的运营成本。流程重构主要从以下几个方面着手：首先，消除非增值的活动，站在供应链的整体高度来审视各企业间流程，通过协调各企业，对流程路线进行改进甚至重新设计，减少流程中的库存、运输转移、返回和检测等活动。其次，进行工作整合，实际上流程中许多工作是可以整合的，减少交接手续的同时提高效率。还可将连续式、平行式流程改为同步流程,通过互动,不仅缩短了周期,还能在各作业的交流过程中相互调整及时发现问题,避免因缺少沟通导致无法挽救的问题发生,这样可以提高效率,减少浪费。

(3) 技术架构。信息系统集成涉及不同硬件、网络、操作系统平台、应用系统、数据基础和业务流程等许多方面的内容。在技术架构方面比较流行的解决方案有基于中间件的集成和基于 Web 服务的集成。其中,中间件是提供通用接口,所有集成应用可用这个接口相互传递消息,接口起到提供应用程序协调的作用。这种基于中间件的集成方案更易于支持众多的集成应用,并且只需要较少的维护。而 Web 服务提供了一种分布式的计算技术,用于在 Internet 或 Intranet 上通过使用标准的 XML 协议和信息格式来展现商业应用服务。基于 Web 服务的应用集成,通过分析遗留应用,可以将需要暴露出来的功能封装成 Web 服务,这样遗留应用既能被其他应用程序通过 Web 服务进行调用,又能保证原有应用的运行不会受到影响。

课堂讨论专题

讨论组织和个人的合作与共赢思维、大局观意识如何在供应链协同管理中发挥作用。

8.2 客户关系管理

客户关系管理(customer relationship management,客户关系管理)的理论基础来源于西方的市场营销理论,在美国最早产生并得以迅速发展。经济的飞速发展和商品的极大丰富,使得客户的选择空间显著增大,与此同时,客户的需求开始呈现出个性化的特征。为了提高客户满意度,企业必须完整地掌握客户信息、准确把握客户需求、快速响应个性化需要、提供便捷的购买渠道、优质的售后服务与经常性的客户关怀等。在此背景下,客户关系管理的地位不断被提升,并逐渐得到完善。

8.2.1 客户关系管理产生背景

1. 需求的拉动

经济的全球化使得行业之间的划分越来越模糊,竞争对手已不仅仅来自行业内部,在利益机制的驱动下,许多来自行业外部的竞争者也会加入这个行业,对客户资源的争夺成为企业竞争优势的关键。从客户的需求来看,其购买行为比以往更加理性,他们已经不满足只购买产品,而更关注能否得到良好的、具有个性化的服务。因此,越来越多的企业要求提高销售、营销和服务的日常业务的自动化和科学化程度,需要各部门对面向客户的各项信息和活动进行集成,组建一个以客户为中心的信息网,实现对客户的全面管理,这是客户关系管理产生的根本原因。

2. 技术的推动

从技术的发展来看,信息技术的发展,特别是互联网技术的发展推动了客户关系管理理念的真正落实。科学技术的突飞猛进为客户关系管理的实现和功能的扩张提供了前所未有的手段,如数据挖掘、数据仓库、基于浏览器的个性化服务系统等,使企业与客户之间进行交流的渠道越来越多,除了面对面的交谈、电话外,还有呼叫中心、移动通信、掌上电脑和电子邮件等。通过网络开展的营销活动、向客户销售产品、提供售后服务、收集客户信息,是一种低成本的手段。正是上述多种因素使得客户关系管理能够被更多的企业所接受。可以说,以互联网为核心的技术进步是客户关系管理的加速器。

3. 管理理念的更新

企业管理的中心理念经历了如下 5 个阶段的变革。

(1) 产值中心论。当时的制造业处于鼎盛时期，市场状况为产品供不应求的卖方市场，这一阶段企业管理的中心理念就是产值管理。

(2) 销售额中心论。由于现代化大生产的发展，特别是经过了 1929—1933 年的经济危机和大萧条，产品的大量积压使企业陷入了销售危机和破产威胁，企业为了生存纷纷摒弃产值中心的理念，此时企业的管理实质上就是销售额的管理。为了提高销售额，企业对外强化推销观念，对内则采取严格的质量控制来提高产品质量。

(3) 利润中心论。激烈的质量竞争使得产品的成本不断提高，促销活动使得销售费用上升，企业销售额不断增长，同时实际利润却不断下降。为此，企业管理的重点由销售额转向了利润的绝对值，管理的中心又从市场移向了以利润为中心的成本管理。

(4) 客户中心论。以利润为中心的管理，一方面过分地强调企业利润和外在形象，而忽略了客户需求，导致客户的不满和销售量滑坡；另一方面，当企业无法或很难再从削减成本中获得更大利润时，就自然将目光转向了客户，企图通过削减客户的需求价值来维护其利润，企业管理由此进入了以客户为中心的管理。

(5) 客户满意中心论。随着工业经济社会向知识经济社会的过渡，经济全球化和服务一体化成为时代的潮流，客户对产品和服务的满意程度，成为企业发展的决定性因素，客户的满意就是企业效益的源泉。

客户关系管理是顺应上述三个驱动要素的变化而产生的，已经成为新时代企业管理的新内容和决定性的因素之一。

8.2.2 客户关系管理概述

1. 客户关系管理的概念

客户关系管理(CRM)是一种以客户为中心的经营策略，以信息技术为手段，通过对相关业务流程的重新设计及相关工作的重新组合，以完善的客户服务和深入的客户分析来满足客户的个性化需求，提高客户满意度和忠诚度，从而实现保证客户价值和企业利润增长"双赢"策略的管理系统。

客户关系管理是一种管理概念，是一套管理软件和信息系统，其目的是提高管理效率，为客户提供完美服务，帮助企业吸引新客户及留住老客户，从而提升企业的市场竞争力，建立长期优质的客户关系，不断挖掘新的销售机会，帮助企业避免风险和获得稳定利润。

2. 客户关系管理的关键要素

客户关系管理的关键要素包括客户价值、关系价值和信息技术三个方面，如图 8-5 所示。在客户价值和关系价值之间存在着互动，这种互动关系也反映了客户价值最大化和关系价值最大化这对矛盾统一体之间的平衡和互动。通过对关系价值的管理，使企业将资源和能力集中在关系价值最高的客户身上，为其提供高质量的产品或服务，满足其需要，进而实现客户价值的最大化；同时，从客户的角度而言，客户价值能够提高客户的满意度，促进其对供应商的忠诚，进而促进关系的质和量的全面提高，进一步增加该客户的关系价值。信息技术不仅支持了客户价值最大化和关系价值管理这两项活动，而且支持了两者之间的互动过程。

3. 客户关系管理的目的

客户关系管理的目的是实现客户价值的最大化和企业收益的最大化之间的平衡，任何企业实施客户关系管理的初衷都是想为客户创造更多的价值，即实现客户与企业的"双赢"。坚持以客户为中心，为客户创造价值是任何客户关系管理战略必须具备的理论基石。为客户创造的价值越多，就越能增强客户满意度，提高客户忠诚度，从而强化与客户的关系，有利于增加客户为企业创造的价值，使企业收益最大化。

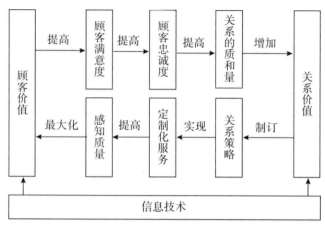

图 8-5　客户关系管理的关键要素

企业是一个以盈利为目的的组织，企业的最终目的都是为了实现企业价值的最大化。因此，在建立客户关系时，企业必须考虑关系价值，即建立和维持特定客户的关系能够为企业带来多大的价值。从逻辑上讲，企业的总价值应该等于所有过去的、现在的或将来的客户的关系价值的总和。关系价值高，所创造的利润就高，企业应该将精力放在关系价值高的客户上，而对那些价值较低、不具有培养前景、甚至会带来负面效应的客户关系，企业应该果断终止。可以认为，关系价值是客户关系管理的核心，而管理关系价值的关键却是对关系价值的识别和培养。

信息技术是客户关系管理的关键因素，没有信息技术的支撑，客户关系管理可能还停留在早期的关系营销和关系管理阶段。正是因为信息技术的出现，使得企业能够有效地分析客户数据，积累和共享客户知识，以便根据不同客户的偏好和特性提供相应的服务，从而提高客户价值。同时，信息技术也可以辅助企业识别具有不同关系价值的客户关系，针对不同的客户关系采用不同的策略，从而实现客户价值最大化和企业利润最大化之间的平衡。

8.2.3　客户关系管理的内涵

客户关系管理作为企业跨组织管理的重要工具，主要是围绕客户来进行的，其管理思想的内涵包括以下几个方面。

1. 客户关系管理是一种现代经营管理理念

作为一种管理理念，客户关系管理起源于西方的市场营销理论。市场营销理论和方法极大地推动了西方国家工商业的发展，深刻地影响着企业的经营观念及人们的生活方式。以客户为中心、重视客户资源、通过客户关怀实现客户满意等是这些理念的核心所在。

客户关系管理吸收了"数据库营销""关系营销""一对一营销"等最新管理思想的精华，通过满足客户的特殊需求，特别是满足最有价值客户的特殊需求，来建立和保持长期稳定的客户关系。客户同企业之间的每一次交易都使得这种关系更加稳固，从而使企业在同客户的长期交往中获得更多的利润。客户关系管理的核心思想是将企业的客户(包括最终客户、分销商和合作伙伴)视为最重要的企业资产，通过完善的客户服务和深入的客户分析来满足客户的个性化需求，提高客户满意度和忠诚度，进而保证客户终生价值和企业利润增长的实现。

2. 客户关系管理是一种新型管理机制

客户关系管理是一种旨在改善企业与客户之间关系的新型管理机制,可以应用于企业的市场营销、销售、服务与技术支持等与客户相关的领域。

客户关系管理系统通过向企业的销售、市场和客户服务的专业人员提供全面的、个性化的客户资料,强化其跟踪服务、信息分析的能力,帮助他们与客户和生意伙伴之间建立和维护一种亲密信任的关系,为客户提供更快捷、周到的优质服务,提高客户满意度和忠诚度。客户关系管理在提高服务质量的同时,还通过信息共享和优化商业流程来有效降低企业经营成本。

成功的客户关系管理可以帮助企业建立一套运作模式,随时发现和捕捉客户的异常行为,并及时启动适当的营销活动流程。这些销售活动流程可以千变万化,但其基本指导思想是不变的,在提高服务质量和节约成本之间取得一个客户满意的平衡。如把低利润的业务导向低成本的流程(自动柜员机和呼叫中心),把高利润的业务导向高服务质量的流程(柜台服务)。

3. 客户关系管理是一种管理软件和技术

(1) 客户关系管理是信息技术、软硬件系统集成的管理办法和应用解决方案的总和。它既是帮助企业组织管理客户关系的方法和手段,又是一系列实现销售、营销、客户服务流程自动化的软件系统。

(2) 客户关系管理作为一整套解决方案,集成了互联网和电子商务、多媒体技术、数据仓库和数据挖掘、专家系统和人工智能等当今最先进的信息技术。它凝聚了市场营销等管理学的核心思想,市场营销、销售管理、客户关怀、服务和支持等构成了客户关系管理软件模块的基石。

(3) 客户关系管理将最佳的商业实践与数据挖掘、工作流、呼叫中心、企业应用集成等信息技术紧密结合在一起,为企业的销售、客户服务和决策支持等领域提供了一个智能化的解决方案,使企业有一个基于电子商务的面向客户的系统,从而顺利实现由传统企业模式到以电子商务为基础的现代企业模式的转化。

4. 客户关系管理进一步延伸了企业供应链管理

客户关系管理系统作为 ERP 系统中销售管理的延伸,借助互联网技术,突破了供应链上企业间的地域边界和不同企业之间信息交流的组织边界,建立起企业自己的多渠道整合的营销模式。客户关系管理与 ERP 系统的集成运行解决了企业供应链中的下游客户端的管理,将客户、经销商、企业销售部全部整合到一起,实现企业对客户个性化需求的快速响应。同时,也帮助企业尽可能消除营销体系的中间环节,通过扁平化营销体系来缩短响应时间,降低销售成本。

综上所述,客户关系管理就是一种以信息技术为手段,对客户资源进行集中管理的经营策略。从战略角度来看,客户关系管理将客户看成是一项重要的企业资源,通过完善的客户服务和深入的客户分析来提高客户的满意度和忠诚度,从而吸引和保留更多有价值的客户,最终提升企业利润。从战术角度来看,将最佳的商业实践与数据挖掘、数据仓库、网络技术等信息技术紧密结合在一起,为企业的销售、客户服务和决策支持等领域提供了一个业务的自动化解决方案。

8.2.4 客户关系管理系统

客户关系管理系统是一套基于大型数据仓库的客户资料分析和管理系统,它通过先进的数据仓库技术和数据挖掘技术,分析现有客户和潜在客户相关的需求、模式、机会、风险和成本,从而最大限度地赢得企业整体的经济效益。

1. 客户关系管理系统的发展

客户关系管理系统经历了十几年的发展演变,才成为现在相对完整的系统软件。下面从系统演变的角度介绍几个代表性的软件系统。

(1) 简单客户服务系统。简单客户服务系统是客户关系管理系统的最初雏形,以"帮助办公桌"系统和"错误跟踪"系统为典型应用。帮助办公桌系统功能简单,不具有普遍的应用价值。错误跟踪系统是产品开发公司面向客户的产品服务管理的一个重要组成部分。

(2) 复杂客户服务与呼叫中心系统。复杂客户服务与呼叫中心系统是以客户服务管理、现场管理、呼叫中心为典型应用的,这是现代客户关系管理系统的主要应用。

(3) 销售自动化系统。对于销售来说,销售流程的管理及控制、跟踪现有客户、发现潜在客户等都十分重要。销售自动化系统作为客户关系管理系统的前身,可以帮助公司获取和保留客户,同时这种新的管理方式可以提高管理效率,缩短销售周期,实现利润的最大化。

(4) 客户关系分析。在分析型客户关系管理逐步成型后,有关客户资料的分析及利用渐渐显示出强大的生命力。商业的需要促进数据分析技术和工具快速发展起来,产生了数据仓库技术、数据挖掘方法、联机分析应用等手段。客户关系分析是客户关系管理演变过程中的重要一步。

(5) 客户关系管理系统。客户关系管理系统是由客户服务、销售自动化和客户关系分析等组成的,它的模块是客户关系管理系统演变过程中各功能模块的集合。客户关系管理系统形成了一种新的企业解决方案,使得企业可以有力地应对激烈的竞争环境。

2. 客户关系管理系统的结构

目前,主流的客户关系管理系统的结构,如图 8-6 所示。该结构阐明了目标客户、主要过程及功能之间的相互关系。

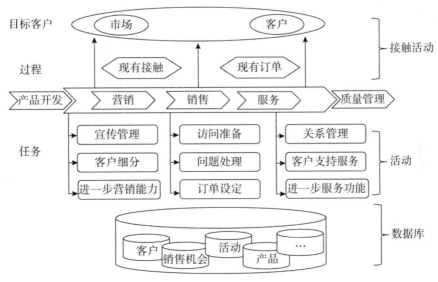

图 8-6 客户关系管理系统的结构

客户关系管理系统的主要过程是对营销、销售和客户服务等三部分业务流程的信息化。首先,在市场营销过程中,通过对客户和市场的细分,确定目标客户群,制订营销战略和营销计划。其次,销售的任务是执行营销计划,包括发现潜在客户、信息沟通、推销产品和服务、收集信息等,目标是建立销售订单,实现销售额。最后,在客户购买了企业提供的产品和服务后,还需对客户提供进一步的服务与支持,这主要是客户服务部门的工作。产品开发和质量管理过程分别处于客户关系管理过程的两端,由系统提供必要的支持。

在客户关系管理系统中,各种渠道的集成是非常重要的。客户关系管理的管理思想要求企业真正以客户为导向,满足客户多样化和个性化的需求。而要充分了解客户不断变化的需求,必然要求企业与客户之间要有双向的沟通,因此拥有丰富多样的营销渠道是实现良好沟通的必要条件。

客户关系管理系统改变了企业前台业务运作方式，各部门间可以信息共享、密切合作。位于模型中央的共享数据库作为所有过程的转换接口，可以全方位地提供客户和市场信息。而对于客户关系管理系统来说，建立一个相互之间联系紧密的数据库是最基本的条件，这个共享的数据库也被称为所有重要信息的闭环。由于客户关系管理系统不仅要使相关流程实现优化和自动化，而且必须在各流程中建立统一的规则，以保证所有活动在完全相同的理解下进行。这一全方位的视角和闭环形成了一个关于客户及企业组织本身的一体化蓝图，其透明性更有利于企业与客户之间的有效沟通。

3. 客户关系管理系统的组成

根据客户关系管理系统的一般模型，可以将软件系统划分为接触活动、业务功能和数据仓库三个部分。

1) 接触活动

客户关系管理系统应当能使客户以各种方式与企业接触，典型的方式有呼叫中心、电子邮件、电话、传真、Web 访问、直销，以及其他营销渠道，如图 8-7 所示。企业必须协调这些沟通渠道，保证客户能够采取其认为方便或偏好的形式随时与企业交流，并且保证来自不同渠道的信息完整、准确和一致。

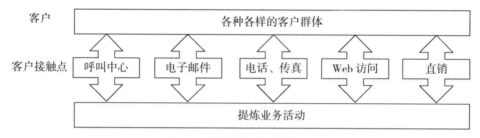

图 8-7 不同层次的接触活动

在客户交互周期中的客户接触参与阶段，客户关系管理系统主要进行的工作包括：

(1) 营销分析，包括市场调查、营销计划、领导分析，以及活动计划和最优化，并提供市场洞察力和客户特征，使营销过程更具计划性，达到最佳效果。

(2) 活动管理，包括计划、内容发展、客户界定、市场分工和联络等，保证完整营销活动的传送。

(3) 电话营销，通过各种渠道推动潜在客户的产生，包含名单目录管理，支持一个企业多联系人。

(4) 电子营销，保证互联网上个性化、实时、大量营销活动的实施和执行。

(5) 潜在客户管理，通过潜在客户资格及从销售机会到机会管理的跟踪和传递发展潜在客户。

2) 业务功能

客户关系管理系统的业务功能通常包括市场管理、销售管理、客户服务和支持三个组成部分，如图 8-8 所示。

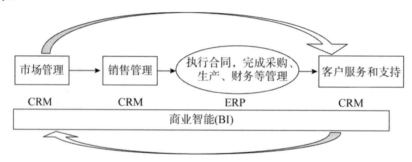

图 8-8 客户关系管理系统的业务功能

(1) 市场管理。通过对市场和客户信息的统计和分析,发现市场机会,确定目标客户群和营销组合,科学地制订市场计划;为市场人员提供制定预算、计划,以及执行和控制的工具,不断完善市场计划。同时,还可管理各类市场活动(如广告、会议、展览、促销等),对市场活动进行跟踪、分析和总结,以便改进工作。

(2) 销售管理。销售人员通过各种销售方式,如电话销售、移动销售、远程销售、电子商务等,方便及时地获得有关生产、库存、定价和订单处理的信息。所有与销售有关的信息都存储在共享数据库中,销售人员可随时补充或及时获取,企业也不会由于某位销售人员的离去而使销售活动受限。另外,借助信息技术,销售部门还能自动跟踪多个复杂的销售线路,提高工作效率。

(3) 客户服务和支持。一方面,通过 CTI 支持的呼叫中心,为客户提供每周 7×24 小时不间断服务,并将客户的各种信息存入共享的数据库以及时满足客户需求;另一方面,技术人员对客户的使用情况进行跟踪,为客户提供个性化服务,并且对服务合同进行管理。

围绕上述功能,不同的客户关系管理产品给出各具特色的支持软件,以 Oracle 公司的产品为例,其客户关系管理系统的功能,如表 8-1 所示。

表 8-1 Oracle 公司客户关系管理系统的功能

模块	目标	主要功能
销售模块	提高销售过程的自动化和销售效果	销售:销售的基础模块,用来帮助决策者管理销售业务,主要功能包括额度管理、销售力量管理和地域管理
		现场销售管理:为现场销售人员设计,主要功能包括联系人和客户管理、机会管理、日程安排、佣金预测、报价、报告和分析
		现场销售/掌上工具:包含许多与现场销售组件相同的特性,但该组件使用的是掌上计算设备
		电话销售:可以进行报价生成、订单创建、联系人和客户管理等工作,还有一些针对电话商务的功能,如电话路由、呼入电话屏幕显示、潜在客户管理及回应管理
		销售佣金:帮助销售经理创建和管理销售队伍的奖励和佣金计划,使销售代表了解各自的销售业绩
营销模块	对直接市场营销活动加以计划、执行、监视和分析	营销:使得营销部门实时地跟踪活动的效果,执行和管理多样的、多渠道的营销活动
		针对电信行业的营销部件:在基本营销功能的基础上,针对电信行业 B2C 的具体情况增加了一些附加特色
		其他功能:可帮助营销部门管理其营销资料,包括列表生成与管理、授权和许可、预算和回应管理
客户服务模块	提高与客户支持、现场服务和仓库修理相关的业务流程的自动化程度	服务:可完成现场服务分配、现有客户管理、客户产品全生命周期管理、服务技术人员档案管理和地域管理等。通过与 ERP 的集成,可进行集中式的雇员定义、订单管理、后勤管理、部件管理、采购管理、质量管理、成本跟踪、发票和会计管理等
		合同:创建和管理客户服务合同,从而保证客户获得的服务水平和质量与其所花的费用相当。它可以跟踪保修单和合同的续订日期,利用事件功能表安排预防性的维护活动
		客户关怀:客户与供应商联系的通路,运行客户记录并解决问题,如联系人管理、客户动态档案管理、任务管理和基于规则解决重要问题等
		移动现场服务:使服务工程师能实时地获得关于服务、产品和客户的信息,还可以使用该组件与派遣总部进行联系

(续表)

模块	目标	主要功能
呼叫中心模块	利用电话促进销售、营销和服务	电话管理员：呼入/呼出电话处理、互联网回呼、呼叫中心运营管理、图形用户界面软件电话、应用系统弹出屏幕、友好电话转移、路由选择等
		开放连接服务：支持绝大多数的自动排机，如 Lucent、Nortel、Aspect、Rockwell、Alcatel 和 Erisson 等
		语音集成服务：支持大部分交互式语音应答系统
		报表统计分析：提供了很多图形化分析报表，可进行呼叫时长分析、等候时长分析、呼入呼叫汇总分析、座席负载率分析、呼叫接失率分析、呼叫传送率分析和座席绩效对比分析等
		管理分析工具：进行实时的性能指数和趋势分析，将呼叫中心和座席的实际表现与设定的目标相比较，确定需要改进的区域
		代理执行服务：支持传真、打印机、电话和电子邮件等，自动将客户所需的信息和资料发给客户，选用不同配置使发给客户的资料有针对性
		自动拨号服务：管理所有的预拨电话，仅接通的电话才转到座席人员处，节省了拨号时间
		市场活动支持服务：管理电话营销、电话销售和电话服务等
		呼入/呼出调度管理：根据来电的数量和座席的服务水平为座席分配不同的呼入/呼出电话，提高了客户服务水平和座席人员的生产率
		多渠道接入服务：提供与互联网和其他渠道的连接服务，充分利用话务员的工作间隙，收看电子邮件、回信等
电子商务模块	利用网络实现在线营销、销售、支付等过程	电子商店：使企业能建立和维护基于互联网的店面，从而在网络上销售产品和服务
		电子营销：与电子商店相联合，电子营销允许企业能够创建个性化的促销和产品建议，并通过 Web 向客户发出
		电子支付：这是 Oracle 电子商务的业务处理模块，它使得企业能配置自己的支付处理方法
		电子货币与支付：利用这个模块后，客户可在网上浏览和支付账单
		电子支付：允许顾客提出和浏览服务请求、查询常见问题、检查订单状态。电子支付部件与呼叫中心联系在一起，并具有电话回拨功能

3) 数据仓库

数据仓库是客户关系管理系统的基础。首先，数据仓库将客户行为数据和其他相关的客户数据集中起来，为市场分析提供依据。其次，数据仓库将对客户行为的分析以 OLAP、报表等形式传递给市场专家。最后，数据仓库将客户对市场机会的反应行为集中到数据库中，作为评价市场策略的依据。一个高质量的数据仓库包含的数据应当能全面、准确、详尽和及时地反映客户、市场及销售信息。

数据可以按照市场、销售和服务部门的不同用途分为三类：客户数据、销售数据和服务数据。客户数据包括客户的基本信息、联系人信息、相关业务信息和客户分类信息等，它不但包括现有客户信息，还包括潜在客户、合作伙伴和代理商的信息等。销售数据主要包括销售过程中相关业务的跟踪情况，如与客户的所有联系活动、客户询价和相应报价、每笔业务的竞争对手，以及销售订单的有关信息等。服务数据则包括客户投诉信息、服务合同信息、售后服务情况，以及解决方案的知识库等。这些数据可放在同一个数据库中，实现信息共享，以提高企业前台业务的运作效率和工作质量。

目前，飞速发展的数据仓库技术能按照企业管理的需要对数据源进行再加工，为企业提供了强大的数据分析的工具和手段。

4．客户关系管理系统的技术功能

客户关系管理系统除了上述业务功能外，在技术上还需要实现其特有的一些功能。客户关系管理系统的技术功能，如图 8-9 所示。

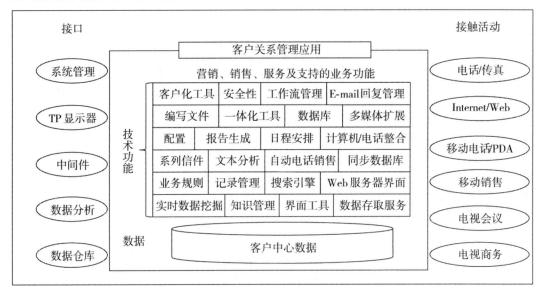

图 8-9　客户关系管理系统的技术功能

(1) 信息分析能力。尽管客户关系管理系统的主要目标是提高与客户沟通的自动化程度，并改进业务流程，但强有力的商业情报和分析能力也是很重要的。客户关系管理系统有大量关于现有客户和潜在客户的信息，企业应该充分利用这些信息，对其进行分析，使得决策者所掌握的信息更全面，从而能更及时地做出决策。

(2) 对客户互动渠道进行集成的能力。对多渠道进行集成与对客户关系管理系统解决方案的功能部件的集成是同等重要的。不管客户是通过 Web 与企业联系，或是与携带有 Web 功能的便携式计算机的销售人员联系，还是与呼叫中心代理联系，与客户的互动都应该是无缝的、统一的和高效的。

(3) 支持网络应用的能力。在支持企业内外的互动和业务处理方面，Web 的作用越来越大，这使得客户关系管理系统的网络功能越来越重要。为了使客户和企业员工都能方便地应用系统，企业需要提供标准化的网络浏览器，使用户只需很少的训练或不需训练就能使用系统。另外，业务逻辑和数据维护是集中化的，这减少了系统的配置、维持和更新的工作量，就基于互联网的配置来讲，也可以节省很多费用。

(4) 建设集中的客户信息仓库的能力。客户关系管理系统解决方案采用集中化的信息库，这样所有与客户接触的雇员可获得实时的客户信息，而且使得各业务部门和功能模块间的信息能统一起来。

(5) 对工作流进行集成的能力。工作流是指把相关文档和工作规则自动化地(不需人的干预)安排给负责特定业务流程中的特定步骤的人。客户关系管理系统解决方案应该具有很强的功能，为跨部门的工作提供支持，使这些工作能动态地、无缝地完成。

(6) 与 ERP 功能的集成。CRM 要与 ERP 在财务、制造、库存、分销、物流和人力资源等模块连接起来，从而提供一个闭环的客户互动循环。这种集成不仅包括低水平的数据同步，而且还应包括业务流程的集成，这样才能在各系统间维持业务规则的完整性，工作流才能在系统间流动。这二者的集成还使得企业能在系统间收集商业情报。

总之，客户关系管理系统支持营销、销售和服务过程，其作用是由业务功能和技术功能两方面共同决定和完成的。

案例分析

大数据提升企业核心竞争力——H证券公司客户关系管理系统建设之路

公司简介

H证券股份有限公司(以下简称H证券公司)前身为N证券有限责任公司，成立于1992年。2008年9月，经中国证监会批准，公司增资改制并更名为H证券股份有限公司，注册资本20.06亿元，公司在北京、上海、深圳等国内的主要城市设有64家证券营业网点及业务机构。

公司自成立以来，秉承"稳健、诚信、务实、创新"的经营理念和"全心全意为客户服务"的经营宗旨，成为国内具有一定业务规模和竞争优势的综合性证券公司。面对大数据环境的新特征与新形势，H证券公司正在努力做出内部调整，力求推出新的服务模式与业务经营模式，不断增强自身的核心竞争力。

行业背景

目前国内各个证券公司为了能使自己在白热化竞争中脱颖而出，纷纷与国际证券业发展趋势接轨，建立属于自己的客户关系管理系统。为了更好地运用客户信息资源，国内证券公司一直将自己的客户关系管理系统朝合理的趋势发展，即利用大数据技术对客户信息进行深度挖掘、系统化管理、高效率运算、高精准度分析，把经过分析和处理的客户信息与客户相关业务进行高度融合，让前中后三台职能部门共享客户信息，使各职能部门根据客户的喜好和需求等全方位细微化的大数据分析提供有针对性的服务，提高客户的用户体验，从而提高客户的满意度与忠诚度，吸引和保留更多的客户，最终使企业的核心竞争力得到有效提高。

国内证券业竞争环境日益激烈，建立一套具有自己公司特色并适应发展趋势需求的客户关系管理系统已经成为各证券公司关注的焦点。

H证券公司的大数据战略进程

1. 建立完善的精细化客户数据仓库

数据库是客户关系管理系统的中心环节，被誉为客户关系管理系统的灵魂。建立好客户数据库，企业就拥有了管理客户关系的基础。因此，H证券公司在利用大数据技术建立自己的客户关系管理系统时，充分发挥大数据技术所涉及资料数量级巨大的特点，将客户的信息尤其是浏览信息、交易信息进行精细化存储处理。例如，客户在某一时间段经常浏览的股票及浏览该股票所用的时长，客户每一次交易的时间记录及挂单、撤单记录等。它们看似是普通无用的数据记录，但是H证券公司将这些数据收集到一起，并加以精细化管理，并建立精细化数据仓库，形成了现有客户的第一手深度数据。通过分析这些数据能够了解客户的投资信息、投资习惯，这种优势也是其他证券公司所无法比拟的，从维护客户角度来说，建立精细化数据仓库是公司日后经营与服务工作中无比珍贵的资源。

2. 对相似客户群体的特征分析

在建立具有自身客户海量交易相关信息的精细化数据仓库之后，H证券公司进行了概念模型设计，即数据仓库的实现需要将现实世界的联系转化计算机能接受的信息世界的逻辑联系，公司有这个宝贵的资源做基础，对公司客户进行分析、分类。在分类结果的参考下，对每类客户群再进行更加精细的相似性群体分类。数据分类主要包含两个步骤：一是在已知训练样本类别情况下通过学习建立模型；二是若模型的准确率经测试被认为是可以接受的，那么就可以使用它对未来数据进行分类预测。

交易同一只股票的客户群体，他们的实际情况各不相同。例如，有的客户是在多次相关股票信息浏览的情况下分批、分次地进行购买，而有的客户则是在极少相关股票信息浏览甚至是没有浏览过的情况下一次性满仓购买；有些客户是习惯于每个交易日开始几分钟内进行交易，而有的客户则是喜欢在每个交易日马上收盘的几分钟内进行交易；有些客户虽然资金量不大，但是天天交易而且同时购买好几只股票，而有的客户资金量虽然很大，但是很少进行交易，而且他们往往只购买一两只股票。因此，对于初步分类的客户群体极其有必要做相似群体的细划分。划分之后还要对每组的相似群体进行特征分析，以帮助公司了解该类群客户的交易特点、交易偏好，甚至是加入心理学分析元素对客户的性格特点有一定了解。由此，可根据现有的客户数据，挖掘出客户的隐藏特性，从而辅助客户关系管理工作的开展，帮助企业分析出有利于提高业务增长需要的客户关系管理模式，达到增强企业竞争力等目的。有了这些深度分析过的经验数据将是H证券公司的无价宝库，无论是用于维护现有客户、开发新客户还是用于客户交易活跃化、相关理财产品的销售等。

3. 对客户进行个性化服务需求推送

H证券公司在建立精细化数据仓库的基础上对相似性客户群体进行细划分，并对具有相似性的客户群体的特征进行分析，从而得出了每一类相似客户群体的大致交易特点、交易偏好等宝贵信息，甚至得出极为珍贵的关于交易行为的客户心理学相关数据库，并通过大数据分析技术得出各相似群体中客户交易行为模型。在此基础上，H证券公司可以做到两个层面的个性化服务需求推送：

第一，即时性服务推送。在得到客户交易某一股票的情况下，推送该信息的扩展信息及与之相关的信息等。例如，客户在交易一只股票的情况下，H证券公司可依据此股票为目标信息，通过自身的信息优势搜索与之相关的信息并将相关研究报告推送给客户，以帮助客户在第一时间大量了解与浏览股票相关的有价值信息，甚至在第一时间得到H证券公司分析师的操作建议。

第二，预测性服务推送。在相似群体分析数据库成型并成熟的情况下对客户进行分类，在掌握大量该群体客户的投资习惯的情况下，对客户浏览的内容达到阈值后自动发出相关的信息、相关研究报告，以及公司分析师的相关操作建议。例如，H证券公司通过前期大数据记录、分析已经掌握到某相似客户群体的在十分钟内对某一股票的浏览量达到5次即要触发交易的情况下，群体中的某一客户在浏览某股票5次时，公司对该股票的相关信息、相关研究报告及公司分析师的相关操作建议即可发出推送。显然，预测性服务推送难度更大，但从客户交易的角度来说，预测性服务推送更具有意义，客户在购买股票前就能得到该股票的相关信息及操作建议能使自己的操作更专业、更合理、更科学，相应地会减少很多不必要的低级失误。

个性化信息推送服务是证券公司针对不同的证券客户的信息资讯需求，采用不同的网络、通信、数据库技术，向证券客户提供个性化的信息资讯内容，实现了证券市场信息资讯服务在推送时间、推送空间、推送内容等不同层面的个性化特征的一种推送服务。个性化信息推送服务要创新出全新的服务理念，证券公司需要根据客户的不同需求特点和具体需求创立或由证券客户自己订制适合自身需求的个性化的信息产品。此外，利用该推送模式及手段，可以获取和利用证券行业个性化的特色信息资源和特色服务。在证券行业激烈的竞争环境下，不同的证券公司能提供优质的个性化信息服务才能赢得市场、赢得客户，所以必须要以全新的个性化服务观念，去指导提升自身的信息服务水平。

4. 建立投资者理财交互系统

目前我国证券公司甚至发达国家的证券公司所建立的客户关系管理系统都是信息单向输送给客户，只是在精确度和准确性上精益求精地不断推进。而绝大多数公司都有意识到双向理财信息交互的重要性，H证券公司要想真正建立一个属于自己公司且能有独特优势的客户关系管理系统，信息双向的理财交互系统将是不二之选。即在建立客户数据仓库的基础上再建立一个信息与咨询的数据仓库，并依托先进的大数据分析系统将二者有机地结合起来。这样在客户提出一个需求后，信息与咨询数据仓库会调出相应的数据源，再通过高度智能的分析系统加以分析得出一个智能化的结论提供给客户，这样的操作建议将会是非常全面、客观的。

通过以大数据技术为依托的客户关系管理系统，H证券公司可以在对客户充分了解的基础上，为客户提供最恰当的服务，真正地做到对客户进行一对一的个性化服务；公司在充分了解客户、与客户充分沟通的基础上，及时了解客户的满意度和忠诚度的动态，从而检验公司的服务是否真正适合客户的需要。客户关系管理系统的运行，可以有效地帮助H证券建立与客户的双向互动平台，从而帮助公司建立起客户满意度检测系统。

H证券公司在客户关系管理系统的帮助下，使得自己公司的客户满意度和客户忠诚度得到一定提高，使得公司有更多的精力去扩大销售。公司提供以客户关系管理系统为基础的服务平台，将公司以往对客户提供被动的服务向主动的、开放式的个性化服务模式转变。同时，客户关系管理系统的运用使得H证券公司市场营销的效率和准确率大大提高，人力服务时间和工作量也大幅减少，变相降低了公司的服务成本。

未来发展方向

随着近些年大数据技术的飞速发展，各行各业纷纷将大数据技术引入自己的公司，并发展成有自身特点的数据处理系统。以大数据技术为依托的客户关系管理系统的出现解决了证券公司的诸多问题。该系统以客户为中心，连接了整个公司的各职能部门的各个不同运转环节，从而使客户的基本信息数据、交易记录数据，以及证券公司员工服务与管理数据共享，为客户数据管理、客户服务自动化、个性化提供了可能性，并逐渐形成了一种崭新的管理理念。

H证券公司毫无疑问要抓住这次难得的机遇，迅速完成公司经营模式的转型，加强客户之间的沟通交流，更好地服务客户，迎合客户需求。在未来的发展道路上，H公司将继续快速前进，抓住领先优势，并且扩大自身优势，创造更好的成绩。

(资料来源：王晰巍，李嘉兴. 大数据提升企业核心竞争力——H证券公司客户关系管理系统建设之路[EB/OL]. [2015-05-20]. http://www.cmcc-dut.cn/. 作者有删改)

思考题：
1. H证券公司在哪些方面通过大数据支撑客户关系管理？
2. H证券公司的客户关系管理实施过程体现了大数据应用的哪些方面？

本章习题

1. 什么是供应链？供应链具有哪些特征？
2. 什么是供应链管理？供应链管理的基本思想体现在哪些方面？
3. 供应链管理的目标有哪些？
4. 供应链管理的内容有哪些？
5. 供应链管理的运行机制是什么？
6. 供应链管理系统集成的基础技术有哪些？
7. 什么是客户关系管理？客户关系管理的内涵包括哪些方面？
8. 客户关系管理系统的组成有哪些？
9. 客户关系管理系统的技术功能有哪些？

第 9 章
知识管理系统

经济全球化发展要求企业具有交流沟通能力以及知识获取、知识创造与知识转换的能力,企业的成功越来越依赖于企业所拥有的知识的质量。利用企业所拥有的知识创造和保持竞争优势对企业来说始终是一个挑战,充分利用现代信息技术加强知识管理对提升企业竞争力至关重要。同时,以人工智能为代表的新兴信息技术促进企业的知识管理向智能化方向发展。本章将重点阐述知识管理、知识管理系统,以及基于人工智能的知识管理系统。

知识导航

1. 知识的概念、特点及分类
2. 知识管理的概念、对组织的影响及知识价值链
3. 企业知识管理系统的类型
4. 人工智能及其在知识管理系统中的应用

关键概念

知识　知识管理　人工智能　专家系统　基于案例的推理　模糊逻辑系统　智能代理　人工神经网络　遗传算法

开篇案例

华为的知识管理实践

华为技术有限公司是一家生产销售通信设备的民营通信科技公司,于 1987 年在中国深圳正式注册成立,产品主要涉及通信网络中的交换网络、传输网络、无线及有线固定接入网络、数据通信网络,以及无线终端产品,为世界各地通信运营商及专业网络拥有者提供硬件设备、软件、服务和解决方案。

作为中国工业品(B2B 业务)领域的标杆企业,华为非常重视知识管理,并将知识资产作为公司竞争力的重要来源,与企业文化、自主研发、人力资源、管理制度放在了同等重要的位置。华为从 2001 年起就开始了知识管理工作,并逐步建立起了知识管理组织架构、管理流程机制,以及知识工作门户,是进行系统化知识管理的领先企业。华为通过统一的门户系统,将知识管理、组织体系、内部协作、个人事务及业务模块(如风险投资、项目管理)充分整合,确保知识来源于业务和管理过程,经过系统化思考和总结,有机地进行了沉淀,而沉淀下来的知识又服务于业务和管理,从而推动知识和业务循环性成长。

华为通过做前学(项目知识管理)、做中学(知识社区)和做后学(知识资产)三个层次的实践,建立起"树"型知识管理结构:以事后回顾(after action review,AAR)等知识收集活动为"枝叶",结构化知识管理社区为"主干",核心能力交付件为"根系",在实战中不断将知识资产固化到业务流程当中。

华为"树"型知识管理的一个应用就是 GSM 解决方案版本通过德电准入测试。德电是 GSM 历史上最"严苛"的客户之一，在每个版本准入测试中，其关注点都会产生变化，使准入过程异常艰难。为了彻底改变被动局面，2013 年，华为学习和继承了 UMTS 在加拿大整理的项目准入保障"七步法"(包括客户场景 Beta 测试、现网小规模测试、大规模上网等)，通过合同解读等方法提前识别风险，根据历史准入问题提炼客户关注点，提前化解风险。在整个准入过程中，针对问题和阶段进展进行了多次 AAR 总结经验，并指定专家负责整理、优化、传播案例，最终形成了完整的《德电保障一本通》核心交付件，提炼了准入每个阶段的清单、处理问题的方法等，让后续的测试内容变得清晰可控。通过这一系列举措，新版本的问题数相对前一版本减少了 89%，交付质量大幅提升，取得了三位一体的收获，即业务成功、人员成长、组织级的能力提升。

(资料来源:佚名. 华为的知识库营销管理实践. 华为如何建立"树"型知识管理结构[EB/OL]. [2014-09-26]. http://www.kmpro.cn/html/anli/zsgljy/13301.html. 作者有删改)

讨论:
1. 华为为什么要建立知识管理系统？
2. 华为的知识管理体系使该企业产生了什么竞争优势？

9.1 知识与知识管理

9.1.1 知识

1. 知识的概念

<u>知识，是对解决实践问题的观点、经验和程序等正确真实信息的归纳和总结，并可用来进一步改造客观世界。</u>

在管理信息系统中，数据、信息、知识和智慧有着必然的联系，它们的关系如图 9-1 所示。

图 9-1 管理信息系统中各要素的关系

从图 9-1 中可以看出，知识的演进可以分为四个层次，其中最低层次为数据，它是描述客观世界中事物的运动状态和运动方式的特定符号，是信息的最基本形式。底层的数据经过人们主观能动的加工处理后，形成了对人们的决策有帮助的信息。人们根据所掌握的信息，用于解决客观世界中的特定问题，并将这些信息进行结构化处理后形成所谓的知识。而最顶层的智慧是运用知识的一种能力。由此可以看出，这四个层次是依次递进的，它们之间形成一种金字塔形的递进关系。这种递进关系是信息管理和分类的过程，是信息从繁杂无序状态到分类有序的过程，是一个知识管理的过程，也是信息价值不断升华的过程。

2. 知识的特点

(1) 知识的创造和应用与人的活动紧密相关。知识是人们在社会实践过程中产生的，如果脱离人去研究或认识知识是没有价值和意义的。即使目前的计算机可以模拟人的思维，但是也是事前被以程序或指令的方式赋予的。所以，知识的产生和应用充分体现了人的主观能动性，是和人的社会活动紧密相连的。

(2) 知识是可以被认知和学习的。人刚生下来是不具备知识的，需要后天的不断学习和经验的积累而获得。知识的来源可分为三种：一是人直接通过体验学习而获得的知识；二是通过向他人学习而间接获得的知识；三是内省所获得的知识。在现实生活中，人直接参与社会活动而获得的直接知识是非常有限的，因此人们大多都是通过各种学习的方式间接地获得知识。特别是现代信息技术的不断发展，提升了人们学习知识的速度，拓展了人们获得知识的范围和途径。

(3) 知识的表述具有层次性。用于表述知识的工具很多，如文字、语言、数字、符号、视频及音频等。然而，这些工具是可以被用来生成知识的模型，这些表述模型只能无限地去接近知识的本身，但是不能替代知识。也就是说，知识在某个层次上是无法用语言来表述的。

3. 知识的分类

通过对知识的分类，可以帮助我们加深对知识的理解和认识，常见的知识分类有以下两种。

(1) 按知识结构化程度分为结构化知识、半结构化知识和非结构化知识。结构化知识是指存储于计算机或者数据库中的知识；半结构化知识容易查询、综合、共享和使用；非结构化知识可以分类和查询，但是对于综合和使用比较困难，如存储在图书馆中的资料和数据。

(2) 根据知识存在的形态分为显性知识和隐性知识。显性知识是能明确表达的且以可视化的形式存在的知识，如各类教科书中的知识。人们可以通过口头传授、教科书、参考资料、期刊、专利文献、视听媒体、软件和数据库等方式获取，也可以通过语言、书籍、文字、数据库等编码方式传播，它容易被人们学习。隐性知识是那些仅仅在人的头脑中存在，无法可视化的知识，如管理经验。

9.1.2 知识管理

1. 知识管理的概念

20 世纪 90 年代中期，全球兴起了知识管理(knowledge management)的研究，知识管理可以针对个人、组织或团体所拥有知识的确认、创造、掌握、使用及传播分享等活动进行积极有效的管理。人们从不同的角度和领域对知识管理进行了有效的研究，形成了各种领域和学派的不同定义，其中主要包括 IT 技术学派、知识工程学派、组织行为学派和战略管理学派。但是，人们对知识管理研究的重点仍集中在对知识管理范围的界定、知识的组织，以及 IT 技术在知识管理中的应用等方面。

结合前人对知识管理研究成果及当前知识管理的发展现状和趋势，本书认为**知识管理是以知识作为组织发展的关键因素，并采用现代信息技术和管理思想，对知识进行有序整合、有效吸收和传播，不断进行创新，并回馈到组织知识系统内，使得知识不断积累和循环，从而成为组织管理与应用的智力资本，最终提高组织核心竞争力的过程。**从该定义中可以看到，知识管理需要信息技术的支持，但是知识管理本身却不是一门技术。更确切地说，它是由信息系统支持的过程，它的重点应该是创造并使用知识的人、知识本身和知识进行有效传播分享的方法。

2. 知识管理的目的

目前企业开展的知识管理，大致可以分为如下三个阶段。

(1) 基础阶段，此阶段主要是开展文档的管理工作，并将文档根据信息内容进行分类存储。

(2) 中级阶段，此阶段的主要特征是企业根据运营业务时积累的经验，建立标准的流程和相关的规范，形成文档加以管理。此阶段和基础阶段最大的不同，是中级阶段更加注重对管理对象流程的管理。

(3) 高级阶段，此阶段的主要特征就是企业的管理体系比较完善。知识管理的最大特点就是对隐性知识的管理，并通过挖掘工具和管理制度，实现对隐性知识的持续积累、显性化和共享。此阶段侧重对企业文化和做事方式的管理，主要体现为行为规范和职业标准。

知识管理的最终目的是实现组织管理和运营效率的提高，降低管理成本，提高管理水平，进而提升组织的核心竞争力。对于企业而言，要想成功实施知识管理，必须要加强业务流程的管理，将企业的业务流程和知识管理的实施结合起来。因为任何知识管理的设计和部署都和组织的业务需求紧密相连，所以最简捷的知识管理实施就是将知识与组织的业务流程和组织中的每个角色结合，进而实现业务的优化。例如，基于知识管理的客户服务系统、客户管理系统和 ERP 系统等。

3. 知识管理对组织的影响

知识管理可以使组织的目标更加明确，行动更加高效。知识管理对组织的影响主要体现在如下几个方面。

(1) 优化组织运作。知识管理使企业内部知识的产生和传递过程得到优化，从而使企业的管理方式和业务过程得到改善。企业内部的知识有一部分是明确的、可以表述的知识，也有一部分是潜移默化的知识。其中，那些明确的、可被表述的知识大多都是以数据通信、信息传递和文档共享的方式实现管理的，而潜移默化的知识无法通过实体的、可显现的方式进行管理和传递，它主要是通过员工的表率或组织的文化氛围来造成影响。从知识管理的应用范围来看，知识管理不仅用于企业，而且也可以用于事业单位和各机关单位，并能够提高其管理和工作的效率。

(2) 提升企业的竞争力。知识管理可以将整个组织的知识优势用于构建组织的核心竞争力。具有知识管理理念的企业可以将组织中的知识融合在一起，并为各成员使用。组织具备知识优势，可以为客户提供优质的产品和服务，从而提升企业的竞争力。影响组织知识产生的因素有很多，如社会因素、政治因素和个人因素等。同时，知识的产生也会影响这些因素，彼此之间是相辅相成、相互促进的作用。在这些因素及知识管理的共同作用下，会提升企业的竞争力。

(3) 增加企业的价值。一个企业的真正价值在于其拥有可以不断创新的知识和能力，而这些能力可以帮助企业在产品和服务上居于持续领先的地位。在商业竞争日趋激烈的前提下，只有善于运用和管理所拥有的知识，企业才能立于不败之地，并创造更多的价值。同时，有知识管理的组织可以打破组织内部和组织之间的隔阂，使组织成员可以充分共享组织的知识，从而为组织或企业创造更多的价值。

(4) 使组织发展策略调整更加灵活。企业要想在瞬息万变的市场中灵活应对，就必须充分了解市场变化并能根据特定的环境及时调整自己的运作方式和发展战略。企业或组织要具备这些能力，就要善于管理其内部或外部的知识。企业发展策略的调整不仅仅是技术的更新或者是管理方法的完善，而是需要组织或企业从根本上去改变发展策略。而为了能够改变这些发展策略，就必须使企业或组织充分运用知识。因此，只有将组织的知识管理好、运用好，才能灵活地调整发展策略以适应组织或企业发展中外界环境的变化。

4. 知识价值链

同企业的价值链类似，伴随着信息流在价值网络中的流动，企业中还存在着一条知识链。在企业中价值链和知识链相互交织，形成一个复杂的系统，并产生了一种新的企业运营模式——知识价值链。对于知识价值链的形成，可以通过知识价值链模型来描述，如图 9-2 所示。知识价值链模型是一个整合模型，主要包括知识输入端、知识活动端和价值输出端三个组成部分。

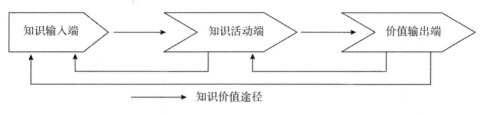

图 9-2 知识价值链模型

从图中可以看出，由知识输入、知识活动到价值输出的过程中，每一阶段价值的增加都可以是双向演进。即知识增加值不仅可以贡献给后一阶段的知识输出，也可反馈到前阶段的知识来源。

企业知识价值链应该具备的特征为：以顾客需求为导向；以企业业务流程为基础；以价值流和知识流为分析对象；以知识的价值分析为手段；以形成知识创新及其价值转化为目标。

9.2 企业知识管理系统

针对不同的知识，企业要使用不同的知识管理系统。目前，常见的企业知识管理系统主要有：内容管理系统、知识网络系统和学习管理系统。

9.2.1 内容管理系统

随着信息技术的应用不断推广和普及，每一个企业或者组织都积累了海量的信息，如何合理应用并科学管理这些信息资源，成为企业或组织越来越重视的问题，同时这也是企业领导正确决策、增强企业核心竞争力的关键。

现在的企业管理需要的信息大多都是结构化和非结构化的知识。因此，企业必须借助内容管理系统对这两种类型的信息进行组织和管理。内容管理系统为企业提供了一种管理文字、音频、视频和图片等各种形式商业信息的应用软件，如图 9-3 所示。

图 9-3 内容管理系统

内容管理系统具有存储文件、报告、演示文稿和最佳实践等结构化知识，以及收集并组织半结构化知识的能力，为企业决策层正确决策、提升企业核心竞争力提供所需信息和知识。

内容管理系统的功能结构主要包括信息产生、数据处理和信息发布三个部分，如图 9-4 所示。

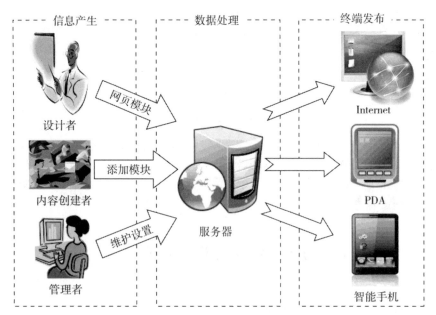

图 9-4 内容管理系统功能结构

从功能结构图可知，系统设计师、内容创建者和系统管理员是内容管理系统不可缺少的主要角色，为系统提供网页模板、添加数据和维护设置服务，并为系统的数据处理服务器提供信息资源和内容知识。系统数据处理服务器将系统用户提供的知识和内容进行收集、分类、组织和存储，并为信息发布端的用户设备提供查询和检索等服务。

企业知识系统最大的特点就是可以对知识按类别进行管理。该系统可以在知识的类别建立后，为不同的知识主题加"标签"，加标签后的知识就更容易被访问和使用。同时，企业知识系统能与存储文件的其他公司数据库通过接口连接，并可以创建一个企业门户网站，以便员工查找知识时使用。

9.2.2 知识网络系统

知识网络系统，也被称为知识定位和管理系统。它是知识节点及知识节点之间的关联构成的网络，反映了组织知识和个体知识之间的一种网络结构化的依存关系。知识网络驱动企业获取竞争优势，它能够提高企业获取、定位和共享知识的能力。知识网络中的知识不是数字文档形式的知识，而是在专家头脑中所反映的知识。

知识网络系统有效支持知识管理过程，它提供待解决问题领域的专家在线目录，并将目录通过通信技术在网络中共享，以便组织成员在需要时随时能够搜索到。在知识网络系统中，领域问题专家的解决方案被系统化，并且存贮在问题解决方案的数据库中。当用户需要解决某一类问题时，可以到数据库中检索，找到解决此类问题的最佳方案，从而提高解决此类问题的决策质量和决策水平，缩短决策时间。

企业通常将具有本企业特征的业务流程看作是企业的知识，并根据企业知识管理的特点，对其进行有效的管理，同时通过一定的共享机制充分发挥这些知识的作用，从而为企业创造更多的知识和价值。在企业知识管理的过程中，一般将企业的业务流程知识从企业的知识中独立出来，作为连接组织知识网络和个体知识网络的中间层，最终形成企业的知识网络系统。

9.2.3 学习管理系统

学习管理系统(learning management system, LMS)，又称为在线培训系统或在线教育系统，在企业知识管理系统中，学习管理系统被看成是一个重要的组成部分。学习管理系统为企业的员工提供了知识传授、技能培训和再教育的数字化教育平台。支持学习管理系统的形式是多样的，常见的有视频课件、网络教育平台和在线论坛等。

企业通常将学习管理系统集成到企业的知识管理系统或其他公司的知识管理系统中，并通过学习管理系统跟踪和管理员工的学习过程，实时掌握员工的学习动态，引导员工的学习方向。同时，将企业的发展战略融入学习管理系统中，将员工的学习和企业的发展相结合，并将员工的学习情况和绩效输入员工人事档案中。学习管理系统可以针对特定的人群制订相应的培训计划和内容，将企业积累的知识传授给员工，使员工可以在短时间内提升水平以满足企业的需求，从而为企业节省了培训时间和成本。

课堂讨论专题

明确组织中知识的作用及人作为知识创造者的重要性，培养员工在组织中知识分享和知识保护的意识。

9.3 基于人工智能的知识管理系统

人工智能(artificial intelligence, AI)是研究人类智能活动的规律，构造具有一定智能的人工系统，研究如何让计算机去完成以往需要人的智力才能胜任的工作，也就是研究如何应用计算机的软硬件来模拟人类某些智能行为的基本理论、方法和技术。 人工智能是计算机学科的一个分支，随着计算机的计算和存储能力的增强，人工智能在很多学科领域得到了广泛的发展和应用。人工智能在理论和实践上逐渐成熟，从而形成了一个独立的分支。人工智能通过模拟和推理技术，完成由人脑完成的任务，努力缩小计算机与人类智慧之间的差距。

20世纪80年代以后，人工智能研究从计算机学科扩展到其他学科，并引发了许多相互交叉和彼此渗透的新学科。在此期间主要的成就就是日本第五代计算机研究计划的实施，其主要的思想就是以谓语逻辑语言Prolog为中心，实现综合人工智能的知识表示、推理和学习等多种仿生性能的计算机系统。同时，也有一些专家系统被实例化，并被广泛地应用于企业的管理中。

20世纪90年代以后，大数据时代到来，常规发现和获取知识的方法与模式已经难以满足需求。这要求人们必须对海量的数据从多层次和多角度去发现，获取隐藏于海量数据中的新颖和潜在的知识，从而将人工智能技术逐渐引入到信息管理的领域。目前，人工智能在信息管理中的应用主要有专家系统、基于案例的推理、模糊逻辑系统、智能代理、人工神经网络和遗传算法等。

9.3.1 基于案例的推理

一般情况下，人们为了解决一个新的问题，首先是进行回忆，从记忆中找出一个与新问题比较相似的案例，从而把相似案例中的相关信息和知识用于解决新的问题，这就是基于案例推理的原型。对于企业而言，其组织也有积累的知识和经验，并将这些积累的知识和经验应用于基于案例的推理过程。由此可知，**基于案例的推理(case-based reasoning, CBR)是将一种新的案例或问题与以前已解决的案例相匹配，并将已解决案例的方案存储在数据库中，用于解决新的相似问题。** 基于案例的推理过程,如图 9-5 所示。

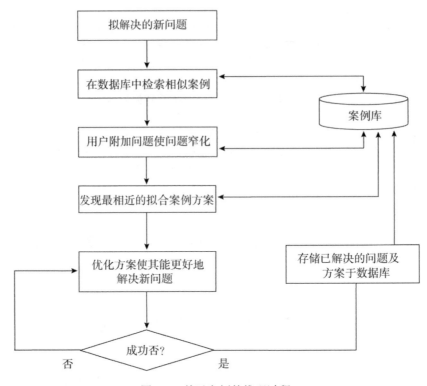

图 9-5 基于案例的推理过程

基于案例的推理将已解决的问题及方案存储在数据库中,当未来遇到相似的新问题或情况时,系统便检索与新问题和情况相似特征的案例。结合新问题或情况的特殊要求,优化解决方案,使其能够更好地解决新问题或情况。待新问题或情况被认定为成功解决,则将成功解决的新问题或情况作为新的案例存储在数据库中。在基于案例的推理过程中,把当前拟解决的新问题或新情况称为目标案例,而把存储在数据库中已解决的问题或情况称为源案例。那么基于案例的推理过程可以简单地认为是由目标案例的提示而获得记忆中的源案例,并由源案例来指导目标案例求解的过程。

专家系统往往通过存储于知识库中的规则去解决问题,而基于案例的推理则是以一系列的案例来表达知识,并使用这些知识去解决新的问题。在基于案例的推理系统中,数据库会随着新问题或情况的不断出现,不断被用户更新、扩展和改进。

9.3.2 专家系统

1. 专家系统概述

专家系统(expert system,ES)是人工智能的一个分支,是模拟人类专家解决某领域问题的系统或计算机程序。 它的主要目标就是让计算机在某一特定的专业领域中具有与专家同等水平的问题解决能力,从而将人类专家从解决许多问题的过程中解放出来。专家系统包含某个领域专家水平的大量的知识和经验,并使用这些知识和经验处理该领域中遇到的问题。专家系统解决领域中的问题时,可以根据系统内容专家的知识和经验进行推理和判断,模拟专家分析问题和解决问题的决策过程。

第一个专家系统是由斯坦福大学的费根鲍姆(A. Feigenbaum)于 1965 年开发出来的 Dendral 系统,该系统主要用于推断化学分子的结构。经过 50 多年的不懈努力,专家系统的理论和技术不断地发展和进步，其应用领域涉及化学、数学、生物、农业、气象、自动控制、计算机设计和制造等众多领域，并在这些领域中产生巨大的经济效益和社会效益。目前，专家系统被认为是人工智能领域中最活跃、影响最大和备受重视的一个分支。

2. 专家系统的特点

专家系统作为人工智能的典型应用，具有以下几个方面的特点。
(1) 专家系统将企业员工从单调、枯燥的重复劳动中解脱出来。
(2) 专家系统可以将稀缺专家的专业知识存储起来，并可以将很多专家的知识集中整合起来，对企业某领域的问题给出更加科学、合理的解决方案。
(3) 专家系统可以对企业的知识进行积累。
(4) 专家系统为非专业的决策者提供专业决策方案，并降低决策过程中的不确定性因素带来的决策失误。

3. 专家系统的结构原理

专家系统主要由六部分组成，主要包括知识库、推理引擎、人机界面、解释工具、综合数据库和知识库管理系统，其结构原理如图9-6所示。

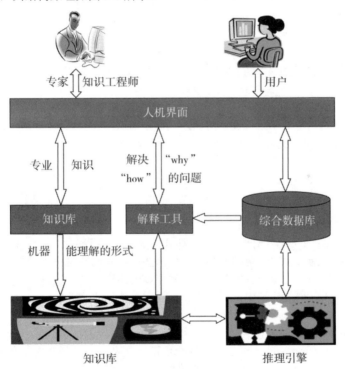

图 9-6　专家系统的结构原理

(1) 知识库。从专家系统的结构原理来看，人类的知识必须首先转换成计算机可以识别并可以处理的形式，也就是说专家系统必须首先模型化人类的知识，并将这些知识集合起来，形成知识库。知识库与数据库的功能比较类似，它除了能存储一些数据和信息之外，还可以存储与事实和数据相关的规则和说明。在专家系统中，知识库一般包括事实性知识、启发式知识和元知识三类。所谓事实性知识是由各种与某一特定的行为、学科或问题相关联的事实组成；启发式知识是由各种与某一问题或行为相关联的规则组成；元知识能促使专家系统从经验中获取知识，并审核和提取有关的事实来确定方案的路径。专家系统的知识库中规则的数量取决于拟解决问题的复杂程度,据此专家系统中的规则从 200 到几千条不等。与传统的信息系统相比,专家系统的规则往往是更加复杂交错的。

(2) 推理引擎。在专家系统中,用于检索知识库中的规则的策略为推理引擎。推理引擎从包含若干条件和规则的事实矩阵中开始,逐一对规则进行评估,最后给出建议。专家系统的推理过程实际上是从规则库中提取规则并进行演绎推理的过程,有人将这个过程定义为反复执行"认识—行动"的循环过程。在此过程中,"认识"是指推理机构对设定的规则进行模式匹配的过程;"行动"是指当一条规则满足匹配条件时推理机构执行的一系列动作。推理主要基于两种方式,即向前推理和向后推理。向前推理是指推理从数据库中的已知事实中开始,然后根据规则进行推理,在此过程中如果规则的行动都是一条可执行的语句,则对数据库进行更新,接着再选择一条规则继续推理,直到得出推理的结果;向后推理则从要得出的结论开始,从知识库中选出一条与结论相同的规则,再判定条件是否满足,如果条件可以由数据库中已知的事实得到证明,那么结论就成立,则可以给用户肯定的结论,如果该条件得不到满足,则系统要么选择一条新的规则,要么回到上一步,从另一条未选用的规则开始,再重复进行上述过程,直到数据库中已知事实将条件的所有原子命题都被证明为止。

(3) 人机界面。人机界面是用户与系统进行信息交互的窗口,通过此界面,用户可以将基本信息提交给专家系统,并回答系统提出的相关问题。同时,系统将处理结果也以此界面传递给用户。因此,人机交互界面的友好程度是衡量专家系统成功的标准之一。

(4) 解释工具。解释工具是根据用户提出的问题,展示其求解和得出结论的过程。也就是说,解释工具向用户解释最终的方案是如何推导出来的,这样便于用户理解问题解决的方法和过程,从而使专家系统更加人性化。

(5) 综合数据库。综合数据库用于存储专家系统在推理过程中需要的原始数据、中间结果及最终结论。

(6) 知识库管理系统。知识库管理系统是保证专家系统中的知识库的规则随事实和新规则不断变化和更新的关键,同时也是专家系统设计的瓶颈。通过知识库管理系统,可以对知识库的规则进行管理,如扩充和更新知识库的规则、自我学习产生新的规则等。

9.3.3 智能代理

1. 智能代理概述

智能代理(intelligent agent,IA)是近年来计算机科学和人工智能领域中一个重要的分支,采用一个有限内置的知识库,通过设定特定的规则,使用这些规则去代替用户完成相应的任务或做出相应的决策。 智能代理主要是对企业面临的海量数据按照设定的规则进行过滤,从而找出重要信息。智能代理往往工作于无人干预的环境中,为个人和企业完成特殊的、重复的和可预测的任务,如电子邮箱中的自动过滤并删除垃圾邮件的功能。

智能代理在功能上还不完善,并处于一个持续完善和发展的过程,到目前为止,仍然没有一个统一和权威的定义。但众多学者和专家对智能代理有一个共同的认识,那就是智能代理通过感知、学习和推理并通过设定知识库的规则,能够模仿人类的社会行为。

2. 智能代理的特点

智能代理具有以下几个方面的特点。

(1) 自治性。智能代理能对周围的环境变化自动做出应激性反应,并且能够在没有用户的指示或其他应用程序介入的情况下自行操作和运行。

(2) 适应性。智能代理能从历史的海量知识中获取经验,并能获得新颖的和超越以前的知识。简而言之,智能代理能够智能地做出判断。

(3) 协作能力。智能代理能通过有效的通信方式和其他实体或系统交互,并与其他系统协同工作和相互作用,以实现最终的共同目标。

(4) 智能性。智能代理包含丰富的知识,具有较强的推理能力,可以通过检测用户意图来自动处理复杂的意图。同时,也可以对用户的意图进行分析,并不断自我学习和提高,以达到提高独立处理问题的能力。

3. 智能代理的应用

目前智能代理大多应用于电子商务领域,引入智能代理的电子商务可以使企业获得更多智能化和个性化的信息服务,从而改善电子商务企业的事务处理效率,保证了企业组织内部的信息流通畅,为企业带来更高的客户满意度并减少企业的运营成本和管理成本。智能代理技术贯穿电子商务的整个运营过程,如图9-7所示。

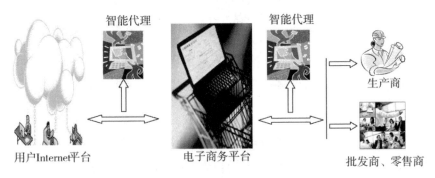

图 9-7 应用智能代理的电子商务

应用智能代理的电子商务系统可以使生产商方便地收集市场信息,在最短的时间内做出开发决策并寻找合适的合作伙伴,从而更好地满足市场用户的需求,适应市场变化。同时,基于电子商务平台的网上批发商和零售商也可以收集市场用户信息,进行分析,考察市场动向。在此基础上,可以为市场用户制定出比较个性化的营销策略和广告。而作为网上用户的消费者,也可以从应用智能代理的电子商务平台上获取大量的产品信息,做出比较和分析,最终选择适合自身的产品。

9.3.4 人工神经网络

1. 人工神经网络概述

<u>人工神经网络(artificial neural networks,ANNs),简称神经网络,它采用自我学习的机制,使用计算机硬件和软件模拟人类大脑处理问题的模式,从海量的数据中筛选数据、建立模型和校正模型的错误。</u>人工神经网络处理的往往是模拟复杂、难以理解,并可获得海量数据的非结构化问题。通过对人脑或自然神经网络诸多特性的抽象和模拟,能够进行学习并执行传统计算机不能执行的任务。

人工神经网络是在现代神经学的基础上提出来的,并能够反映人脑的一些基本功能特点,但是仍与自然的神经网络有一定的差距。人工神经网络是对自然神经网络的抽象和模拟,只能无限接近自然神经网路,但不可能代替自然神经网络。

2. 人工神经网络的特点

人工神经网络具有以下特点:
(1) 可以充分逼近和处理比较复杂的非线性关系。

(2) 具有自我学习功能，并具有自适应性。
(3) 可以同时采用定性和定量的方法解决非结构化问题。
(4) 可以在短时间内寻找问题的最优解。

3. 人工神经网络的结构原理

近年来，人工神经网络为解决复杂度较大的问题提供了一种简单而有效的方法，越来越受到人们的关注。人工神经网络结构，如图 9-8 所示。

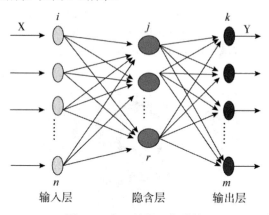

图 9-8　人工神经网络结构

人工神经网络由输入层、输出层和隐含层构成，其中有大量的敏感和处理节点，这些节点彼此相互影响和相互作用。输入层的每个节点对应一个预测变量；输出层的节点对应的是目标变量，目标变量允许有多个；在输入层和输出层之间的是隐含层，隐含层是不可见的，其层数和节点的个数决定了人工神经网络的复杂程度。在人工神经网络中，用户将海量的数据输入，神经网络将这些输入和系统里知识库中的案例进行比较。如果发现不同，则进行校正，并将这些结论应用于隐含层的每个节点，并重复这些步骤，直至满足解决问题的条件。

人工神经网络不做程序解，并不针对特殊问题，而是以一个生成的学习能力的形式纳入硬件中。同时，人工神经网络不能完全解释解的过程，甚至不能得到一个确定的解，并且在解决问题时需要海量的数据。因此，人工神经网络只是辅助人的决策，而不能代替人做出决策。

9.3.5　遗传算法

1. 遗传算法概述

遗传算法(genetic algorithms，GA)是模拟达尔文进化论的自然选择和遗传学机理的生物进化过程的计算模型，它通过考察某个问题的大量可能解的方法，采用模拟生物进化过程搜索解决问题的最优方法。

遗传算法由密歇根大学的霍兰德(J. Holland)于 20 世纪 60 年率先提出。直到 20 世纪 80 年代中期，对于遗传算法的研究还仅仅停留在理论方面。随着计算机技术的不断发展，人们的计算能力得到了很大的提高，遗传算法从理论研究逐渐进入实践应用阶段。目前，遗传算法被应用于经济、金融和企业管理等许多领域，主要应用遗传算法进行时间表安排、数据分析、趋势预测及组合优化等问题。

2. 遗传算法的结构原理

传统的遗传算法从初始种群出发，根据使用度函数计算出适应度函数值，然后通过选择、交叉和变异三个操作,从而产生新的更适应环境的个体,也就是问题的解,最后使群体进化到搜索空间中越来越接近问题的最优解区域。如此迭代进化,最终收敛到最适应环境的个体上,也就求得了问题的最优解。遗传算法结构,如图9-9所示。

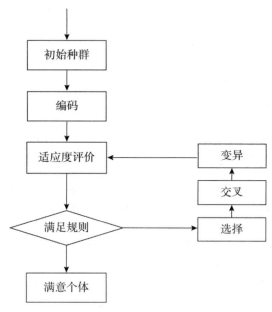

图 9-9　遗传算法结构

遗传算法大多用来解决动态的、复杂的、包含较多变量的决策问题,同时要求被解决的问题是可以表示成遗传形式的,这样有利于评价拟合判据的建立,保障遗传算法能加速对此类决策问题的求解,并能找到解决问题的最佳途径和方案。

通常,遗传算法用于神经网络和模糊逻辑系统中,主要是用来解决调度、引擎设计和市场营销等问题。例如,采用具有遗传算法的神经网络和模糊逻辑的对接算法,设计机器人绕过障碍物和墙壁到达目的地的最短和最佳路径。

案 例 分 析

盛大网络的知识管理系统

一个周五的上午,上海盛大网络发展有限公司(以下简称"盛大")CEO 陈天桥没有待在他的办公室里,却出现在盛大助理副总裁暨信息化项目负责人米丹宁主持的 IT 部门的例会上。这样的事情从 2006 年 4 月就开始了,从那时起,陈天桥几乎每周五上午都要参加 IT 部门的例会。在米丹宁眼中,陈天桥此举表明其对信息化"比传统企业的 CEO 关注度还高"。陈天桥是 2006 年第一次在例会上听到"知识管理"这一概念的,2007 年 6 月,知识管理系统即开始在盛大上线运行,这一切似乎都带着互联网企业那种令人咋舌的神奇速度!后来,米丹宁说,陈天桥嗅到了对企业有价值的东西。

2006 年,当媒体蜂拥报道盛大进行战略调整,陈天桥在盛大内部狠抓管理和控制时,少有人注意到,信息化已纳入陈天桥的视野。实际上,在制造业等传统行业,ERP 等信息化系统早就是企业的重要战略支撑,但是在互联网这个新兴行业,没人关心"向管理要效率"。显然,当陈天桥不管有多忙，每周五必到IT部门的例会上报到时，信息化已开始成为盛大的一项重要的企业策略。

陈天桥的项目

短短几年来，盛大从最初的几个人发展到几千余人，在急剧转型扩张背后，各种管理问题纷至沓来。员工频繁流动是其中的问题之一，往往一名员工走后，随身带走U盘或移动硬盘，就带走了盛大的很多资料。

后来，陈天桥在听了米丹宁介绍的知识管理后，当即决定在盛大实施知识管理项目。当陈天桥开始寻求信息化的支持时，再一次体现出他做事的超前性和前瞻性。当时，来自盛大其他高层的质疑声不断，由于盛大2004年上马的ERP系统并不成功，所以盛大上下由此对信息化项目不"感冒"。当时企业的工作流系统还没开始运行，效果好坏有待考察，紧接着就上知识管理系统，怎么看都有些冒险。

米丹宁带着他的团队考察了包括IBM、微软等国内外七八家企业的产品，最终，盛大选择了微软的平台，出动了内部最优秀的员工和微软部分资深的技术员一起，共100多人合作开发了盛大的知识管理系统。

对于米丹宁而言，此时更像是老兵遇上了新问题。实际情况也是，有形的ERP、物流及供应链等信息化系统更多的是一套流程的过程管理，每一个环节都是格式化的操作。而知识管理系统更多的是非结构化的、有些虚泛，管理的是知识，显然比传统的信息化项目更复杂、难度更高。因此，米丹宁步步小心，事事考虑周全。什么是知识管理，盛大需要什么样的知识，以及在这个平台上如何去实现？米丹宁和IT部门的员工花了很长的时间去斟酌，因此陈天桥2006年5月敲定的项目，直到2007年3月才真正启动。

迈出第一步

2007年6月中旬的一天，米丹宁为陈天桥等公司高层现场演示了基本开发完成的知识管理系统，演示的结果基本符合陈天桥最初的预想。盛大的知识管理平台构建了四大功能：一是员工工作平台，即每个员工的工作树，比如一个做策划的员工可以在上面看到一些策划设计方案和策划规划等资料。每个员工今后工作中开发的产品都会沉淀在这个平台上，这也是系统核心的部分。第二是会议管理平台，比如会议纪要、会议资料的管理等。陈天桥是这个平台的第一个使用者，后来公司其他高层及部门的会议也开始普遍使用这个平台。三是报告管理平台，它把盛大大大小小的报告都管理起来。四是会议管理平台的延伸，负责把会议布置下来的任务管理起来。此外，工作流的部分功能也被整合到了这个系统中。

一般来说，知识管理系统能否被员工真正用起来还需要一个良好的知识交流、知识贡献的环境，盛大的员工开始并不习惯使用这个系统，因为需要登录，还需要按照平台的模块来工作，刚开始的时候有些抵触。所幸的是，陈天桥带头为这个系统的运行创造了一个很好的环境。过去，陈天桥通过邮件给员工发通知和文件，现在则是将文件、通知等放在这个平台上。同时，陈天桥希望在这个平台上看到文档资料报告，于是员工也逐渐把报告放到其上。由于陈天桥的表率作用，中层经理也开始习惯在上面看报告，知识管理系统逐步在盛大推行开来。

目前，知识管理系统仅在盛大总部试行。在米丹宁的预想中，未来盛大将把知识管理系统全面推行到分公司。"知识本身是一个长期的概念，它并不是一朝一夕就能建成的。有的企业是经历了五年、八年、十年才形成的，盛大要想达到很高的水平是需要很长时间去做的。"

（资料来源：佚名. 盛大网络的知识管理案例. [EB/OL]. [2012-03-04]. http://www.doc88.com/p-507548150972.html. 作者有删改）

思考题：
1. 盛大为什么要实施知识管理系统？
2. 知识管理系统对盛大的影响有哪些？

本章习题

1. 什么是知识？知识具有哪些特点？
2. 什么是知识管理？
3. 知识管理对组织的影响有哪些？
4. 企业知识管理系统的类型有哪些？
5. 什么是专家系统？专家系统由哪几部分组成？
6. 什么是基于案例的推理？其基本过程是什么？
7. 什么是智能代理？智能代理有哪些特点？
8. 什么是人工神经网络？人工神经网络有哪些特点？
9. 专家系统与神经网络有什么区别？
10. 什么是遗传算法？遗传算法的大致过程是怎样的？

第 10 章
决策支持系统

企业的运营管理和战略制定经常面对不同的决策问题,决策决定了企业运作的成败。现代企业面临的决策环境日益复杂,影响企业决策的因素越来越多,不同层级的管理者在进行决策时也面临着巨大的挑战。信息技术、管理科学与决策科学相结合而形成的决策支持系统,能够为管理者的决策问题提供一个有效的解决工具。本章将重点阐述决策和决策支持系统的相关理论,并介绍经理支持系统、群体决策支持系统等不同类型的决策支持系统。

知识导航

1. 决策的分类及决策过程
2. 决策支持系统的结构原理
3. 商务智能的决策支持功能
4. 经理支持系统的结构原理
5. 群体决策的特征及过程
6. 群体决策支持系统结构原理

关键概念

决策　决策支持　决策支持系统　商务智能　数据仓库　联机分析处理　数据挖掘　经理支持系统　群体决策　群体决策支持系统

开篇案例

智能决策系统帮你早回家

近十年来,国内各大城市大力建设城市交通管理系统,包括交通视频监控、电子警察、交通信号控制、指挥调度等子系统,以及机动车、驾驶人、交通违法、交通事故等管理信息系统。领导层和管理层通过这些系统提供的各类报表,对交通管理各项问题进行决策。但是,由于交通管理的复杂性和社会性,依靠简单的、单一来源的、没有关联的数据报表,已经无法满足现代化交通管理的需要,其局限性主要表现在三个方面:一是数据多、信息少,难以交互关联分析挖掘出潜在的规律;二是浪费大量人力,仍然难以保证信息的准确性、时效性;三是难以紧跟决策需求及时做出调整,实用性、针对性不足。

厦门卫星定位应用股份有限公司采用物联网、云计算、大数据等新一代信息技术,有效地整合了城市交通领域的海量数据资源,建立交通数据中心,统筹业务应用系统,实现数据与服务的共享,加强城市交通规划、建设和管理的新模式,提高交通资源的利用率。依托交通数据中心,交通管理部门可进行大数据分析挖掘,研发监控调度、态势评估、应急指挥、安全监测、决策分析、便民服务等一系列交通信息化系统,构建综合交通、智慧交通、绿色交通。

厦门卫星定位应用股份有限公司的交通数据分析与决策支持系统基于现有的交通信息系统，通过对整合的海量综合交通信息数据进行分析与挖掘，有针对性地为城区道路交通网的拥堵疏通、交通组织、交通管制、路网优化、交通规划等提供智能决策依据，并根据历史数据对未来的交通发展态势进行预测，构建预测与仿真模型，为城市综合交通的发展规划、建设、组织与管理提供决策支持。

交通数据分析与决策支持系统主要包括交通 OD 分析系统、出租运力投放分析子系统、公交线网调整决策分析子系统、节能减排决策分析子系统、短时交通流预测子系统、城市客运数据分析与预测子系统、交通事故大数据分析与可视化子系统等。应用大数据技术，厦门卫星定位应用股份有限公司实现了交通行业的数据分析与决策支撑动力，可以实现数据集中化，建立交通行业的大数据中心，提升行业数据服务能力；成本可控化，帮助交通主管部门以低成本实现系统的高负荷、高性能、高可靠运行；决策智能化，交通战略从"业务驱动"转向"数据驱动"；系统可靠化，从数据和应用层面提升安全防范能力。

(资料来源：佚名. 交通数据分析与决策支持系统[EB/OL]. [2015-10-30]. https://www.xmgps.com/content/show/189/12/. 作者有删改)

讨论：
1. 厦门卫星定位应用股份有限公司的决策支持系统的技术依托是什么？
2. 智能决策支持系统的优势有哪些？

10.1　决策与决策支持

10.1.1　决策

1. 决策的概念

决策是管理活动中领导者的基本职能，无论是在行政管理、工程管理、企业管理还是其他的管理活动中，都贯穿着领导者的一系列决策活动。只有做出正确的决策，才能保证社会、经济、文化、科技及教育等工作顺利开展。简单地说，决策就是"做决定"或"做选择"，是人们在政治、经济及社会生活中普遍存在的一种行为。目前，决策的概念大致可以归纳为以下三种：

(1) <u>将决策看作是提出问题、确定目标、设计并选择方案的一个过程，这种理解是对决策的广义理解</u>。

(2) <u>将决策看作是从几个备选方案中选择出最符合自己所需要的方案的活动。这种理解是对决策的狭义理解</u>。

(3) 决策是在不确定的外界条件下做出的决定，这种决定没有先例可以依照，也没有规律可以遵循，因此具有很高的风险。也就是说，只有在一定风险的条件下做出的决定或选择，才能称为决策，这是对决策的最狭义的理解。

对决策的理解，应把握三个方面的内容：第一，决策目标要明确。决策是为了解决某一领域或者某一方面的决断行为，其结果是达到预期目标。因此，明确决策目标是决策活动的第一步。没有明确的决策目标，决策的行为就是盲目的。第二，有两个以上的备选方案供决策选择。从狭义的决策定义可知，决策的本质是方案选择的过程。如果可供选择的方案只有一个，那么决策的意义和价值也就不存在。因此，在进行决策的过程中，至少要有两个备选方案。从这些备选方案中进行比较和选择，最终选择出符合需求的方案并实施。第三，最优方案应付诸实施。决策的最终目的是利用最优方案达到预期目标,如果选择的最优方案并没有付诸实施,那么决策最多也就是一个认识问题或目标的行为,而不能称其为决策活动的过程。

2. 决策的分类

决策的问题往往是复杂多样的,因此可以对决策按照不同的角度进行分类。

(1) 按照决策问题的性质不同,决策可分为结构化决策、半结构化决策和非结构化决策。结构化决策是决策问题结构分明且经常发生,而解决这些决策问题的方法和步骤已经成熟,且有经验可循,如车间的生产计划就是结构化的决策。非结构化决策是指那些结构复杂、不明朗,且从来不重复发生的决策问题,这些问题的方法和步骤根本没有规律或经验可循,需要决策者根据自己的经验和直觉进行决策,如厂址选择问题就是典型的非结构化决策问题。半结构化决策是介于结构化和非结构化决策之间的一种决策问题,如产品价格制定就是半结构化决策问题,因为产品价格一部分受成本的限制,一部分受外界竞争环境的限制,其中的成本对于企业来讲是可以控制的、有规律可循的,而外部竞争环境是不受企业控制的。

(2) 按照决策目标不同,决策分为单目标决策和多目标决策。在决策过程中,如果需要决策的问题要达到一个目标,那么这样的决策就是单目标决策,单目标决策的目标比较单一,因此较容易掌握,但是产生的决策可能存在较大的片面性。如果需要决策的问题要达到两个及两个以上的目标,则称为多目标决策,多目标决策过程较为复杂,因为多个决策目标之间相互制约和相互影响,对多目标决策问题进行决策时要使用系统的观点,从全局把握,从而实现多目标决策的整体最优。

(3) 按决策问题的重要性和影响不同,决策分为战略决策、战术决策和作业决策。战略决策往往是面向全局的,解决的是重大问题,如一个企业的发展规划、新产品的开发战略等。战术决策又称策略决策,其解决的问题往往是战略决策具体实施的局部问题,如产品的生产计划、企业资源利用计划等。作业决策往往是面向具体操作的决策问题,其解决的是一种经常性的决策问题,手段单一,方法明确,如生产工艺问题、产品配送问题等。

3. 决策的一般过程

一般决策过程可划分为四个阶段,分别是情报阶段、设计阶段、选择阶段和实现阶段,如图 10-1 所示。

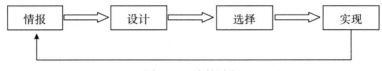

图 10-1 决策过程

(1) 情报阶段。情报阶段是决策过程的起始阶段,主要是寻求决策的条件。在此阶段,决策者需要面对现实,也就是说,要对决策者所处的外部环境进行充分的调查和分析,并加以考察,明确决策问题。

(2) 设计阶段。设计阶段主要是分析、发现及建立解决决策问题的可能性方案,并且确定这些可能性方案是可行的。此阶段的重点就是将问题模型化处理,也就是将决策的问题概念化处理,并使用抽象的数学模型或符号形式表示。要建立模型中各变量之间的关系方程,必要时对这些模型进行假设和化简。

(3) 选择阶段。选择阶段是要从设计阶段的可行性方案中选择一个最优方案。就方案选择而言,有两种基本的原则,分别是规范性原则和描述性原则。所谓规范性原则,就是在条件允许的范围内,选择一个最优方案;描述性原则则强调能否得到一个最优方案。遵循不同的选择原则,会有不同的选择结果。

(4) 实现阶段。实现阶段是对使用相应选择原则所选中的最优方案进行实施。由于实现过程周期较长，并且也是复杂多变的过程，所以在实施的过程中总会引入一些变革，也会出现许多一般性的问题。

10.1.2 决策支持

1. 决策支持的概念

决策支持，是指利用计算机及相关软件技术实现对半结构化和非结构决策问题的决策，支持企业经理人的决策(但不能替代决策)，改进决策效果，提高决策正确率。

有人将决策支持看作是技术、决策过程和行为的结合。技术方面主要包括决策算法的效率、优化能力和数据通信能力；决策过程方面主要是高效率方法的应用，对个人创造力和学习能力提高的支持；行为方面包括促进和激励群体决策的过程。

2. 决策支持的分类

决策支持可分为消极支持、传统支持、扩展支持和标准化支持四种类型。

(1) 消极支持并不考虑决策处置的方法，也不设定具体的目标，给决策者极大的自由和自主权。也就是说，消极支持只是给决策者提供一个工具，使决策者更方便地做出决策。这种决策的实质只是为决策者提供一些基本的信息，而决策者依然要根据自己的经验和偏好进行决策。实际上，消极支持的信息系统与管理信息系统没有太大区别。

(2) 传统支持为决策者提供若干可行的方案，让决策者根据实际情况和外界的条件进行优化和改进，从而进行最优方案的选择。传统支持能够帮助决策者解决管理科学和运筹学中的一些决策难题。管理科学主要是使用最优化方法解决决策问题，在此过程中最大限度地减少甚至取消决策者的判断。虽然传统支持弥补了管理科学依据纯计算进行决策的弊端，突出了决策者在决策过程中的主动判断作用，但并未考虑到决策者做出判断的质量问题。因此，传统支持在决策过程中存在一些缺陷，并缺乏规范性要求。

(3) 扩展支持具有很强的主动性，它给决策者提出一些可供选择的方案，同时也给出不同标准下选择方案的建议。扩展支持在保证主动性的同时，也充分考虑到决策者的偏好和决策习惯，并努力地去影响和指导决策者的决策。扩展支持不局限于现有的技术，也不向较容易的支持方向发展，而是去寻求新的领域，并将其与成熟的决策技术结合在一起；扩展决策支持主要是提高决策的效能，而不是为决策支持提供一个标准化模式和规范，因此它尽量使用各种模型和分析方法；将人工智能技术引入传统决策支持的过程中，避免其返回到消极支持；注重发挥人员的作用，不仅利用现有的信息技术，而且还利用思维技术。

(4) 标准化支持是理想化的支持，因为它只要求决策者提供数据和详细的要求说明，而整个决策过程交由系统执行。由于具体的决策过程中会受多种客观因素的影响，因此该支持方法无法给出满意的决策。

综上所述，在以上四种决策支持中，消极支持和传统支持更加强调决策者自身选择的主观能动性，而忽略了系统对决策者的辅助支持作用；而标准化支持则恰恰相反，强调系统对决策的支持作用，而忽略了决策者在决策过程中的积极作用；扩展支持是以上两种极端情况的折中，同时兼顾了系统的辅助作用和决策者的积极作用。

3. 决策过程对决策支持的要求

决策支持可以细化到决策过程的四个阶段中，具体如下：
(1) 情报阶段的支持。情报阶段要求有足够的能力去搜索内外部数据，并确定需要决策的问题。

(2) 设计阶段的支持。设计阶段是可行性方案的产生阶段，并使用这些不同的方案对未来的趋势及结果进行预测。这就要求系统能够提供相关的标准模型和特殊模型，由此可以将一些具有专门知识和技能的问题以模型的形式表示，并用于解决一些复杂的问题，而这些方案的产生需要使用具有专门知识和技能模型的决策支持系统来完成。

(3) 选择阶段的支持。在决策过程中，对可行性方案的选择一般都是由决策者来进行的，但是往往决策者对问题的理解和认识会有一定的偏颇，同时也很难在最短的时间内搞清楚现在的状态对未来趋势的影响，所以需要对设计阶段的模型进一步优化和完善，以能够对潜在的解决方案进行鉴别，并对不同的方案以一定的标准划分等级。因此，一个良好的系统应该具有根据设定的标准对可行性方案进行选择的支持功能。

(4) 实现阶段的支持。对实现阶段的支持就是管理者所需要的决策支持，主要体现在对最终选择方案的解释，方案执行结果的核实和通信等方面。

课堂讨论专题

理解决策过程和不同组织层次人员的决策任务特征，讨论如何培养适应不确定性的能力，以及在复杂条件下的决策能力。

10.2 决策支持系统概述

10.2.1 决策支持系统基本原理

1. 决策支持系统的概念

决策支持系统在功能和应用形态上各不相同，从支持个人的决策到支持群体、部门、组织及企业等的决策，可以说决策支持系统的应用已经渗透到社会和生活的各个方面和环节。

决策支持系统(decision support system，DSS)，是指辅助决策者，以人机交互的方式，使用系统提供的模型和知识，结合决策者提供的数据解决半结构化和非结构化决策问题的计算机系统。

由此可见，决策支持系统的内涵为：决策支持系统被认为是管理信息系统的进一步发展，并使人在系统管理中的地位得到很大提高；决策支持系统的发展是企业面临的环境不断发生变化，并且企业管理的更高层次需要直接的决策支持；决策支持系统的实施需要较高的计算机应用技术为前提和基础。

2. 决策支持系统的特征

根据决策支持系统的内涵和结构原理，系统的基本特征包括以下几个方面：
(1) 支持企业高层管理人员面临的非结构化和半结构的决策问题；
(2) 集成了模型或分析技术与传统数据存取技术及检索技术；
(3) 以人机交互系统为非计算机专业的用户提供较为友好的人机界面；
(4) 当决策者所处的环境改变时，决策支持系统可以灵活地为决策者调整决策方法；
(5) 决策支持系统只是辅助决策者进行决策，而不是代替决策者进行决策；
(6) 充分利用先进信息技术快速传递和处理信息。

10.2.2 决策支持系统的结构原理

在 20 世纪 80 年代初期,决策支持系统被认为是由人机接口、数据库、模型库和方法库四个主要部件组成的。随着计算机技术的发展,人们对决策支持系统的组成又有了新的认识,决策支持系统被认为是由语言系统(LS)、问题处理系统(PPS)和知识系统(KS)三个部件组成。这种组成结构的提法是在原来提法的基础上发展而来的,如语言系统其实就是人机接口,只不过语言系统强调自然语言在人机接口中的重要性。而根据知识的概念,可以将数据、模型和方法认为是一种广义的知识,因此有些学者更倾向于将数据库、模型库和方法库认定为是知识系统。

根据以上分析,结合当前国内外的研究成果,可以认为决策支持系统的基本结构,如图 10-2 所示。

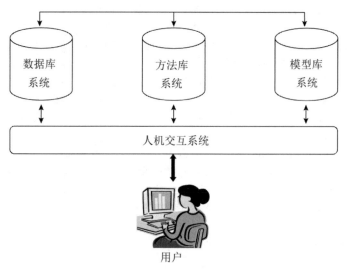

图 10-2 决策支持系统基本结构

在决策支持系统的基本结构组成中,人机交互部分是指人机交互系统,模型部分主要包括模型库系统和管理系统,推理部分主要由方法库系统、知识库管理系统及推理机组成,数据部分就是数据库系统。

(1) 人机交互系统是决策支持系统与用户之间进行信息交互的桥梁,其主要由用户界面和相关的信息处理部件组成。用户通过人机交互系统输入决策支持系统所需要的基本信息和数据,最终将系统运行的结果显示出来,以辅助用户做出正确的决策。一般,人机交互系统为决策支持系统提供丰富的信息交互形式,进行输入输出转换并控制决策支持的有效运行等。因此,人机交互系统将模型系统、方法库系统和数据库系统综合集成,形成统一的整体,提高了系统运行效率。

(2) 模型库系统主要为决策支持系统提供解决问题的模型,而这些模型也是解决问题的算法程序实现。在决策支持系统出现之前,这些辅助决策的模型已经存在,但是对模型间的数据处理和数值计算却需要人工来完成。显然这种方式存在的弊端很多,主要体现在系统运行效率低下,且忽略各模型之间的相互作用和影响。在决策支持系统出现之后,这项任务就交给了人机交互系统来处理,从而有效地解决了多模型组合在计算机中运行的限制。因此,人机交互系统完成了对各模型间的数值计算和数据处理,这是在以多模型组合为模型库系统的决策支持系统中不可或缺的一部分。模型库是决策支持系统的核心,是整个决策支持系统中最重要和最难实现的部分。

(3) 方法库系统将决策过程中用到的常用方法以子程序的形成存储到方法库系统中,方法库系统对决策支持系统通用的算法及标准的库函数进行维护和管理。

(4) 数据库系统主要是对决策支持系统中需要用到的数据和信息进行管理和维护，为一些决策模型提供数据，并将运行结果保存。同时，数据库系统的另一个主要工作就是进行复杂的数据转换，用以支持模型库系统、方法库系统和人机交互系统的正常运行。数据库系统中的数据库实质是一些数据集市或者数据仓库，主要是为决策而建成的。

综上所述，决策支持系统的各个部分是相互依赖、相互作用和相互影响的，正是彼此之间的相互作用，才使得这些部分形成统一的整体。

10.2.3 商务智能与决策支持

决策支持系统是一个快速发展但仍未成熟的领域，人工智能、大数据等新兴信息技术驱动的商务智能的分析工具正在成为企业决策支持的重要手段。随着信息技术的飞速发展和企业之间竞争的加剧，企业的各级人员都希望能够快速地、交互地、方便有效地从业务数据库中大量杂乱无章的数据中获取有意义的信息，决策者则希望能够利用现有数据指导企业决策和发掘企业的竞争优势。但是由于数据常常被分割在不同的业务系统中，如销售系统、财务系统，使得不同的管理者在进行决策时依据的信息不完整，而且用户和信息专家不得不花费大量的时间去寻找和收集完整的数据。于是致力于解决这类复杂问题的数据仓库出现了，它通过集成企业的关键运行数据，产生出一致的、可靠的、易于访问的数据形式，为不同使用者提供所需要的完整数据。而数据挖掘则是人们在数据仓库中发现有价值信息的一种工具。

商务智能(business intelligence，BI)是一种涉及公司顾客、竞争对手、合作伙伴、竞争环境，以及企业内部业务的知识。商务智能源于信息，它能够帮助企业判断信息的准确内涵，以便构建并完善业务流程，确保企业的竞争优势。数据挖掘是商务智能的核心，商务智能的联机分析处理工具依赖于数据仓库和多维数据挖掘。商务智能的逻辑模型，如图10-3所示。

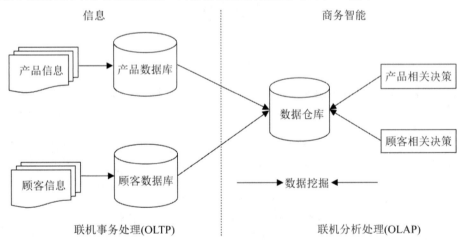

图 10-3 商务智能的逻辑模型

商务智能的实现过程，首先需要收集并合理地组织信息，然后用合适的工具进行定义、分析信息内部的各种关系。完成这一工作的技术工具如下。

1. 数据仓库

1) 数据仓库的概念

数据仓库(data warehouse)是一个面向主题的、集成的、相对稳定的、反映历史变化的数据集合，用于支持管理决策。数据仓库中存储着从各种运营数据库、外部数据库及其他组织数据库中提取的数据,它是企业核心的数据资源,其中的数据已经过清洗、转换和分类,便于管理者和其他专业人士进行数据挖掘和联机分析处理,便于进行各类业务分析、市场研究和决策支持。数据仓库的构成要素,如图10-4所示。

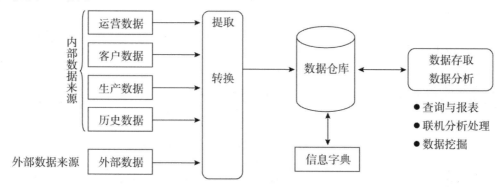

图 10-4 数据仓库的构成要素

数据仓库处理数据的过程包括:合并多个数据源中的数据、过滤掉无用数据、修正错误数据,以及将数据转换成新的数据元素并集成到新的数据库子集中。经过该过程的数据将更适合用于分析。存储在数据仓库中的数据可以再转入数据集市或其他分析型数据存储体系中,以更有用的形式存储起来,用于特定类型的分析。另外,应提供多样性的数据分析工具,用于检索、报告、挖掘和分析数据,并通过互联网和内部网上的 Web 系统将分析结果传送给企业终端用户。

2) 数据仓库的类型

从结构的角度看,数据仓库模型有三种类型:企业数据仓库、数据集市和虚拟数据仓库。

(1) 企业数据仓库搜集关于主题的所有信息,涵盖整个企业。它提供企业范围内的数据集成,通常来自一个或多个数据库系统或外部信息提供者。通常,它包含细节数据和汇总数据,其规模由几兆字节,到数千兆字节,甚至更多。企业数据仓库可以在传统的大型机、超级计算机服务器或并行结构平台上实现。它需要广泛的商务建模,可能需要多年的设计和建设。

(2) 数据集市是数据仓库中关于企业某一方面的数据子集,例如针对某一部门或某一业务流程。也就是说,数据集市中包含的数据是企业范围数据的一个子集,对于特定的用户群是有用的。根据数据的来源不同,数据集市分为独立的数据集市和依赖的数据集市两类。在独立的数据集市中,数据来自一个或多个数据库系统或外部系统提供者,或者来自一个特定的部门或地区局部产生的数据。依赖的数据集市的数据直接来自企业数据仓库。

由于数据集市聚焦于某一领域或某一种业务,所以与面向整个企业应用的数据仓库相比,建设周期更短,成本更低。通常,数据集市可以在低价格的部门服务器上实现,其实现周期一般是数以周计,而不是月或年。然而,建立过多的数据集市也会带来一些相应的管理问题。

(3) 虚拟数据仓库是操作数据库上视图的集合。为了有效地处理查询,只有一些可能的汇总视图被物化。虚拟数据仓库易于建立,但需要操作数据库服务器还有剩余处理能力。

3) 数据仓库的特点

数据仓库是信息的逻辑集合,这些信息来自许多不同的业务数据库,并用于创建商务智能,以便支持企业的分析活动和决策任务。数据仓库表达了一种较以往企业中信息组织和管理方式截然不同的思维方法,具有以下特点。

(1) 数据仓库是来自不同数据库的信息集合。数据仓库将企业中各个业务数据库中的信息结合起来(通过汇总与合计),当人们从各类业务数据库中读取信息来创建数据仓库时,收集的只是那些进行决策所需的信息,如图10-5所示。这种"所需的信息"是用户按照他们对逻辑化的决策信息的需求而确定的,所以数据仓库只包含与用户进行决策有关的信息。

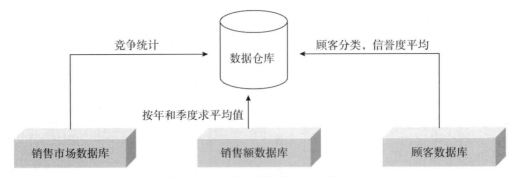

图 10-5　由业务数据库建立数据仓

(2) 数据仓库具有多维性。在关系型数据库模型中，信息是用一系列二维表来表示的，而在数据仓库中却不是这样。数据仓库具有多维性，即它们包含若干层的行和列，是一个多维数据库。数据仓库中的层根据不同的维度来表达信息，这种多维度的信息图表被称为超立体结构。在超立体结构中的任一特定部分的立方体都包含有取自各业务数据库的综合信息。

数据仓库的超立体结构按照产品种类和范围(列和行)、年份(第一层)、顾客群(第二层)、信誉销售(第三层)来表达产品信息，如图 10-6 所示。利用这个超立体结构，管理人员很容易了解到，从客户群 A 来看，产品种类 1 在西南地区的总销售额中有百分之几是信誉销售。

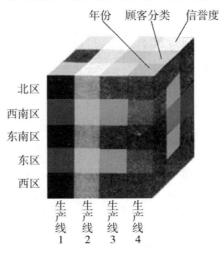

图 10-6　数据仓库的超立体结构

数据仓库是一种特殊形式的数据库，其用户只关心自己所需要的信息，而不关心数据在哪一行、哪一列和哪一层。数据仓库还有一个数据字典，其内容除包括信息的逻辑结构外，还包括两个附加的重要特征，即信息的来源和处理方式。也就是说，数据仓库的数据字典总是追踪信息是由何种方法(总计、计数、平均、标准差等)、从哪个业务数据库中生成的。

(3) 数据仓库支持决策而非事务处理。在企业中，大多数数据库是面向业务的，也就是说，大多数数据库都支持联机事务处理，这类数据库是一种业务数据库。数据仓库不是面向业务的，它们是用来支持企业中各种决策活动的，数据仓库支持联机分析处理。

4) 使用数据仓库时应考虑的问题

(1) 不同类型企业对数据仓库的需求存在差异。尽管数据仓库能把各种不同数据库的信息集成到一起，是一种非常有效的管理途径，但并不是所有企业必须拥有。原因在于：首先，数据仓库与数据挖掘工具是十分昂贵的，而且企业建立数据仓库需要相当长的时间；其次，有些企业并不需要数据仓库，若能从业务数据库中轻而易举地获取决策所必需的信息，就没必要建立数据仓库；最后，企业构建数据仓库需要更多的资源来支持应用程序和应用工具，如果企业无力为数据仓库提供技术支持，则没有必要使用这种技术。

(2) 企业的数据仓库规模。有的企业在对数据进行管理时可能并不需要存取全组织范围的数据仓库，这时就应该考虑创建数据集市。数据集市要比数据仓库小，而且在存取信息时更易于管理，更加便捷。采用这种比较简单的技术，用户更容易发挥其技术优势。

(3) 更新信息的问题。数据仓库含有来自其他数据库的信息。从一项具体的业务角度来看，确定如何从其他数据库中提取信息，以及确定更新数据仓库的频率是非常重要的。对大多数企业而言，要做到即时更新往往是不可行的，因此如何设定适合企业自身的信息更新频率，需要进行正确的决策。

2. 联机处理系统

1) 联机分析处理

联机分析处理(online analytical processing，OLAP)也称为多维数据分析，是一种提供决策支持的信息处理方式，在使用多维数据模型的数据仓库或数据集市上进行。 OLAP的工作原理，如图10-7所示。

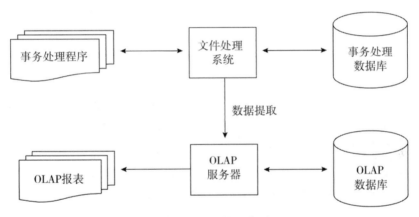

图10-7　OLAP的工作原理

典型的联机分析处理操作包括上卷、下钻(钻过、钻透)、切片和切块、转轴(旋转)，以及统计操作，如秩评定、计算移动平均值和增长率等。使用数据立方体结构，OLAP可以有效地实现这些操作。

2) 联机事务处理

联机事务处理(online transaction processing，OLTP)系统的主要任务是执行联机事务和查询处理，其涵盖了企业组织的大部分日常操作，如进货、库存和生产等。

3) OLTP和OLAP的区别

(1) 面向的对象不同。OLTP是面向顾客的，用于办事员、客户和信息技术专业人员的事务和查询处理。而OLAP是面向市场的，用于知识工作者(如经理、主管和分析人员等)的数据分析。

(2) 数据内容不同。OLTP系统管理的是当前的数据，通常这种数据太琐碎，很难用于决策。而OLAP系统管理的是大量的历史数据，提供汇总和聚集机制，并且在不同的粒度层上存储和管理信息，这些特点使得数据更容易用于决策。

(3) 数据库的设计方法不同。OLTP系统通常采用实体—联系数据模型和面向应用的数据库设计。而OLAP系统通常采用星形或雪花模型，以及面向主题的数据库设计。

(4) 视图不同。OLTP 系统主要关注企业或部门内部的当前数据,而不涉及历史数据或不同单位的数据。OLAP 系统常常跨越数据库模式的多个版本,可以处理来自不同单位的信息,以及由多个数据库集成的信息。由于数据量巨大,OLAP 数据也可存放在多个存储介质上。

(5) 访问模式不同。OLTP 系统的访问主要是由较短的原子事务组成,这种系统需要并发控制和恢复机制。然而,由于大部分数据仓库中存放的都是历史数据而非最新数据,因此对 OLAP 系统的访问大部分是只读操作。

除上述不同外,OLTP 与 OLAP 在数据库大小、性能度量和操作频繁程度等方面也有所区别。

3. 数据挖掘

数据挖掘是从大量的、不完全的、模糊的、随机的数据中抽取出有效的、新颖的和潜在有用的知识的过程,通过一些专门技术发掘海量数据中隐藏的模式和关系,并将这些规则用于预测未来发展,指导管理决策。数据挖掘的工作过程,如图10-8所示。

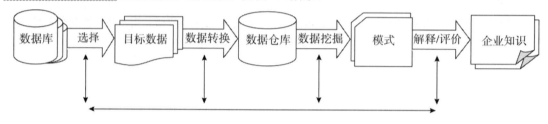

图 10-8　数据挖掘的工作过程

1) 数据挖掘使用的技术

数据挖掘吸纳了统计学、数据库和数据仓库、信息检索等诸多应用领域的大量技术。

(1) 统计学。在数据挖掘中,统计模型广泛应用于对数据和数据类的建模。例如,在数据特征化和分类这样的数据挖掘任务中,可以建立目标类的统计模型,这种统计模型可以是数据挖掘任务的结果。反之,数据挖掘任务也可以建立在统计模型之上。例如,可以使用统计模型对噪声和缺失的数据值建模。因此,在大数据集中挖掘模式中,数据挖掘过程可以使用该模型来帮助识别数据中的噪声和缺失值。另外,统计学方法也可以用来验证数据挖掘的结果。例如,建立分类或预测模型之后,使用统计假设检验来验证模型,统计假设检验使用实验数据进行统计决断。如果结果不大可能随机出现,则称它是统计显著的。如果分类或预测模型有效,则该模型的描述统计量将增强模型的可靠性。

(2) 数据库系统与数据仓库。由于数据库系统研究者已经建立了数据建模、查询语言、查询处理与优化方法、数据存储,以及索引和存取方法的公认原则。因此,数据库系统在处理非常大、相对结构化的数据集方面具有高度的可伸缩性,而数据仓库能够集成来自多种数据源和各个时间段的数据,它在多维空间合并数据,形成部分物化的数据立方体。数据立方体不仅有利于多维数据库的联机分析处理,而且推动了多维数据挖掘的发展。

很多数据挖掘任务都需要处理大型数据集,甚至是处理实时的快速流数据。因此,数据挖掘可以很好地利用可伸缩的数据库技术,以便获得在大型数据集上的高效率和可伸缩性。此外,数据挖掘任务也可以用来扩充已有数据库系统的能力,以便满足高端用户复杂的数据分析需求。

(3) 信息检索。信息检索是搜索文档(文档可以是文本或多媒体,并且可能驻留在 Web 上)或文档中信息的技术,信息检索的典型方法是采用概率模型。例如,文本文档可以看作是词的包,即出现在文档中的词的多重集。文档的语言模型是生成文档中词的包的概率密度函数,两个文档之间的相似度可以用对应的语言模型之间的相似性度量。此外,一个文本文档集的主题可以用词汇表上的概率分布建模,称为主题模型。一个文本文档可以涉及多个主题,可以看作多主题混合模型。通过集成信息检索模型和数据挖掘技术，可以找出文档集中的主要主题，对集合中的每个文档找出所涉及的主要主题。

随着 Web 数据及其应用的快速增长，大量的文本和多媒体数据日益累积并且可以联机获得，它们的有效搜索和分析对数据挖掘提出了许多挑战性问题。

2) 数据挖掘的工具

数据挖掘工具是用户对数据仓库进行信息查询的软件工具。数据挖掘工具支持联机分析处理，即通过对数据的处理来支持决策任务。数据挖掘工具包括查询与报表工具、智能代理、多维分析工具和统计工具。从本质上看，数据挖掘工具是为数据仓库用户提供服务的。

(1) 查询与报表工具。查询与报表工具同 QBE 工具、SQL 和典型数据库环境中的报表生成器类似。实际上，大部分数据仓库环境都支持诸如 QBE、SQL 和报表生成器之类简单易用的数据操作子系统工具。数据仓库用户经常使用这类工具进行简单查询，并生成报表。

(2) 人工智能。智能代理运用各种人工智能工具(如神经网络、模糊逻辑、遗传算法等)形成联机分析处理中的信息发现基础，并创建商务智能。智能代理代表了各类加工信息的 IT 工具的发展方向。

(3) 多维分析工具。多维分析工具是一种进行切片/切块的技术，它允许人们从不同的角度观察多维信息。利用这个工具可以轻松地得到数据仓库正面的信息，以供浏览。实际上，它所做的就是将立体结构垂直地切割掉一层，同时也就得到了后一层的信息。在进行这些处理时，信息的价值是不受影响的。

(4) 统计工具。统计工具帮助人们利用各种数学模型将信息存储到数据仓库中，进而去挖掘出新的信息，如回归分析、聚类分析、关联分析等。对用户来说，确定需要哪种数据挖掘工具是必不可少的工作。对于一个企业来说，最重要的是首先让用户清楚将选用的各种数据挖掘工具的性能，决定后还需要提供技术培训的机会。如果用户能充分开发出所选数据挖掘工具的各种性能，那么企业便会从中获得效益。

3) 数据挖掘研究的主要问题

数据挖掘是一个动态的、快速扩展的领域，其研究的主要问题有挖掘方法、用户交互、有效性与可伸缩性、数据类型的多样性等。

(1) 数据挖掘方法。现有的一些数据挖掘方法涉及新的知识类型的研究、多维空间挖掘、集成其他领域的方法，以及数据对象之间语义捆绑的考虑。此外，挖掘方法还应该考虑诸如数据的不确定性、噪声和不完全等问题。

(2) 用户交互。用户在数据挖掘过程中扮演着重要的角色，与之有关的数据挖掘领域包括如何与数据挖掘系统交互，如何在数据挖掘中融入用户的背景知识，以及如何可视化和理解数据挖掘的结果。

(3) 有效性与可伸缩性。在比较数据挖掘算法时，总是需要考虑有效性与可伸缩性。随着数据量持续增加，这两个因素尤其重要。为了有效地从多个数据库或动态数据流的海量数据中提取信息，数据挖掘算法必须是有效的和可伸缩的。换言之，数据挖掘算法的运行时间必须是可以预计的、短的和可以被应用接受的。有效性、可伸缩性、性能、优化，以及实时运行能力是驱动许多数据挖掘新算法开发的关键标准。

(4) 数据库类型的多样性。数据库类型的多样性主要给数据挖掘带来两个问题，即处理复杂的数据类型和需要挖掘动态的、网络的、全球的数据库。多样化的应用产生了形形色色的新数据集，从诸如关系数据库和数据仓库数据这样的结构化数据到半结构化数据和无结构数据，从静态的数据库到动态的数据流，从简单的数据对象到时间数据、生物序列数据、传感器数据、空间数据、超文本数据等。由于数据类型的多样性和数据挖掘的目标不同，期望一个系统挖掘所有类型的数据是不现实的，为了深入挖掘特定类型的数据，目前正在构建面向领域或应用的数据挖掘系统。

4. 商务智能

商务智能为企业决策者提供实时、准确的信息，并帮助决策者快速理解相关信息。商务智能主要提供以下决策支持功能：

1) 预测分析

对未来的事件和行为进行建模并预测是商务智能分析的一个重要功能，例如顾客对所要购买产品的报价做出积极响应的概率预测。预测分析指使用历史数据、统计分析、数据挖掘技术，以及有关未来情况的假设预测未来情况和行为模式的一种方法。在进行预测分析前，需要首先明确能够影响未来行为及能够被测量的变量。比如，一家保险公司在制定汽车的保险政策时，需要使用性别、年龄和以往的驾驶记录等信息作为预测其驾驶安全性的变量。目前，预测分析正逐渐被纳入众多商务智能应用之中，如在财务、销售、营销医疗和欺诈识别上的应用。

2) 大数据分析

随着时代的发展，预测分析模型逐渐开始利用来自公共部门和私营公司的大数据，包括来自传感器、客户交易、社交媒体和其他机器产生的数据。

电子商务领域中，很多在线销售的零售商都能够向网站的访问者提供个性化的产品推荐，引导访客的购买行为。

在公共事业方面，大数据的分析技术目前推动了全世界多个地区"智慧城市"的建设，通过深入和广泛地使用数字化技术，帮助管理者在市民服务和管理运行方面做出更好的决策。大量的公共数据库记录了税务记录、企业罚单、资产转移、环境合规性审计、公共交通评估、犯罪数据、卫生部门统计、公共教育记录等数据。市政部门能够使用传感器、收集定位数据和智能手机等设备采集更多数据。如今，预测分析系统的发展能够为交通运输、医疗服务、公共事业管理等提供决策支持。

3) 智能运营和分析

许多决策涉及的是如何管理企业的运营决策，对这类活动的监控称为智能运营。一个典型的例子是美国施耐德物流公司，该企业使用拖车、卡车和联运集装箱上内置的传感器生成的数据为运营提供服务。传感器能够采集驾驶员的驾驶行为、车辆位置、燃料剩余量，以及拖车和集装箱是否载货的数据。通过使用卡车目的地及沿途燃油价格数据，以及来自油箱传感器的数据，公司能够确定驾驶员最佳的加油地点。

目前，物联网正在创造海量的数据，包括来自智能手机、网络活动、传感器、仪表和监控设备的数据，上述数据可以用于组织内外部活动的智能运营分析之中。随着这些数据的产生，智能运营的分析软件就能够实时分析这些大数据。公司可以对某项数据设置触发警报，或者将数据发送到实时的界面来帮助管理人员进行决策。

4) 地理位置分析

对某些企业来说，其决策需要地理位置相关的数据，而商务智能分析的功能中也包括地理位置分析的功能。对地理位置进行分析，相关的数据必不可少，基本来自传感器或者扫描设备的数据、移动电话的地理位置数据和地图的数据等。比如，商务智能的地理位置分析能够分析移动广告对实体访客产生的影响，同时能帮助企业的营销人员确定哪些人适合推送相关的移动广告等。

地理信息系统的软件能够将各项资源分布的地理位置数据与地图上的区域联系起来，有些系统还有修正得到的未知数据及修正业务场景的建模功能。地理信息系统的其他应用包括帮助银行确定新的网点位置或者自动取款机的最佳安放位置，帮助警方确定犯罪率最高的地点等。

10.3 经理支持系统

10.3.1 经理支持系统概述

1. 经理支持系统的概念

经理支持系统(executive surport system,ESS)是一种主要服务于高层管理人员的信息系统,面向非结构化和半结构化的问题,可以帮助经理获取企业内部及外部的相关信息,并能够使用较为直观的图形提供企业的综合信息。在此基础上,可以对企业的一些关键问题进行预警和控制,并帮助高层经理监视组织绩效、锁定问题并识别和预测问题的发展趋势。

经理支持系统的主要目的就是为企业高层管理人员提供有效的计划和控制信息。由于每个企业都面临着激烈的竞争,因此企业的外界环境也瞬息万变。经理支持系统必须要有关于企业业务发生变化的重要数据,以帮助高层管理人员对企业的竞争对手、客户和目标市场进行比较分析。同时,针对企业高层管理人员面临的一些问题提出较多的有效数据,以帮助管理人员及时做出正确的决策。

2. 经理支持系统的特征

经理支持系统可灵活使用分析和决策工具,且能够以较为直接、明了的图形或图表的形式显示最终结果。管理人员根据这些结果,可全面监控企业的运行情况,并通过关键的绩效指标,控制企业的正常运行。同时,经理支持系统可以和其他人或系统共享信息,使整个企业的管理效率及决策效果得到很大提升。一个设计良好的经理支持系统应该能够更好地改善企业的管理绩效,并应该具有以下特征。

(1) 基于 Web 服务。经理支持系统不需另外开发系统的客户端,而是通过浏览器就可以登录系统,这样使高层主管可以随时随地监控企业的运行情况,并及时做出决策。

(2) 使用便捷。经理支持系统需要提供良好的交互界面,使系统操作简便,运行结果更加直观。高层领导通过这些简单直观的表现形式,可以在很短的时间内掌握企业整体概况,不需要增加培训成本,从而提高决策者的工作效率。

(3) 支持经理进行多角度分析。经理支持系统可以为经理提供多角度的分析,一是从经理本身的角度进行分析,让经理通过几个关键指标就可以掌握企业的整体运行情况,并提供决策所需的有效信息;二是进行汇总分析,经理通过各个模块的分析可以对个别指标进行深入了解;三是对异常情况分析,针对分析得到的异常情况可以向下追寻起因,从而查明原因所在。

(4) 具有可扩展性。当外界环境发生变化时,或者是需求有变动时,经理能使用简单的工具或组件扩展系统,在最短的时间内为扩展的系统找到合理的解决方案。

(5) 可快速部署。经理支持系统能够在很短的时间内快速部署并看到成果,以达到快速回收投资的效果。

10.3.2 经理支持系统的结构原理

经理支持系统消除了企业中的一些组织层次,使组织结构越来越接近于扁平化,如图 10-9 所示。因而,在具有经理支持系统的企业中可以使高层主管和任何下属以相同的方式看到相同的数据。同时,经理支持系统具有对数据深层次挖掘的能力,这不仅对企业的高层主管帮助较大,而且对企业中较低层次的员工在分析数据时也有较大的帮助。

从决策者的角度来看,经理支持系统可以为决策者从不同的系统集成数据,从而使高层管理人员通过几个关键性指标，从企业全局掌握整个组织的绩效，为他们的决策提供有效的数据和信息。高层管理人员掌握多个关键指标，并针对异常指标，运用分析模块工具进行分析，这样就很容易知道企业的问题所在，并辅助他们做出正确而有效的决策。

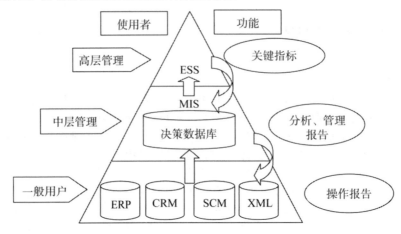

图 10-9 经理支持系统结构

从图中可以看出，经理支持系统其实是管理信息系统的延伸，企业管理人员通过经理支持系统可以获取更多的外部信息。结合掌握的企业内部信息，企业管理人员可以借助经理支持系统显著地改善企业的管理绩效，有效促进了高层管理的控制幅度和管理视野。同时，经理支持系统较好的监控能力使得决策分散化成为可能，从而一些决策可以由较低的管理层做出。同时，基于全企业范围数据的经理支持系统增加了管理的集中性，可以使高层能够方便地监控下属的工作，并在必要的时候直接指挥下属采取合适的行动。

10.3.3 经理支持系统的发展趋势

随着信息技术的不断发展以及经理支持系统在各种组织中的成功运用，人们对经理支持系统在组织中地位的重要性的认识越来越清晰。为了能够解决企业面临的挑战，作为支持企业高层管理人员实施管理活动的系统，经理支持系统将逐渐出现如下几个发展方向。

1. 数据的外部化和智能化

从当前已经实施成功的经理支持系统来看，经理支持系统可以出色地完成对企业内部数据与绩效的监控和管理。然而对企业外部环境的数据获取和监控的功能却不太理想，这与经理支持系统最初的理念存在很大的差异。众所周知，企业的外部环境复杂多变，外部数据具有高度非结构化的特点，因此当前的经理支持系统对外部环境的检测和数据交互受到信息技术水平的限制。也就是说，当前的经理支持系统自动地从外界海量的、繁杂的数据中智能地识别和析取出用于经理决策所需信息的能力还非常有限。在市场全球化和经济一体化的形式下，组织管理的重心也逐渐外移，经理所处理的外部信息比重不断上升，这就要求未来的经理支持系统可以对范围广、结构化差的经理活动提供支持，未来的经理支持系统对数据外部化和智能化的要求是必然的。

2. 结构的柔性化和灵活化

当前信息系统所面临的最大问题就是如何适应企业发展过程中的变化问题。如企业的业务流程重组、合作伙伴的变动、新技术的应用、竞争对手的变化及旧系统的更新或移植等一系列变化因素，都会对企业的组织或业务活动产生影响，从而改变企业组织的信息技术环境。经验表明，不能及时对这些变化做出反应的信息系统会严重阻碍组织的运行。逐步提高组织信息系统的柔性及适应外界变化的能力已经成为组织提升应变能力的必由之路。

经理支持系统提供企业高层管理人员进行战略决策的信息，它强调对企业外部信息和内部信息的精炼及对高层经理办公业务的支持。经理支持系统最大的特点就是需要根据高层管理人员的需要和习惯形成自己的信息视图，并且处理的信息大多都是高度非结构化的。所以，未来的经理支持系统需要体现出一定的柔性化和灵活性的特点。

3. 系统的协作化和分布化

动态的组织环境和信息技术使得组织向扁平化和集成化方向发展，在此环境下形成了许多新的组织结构。组织的各项工作中会涉及海量的信息及更广泛、更大程度的沟通，使得传统的信息系统支持功能受到很大限制。由此，可以推断打破传统信息系统，营造一个可以对组织协作和权力分布提供支持的新型信息系统成为未来经理支持系统发展的必然趋势。

随着经理支持系统的开发技术和方法越来越成熟，系统的开发成本大大降低，从而可以将经理支持系统的功能扩展到用户层面上来。在未来扁平化和网络化的组织结构中，经理支持系统的协作化和分布化是其必然的发展趋势。

10.4 群体决策支持系统

10.4.1 群体决策

1. 群体决策的概念

群体决策是相对于个人决策而言的，两个及两个以上的个体决策者在共同的环境下，讨论实质性的问题，提出解决此实质性问题的若干方案，并评价这些方案的优劣，最后做出合理的决策，这样的决策过程就是群体决策。当前用于决策的信息是海量的，所需的知识是广泛的，由单个决策者做出的决策往往是片面的、不科学的，因此决策的主要形式是群体决策。

随着群体决策在决策过程中地位的不断提升及其重要性的日益凸显，人们分别从不同的角度对群体决策进行了定义和解释。

(1) 基于领导科学的定义认为，群体决策是由领导群体在特定的环境下，遵循一定的原则、体制和工作流程，共同讨论解决涉及全局性和长远性的问题。在此过程中，各群体成员都应该积极参与解决问题的讨论和决策的制定，并在制定决策的过程中相互沟通、各抒己见，以避免决策的片面性。

(2) 基于多目标决策的定义认为，群体决策的目标是多元的，并且各决策目标之间有可能存在相互矛盾的地方。同时，在某个条件的限制下，在这些目标中只能存在一个最优目标，而群体决策者要采取逐步求优的策略，找出最满意的决策。

综上所述，**群体决策是指多个决策者在共同的环境下，彼此之间通过通信网络进行相互沟通和协作，按照一定的决策机制，依据科学的决策方法，产生众多决策方案，并评价这些方案，最终得到最佳决策的过程。**

2. 群体决策的特点

群体决策主要有以下特点：

(1) 有多个决策者共同参与决策。在群体决策的过程中，有多个决策者共同参与，并且他们根据决策问题的不同，各自的权重也有差别。

(2) 群体拥有共同的方案集。方案集是由群体决策产生的，也可以是为群体决策所采用的。根据此方案集，各个决策者要对其进行评价或排序，以确定最优方案。

(3) 决策者是分散分布的。群体决策的各个决策者在地理位置上相对较远，难以聚在共同的决策环境中，因此必须借助计算机网络和数据通信技术，让他们可以及时沟通和联系。

(4) 各个决策者必须在既定的环境和机制下做出决策。要避免决策者以欺骗或者联盟的方式达成只体现个人或小集团意愿的决策结果。因此，需要决策者在特有的环境及机制下，相互沟通、彼此协作，并以不拘一格的形式进行信息交流而不产生冲突。

(5) 决策者可以紧密地联系，形成同类小组，采用个体的决策支持系统，对特定的决策问题提出各自的决策方案。当意见不统一时，可以提供一种磋商的方案或方法，以使群体决策能够顺利进行。

3. 群体决策的条件

要保证群体决策能够获得最佳效果，必须满足一定的条件，包括以下几个方面：

(1) 客观存在的决策群体。要使群体决策能够顺利进行，就必须有一个客观存在的决策群体，他们是被以解决特定的问题而召集起来的，并且决策群体中的每一个决策者都以自己的知识、经验、感觉和动机等影响最终决策的结果。

(2) 需要共同解决的特定问题。在群体决策中，需要解决的特定问题是整个群体决策活动存在的基础和原因，也是群体决策的核心。而此特定的决策问题往往是由某个人或者某个小集体拟定的，但必须是群体决策中每一个决策者所关心的、所理解的及有解决此问题的能力。这也是各决策者所愿意进行沟通、分析和协作的前提。

(3) 支撑群体决策的机制。群体决策的前提是要相互沟通，彼此协作，而不是相互争执。这需要决策群体中各个决策者都要认同的机制来保证，这样才能避免各决策者之间直接发生冲突和矛盾，从而提供一种友好的交流环境。

4. 群体决策的过程

群体决策的过程大致可以分为发现特定问题、确定群体决策目标、设计决策方案、评价备选方案、选择执行方案五个阶段，如图10-10所示。

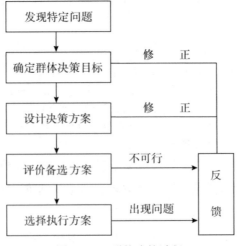

图 10-10　群体决策过程

(1) 发现特定问题。发现决策群体共同关注的特定问题是进行群体决策的前提和基础。所谓特定问题,是指个人或者小集团遇到的实际状况和理想状况之间的差距。在整个群体决策过程中,每一个决策者对特定问题的理解和认识都是不同的,因此需要为各决策者提供一个共同的环境,为他们收集、分析并提供决策所需的信息,帮助他们充分并深刻地理解和认识需要决策的特定问题。

(2) 确定群体决策目标。基于第一阶段的特定问题,各决策者寻找最佳的解决方案,并尽量解决此问题。因此,可以将解决此问题而形成的最终效果称为群体决策的群体目标。由于群体决策需要解决的问题往往是复杂的和多样的,因此群体决策的群体目标也不是单一的,而是多样的。

在合作群体决策中,各个决策者对问题的认识基本上是统一的,但是在这个统一认识中也包含对问题认识的不同方面。而在非合作群体决策中,各个决策者往往对问题的认识都是各抒己见,各决策者所认为的群体目标是多样的,甚至彼此之间还是相互冲突的。基于以上原因,群体决策的群体目标的确定过程需要决策支持技术去收集用于决策的相关信息及提供各种分析预测技术。

(3) 设计决策方案。设计决策方案是最能体现群体决策价值的地方。在群体决策的过程中,设计决策方案往往不是一蹴而就的,是需要不断探索、不断反复的过程。群体决策所要解决的决策问题是复杂的,这需要不同的决策者在设计决策方案时分别担任不同的角色。有时也需要各决策者承担不同的决策子任务,或者对于同一个决策问题分别提出各自的解决方案,形成备选方案集。这体现了群体决策在设计决策方案过程中集思广益的特点,可以避免决策个体由于知识或信息量不足造成的决策方案片面性和局限性的弊端,使决策方案更科学、更全面及更合理。然而,该阶段也面临着对决策者组织和管理的障碍,需要使用群体决策机制、现代通信技术和数据处理技术为决策者提供信息交流、信息分析及方案管理等决策支持。

(4) 评价备选方案。对上一阶段产生的备选方案根据约束条件和需求进行评价。一般对备选方案的评价首先是对各方案建立相应的模型,然后对模型求解,最后比较结果,从中选择最优方案。在群体决策的过程中,由于不同的决策者使用的模型及约束条件或者评价标准不同,最终的评价结果也有可能是千差万别的。因此,在群体决策中,必须要确定固定的评价原则对各方案进行评价。

(5) 选择执行方案。在评价备选方案后,根据决策目标的需要选择可执行的最优方案去执行。在执行最优方案的同时要不断地获取执行结果的反馈,及时发现偏差并纠正。同时,在群体决策的过程中及时进行经验总结,为下一次群体决策提供决策依据和经验。

10.4.2 群体决策支持系统概述

1. 群体决策支持系统的概念

群体决策支持系统的"群体"是相对决策支持系统和经理支持系统等个人决策支持而言的。在竞争日趋激烈的商业环境中,决策者往往是在特定的团队中工作的。在协同工作的环境下,对群体决策支持系统的需求是必然的。决策支持系统通常是针对于一个特定的决策者,而群体决策支持系统却是针对多个决策者。群体决策支持系统借助现代通信技术和计算机技术,可以解决群体协同决策中互动的局限性,并最大限度地将秩序和效率机制引入系统中来,最大限度地减少非关键话题和因素,改进决策制定的效率和效果。

综上所述,**群体决策支持系统是建立在决策支持系统之上的,并且利用计算机网络与数据通信技术,供多个决策者为了一个共同的决策问题,通过相互协作探寻解决决策问题的计算机信息系统。**

2. 群体决策支持系统的特征

群体决策支持系统具有以下主要特征:
(1) 分布各地的决策者可以不受时间和空间的限制,协同做出决策。
(2) 决策者相互之间借助于现代通信技术和计算机网络技术便捷地交流与决策相关的信息,从而使得最终的决策更全面、更科学。

(3) 决策者可以克服消极心理的影响，各抒己见、集思广益、激发思路、无所保留地发表意见和见解，从而使需要决策的问题得以完美解决。

(4) 可以防止小团体对决策结果的影响，提高了决策群体对决策结果的满意度和可信度，使决策效果得到显著提高。

3. 群体决策支持系统的分类

群体决策支持系统分为如下三种类型。

(1) 会议室类型。会议室类型的群体决策支持系统有实际会议室类型和虚拟会议室类型。所谓实际会议室类型，主要是指支持多个决策者面对面地集中到特定的会议室中，在同一时间进行决策的系统，但是参与决策的决策者必须通过互联网络协同完成决策。虚拟会议室类型群体决策的各个决策者在地点上是分散的，而时间上却是集中的，它通过计算机网络和多媒体技术使分散在不同地点的决策者在同一时间内以虚拟面对面的方式进行集中决策。

(2) 局域网类型。局域网类型群体决策支持系统中的多位决策者在较近距离内的不同地点定时或者不定时地参与群体决策。这种类型的群体决策支持系统利用建立的局域网共享资源，彼此之间通过网络交流信息，并按照群体决策支持系统的规程进行群体决策。局域网类型群体决策支持系统的优点在于各决策者可以共同使用局域网内的各种资源，并对一些及时性要求不高的决策进行协同制定。

(3) 远程决策网类型。远程决策网类型的群体决策支持系统整合了局域网决策类型和虚拟会议室类型的优点，充分利用现代通信技术，特别是广域网技术作为远程决策的数据通信基础。各个决策者可以在不同的时间和不同的地点对同一个决策问题进行决策。然而，由于当前技术还不成熟，这种类型的群体决策支持系统比较少见。

4. 群体决策支持系统的结构原理

一般的群体决策支持系统由硬件、软件、数据通信网络和协调员四部分组成，如图 10-11 所示。其中，协调员的主要作用就是协调群体决策的过程，及时为群体决策支持系统运行提供技术支持。决策者则可以在集中的会议室内进行群体决策，也可以分布在不同的地点，以某个特定的决策问题，按照特定的规程进行群体决策。

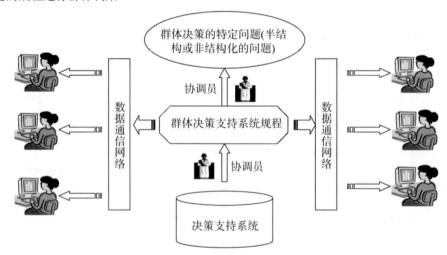

图 10-11　群体决策支持系统的结构原理

群体决策的过程相对于个人决策而言要复杂得多，因为群体决策涉及众多不同的个体，并且在时间、地点以及通信方式上也受到很大的限制，而且不同决策者的风险偏好、文化背景等也各不相同。

从技术的角度讲，一个成功的群体决策支持系统要满足以下要求：
(1) 要对群体决策过程中的数据信息传输和交互进行控制。
(2) 能够自动选择适合群体决策的技术。
(3) 能够对可行的决策方案进行分析和解释。
(4) 在群体决策过程中，如果无法得到统一的决策，则可以对个体决策差异进行讨论，或者重新定义决策问题。

5. 群体决策支持系统的优缺点

群体决策支持系统是决策支持系统的进一步发展，也是现代网络技术和数据通信技术融入决策支持系统的一个鲜明实例，成功地解决了多个决策者协同决策的技术难题，对决策支持的效果较为明显。其优点可以概括为：决策者可以足不出户地参与决策，从而为决策者减轻了远行的负担和压力，降低了决策的成本；为决策者之间的沟通和交流创造了良好的环境；促进了决策者之间的协作，提高了决策的效率，显著地改善了决策效果。

但是，当前的群体决策支持系统还存在一定的局限性和缺点：由于群体决策支持系统使决策者之间失去了面对面进行交流的机会，并使决策者很难感受到面对面交流的氛围，从而影响决策效果的有效性；使用群体决策支持系统组织会议非常便捷，从而使得一些不必要的会议明显增多；由于群体决策者之间的交流使用的是数据通信网络，而数据通信网络在当前而言还存在一定的不安全因素，因此对于企业决策中用到的秘密信息可能会在数据传输的过程被非法用户截获，从而对企业造成一定的经济损失和威胁；群体决策支持系统的实施是非常复杂的，特别是系统实施的成本较高，所以无论是从技术上还是从资金上都对开发单位提出了很高的要求。

案例分析

箭牌糖果有限公司的销售决策支持系统

箭牌糖果有限公司是国际糖果业界的领导者之一，也是全球最大的口香糖生产及销售商。箭牌糖果(中国)有限公司(以下简称"箭牌公司")现为中国最大的口香糖生产厂商之一。

箭牌公司拥有着庞大的经营规模，对团队管理建设非常重视，在信息化建设上也取得了不错的成果。然而随着业务信息量的积累，面对庞大的信息量，如何才能将其更高效、更便捷地转化成企业的有用资源，使销售经理能时刻跟踪管辖范围内的各项业绩情况，监控整个销售团队的销售业绩？针对这一难题，公司总部计划启用一套先进、成熟的管理工具——销售决策支持系统来辅助大区销售经理开展业务，提高他们对管辖区域内的市场反应能力。箭牌公司通过对现有信息化状况的评估后发现，在信息辅助方面，主要存在如下问题。

第一，决策层一直对销售团队的管理有着行业领先的经验，希望通过平衡计分卡的全面战略管理方法来评估销售团队的绩效管理。但由于数据信息的来源、加工过程复杂，导致此管理方法仅停留在战略上，迟迟未得到实施。

第二，由于信息传递工具的局限，对于企业关心的现金流信息、陈列费用信息及库存管理信息，决策层无法及时将其传递到区域销售经理的手中并引起他们的关注；另一方面，销售量指标达成概况、市场份额竞争情况等同样无法及时传达至销售经理。

第三，销售经理不能清晰、直观地了解各自销售范围内的城市之间的对比情况，这对各城市之间销售竞赛的推动也造成了一定的阻碍。

箭牌公司完成决策支持系统建设之后，很快在销售管理方面获得了很大成效，并取得了以下成果。

形成了整合集中的数据管理模式，搭建了桌面式 Widget 报告推送方式。因业务分析的需要，销售部门分析的数据来源繁多、差异性大。系统上线后，销售部门实现了财务、库存、销售等业务系统的数据集中整合。另一方面，系统信息浏览形式也是多样的：用户可自行登录到系统网页上查看分析报告，也可以浏览悬挂在桌面的报告。因系统每月会自动将整合后的数据推送到此桌面分析报告中，用户不用做任何操作，就能基于电脑桌面上的报告进行分析。与以前传统分析方法比较，现在相关人员能更快速、更及时地了解所管辖区域的业绩情况，便于进一步的业务决策。

实现了"平衡记分卡"式的指标健康监控。销售管理的行业分析方法——平衡计分卡，被广泛应用在企业管理中。通过此管理方法，箭牌公司从财务、销售、采购等各个数据源入手，用信息化手段全面替代传统手工数据生产、传送过程，实现各项数据的信息化共享平台，提供各城市指标健康体检报告到每个最终用户手上。

精准营销、深入诊断、多角度灵活分析。对于总体关键业务报告，销售经理经初步了解情况后，就可从指定月份入口进行深入诊断，从渠道、分销商、产品等多个维度实现细分分析，并形成各种独立分析报告。营销计划也据此开展，从而优化原有的区域市场框架。

系统正式上线后，使用者都认为决策支持系统平台使业务分析不再是枯燥、烦琐的过程，而是新颖有趣的体验，它提供了一种能更轻松地与数据进行交互、对未来的业务方案进行模拟分析的途径，让管理决策更高效。

思考题：
1. 箭牌公司的销售决策支持系统实施的背景是什么？
2. 销售决策支持系统解决了箭牌公司的哪些管理问题？
3. 箭牌公司实施销售决策支持系统成功的原因是什么？

本章习题

1. 什么是决策？决策有哪些分类？
2. 决策的一般过程有哪些？
3. 简述决策支持系统的结构原理。
4. 决策支持系统的特征有哪些？
5. 什么是商务智能？商务智能的关键技术有哪些？
6. 什么是数据仓库？数据仓库的特点有哪些？
7. OLTP 与 OLAP 的区别是什么？
8. 什么是数据挖掘？数据挖掘的工具有哪些？
9. 商务智能的决策支持功能有哪些？
10. 简述经理支持系统的机构原理。
11. 经理支持系统的特征有哪些？
12. 简述经理支持系统与决策支持系统的差异。
13. 什么是群体决策？群体决策的过程有哪些？
14. 简述群体决策支持系统的结构原理。
15. 群体决策支持系统的特征有哪些？
16. 群体决策支持系统分为哪几类？

第 11 章
电子商务与数字市场

电子商务将整个商贸活动集成于网络信息系统之中,打破了传统商务对市场的时空限制,促进了整个社会商业体系结构、消费者的消费观念和行为的变化。随着电子商务在整个商务活动中所占比重的日益增加,它逐步成为全球经济与贸易增长的主流方式,推动经济的全球化进程。近年来,以电子商务为代表的数字市场成为发展最快的领域,移动电子商务、C2M 模式、O2O 模式、社交商务、共享经济等新兴商务模式不断涌现,给整个经济社会的发展带来巨大的机会与挑战。本章将主要介绍电子商务涉及的在线支付、物流等具体问题,以及移动电子商务和新兴数字市场等典型商业模式。

知识导航

1. 电子商务的概念、分类、组成及特点
2. 在线支付系统的组成及工具
3. 第三方支付的概念及优势
4. 电子商务的物流模式及技术
5. 移动电子商务的特点、技术及业务领域
6. 移动支付的方式
7. 新兴数字市场的典型商业模式

关键概念

电子商务　B2B　B2C　C2C　在线支付　第三方支付　第三方物流　移动电子商务　C2M 模式　O2O 模式　社交商务　共享经济

开篇案例

蘑菇街等电商导购网站的兴起

蘑菇街是一个新型的女性买家社区,它以电商平台为依托,以瀑布式(Pinterest)的分享信息为载体,结合微博互动的社区化营销和社会化媒体功能,为淘宝、京东等网站导入用户购买流量来获取交易佣金。

目前,每天有几百万网友在这里自由地交流时尚、购物的话题,相互分享、相互帮助,发现折扣、享受优惠。蘑菇街不断提升用户体验,已经拥有了超过 4000 万的注册会员,每天为超过 300 万的女性消费者提供购物决策建议,日独立访客达到 300 万,引导到淘宝网的成交转化率在 8%~10%。从 Hitwise 公司的统计数据中可以看出,蘑菇街已经在导购领域有较高的用户黏度和购买转化率。

蘑菇街的价值网络以其自身为中心,由 B2C 商家、广告主、用户所构成。通过这个价值网络,

蘑菇街和其他合作企业可以实现规模经济和范围经济的共赢，同时还可以把各网络节点的价值创造能力进行充分整合，从而更好地满足顾客个性化的需求。

蘑菇街的收入来源主要是用户通过链接在合作网站上购买后的佣金返还。此外，也有部分收入来自团购、精准广告和合作收益。从目前来看，更加精准和有效的广告应该是其盈利方式。在蘑菇街上分享消费体验的用户肯定比其他一般门户网站的用户更有广告价值。

目前类似蘑菇街这种图片分享式的网站还有很多，这些网站都是在引进国外 pinterest 模式后加以微创新，其商业模式、盈利模式存在严重同质化，当这个市场发展到一定程度之后，雷同和同质化将不可避免，必将带来一场激烈的市场竞争。蘑菇街终会面临被分食市场的挑战，对于这个创业型的社区化电商来说，要守住这块新开发出来的"蛋糕"，还需要提升自己的核心竞争力。

(资料来源：李国凤. 蘑菇街电子商务案例[EB/OL]. [2015-11-28]. http://www.cmcc-dut.cn. 作者有删改)

讨论：
1. 蘑菇街的电商模式与淘宝、京东有何不同？
2. 蘑菇街的盈利模式有哪些？是否有其他潜在的盈利模式？

11.1 电子商务概述

近年来，随着移动通信技术与互联网融合而形成的移动互联网的成熟，使移动电子商务快速发展，为个人信息管理、商务交易、支付、购物和娱乐等领域提供服务。移动电子商务因其快捷方便、无所不在的特点，已经成为电子商务发展的新方向。

11.1.1 电子商务的概念

世界主要政府组织(如经济合作与发展组织、欧洲议会和国际商会等)、著名公司(如 IBM、Intel 和 HP 等)及知名学者(如瑞维·卡拉科塔和安德鲁·B. 惠斯顿等)从不同角度对电子商务进行了定义。这些定义各有其科学性，只是角度不同而已，本书从电子商务涵盖范围的角度对其进行定义。

广义的电子商务(electronic business，EB)，是指各行各业，包括政府机构和企事业单位各种业务的电子化和网络化，可称为电子业务。其包括电子政务、电子军务、电子医务、电子教务、电子公务、电子事务和电子家务等。

狭义的电子商务(electronic commerce，EC)，是指利用电子化手段进行以商品交换为中心的各种商务活动，如企业与消费者个人利用计算机网络进行的商务活动，也可称为电子交易。其包括电子购物、电子交易、电子支付、电子转账、电子结算、电子商情、电子广告、电子合同签约等不同层次的电子商务活动。

11.1.2 电子商务的分类

典型的电子商务主要包括以下几种类型。

1. 企业与企业之间的电子商务

企业与企业之间的电子商务(business to business，BtoB)，是电子商务应用最多和最受企业重视的形式，企业可以使用互联网或专用网方式为每笔交易寻找最佳合作伙伴，完成从订购到结算的全部交易行为，包括向供应商订货、签约、接受发票和使用电子资金转移、信用证、银行托收等方式进行付款，以及在商贸过程中发生的其他问题，如索赔、商品发送管理和运输跟踪等。

典型的 BtoB 电子商务平台有：ChemConnect、阿里巴巴、环球资源网、上海钢联、慧聪网等。

2. 企业与消费者之间的电子商务

企业与消费者之间的电子商务(business to customer，BtoC)，是消费者利用互联网在线购买商品，类似于商业的零售业务。随着互联网的普及，网上销售也迅速地发展起来。目前，在互联网上有许许多多不同类型的虚拟商店和虚拟企业，提供各种与商品销售有关的服务。通过网上商店买卖的商品可以是实体化的，如票务、书籍、鲜花、食品、汽车和电子产品等；也可以是数字化的，如新闻、音乐、电影、数据库、软件及各类基于知识的商品；还有提供的各类服务，如在线医疗诊断和远程教育等。

典型的 BtoC 电子商务平台有：亚马逊、天猫、京东商城、唯品会、苏宁易购、当当网等。

3. 消费者与消费者之间的电子商务

消费者与消费者之间的电子商务(customer to customer，CtoC)，是指个人与个人之间进行的在线商品买卖活动。最早的 CtoC 电子商务平台是成立于 1995 年的 ebay 平台，通过网上拍卖的形式实现在线商品买卖，消费者可以在 ebay 上买卖新旧商品。1998 年易趣的成立标志着 CtoC 电子商务模式在我国的产生。

典型的 CtoC 电子商务平台有：淘宝网、ebay、拍拍网、易趣网等。

4. 企业/消费者与政府之间的电子商务

如果将政府也作为电子商务的参与主体，那么电子商务的分类还应该包括如下两类。

(1) 企业与政府之间的电子商务(business to government，BtoG)。BtoG 方式的电子商务覆盖企业与政府组织间的各项事务。例如，企业与政府之间各种手续的报批，政府通过互联网发布采购清单和企业以电子化方式响应，政府在网上以电子交换方式完成对企业和电子交易的征税等。

(2) 消费者与政府之间的电子商务(customer to government，CtoG)。通过 CtoG 方式的电子商务，政府可以把电子商务扩展到福利费的发放及个人税收的征收，能通过网络实现个人身份的核实、报税和收税等政府与个人之间的行为。

5. 社会化电子商务

社会化电子商务(social commerce)是电子商务的一种新的衍生模式。它借助社交网站、微博、社交媒介、网络媒介的传播途径，通过社交互动、用户产生内容等手段来辅助商品的购买和销售行为。在 Web 2.0 时代，越来越多的内容和行为是由终端用户来产生和主导的，如博客、微博和微信等。

按照具体的展现形式来划分，社会化电子商务平台可分为如下四种模式。

(1) 基于共同兴趣的社交电商模式，这种模式以蘑菇街、美丽说为代表，这种模式的特点解决了用户逛街的需求，同时盈利模式也很直接，盈利能力较强。

(2) 图片加兴趣的形式，以花瓣网为代表，这种模式的特点是简单、互动性强、视觉冲击力高，容易快速聚集起大量用户，但在盈利上需要有大量的用户规模作为支撑。

(3) 媒体导购的形式，以逛逛网为代表。该模式的特点是有较强的媒体属性，像一本时尚杂志，让用户在读它的时候充分感受到商品的魅力。这种模式往往较难聚集大量的用户，互动性较差。

(4) 线下消费线上导购(Online to Offline，O2O)的形式，该领域较为出色的有 Yelp、大众点评、美团、百度糯米、去哪儿、饿了么、滴滴打车等。该模式的特点是用户的消费目标明确，娱乐属性较弱，对商品的要求较高。

11.1.3 电子商务系统的组成

一个完整的电子商务系统应该具有五大组成部分，包括因特网(Internet，包含 Intranet 和 Extranet)、客户、认证中心、网上银行以及配送中心。电子商务系统的组成，如图 11-1 所示。

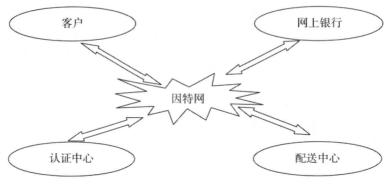

图 11-1　电子商务系统的组成

1. 因特网

因特网(Internet)是电子商务的基础，是商务信息传送的载体，在其基础上发展出内联网与外联网：内联网(Intranet)是企业内部商务活动的场所；外联网(Extranet)是企业与企业，以及企业与个人进行商务活动的纽带。

2. 客户

客户可分为个人客户和企业客户。个人客户使用浏览器、电视机顶盒、个人数字助理(PDA)和可视电话等接入网络，获取信息和购买商品。企业利用 Web 网站发布产品信息和接受订单，即建立电子商场。如需要在网上进行销售等商务活动，还要借助于电子报关、电子报税、电子支付系统与海关、税务局、银行进行有关商务和业务等处理。

3. 认证中心

认证中心是法律承认的电子商务管理与认证的权威机构，负责发放和管理数字证书，使网上交易的各方能互相确认身份。数字证书是一个包含证书持有人的个人信息、公开密钥、证书序列号、有效期和发证单位的数字签名等内容的数字文件。

4. 网上银行

网上银行是在互联网上实现传统银行的业务，为用户提供 24 小时实时服务。通过与信用卡公司合作，发放电子钱包，提供网上支付手段，为电子商务交易中的用户和商家服务。

5. 配送中心

配送中心接收商家的送货要求，组织运送无法从网上直接得到的商品，跟踪商品流向，将商品送到消费者手中。

11.1.4 电子商务的特点

1. 跨时空和跨地域

电子商务突破了时空和地域的界限，利用网络工具使世界各地的商业资源得到有效利用。互联网几乎遍及世界的各个角落，用户可以随时与贸易伙伴传递商业信息和文件，将自己的商品和服务带到全世界。相比而言，传统市场在时间、空间和流通上都有种种有形和无形的障碍。

2. 交易虚拟化与透明化

电子商务的交易双方从贸易磋商、签订合同到支付等，无须当面进行，均可通过互联网完成，整个交易完全虚拟化。流畅快捷的信息传输能够保证各种信息之间互相核对，可以防止伪造信息的流通，使交易过程透明化。

3. 交易低成本

电子商务的卖方没有店铺成本、专门的销售人员及库存压力，因而可以降低商品的成本，使买方能够以比传统商务方式更低的价格获得更好的商品。

4. 交易效率高

由于互联网将贸易中的商业报文标准化，使商业报文能在世界各地瞬间完成传递与处理。电子商务克服了传统贸易方式费用高、易出错和处理速度慢等缺点，极大地缩短了交易时间，使整个交易过程变得非常快捷和方便。

5. 产品与服务的多样化

电子商务为消费者提供了更多的选择，使他们能够从更多的供应商中选择产品和服务，满足不同消费者的个性化需求。

11.2 在线支付

在线支付是电子商务活动中不可缺少的一部分，也是电子商务活动的基础。电子商务需要安全、可靠和便捷的在线支付结算系统，实现交易"资金流"的管理。随着信息技术的发展和商业应用的不断深化，出现了越来越多不同形式的在线支付系统。

11.2.1 在线支付系统

1. 在线支付的定义

<u>在线支付是以金融电子化网络为基础，利用电子媒介，以计算机技术和通信技术为手段，将货币以电子数据(二进制数据)形式存储在银行的计算机系统中，并通过计算机网络系统以电子信息传递的形式实现流通和支付。</u>

2. 在线支付系统的构成

在线支付系统主要由因特网、客户、商家、客户开户行、商家开户行、支付网关、银行网络和认证中心等元素组成。在线支付系统的构成，如图11-2所示。

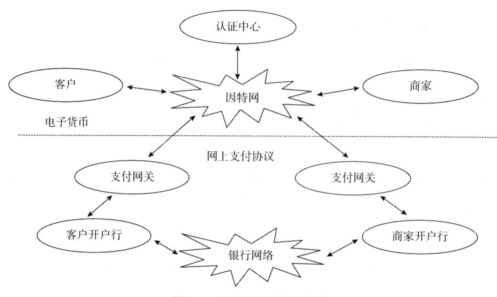

图 11-2 在线支付系统的构成

(1) 因特网。因特网是在线支付的基础，是商务信息和支付信息传送的载体。

(2) 客户。客户是指与商家有着交易关系并存在未清偿的债权债务关系(一般是债务)的一方，客户用自己拥有的支付工具(电子货币)，如电子现金、电子支票和银行卡等进行支付，是在线支付系统运作的起点。

(3) 商家。商家是拥有债权的商品交易的另一方，它可以根据客户发起的支付指令向金融体系请求获取货币给付。

(4) 客户开户行。客户开户行是指客户拥有账户的银行，客户所拥有的支付工具(电子货币)是由开户行提供的，客户开户行在提供支付工具的同时也提供了一种银行信用，用以保证支付工具的兑付。

(5) 商家开户行。商家开户行是商家开设账户的银行，其账户是整个支付过程中资金流向的地方，商家将客户的支付指令提交给其他开户行后，就由开户行完成支付授权的请求及银行间的清算等工作。商家开户行是依据商家提供的合法账单来工作的，因此称为收单行。

(6) 支付网关。支付网关是因特网中公用网和银行网络(金融专用网)之间的接口，支付信息必须通过支付网关才能进入银行支付系统，进而完成支付的授权和获取。支付网关保证在线支付结算的安全及银行自身的安全。

(7) 银行网络。银行网络作为一个金融专用网，是银行内部及银行间进行通信的网络，应具有较高的安全性。

(8) 认证中心。认证中心又称为数字证书授权中心(certificate authority)，简称 CA 中心。CA 中心是法律承认的权威机构，用于对电子商务各参与方，即客户、商家、支付网关和网上银行等进行身份认证，发放数字证书，以保证电子商务交易和支付能安全、可靠地进行。

在线支付系统还包括支付中使用的电子货币及所遵循的在线支付协议。因此，在线支付系统是融购物流程、电子货币、在线支付协议、认证体系、因特网、客户、商家、支付网关、开户行、收单行及银行网络为一体的综合系统。

11.2.2 在线支付工具

在线支付的基本形式是以电子货币呈现的，电子货币是以金融网络与互联网为基础，以电子计算机技术和通信技术为手段，利用各类支付卡和其他无形货币为媒介，通过金融信息的电子化形式实现资金转移的货币。电子货币是没有物理形态，是一种货币信息，为持有者的金融信用。在线支付工具主要包含如下几种类型。

1. 银行卡

银行卡是银行或其他金融机构签发给那些资信状况良好的人士的一种特制卡片，持卡人可凭卡在发卡机构指定的商业机构消费，也可在指定的银行机构存取现金。银行卡分为两种，一种是可以透支一定额度的信用卡；另一种是不可透支，只能在卡上存有的金额范围内支付的借记卡。

银行卡因其不同的种类有不同的支付系统，包括"信用卡"支付系统和"借记卡"支付系统，由于其功能类似，本节只讨论信用卡支付系统。信用卡的支付模式主要有以下四种。

(1) 无安全措施的信用卡支付。当消费者与商家通过互联网达成交易后，消费者按商家的要求，在商家的页面上提交自己的信用卡账号、密码、有效期等信息。商家在收到消费者传来的支付信息后，将其转发给银行以验证其支付的合法性。商家在得到银行的信用授权后向消费者发货。这种网上支付模式出现在电子商务的早期，消费者的关键信息对商家来说是完全公开的，这对于消费者来说具有极大的风险。

(2) 通过第三方经纪人支付。在这种方式中，用户通常提前在某一第三方公司登记一个信用卡号码和口令，当用户通过网络在该公司购物时，只需将口令传送到第三方，购物完成后，用户通常会收到一个确认电子邮件，询问购买是否有效。当用户通过电子邮件回答有效时，公司就会从用户的信用卡账户上减去这笔交易的费用。

(3) 简单加密信用卡支付。采用这种模式支付时，用户信用卡号码被加密，采用的加密技术有S/SHTTP、SSL等。用户在其网页中输入其信用卡号时，该卡号会被加密，而这种加密的信息只有业务提供商或第三方付费处理系统能识别。这种支付方式对于用户来说是极为方便的，但由于涉及加密、认证、授权等，其交易成本较高。

(4) SET加密信用卡支付。SET协议是由美国Visa和MasterCard两大信用卡组织联合国际上多家科技机构共同制定的银行卡在线交易的安全标准。它采用公钥密码体制和X.509数字证书标准，主要应用于B2C电子商务中以保障支付信息的安全性。SET协议本身比较复杂，设计比较严格，安全性高，但是在实际应用中，SET要求持卡人在客户端安装电子钱包，增加了顾客的交易成本。

2. 电子支票

电子支票是用电子方式实现纸质支票功能的新型电子支付工具。电子支票是在与商户及银行相连的网络上以密码方式传递的，是用户利用其私钥所签署的一个文件。用电子支票支付，事务处理费用较低，而且银行也能为参与电子商务的商户提供标准化的资金信息，是一种非常有效率的支付手段。

电子支票的使用者凭借信用卡或银行账号到提供电子支票的银行注册，才能在网络上生成电子支票。电子支票的内容包括支付人的姓名、支付人金融机构名称、支付人账户名、被支付人姓名和支票金额等。此外，上面还有银行的数字签名。

典型的电子支票系统有NetCheque、NetBill和E-Check等。

3. 电子现金

电子现金又称数字现金，是以数字形式代表的现金货币，具体是用一串加密的数字来表示现金。电子现金在使用时与纸质现金完全类似，多用于小额支付，是一种储值型的支付工具。

电子现金及其支付系统已发展有多种形式，其使用灵活简便、比纸币更安全、隐私性更好，无须直接与银行连接便可使用。电子现金的应用除要求网络系统保证安全传送和存取外，在其背后还应有现金和银行信用等作为担保，并能方便地与其他货币形式、信用贷款和银行存款等进行交换。

按载体不同，电子现金可分为具有存储性质的预付卡(币值存储在IC卡片上)和纯电子系统形式

(以数据文件的形式存储在计算机的硬盘上)的用户号码数据文件等。预付卡一般用于小额支付，在很多商家的 POS 机上都可受理，如银行发行的具有数字化现金功能的智能卡和各种充值卡等。纯电子数字化现金没有明确的物理形式，它以用户的数字号码的形式存在，适用于买方和卖方物理上处于不同地点的网络和网络事务的处理中。付款行为就是从买方的电子现金中扣除并传输到卖方。

目前使用的电子现金系统主要有 Digicash、CyberCash 和 Netcash 等。

4. 电子钱包

电子钱包是一个可供持卡人进行安全电子交易和存储交易记录的软件，就像生活中随身携带的钱包一样，是小额支付时常用的电子支付工具。电子钱包与普通的钱包没有什么区别，只是货币不再是可见的纸币，取而代之的是电子货币，即电子现金、电子零钱、信用卡等。

使用电子钱包支付时，通常需要在电子钱包服务系统中进行，网络交易活动中的电子钱包软件通常都是免费提供的，可以直接使用与自己银行账号相连接的网络贸易系统服务器上的电子钱包软件，也可利用互联网上采用各种保密方式的电子钱包软件。

目前国内外比较流行的电子钱包系统有 Visacash、Mondex、支付宝钱包、微信钱包和百度钱包等。

11.2.3 第三方支付

第三方支付出现的最初目的是解决在电子商务小额支付情形下，交易双方因银行卡不一致而造成的款项转账不便的问题。电子商务交易中的安全、信任及便捷性要求也促使第三方支付平台的出现，是电子商务市场发展的必然要求。第三方支付平台是在商家与消费者之间建立的一个公共的、可以信任的中介，建立了网上商家和银行之间的连接，实现第三方监管和技术保障的作用。

1. 第三方支付的概念

第三方支付是具备一定实力和信誉保障的独立机构，采用与各大银行签约的方式，提供与银行支付结算系统接口的交易支持平台的网络支付模式。在第三方支付模式中，买方选购商品后，使用第三方平台提供的账户进行货款支付，并由第三方通知卖家货款到账，要求发货；买方收到货物，并检验商品进行确认后，就可以通知第三方付款给卖家，第三方再将款项转至卖家账户上。第三方支付交易流程，如图 11-3 所示。

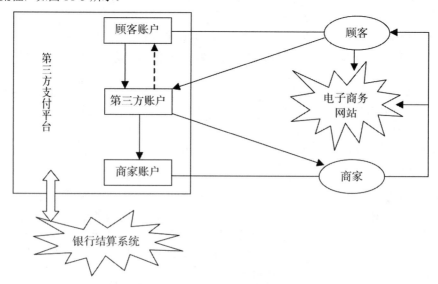

图 11-3 第三方支付交易流程

2. 第三方支付的特点

在网络交易的信用体系还不健全的情况下，第三方支付在一定程度上解决了网上银行支付方式不能对交易双方进行约束和监督，支付方式比较单一，以及在整个交易过程中，商品质量、交易诚信、退换要求等方面无法得到可靠的保证，交易欺诈广泛存在等问题。其特点体现在以下几个方面。

(1) 第三方支付平台作为中介方，可以促成商家和银行的合作。对于商家而言，第三方支付平台可以降低企业的运营成本；对于银行而言，可以直接利用第三方的服务系统提供服务，帮助银行节省网关开发成本。

(2) 第三方支付平台能够提供增值服务，帮助商家网站解决实时交易查询和交易系统分析，提供方便及时的退款和支付服务。

(3) 第三方支付平台可以规避一定的风险，能够对交易双方的交易进行详细的记录，从而防止交易双方对交易行为可能的抵赖，以及为在后续交易中可能出现的纠纷问题提供相应的证据。

(4) 较之 SSL、SET 等支付协议，利用第三方支付平台进行支付操作更加简单且易于接受。第三方支付平台采用了与众多银行合作的方式，从而大大方便了网上交易的进行，对于商家来说，不用安装各个银行的认证软件，从一定程度上简化了操作步骤和费用。

3. 比较流行的第三方支付平台

第三方支付平台可以大致划分为两类：一类是以支付宝、财付通、京东支付为代表的互联网型非独立支付平台，它们以在线支付为主，捆绑大型电子商务网站，此类支付平台一般采用信用中介模式，实行"代收代付"和"信用担保"；另一类是以银联商务、快钱、汇付天下为代表的金融型独立支付平台，侧重满足行业需求和开拓行业应用，此类支付平台一般采用支付网关模式，将多种银行的支付方式进行整合，充当电子商务各方与银行的接口，使银行服务的使用面更广。

下面介绍支付宝和快钱这两种第三方支付平台。

(1) 支付宝。支付宝是国内领先的第三方支付平台，是阿里巴巴集团的关联公司,致力于提供"简单、安全、快速"的支付解决方案。支付宝的建立主要是为了解决淘宝用户的资金结算问题，其旗下有"支付宝"与"支付宝钱包"两个独立品牌，目前支付宝已经成为我国互联网商家首选的在线支付方案。支付宝主要提供支付及理财服务，包括网购担保交易、网络支付、转账、信用卡还款、手机充值、水电煤缴费、个人理财等多个领域。在进入移动支付领域后，为零售百货、电影院线、连锁商超和出租车等多个行业提供服务，还推出了余额宝等理财服务。

(2) 快钱。快钱是国内领先的独立第三方支付平台，推出的产品包括人民币支付、外卡支付、充值卡支付、VPOS 支付等，支持互联网、手机、电话和 POS 等多种终端，满足各类企业和个人的不同支付需求。快钱主要提供的业务包括：账户充值、账户提现、支付服务、网上付款、优惠券。

11.3 电子商务物流

电子商务交易过程涉及商流、物流及资金流。商流和资金流均可通过互联网实现，但是物流必须在网下实现，高质量的物流服务是提升电子商务交易过程效率的关键。在电子商务环境下，消费者通过上网购物，完成了商品所有权的交割过程，即商流过程。由于有形商品是无法在网上传送的，如果缺少现代化的物流，电子商务交易过程将会受到制约。因此，在整个电子商务交易过程中，物流实际上是以商流的后续服务形式出现的。

11.3.1 电子商务物流模式

电子商务的优势之一是能大大简化业务流程，降低企业的运作成本。在流通实践中电子商务企业选择什么样的物流模式来降低成本、减少投资、获得和管理技术、提高为顾客服务的水平、取得竞争优势，以及降低风险已成为各方关注和探讨的热点。电子商务物流模式大致包括如下几类。

1. 自营物流

自营物流是指生产企业借助自身的物质条件(包括物流设施、设备和管理机构等)自己组织物流活动。企业自己组织商品配送，掌握了交易的最后环节，有利于控制交易时间。但是，对于任何一个企业而言，拥有一支自己的配送队伍将是一笔庞大的开支。出于对成本的考虑，配送队伍的规模必须与企业的规模相适应。不是所有企业都有必要和有能力自己组织商品配送，需要具有以下特征的企业才适合：一是业务集中在企业所在的城市，送货方式比较单一；二是拥有覆盖面很广的代理、分销和连锁店，而企业业务又集中在其覆盖范围内；三是对于一些规模比较大、资金实力比较雄厚、管理能力强的企业，比较适合自营物流。

利用物流自营方式，企业也会向运输公司购买运输服务或向仓储企业购买服务，但这些服务都只限于一次或一系列的分散物流功能，而且是临时性的和纯市场交易的服务，物流公司并不按照企业的独特的业务程序提供特殊服务，即物流服务与企业价值链是松散联系。

2. 物流联盟

物流联盟是指两个或两个以上的经济组织为实现特定的物流目标而采取的长期联合与合作。换句话说，就是指在物流方面通过契约形成要素双向或多向流动、互相信任、共担风险和共享收益的物流伙伴关系。一般来说，物流联盟的企业之间具有很强的依赖性，各企业明确自身在整个物流联盟中的优势及担当的角色，使内部的对抗和冲突减少，分工明晰，从而使供应商把注意力集中在提供客户指定的服务上，最终提高企业的竞争能力和竞争效率，满足企业跨地区和全方位物流服务的要求。

物流联盟适用于两种情况：一种是物流在企业的发展战略中起主要作用，而企业自身的物流管理能力和管理水平又比较低。在这种情况下，组建物流联盟将会在物流设施、运输能力和专业管理技巧上收益极大。另一种是物流在其战略中不占关键地位，但其物流水平很高。组建物流联盟可以寻找伙伴共享物流资源，通过增大物流量获得规模收益，降低成本。物流联盟的风险在于容易产生对战略伙伴的过分依赖，造成企业核心竞争力丧失。

3. 第三方物流

第三方物流是随着物流产业的发展而发展起来的，是物流专业化的重要方式。第三方物流的发展程度反映和体现了一个国家物流业发展的整体水平，其占有率与物流产业的水平之间有着非常紧密的联系。对西方国家物流业的实证分析表明，独立的第三方物流至少占社会的 50%时，物流产业才能形成。

第三方物流，也称物流代理，是指由交易供需双方之外的、独立性和专业化的物流组织(物流企业)完成物流服务的物流运作方式，它是 20 世纪 80 年代中后期才在欧、美、日等发达国家和地区出现的新概念。由于物流经营者不参与商品的交易过程，只提供从生产到销售的整个流通过程中专门的物流服务，如商品运输、存储配送及增值性物流服务。因此，从某种意义上可以认为，第三方物流是物流专业化的一种形式。企业在电子商务中实施第三方物流的主要作用有降低作业成本、降低库存、致力于核心业务、减少资金积压、拓展国际业务和整合供应链管理。

4. 第四方物流

第三方物流作为整个供应链的一部分，在通常情况下不可能向客户提供整个供应链的物流服务，即便在供应链某些环节的服务，第三方物流也只能完成其中的部分内容。第四方物流是在第三方物流的基础上对管理和技术等物流资源进一步整合，它是一个供应链的集成商，是供需双方及第三方的领导力量。它不是物流的利益方，而是通过拥有的信息技术、整合能力其他资源提供一套完整的供应链解决方案，以此获取一定的利润。它帮助企业降低成本和有效整合资源，并且依靠优秀的第三方物流供应商、技术供应商、管理咨询及其他增值服务商，为客户提供独特的和广泛的供应链解决方案。

第四方物流的基本功能有：一是供应链管理功能，即管理从货主/托运人到用户和顾客的供应全过程；二是运输一体化功能，即负责管理运输公司和物流公司之间在业务操作上的衔接与协调问题；三是供应链再造功能，即根据货主/托运人在供应链上的要求，及时改变或调整战略战术，使供应链经常高效率地运作。第四方物流成功的关键是以"行业最佳"的物流方案为客户提供服务与技术，是第三方物流的"协助提高者"，也是货主的"物流方案集成商"。

11.3.2 电子商务物流信息技术

在信息化高度发展的电子商务时代，物流与信息流的相互配合越来越重要。在物流管理中必然会用到越来越多的信息技术，如条码技术、射频识别技术、全球定位系统和地理信息系统等，物流信息技术应用是物流现代化的重要标志。

1. 条码技术

条码技术(Barcode)是在计算机应用中产生和发展起来的一种自动识别技术。条码技术的核心内容是利用光电扫描设备识读条码符号，从而实现机器的自动识别，并快速准确地将信息录入计算机进行数据处理，以达到自动化管理的目的。条码技术在物流管理中的应用主要有销售信息系统、销售跟踪系统、库存系统、分货拣选系统及生产管理系统等。

2. 射频识别技术

射频识别技术(radio frequency identification，RFID)是 20 世纪 80 年代逐渐走向成熟的一项自动识别技术和通信技术，又称电子标签或无线射频识别。RFID 的基本原理是电磁理论，通过无线电信号识别特定目标并读写相关数据，而无须识别系统与特定目标之间建立机械或光学接触。射频识别技术在物流管理中的应用主要有货物的存货和分拣管理、运输管理等。

3. 全球定位系统

全球定位系统(global positioning system，GPS)是一个中距离圆形轨道卫星导航系统，它可以为地球表面绝大部分地区(98%)提供准确的定位、测速和高精度的时间标准。GPS 系统在物流管理中的应用主要有汽车自定位和跟踪调度、铁路运输管理和军事物流等。

4. 地理信息系统

地理信息系统(geographic information system，GIS)是以地理空间数据为基础，采用地理模型分析方法，适时提供多种空间和动态的地理信息，对各种地理空间信息进行收集、存储、分析和可视化表达，是一种为地理研究和地理决策服务的计算机技术系统。GIS 应用于物流分析，主要是指利用其强大的地理数据功能来完善物流分析技术。一些公司已经开发出利用 GIS 为物流分析提供专门的工具软件，完善的 GIS 物流分析软件集成了车辆路线模型、最短路径模型、网络物流模型、分配集合模型和设施定位模型等。

11.4 移动电子商务

移动电子商务是互联网、移动通信技术和移动终端技术融合发展的产物,是一种全新的数字商务模式,是电子商务朝着大众、便捷化方向发展的一种延伸。**移动电子商务是指通过移动通信网络进行数据传输,并且利用手机和PDA等移动终端开展各种商务活动的一种新型电子商务模式,这些商务活动主要以借助移动通信技术和使用移动终端为特征。**

11.4.1 移动电子商务的特点

1. 广泛的用户基础

移动电子商务与传统通过电脑平台开展的电子商务相比,拥有更为广泛的用户基础。

2. 多样化和个性化

移动电子商务不仅能提供互联网直接购物,还是一种全新的销售与促销渠道,它全面支持互联网业务,可实现信息、媒体和娱乐服务的电子支付。不仅如此,移动电子商务也不同于传统的销售方式,它能完全根据消费者的个性化需求和喜好来提供更加人性化的服务,用户可随时随地使用这些服务。

3. 灵活的付费方式

服务付费可通过多种方式进行,以满足不同需求,可直接转入银行、用户电话账单或者实时地在预付账户上借记。通过个人移动设备来进行可靠的电子交易的能力被视为移动电子商务业务的一个重要方面,设备的选择及提供服务与信息的方式完全由用户自己控制。

4. 随时随地性

移动互联网的终端设备可以是蜂窝移动电话或个人数字助理PDA,这些移动终端设备更加灵活方便、更加个性化,用户可随时随地随身携带。通过移动电子商务,用户可随时随地获取所需的服务、应用、信息和娱乐。用户可以在自己方便的时候,使用智能电话或PDA查找、选择及购买商品和服务。

5. 更加安全可靠

移动电子商务在信息交互中能准确定位用户的信息,并不需要用户输入用户名与口令,使流动信息难以被截取和破译。通过移动通信网进行数据传输时不会像传统互联网那样,经过许多不可靠的节点,使现有的黑客技术不再有效,数据传输过程中的安全性得到了很好的保证,这使移动电子商务具备了更大的可行性。

11.4.2 移动电子商务技术

1. 蓝牙技术

蓝牙技术是一种短距离无线电技术,它在各类信息设备中嵌入一种微型、廉价的通信模块,不用电缆就可以实现小型移动设备间的无线互联。蓝牙采用全世界统一的开放性规范,可以使不同厂家的移动电话、计算机、掌上电脑和笔记本电脑等终端设备之间实现互联互通。蓝牙技术的应用模型概括起来有三个方面:外设链接、语音/数据访问点和个人网络。

2. WiFi 技术

WiFi 技术的英文全称为 Wireless-Fidelity(无线保真)，属于在办公室和家庭中使用的短距离无线技术。与蓝牙技术相比，它的优点有传输速度较快，可达 11Mbit/s；覆盖范围大，覆盖半径可达 100 米；数据的安全性能较高。

3. 移动 IP 技术

移动 IP 技术是移动用户在跨网络移动和漫游中使用基于 TCP/IP 的网络时，不用修改计算机原来的 IP 地址，仍能继续享有原有网络中一切权限的技术。简单地讲，就是能让网络节点在移动的同时不断开连接，并且还能正确收发数据包。移动 IP 技术能够在一定程度上很好地支持移动电子商务的应用。

4. 手机定位技术

手机定位技术是在无线状态下基于通信位置的定位服务。开通这项服务，手机用户可以方便地获知自己目前所处的准确位置，并用手机查询或获取附近各种场所的资讯。手机定位服务在无线移动领域具有广泛的应用前景。

5. 移动通信技术

第五代移动通信技术(简称 5G 技术)是最新一代蜂窝移动通信技术。5G 的特点是超大带宽(20Gbps)、超低时延(1~10ms)和超密连接(10k~1M devices/km^2)，这些特点可促使虚拟现实(VR)、无人驾驶、智慧物联网、智慧医疗等新兴移动商务模式不断成熟。

11.4.3　移动电子商务的业务领域

移动电子商务提供了"随时、随意、随地"的运作模式，决定了它在商务应用领域有着先天的优势。互联网、移动通信技术和其他技术的有机组合缔造了移动电子商务，但真正推动市场发展的却是多样化的服务。目前，移动电子商务涉及的主要业务领域如下。

1. 交易

移动电子商务具有即时性，非常适用于股票、期货等即时交易业务。移动设备可用于接收实时财务新闻和信息，也可确认订单并安全地在线管理股票交易。

2. 娱乐

移动电子商务将带来一系列娱乐服务，用户不仅可以在移动设备上收听音乐，还可以下载付费音乐，并且可进行交互式游戏、视频直播等娱乐活动。

3. 购物

借助于移动电子商务，用户能够通过其移动通信设备进行网上购物。即兴购物会是一大增长点，如订购鲜花、礼物、食品或快餐等。传统购物也可通过移动电子商务进行改进，如用户可以使用无线电子钱包等具有安全支持功能的移动设备，在商店或自动售货机上进行购物。

4. 订票

通过网络预订机票、车票或入场券已经成为移动电子商务的一项主要业务，规模还在继续扩大。网格有助于核查票证的有无，并进行购票和确认。移动电子商务使用户能在票价优惠或航班取消时立即得到通知，也可支付票费或在旅行途中临时更改航班车次。借助移动设备，用户还可以浏览电影片段和阅读评论，然后订购邻近电影院的电影票。

5. 银行业务

移动电子商务使用户能随时随地在网上安全地进行个人财务管理，进一步完善网络银行体系。用户可以使用其移动终端核查账户、支付账单、转账及接收付款通知等。

11.4.4 移动支付

移动支付是指消费者以移动互联网为网络支持，以移动终端(通常是手机)为接口设备，以 IC 卡为安全控制工具和交易手段，进行资金转移的方式。

1. 移动支付的类型

(1) 电信账户手机支付。在消费者对所消费的商品或服务进行账务支付时，其金额通过手机账单扣除。在这种方式中，电信运营商为用户提供了代收费的服务。

(2) 银行账户手机支付。在这种方式下，手机用户可以通过银行网络连接移动通信公司的短信息平台，实现通过手机直接进行账户查询、银行转账、自助缴费等个人理财服务。

(3) 其他账户手机支付。在这种方式下，用户利用快钱、支付宝、财付通等第三方支付企业所提供的手机平台，办理付款、收款、充值、缴费等业务。

2. 典型的移动支付方式

(1) 手机银行。手机银行是以手机为载体，依托移动通信运营商的网络，以客户端程序的方式，为客户提供账户查询、转账、信用卡、理财、基金、证券、资讯、挂失等金融在线服务，是一种全新的电子银行业务和渠道。手机银行以其使用便捷、安全高效、操作简单等特性，成为当下多数消费者选择的一种全新理财方式，"随身银行""指点个人金融业务"等消费方式也逐渐被大众所接受。手机银行应用较多的业务包括查询银行账户、转账汇款、话费缴纳、手机购物卡、手机理财等。

(2) 手机支付。与手机银行不同，手机支付的立足点是解决小额支付问题。手机支付的基础是现场支付，是指用户利用近距离无线通信技术，使手机和自动售货机、POS 终端机、汽车停放收费表等终端设备之间实现本地化通信。目前，较为广泛使用的近距离无线通信技术包括蓝牙技术、红外技术、无线局域网技术等。

11.5 新兴数字市场

新兴数字市场是随着移动互联网、移动通信技术、移动终端技术的发展而产生的典型的、新兴的电子商务模式，这些模式以用户需求为导向，具有社交化、共享性、线上线下融合等特点，涵盖衣食住行等多个领域。下面简单介绍 C2M、O2O、社交商务和共享经济四种典型模式。

11.5.1 C2M 模式

消费者到企业(customer to manufacturer，C2M)是互联网经济时代新的商业模式。**C2M 是消费者为追求个性化，根据自身需求定制产品和价格，或主动参与产品设计、生产和定价，生产企业进行定制化生产。**这一模式和我们熟知的从生产者到消费者的供需模式恰恰相反，改变了原有生产者(企业和机构)和消费者的关系，是先有消费者的需求产生再有企业的生产。

1. C2M 模式的特征

(1) 个性化定制。个性化定制是 C2M 模式最明显也是最为核心的特征。C2M 模式生产的商品本身就是为了满足广大消费者的个性化需求。定制家具、定制计算机、定制服装等产品都体现了消费者的个性化及差异化需求。

(2) 强大的数据收集及处理能力。在传统工业时代，商家采用的是批量化、标准化的 B2C 模式，在生产、营销、交易、配送等诸多环节中，商家都拥有极高的话语权，消费者只能被动接受。C2M 模式则是由消费者主导，由用户需求驱动商家进行商品研发、生产、营销、物流配送、售后服务等。

(3) 具备柔性化生产能力。消费者需要产品，也必然要求生产过程中能够对产品的各个细节进行动态控制，这也是企业降低生产成本的关键所在。

(4) 拥有一个完善的产业链。除了要让消费者的个性需求得到满足外，还需要通过优化运力资源、减少中间环节来提高企业效率，降低运营成本。

2. C2M 模式的类型

(1) 聚定制。通过聚合客户的需求组织商家批量生产，让利于消费者。其流程是提前交订金抢占优惠价名额，然后在活动当天交付尾款。此类 C2M 形式对于卖家的意义在于可以提前锁定用户群，可以有效缓解 B2C 模式下商家盲目生产带来的资源浪费，降低企业的生产及库存成本，提升产品周转率。团购也属于聚定制的一种。

(2) 模块定制。考虑到整个供应链的改造成本，为每位消费者提供完全个性化的定制还不太现实，所以目前企业能做到的更多还是倾向于让消费者去适应企业既有的供应链，即为消费者提供了一种模块化、菜单式的有限定制。

(3) 深度定制。深度定制也称参与式定制，客户能参与定制环节的全流程。厂家可以完全按照客户的个性化需求来定制。目前深度定制最成熟的行业当属服装类、鞋类、家具定制，以定制家具为例，每位消费者都可以根据户型、尺寸、风格、功能完全个性化定制。

(4) 要约形式。要约形式即消费者先在 C2M 平台中发布自己的需求和报价，然后由商家选择是否接受。

11.5.2 O2O 模式

<u>线上到线下(online to offline，O2O)模式，是将实体经济与线上资源相融合，使网络成为实体经济，线下商家可以到线上挖掘和吸引客源，而消费者可以在线上筛选商品和服务再到实体店购买和消费，或者在线支付预订线下的商品和服务，再到线下去享受商品和服务。</u>与传统的消费者在商家直接消费的模式不同，在 O2O 平台商业模式中，整个消费过程由线上和线下两部分构成。线上平台为消费者提供消费指南、优惠信息、便利服务(预订、在线支付、地图等)和分享平台，而线下商户则专注于提供服务。

1. O2O 模式的特点

O2O 的优势在于把线上和线下的优势完美结合，其特点体现在以下几个方面。

(1) O2O 模式充分利用了互联网跨地域、无边界、海量信息、海量用户的优势，同时充分挖掘线下资源，进而促成线上用户和线下商品与服务的交易。

(2) O2O 模式可以对商家的营销效果进行直观的统计和追踪评估，规避了传统营销模式中推广效果的不可预测性。O2O 将线上订单和线下消费结合，所有的消费行为均可以准确统计，进而吸引更多的商家加入，为消费者提供更多优质的产品和服务。

(3) O2O 在服务业中具有优势，价格便宜，购买方便，且能及时获知折扣信息等。

(4) O2O 模式将拓宽电子商务的发展方向，由规模化走向多元化。

(5) O2O 模式打通了线上线下的信息和体验环节，让线下消费者避免了因信息不对称而遭受的"价格蒙蔽"，同时实现线上消费者的"售前体验"。

2. O2O 模式的流程

O2O 模式的流程可以分为如下 5 个阶段。

(1) 引流阶段。线上平台作为线下消费决策的入口，可以汇聚大量有消费需求的消费者，或者引发消费者的线下消费需求。常见的 O2O 平台引流入口包括：消费点评类网站，如美团；电子地图，如百度地图；社交类网站或应用，如微信。

(2) 转化阶段。线上平台向消费者提供商铺的详细信息、优惠(如团购、优惠券)、便利服务，方便消费者搜索、对比商铺，并最终帮助消费者选择线下商户，完成消费决策。

(3) 消费阶段。消费者利用线上获得的信息，在线上预订付款，然后到线下商户接受服务，完成消费。

(4) 反馈阶段。消费者将自己的消费体验在线上平台反馈，有助于潜在消费者做出消费决策。线上平台通过梳理和分析消费者的反馈，形成更加完整的本地商铺信息库，可以吸引更多的消费者使用在线平台。

(5) 存留阶段。线上平台为消费者和商户们建立沟通渠道，可以帮助商户维护与消费者的关系，使消费者重复消费，增强消费者的黏性。

11.5.3 社交商务

近几年，以微博、微信、直播等社交平台为载体的社交电商开始引领电子商务进入新时代。**社交商务是指利用社交网站、SNS、微博、社交媒介、网络媒介等多种传播渠道，借助社交互动、用户生成内容等进行品牌或产品推广，实现更有效的流量转化和商品销售的电子商务模式。** 对于客户来说，社交商务可以提升客户在产品发现、产品选择和产品推荐等方面的购买体验。

1. 社交商务的特征

(1) 买卖双方不再只扮演单一角色。在各类社交网站上，用户之间展示出虚拟社区的特定关系。用户购买产品的原因不再仅仅是使用，还可以更深层次地展现购买行为、表达购买动机及使用感受等。因此，大众对社会商务行为有了更多的期待。

(2) 市场细分是更加完善的社区模式。在互联网与信息技术的支持下，用户关系更加多元化。社交平台通过用户的消费习惯、关注板块及收藏的产品来为使用者提供各种组群搭配，以便于用户之间可以顺利互动，大大提高了用户的体验。

(3) 沟通渠道的多样化。社交商务不再直接向用户推广其产品，人们聚集在在线交流中，不再被迫接受信息，而是通过互动和口碑营销的方式接受信息。

(4) 核心管理转换成用户体验。传统的电子商务消费表达方式都是直接交易。在社交商务中，因为社会因素的存在，促使网站商业模式发生了改变。社交商务更加关心用户的体验，不单单只关注产品本身。

(5) 电子商务网站的使用从单一到多元化。在过去，企业和组织使用电子商务只关注商品、服务和销售。顾客进入这些网站是为了购买商品，然后离开。在社交商务中，买家需要娱乐、沟通、专业信息搜索和服务。消费者对网站的使用不仅是为了购物，还希望从社交网络、情感互动中获取信息，希望能参与到产品或服务的制造中。

2. 社交电子商务的类型

(1) 社交分享型。社交分享型电子商务的主要特点是用户拼团砍价，借助微信与小程序等扩展用户群体，通过低门槛的促销活动来完成销售裂变，但产品质量问题和供应链效率问题更加突出。目前，符合购买类型的社交电子商务有很多，如拼多多、淘宝特价版、京东拼购等。

(2) 内容型。社交内容型电商模式指的是通过高质量的内容吸引拥有共同兴趣爱好的用户，并将其集合为一个社群，根据该群体的特殊爱好和需求，再引导用户进行裂变式的传播或者交易。内容型电子商务主要是内容驱动成交，基于共同的兴趣来形成一个社区。通过高质量的内容吸引大批量用户，并通过引导完成变现模式。社交内容型电商比较成功的主要是在垂直细分领域，如小红书、美芽等。

(3) 社交零售型。社交零售型电商模式是用户通过自己的社交工具及场景，通过商品销售实现社交圈人脉的变现。一方面，该模式的价值在于数据智能、服务集成、质量有保证、资源集中采购，软件服务化等工具解决产品质量和售后服务等问题。另一方面，通过微信群和朋友圈低成本获取顾客，打破传统电子商务中高成本流量的困境，并且快速传播与裂变。目前，采用这种模式的有环球捕手等。

(4) 会员分销型。会员分销型电商平台通过整合商品、仓储、物流、售后客服、IT系统等要素，为会员提供平台化支持，会员利用社交工具向消费者传播商品信息，完成营销并销售的一种电商模式。这种模式以贝店、斑马会员、爱库存、秀购、未来集市、粉象生活等为代表。

(5) 社区团购型。社区团购型是融合拼团和会员分销的新模式，主要围绕线下生活社区，以社群为主要交易场景，以熟人社交关系为纽带，平台通过团长触达社区用户，完成销售。团购平台提供产品供应链、物流仓储及售后支持；团长负责社群运营、链接投放、订单收集和最终的货品分发；社区居民加入社群后以低价参与拼团。这种模式以十荟团、考拉精选等为代表。

(6) 网红直播型。网红直播型社交电商通过网红在短视频或者直播过程中向粉丝群体推荐商品完成商品销售，提升电商流量转化。其核心要点是粉丝运营、IP打造和优质创意视频内容。

11.5.4 共享经济

1. 共享经济的概念

<u>共享经济是新的经济时代诞生的商业模式，是共享企业借助互联网平台来重新整合、配置社会闲置资源，创造点对点交易市场，以共享商品的使用权来满足客户多样化、个性化的需求，同时达到盈利目标的商业工具。</u>共享经济模式的主要特点是包括一个由第三方创建的、以信息技术为基础的市场平台，个体借助这些平台，交换闲置物品，分享自己的知识、经验，或者向企业、某个创新项目筹集资金。共享经济模式涉及三个主体，即商品或服务的需求方、供给方和共享经济平台。共享经济平台作为连接供需双方的纽带，通过建立移动LBS应用、动态算法与定价、双方互评体系等一系列机制，使得供给与需求方通过共享经济平台进行交易。

2. 共享经济的特点

(1) 强调使用权思想，弱化所有权观念。共享经济的一个重要特点就是：人们改变了对于传统消费的认知，强调消费的过程，而不在意拥有的过程。从某种意义上来说，在某个时间段对于物品的使用和体验，比长时间拥有却大部分时间闲置更有价值。从消费者对于共享经济模式的接受程度来看，也是因为关注使用权的消费方式可以极大地节约成本。

(2) 供应者和消费者的角色转换，产消者出现。在共享经济模式下，商品或服务的供应者和消费者的界限模糊，买卖双方都让位于产消者，产权让位于资源共享，所有权让位于使用权，市场让位于网络；信息制造、能源生产、产品生产和学生教育的边际成本都接近于零。在共享经济模式下，产品的边际成本逐渐下降，一直到最终趋向于零。

(3) 以轻资产的形态，去中介化、分布式运营的商业模式。在这种经济模式下，每一个个体既是产品服务的供应者，也是使用者。供需双方直接对话，抛开中介，将传统商业架构的中间环节全部打破，去掉过程中的分销和渠道环节，打破信息不对称，拥有极高的沟通效率。这种去中心化、完全分布式的组织体系中交易双方都是平等的。这种典型的互联网下的组织形式，能够消除垄断，形成公平、平等的交易氛围。

(4) 充分利用互联网和移动互联网技术，作为重要的核心载体。互联网和移动互联网技术在共享经济的产生和发展过程中起到了非常重要的作用，既是共享经济产生的推动力，也是其持续发展依托的基础。只有通过今天的移动互联网技术，才能将我们以前认为不可能的跨地域的点对点的交流变为可能。因此，从目前来看，成功的共享经济企业都是通过在一定技术基础上建立平台来开展业务的。

3. 共享经济的领域

共享经济渗透到每一个行业及其细分领域，深刻地影响到人们的生活。共享经济商业模式的领域分为 5 个方面：交通出行、空间、金融、家政服务及专业服务。

(1) 共享交通出行。交通出行是共享经济发展的先驱，从自行车共享，到汽车、电动车共享，甚至大巴车共享，交通出行的共享经济模式已经深入我们的生活。青桔单车、滴滴出行等是典型的共享交通出行模式。

(2) 共享空间。共享空间模式是另一种重要的共享经济模式，盘活社会上大量闲置的空间资源，如民宿、房间出租、酒店住宿、办公场所等是共享空间模式较成熟的应用。分享者在平台上将自己空闲的房间或场所发布，以期获得一定的收入；住宿者则通过平台找到符合自己需求的房间预订入住。国内的典型共享空间平台，如小猪短租、蚂蚁短租、马上办公、点点租等。

(3) 共享金融。共享金融凭借大数据支持下的技术手段和金融产品及服务创新，构建以资源共享、要素共享、利益共享为特征的金融模式，其本质是将闲散的资金投入共享平台，然后由平台把这些资金给予真正需要的人或组织。共享金融也有一些公益的性质，如社区的家庭应急资金互助，即同一个社区的居民，将闲散资金放入社区公共账户中，当某一家庭面临困难时，可以从该账户中提取一定现金。社会大众通过公益性产品开发筹资平台，将闲散资金投入其中，以期在未来优先享有开发出来的产品。

(4) 共享家政服务。互联网技术的发展使家政服务得到快速推广，开始以规模、集中的态势迅速发展。共享家政服务模式应用移动设备查找、预订和评价本地服务等互联网技术，匹配相应的家政服务人员提供上门清洁、家庭维修、宠物寄养等专业服务，其代表企业有 Handybook、e 家洁等。

(5) 共享专业服务。专业服务是指有较高专业技能要求的餐饮、医疗、护理、法律等特殊服务，具有极高的知识含量和科技水准。共享医疗是共享专业服务模式之一，借助互联网技术，在开放的公共网络平台上，使患者、医生、研究人员及其他医疗卫生提供者实现互动，越来越多的人开放自己的医疗记录，在症状、诊断、治疗方面共享信息，配合研究以寻找治疗方法。例如，PatientsLikeMe、ACOR、CureTogether 等网站，在网站上，患者可以搜寻到与他们症状类似的描述，以对自己的病情进行诊断，也可以将自己的信息共享给类似的患者，而医生、研究人员可利用闲暇时间提供相关的医疗建议或诊断。

课堂讨论专题

讨论新兴数字市场的商业模式给社会生活带来改变而引发的道德、伦理、法律、公共安全等问题，树立正确的科技创新使命感和社会责任感，以平衡技术发展带来的正负效应。

案例分析

拼多多：电商黑马的崛起之路

2017 年，一家名叫拼多多的企业打着"新电商开创者"的招牌，一路以黑马姿态在电商领域大放异彩，由一无名之辈成长为能与京东、天猫等电商巨头坐下来掰手腕的一方豪强，可谓刷足了存在感。拼多多如何能在电商竞争市场脱颖而出并发展到与巨头分庭抗礼，它的核心竞争力是什么？

创业历史

随着微信、微博、陌陌等各大社交平台急剧扩张，拼多多创始人黄峥注意到，这些社交平台每天都有数以亿计的流量，但各平台对应的商业模式尚未有效建立起来，流量的利用率相当低，但其发展潜力巨大，潜在商机也孕育其中。由此黄峥筹备了一个新项目，他要在"社交加电商"这种商业模式中加入新的东西。

2015 年 4 月，拼好货 App 正式进入大众视野，黄峥将其定位于专注于水果生鲜品类的社交电商，拼好货以拼单玩法为切入点，通过微信朋友圈等社交平台邀请好友参团，人数达到拼团的规定人数则拼单自动生效。从后台采购到前端销售，拼好货采用的是 B2C 自营的销售模式，自给自足搭建了一整套专门的供应链体系、物流体系和仓储体系，整个路程走下来全部由团队自己负责。尽管这一阶段，拼好货颇有些赔本赚吆喝的意思，但由于拼团模式新颖，仅上线一个月后拼好货便收到了 800 万美元的 A 轮融资，几个月后又获得了千万美元的 B 轮融资。

但拼好货专注的主要是生鲜领域，生鲜由于保质期短、运输过程中损坏程度高，所以对供应链体系的质量要求很高。由于拼团模式的独特及产品价格的低廉，拼好货的销售额在短期内暴增，但仓储与物流渐渐跟不上订单的循环速度，开始出现订单太多而爆仓发不出货、水果在运输过程中大规模腐烂、用户退不了货、退不了款的情况，黄峥这才第一次见识到社交加电商的强大力量，以及生鲜电商面临的问题。幸亏黄峥已经拥有乐其公司的团队作为保障，几次利用乐其厚实的班底，逐步建立成熟的仓配运输体系，才使局势转危为安。2015 年底，拼好货又完成了千万美金级别的融资。

拼多多的成长历程

1. 从拼好货到拼多多

拼好货迅速发展，虽然过程坎坷但总算是一步一个脚印走了过来，未来似乎可期。但黄峥看到了拼好货的局限，社交加电商这一组合拥有巨大的潜力，拼好货只发掘出冰山一角，需要更加成熟、更加系统的商业模式来发掘这份潜力。心中有了这个想法，他便从原来的乐其公司中抽出二十多名核心人员，着手新项目。新的项目依旧着眼社交电商平台，同样也采用拼单玩法，但它与原拼好货平台存在本质上的不同。新平台并不聚焦于某一类垂直领域产品的销售，而是经营全产品。如果说拼好货强调的是产品体验，自建供应链的自营模式，后者则采用让供应商入驻、与物流第三方合作的平台模式，其本质是商家入驻的全品类电商平台。

这个在拼好货的基础上孵化出来的新平台就是拼多多，它于 2015 年 9 月"出生"。

2. 立足根基，摸着石头过河

拼多多依旧采用拼单玩法作为切入点，其本质是"社交+电商"模式。拼多多发展根基就是在这一独特的商业模式上展开，于是自拼多多上线之初，其官网给自己的定位便是"新电商开创者"，即社交电商模式。该模式其实很简单：当用户看中一款商品，就可向亲朋好友发送拼单邀请，拼单成功后便能以更低的价格买到商品。通过分享完成拼单，而借助微信社交网络，拼单又实现了裂变。这种通过沟通分享形成的社交理念，形成了拼多多独特的新社交电商思维。

拼多多推出的拼单模式固然有点类似传统电商企业的团购模式，但此拼单与团购又有所不同。用户在传统的团购网站(如美团、百度糯米、拉手网等)购买商品时，没有人数限制，1 个人和 100 个人购买都是同一价格,消费者也无从知晓商家给出的是否真的是抄底价。简单来说,这类网站团购的本质就是一种长期的折扣销售。拼多多的团购方式与一般电商网站不同,在其平台内,每个商品都有单独购买价格和拼团价格,选择拼团购买进行商品下单,开团支付成功后获取转发链接,邀请好友参团,参团成员也可以将该团购链接分享出去,邀请更多的团员参团,在规定时间内邀请到相应人数支付购买则拼团成功,等待收货。如果未达到人数则团购失败,系统会自动退款到付款账户。简而言之,就是用分享来获取让利。

3. 背靠微信,大树底下好乘凉

互联网时代没有流量,再独特、再新颖的商业模式也不能创造价值,那么流量去哪找呢?在哪打响拼多多的名气呢?黄峥将目光瞄准了社交网络的大佬——腾讯。腾讯旗下的微信作为现今中国最大的移动线上社交平台之一,其所涉及的人际关系网几乎涵盖中国绝大部分拥有智能手机的人群,人们在生活和工作中越来越离不开微信。黄峥找上了腾讯,签订了战略合作协议,拼多多与微信走到了一起。2016年,拼多多以成功向1亿多微信用户推送了自己的拼单玩法,在几乎没有进行任何广告投入的情况下,拼多多充分利用了社交媒体渠道,通过团购拼单的方式将一个人的购物行为通过微信社交网络进行逐级传递,用户发展用户,迅速地如一张张大网展开,而下一级又进一步辐射开来,于是市场迅速扩张,拼多多以相对低廉的成本做起了巨大的营销交易,达到了"病毒式"营销的效果。以腾讯微信朋友圈为主要背书人,2015年成立的拼多多在2017年初的月活跃人数是2000万,2018年初期增至1.6亿,其增长态势可谓美煞旁人。

4. 低价爆款,鲸吞中小市场

拼单拼团终究是一种营销手段,很容易被其他同行模仿,拼多多不只要打开市场,还要立足市场,展望未来。于是黄峥开始打"组合拳",打出另一记营销重拳。在他看来,虽然随着经济的快速发展,国内消费的大环境是消费升级,但中国消费市场上低收入人群依然是不可忽视的一大群体,他们虽然没有高收入人群那般强大的购买力,但百川成海、百树成林,庞大的中低端收入群体加总起来的购买力也不容小觑。众多小市场汇聚,可产生与主流市场相匹敌的能量。而拼多多要做的,就是抓住这片被巨头们遗忘的市场,低价能抓住这些城市居民的核心需求,而团购能够最大程度上发挥社交媒体的优势。事实证明,这一模式相当成功,凡是拼多多首页推荐的产品,大部分销售量均达到了几十万件,百万件的爆款也不罕见,这对传统电商而言是难以想象的数字。拼团模式让三四线城市甚至偏远农村的消费者都能用低廉的价格获得满意的商品。用黄峥自己的话说,拼多多不是在消费降级,而是在为中国最大人群实现消费升级。

乘风破浪,双剑合璧

乐其孵化的拼好货与上海寻梦孵化的拼多多,脱胎于黄峥最初拉起的技术团队,二者业务模式相近,核心玩法一致,只是经营范围与维稳体系有所不同。拼好货在自营生鲜的基础上,虽然已趋于稳定,但由于投入较大,成本收回较慢,并没有获得井喷式增长。反观拼多多,上线即惊艳,短时间内依靠吸引商家入驻、微信背书及独特的拼单玩法,为自身带来了海量的流量,聚拢了百万商家。

于是,黄峥开始构思合并这两个他亲手培育出的"双拼",如果能将拼好货的高效供应链与拼多多的巨大流量结合起来,也许可以实现优势互补,进一步拓宽拼多多的经营脉络,并加强自身的底气。"拼多多有流量,但品质不好把控,尤其是水果。拼好货却有供应链的优势,双方可以优势互补,拼好货如果作为拼多多的一个子频道,可以引领品质,同时把后端的仓配能力开放给第三方卖家,整体水果电商的品质可以得到提升。"黄峥在高层会议上提出了自己的想法。就这样,2016年9月,"拼好货"和"拼多多"宣布合并。拼好货变成了拼多多的一个子频道,拼好货拆分后端仓配业务,成为独立公司进行独立融资。产品技术以拼多多为主,拼好货则主营后端的仓储运输业务,把累积的后端能力开放给广大商家,不再用作自营,以期提升整个平台的基础运营能力与服务水平。

完成合并的拼多多如虎添翼,在原本高速增长的基础上进一步以超高速度进行市场扩张。2016

年年底，拼多多的单日成交额就突破 1000 万元，付费用户数突破 2000 万人次。当时，拼多多的活跃用户数和交易笔数已经可以与唯品会相提并论。这意味着，拼多多只用了一年多的时间，就走完了老牌电商三四年走的路。分析其财务报表数据，拼多多虽然上线后利润一直处于亏损状态，但这只是由于前期需要资本投入，其资产规模不断扩大，现金流量也一直处于健康状态。一年后，拼多多月成交总额就完全超过唯品会，成为国内仅次于淘宝和京东的第三大线上电商品牌，被业界誉为"电商黑马"，弯道超车的拼多多短时间内就晋升为电商新贵，淘宝、京东与拼多多三分天下的格局初步形成。

成长阵痛，危机起伏

2018 年，在拼多多成立的第三个年头，它已经是一家用户规模近 3 亿的行业小巨头了。拼多多的成长速度令同行艳美，但过快的成长也留下了不少后遗症，其中最让黄峥头疼的问题便是售后部门面临的大规模投诉与维权问题。投诉主要分为两大类：其一是商品类，如水果腐烂、疑似售假、货不对版等问题；其二是商家服务类，如商家虚假发货、售后无人、发货迟缓、售后态度差等问题，而且投诉的顾客数量呈逐月增长的态势。低价、低门槛拼单曾经是拼多多拓宽市场的利器，但同样也是一把双刃剑，现在这柄利器终于开始伤害自己了，黄峥必须做出应对。

（资料来源：李寿喜，许金佩，彭柏桦. 拼多多：电商黑马的崛起之路[EB/OL]. [2019-07-25]. http://www.cmcc-dut.cn. 作者有删改）

思考题：
1. 拼多多所在的电商行业存在哪些行业红利？
2. 拼多多为何能在竞争激烈的电商行业异军突起，其商业模式有何特点？
3. 拼多多当前用户增长速度已经逐渐放缓，哪些因素阻碍了拼多多进一步的快速增长？

本章习题

1. 什么是电子商务？电子商务有哪几种分类方法？
2. 电子商务系统的组成部分有哪些？
3. 什么是在线支付？在线支付系统有哪些组成部分？
4. 常用的在线支付有几种形式？
5. 电子商务的物流模式有哪些？
6. 电子商务的物流信息技术有哪些？
7. 移动电子商务的特点是什么？
8. 典型的移动支付方式有哪些？

第四部分
信息系统的开发与项目管理

第 12 章
信息系统开发概述

为了满足业务运行和管理决策的需要，企业会定期更新信息系统，除了购买商品化的信息系统软件产品，开发信息系统是现代企业必须面对的一项复杂系统工程。根据管理需求的不同，信息系统的功能也存在差异，根据企业的不同需求和系统的复杂程度，需要采用不同的开发方法和策略，同时制订严格的开发计划，并注重风险管理。本章重点介绍信息系统开发的特点及要求、信息系统开发方法，以及信息系统的开发方式。

知识导航

1. 信息系统开发的特点及要求
2. 结构化方法、原型法、面向对象方法和敏捷开发方法的基本原理
3. 结构化方法各个阶段的任务
4. 不同的信息系统开发方式比较

关键概念

结构化方法　原型法　面向对象方法　敏捷开发方法　信息系统外包

开篇案例

中国农业银行 FMIS 系统开发

中国农业银行自主研发的财务管理信息系统(FMIS)，是集业务支持、会计核算和内部管理于一身的大型综合信息系统。它在财务集中、权限配置、流程管理、成本管理、内部资产管理、预算管理等管理领域和财务会计、管理会计、预算会计三个核算领域都有较大创新，为中国农业银行建立了全行集中统一的财务管理系统平台，实现了系统平台从无到有、从有到全的历史跨越。

由于银行业务的复杂性，以往银行的信息化项目都有选择用户代表参与研发的惯例，而 FMIS 系统的战略性和复杂性决定了更需要如此——单靠技术力量是不可能完成这项任务的。如何选择参与用户，是 FMIS 项目领导小组首先遇到的问题。FMIS 作为一个综合了业务操作和管理决策的战略系统，不仅需要参与的用户具有杰出的业务能力，还要有创新能力和前瞻能力，因此在参与用户的选拔上要兼顾这些能力。

项目团队建成后，下一步就要考虑建模问题，FMIS 系统到底要建成什么样子，首先要有一个目标规划。于是，总行主管领导和业务组其中的几名业务专家组成一个考察团队，分别到了几家国际银行的中国总部，考察其财务管理模式，并结合现状整理功能需求，初步提出了 FMIS 系统需求模型。

需求已经提出，接下来要解决的问题是：究竟如何获得这个系统，是购买成熟的产品、外包开发，还是自行开发？业务组通过对市场上已有的成熟产品进行调研后，最终决定自主开发。这是因

为中国金融行业虽然参考了国外的发展轨迹，但由于发展历程和金融环境的不同，经常遇到特殊问题，国外软件产品无法完全适应国内的经营和管理现状。此外，随着农业银行的改革推进，管理模式和理念的不断变化，对系统的需求也会不断变化，成熟产品很难适应。

FMIS 系统主要实现了三部分的工作：技术建模、界面原型设计和代码实现。与前面的需求建模不同，这一阶段的工作由技术组来承担，但是业务组在其中也扮演着重要的辅助角色，两者合作的结果是更进一步优化提升了系统的业务模型。系统开发完成之后由之前选出的用户进行测试，测试通过之后进行推广。FMIS 系统没有按照经典的 V 型模式来展开测试，项目经理与测试组负责人根据由业务专家承担大部分系统测试工作的特点，制定了完善的测试体系，分为单元测试、用例测试、集成测试(又称为联调测试)、功能测试、压力测试、综合测试。推广阶段也是通过对业务专家先进行培训，然后再由他们培训各个分行的学员，层层推进。由于培训工作充分到位，后期的推广工作游刃有余，该项目比原定计划提前半年时间结束。

FMIS 系统的建立大大提高了农业银行在财务管理方面的效率，全面提升了农业银行的财务管理水平和经营管理水平，实现了经营管理理念由粗放型向效益型转变及银行效益的最大化。

(资料来源：张霞. 中国农业银行 FMIS 系统开发[EB/OL].[2018-09-07]. https://max.book118.com/html/2018/0828/8105031131001121.shtm. 作者有删改)

讨论：
1. FMIS 系统的建立大致经过了哪几个阶段？
2. 结合 FMIS 系统的开发，谈谈系统开发过程中应注意哪些问题？

12.1 信息系统开发的特点及要求

信息系统开发是根据企业和组织的战略目标、内容、规模和性质等具体情况，建立一套软硬件结合的信息系统。例如，制造业企业需要根据市场订货的要求安排生产和作业计划，管理企业的设备、物料库存和人员，组织产品销售等开发信息系统；商业企业需要管理商品的进销存过程，包括前台收付款、后台进货、与供应商结账等一系列相关的活动开发信息系统；咨询企业需要对自己的客户资料进行组织，开发客户档案及信息查询系统等。

信息系统开发有些是在已有的网络或数据库基础上所做的进一步开发，主要是软件的开发；也有的包括许多基础性建设，要根据软件的要求，进行计算机和网络系统设计、建立数据库、对现有系统进行集成，以及管理环境的配套等多方面的工作。显然，软件的开发是信息系统开发中处于核心地位的工作。信息系统开发工作要取得成功，必须要从企业的需求出发，选择最为经济、有效的方式建立信息系统；同时，在信息系统分析和设计的过程中，要注意从系统整体出发，运用结构化的、系统性的方法指导信息系统开发的全过程。

12.1.1 信息系统开发的特点

1. 系统开发技术手段的复杂性

信息系统是信息技术与现代管理理论结合的产物，它试图用先进的技术手段解决企业的管理问题。计算机软硬件技术、网络通信技术和数据库技术等是信息系统的基础技术，互联网技术、多媒体技术、数据仓库与数据挖掘技术、人工智能技术和网格计算技术等新发展起来的技术在信息系统中得到了广泛应用，并且这些技术发展迅速，转型换代周期缩短。系统科学与管理科学方法的应用大大增强了信息系统处理复杂问题的能力。集系统科学方法、管理学理论与现代信息技术于一体的信息系统，其技术手段具有复杂性。掌握这些技术手段，合理地应用以达到预期效果，是信息系统开发成功的重要条件。

2. 系统开发内容的复杂性

组织业务的复杂性决定了系统开发内容的复杂性。一个组织的业务活动包括管理决策和作业活动，涉及诸如生产、供应、销售、财务和人力资源等各种职能，以及政治、经济、文化及自然与社会科学等诸多领域。随着经济全球化与信息化的推进，企业组织活动的深度与广度迅速扩大，企业管理需要的信息量大面广、形式多样、来源复杂，有效支持组织的管理决策与运作是信息系统最重要的特征。综合性的信息系统要支持各级多部门的管理，规模庞大，结构复杂，非一般技术工程所能比拟。信息系统的结构必然要体现信息内容与处理机制的复杂性。

3. 系统需求的多样性

信息系统的建设与应用是为了实现企业的某个目标集，这个目标集涉及企业及其信息系统的各利益相关者，包括组织的投资者、拥有者、各级经营管理者、信息系统建设者、各类知识工作者、生产与服务第一线的职工，以及企业外部的合作伙伴，如供应商、各类服务提供商、政府有关管理部门及企业的客户。信息系统的结构与功能的实现，是对各利益相关者特别是用户的需求在总体目标下的协调以求各方满意的结果，而各类人员的信息需求不尽相同，甚至相互冲突，因而协调困难，不易求得各方面都满意的方案。有些需求是模糊的，不易表达清楚。对一般技术工程，往往可以通过具体模型或样品试验解决设计中的问题并完善设计，而管理信息系统的样品就是产品，在实际运行前无法进行现场试验，系统开发中的问题只有投入运行后才能充分暴露，加之系统开发周期长，容易造成人力、物力和时间的浪费。

4. 系统开发的效益难以计算

信息系统的开发采用大量的先进技术，需要投入大量的资金。目前信息系统开发的自动化程度还比较低，仍需要投入大量的人力进行系统分析、设计和编写程序。信息系统开发是一种高智力的劳动密集型工作，简单劳动所占比例极小，这也是一般技术工程所不能相比的。与此同时，信息系统给企业带来的效益主要是无形的间接效益，不像一般技术工程取得的效益那样直接和容易计算。

5. 系统开发的环境复杂多变

信息系统要成为企业竞争的有力武器，必须适应市场竞争环境。这就要求信息系统的开发者必须十分重视，深刻理解企业面临的内外环境及其发展趋势，考虑到管理体制、管理思想、管理方法和手段，考虑到人的习惯、心理状态、现行的制度、惯例、社会和政治等诸多因素。系统的目标和功能既要适应企业当前的发展水平和能力，又要有足够的适应性，可以在一定范围内适应规章制度的变化，促进管理水平的提高，实现管理目标。

6. 信息系统开发必须与管理变革相结合

信息技术作为一种最先进的生产力，它在管理领域的应用必然促使管理模式和管理过程的变革。管理变革触及人们的利益时，困难和阻力会很大，但是一旦取得成功，成效是显著的。信息系统开发必须与管理变革相结合，首先需要用户和开发者很好地结合。开发单位的领导要积极主动地学习信息技术，了解信息技术在哪些方面可以对业务起到促进和改进作用。不但要了解信息技术可以做什么，还要了解不能做什么，才能客观地确定项目目标，冷静地选择适用的技术工具，在开发过程中发挥领导作用。开发人员要积极主动地了解管理实践，深入了解管理人员的工作职责和实际步骤，才能恰当地估计信息技术所能发挥的作用与限度。管理人员和开发人员对开发单位的使命和战略目标要有共同的认识，对信息技术在各管理层的作用有共同的了解，双方才能积极配合开发出适合的信息系统。

12.1.2 信息系统开发的要求

信息系统开发涉及巨大的人力、财力、物力和时间等资源的投入。一般来说，企业的组织和管理应该满足一定的要求，才能保证系统开发的成功。

1. 高层领导的重视

系统开发涉及组织日常管理工作的各个方面，如果没有领导的支持，管理信息系统的开发将面临巨大的阻碍，很难成功。因此，需要企业领导出面组织，协调各方面的关系，才能为信息系统开发提供资金保证和人员支持。

2. 明确实际需求

实际需求是建立企业管理信息系统的原动力，这种动力来自企业内部和外部。当企业的发展受到现有条件的制约，而对管理信息系统的需求比较迫切时，就可能是开发管理信息系统的有利时机。

3. 管理基础工作的规范化

如果企业没有做好管理基础工作，实施管理信息系统是很难成功的。企业管理信息系统的开发是"三分技术，七分管理，十二分数据"，为了适应系统开发的要求，必须完善企业管理的基础工作，实现基础管理的规范化、管理业务的程序化、指标和定额的科学化、报表文件的统一化和代码名称的标准化。

4. 必要的资金保证

企业在管理信息系统开发过程中，需要购买机器设备、软件，消耗各种材料，发生人工费用、培训费用，以及在开发过程发生的其他各种费用，这些对企业来说是一个不小的负担。为了保证系统开发的顺利进行，开发前应有一个总体规划，并进行可行性论证，对所需资金应有一个准确的预算。

5. 建立专门的组织机构

企业在开发信息系统时，应成立由领导亲自挂帅的系统开发领导小组，作为系统开发的最高决策机构。领导小组的负责人应由企业主要负责人担任，成员应包括有关部门的负责人、有经验的管理专家、单位内部的计算机专家或信息主管人员、系统开发的技术负责人等。该小组应该具有权威作用，能够行使机构调整、人员调动、设备调配、规章制度的制定、资金的使用，以及项目管理等权力，能够对系统开发中的重要问题做出决策。

系统开发领导小组下设系统开发小组，负责具体的技术工作。系统开发小组由系统分析员负责，其任务是根据系统目标和系统开发领导小组的指导开展具体工作。系统开发小组可根据具体需要分成系统规划小组、系统分析设计小组、程序设计小组、测试小组和试运行小组等。

12.2 信息系统的开发方法

12.2.1 结构化方法

结构化系统开发方法也称为瀑布模型开发方法，是一类经典的预见性系统开发方法。该方法强调从系统的角度出发来分析问题和解决问题，面对要开发的系统，从层次的角度，自顶向下地分析和设计系统，认为任何系统都有一个从产生、发展到消亡的生命周期，新系统是旧系统的继续。

1. 结构化系统开发方法的基本思想

"结构化"一词出自结构化程序设计。人们从结构化程序设计中受到启发，把模块化思想引入系统开发中来，将一个系统设计成层次化的程序结构。这些模块相对独立，功能单一，形成结构化系统开发的思想。

结构化系统开发方法是用系统工程的思想和工程化的方法，按用户至上的原则，结构化、模块化、自顶向下地对系统进行分析与设计，将整个信息系统的开发划分成若干个不同阶段，如系统规划、系统分析、系统设计、系统实施、运行和维护。 在系统规划、分析和设计阶段采用自顶向下的方法对系统进行结构化划分；在系统实施阶段，采用自底向上的方法逐步实施。

2. 结构化系统开发方法的特点

(1) 系统观点。要采用结构化系统开发方法，就要把待解决的问题看成一个系统，把要建立的信息系统和建立这个系统的整个过程看作一个系统问题，按照系统的观点来分析和解决。首先要明确信息系统建立的目的，把企业的需求搞清楚；其次，要从整体的角度出发分析问题和解决问题，不能只管局部的最优，而忽略全局的最优；最后，还要考虑系统的相关性以及环境适应性，注重子系统之间的各种联系，并给系统留有一定的扩充余地。

(2) 严格区分工作阶段，每个阶段都有明确的任务和应得的成果。结构化方法强调按照时间顺序和工作内容将系统开发过程划分为几个阶段，包括系统规划阶段、系统分析阶段、系统设计阶段、系统实施阶段、系统运行与维护阶段。明确每个阶段的任务和目标，在系统开发领导小组的检查和督促下逐一完成各个阶段的任务，前一阶段是后一阶段的工作依据，不可打乱或颠倒。

(3) 自顶向下的分析与设计、自底向上的系统实施。按照系统的观点，任何事情都是互相联系的整体。因此，在系统分析与设计时要站在整体的角度，自顶向下地工作。但在系统实施时，要先对最底层的模块编程，然后一个模块、几个模块地调试，最后自底向上逐步构成整个系统。

(4) 工作成果文档化，文档资料规范化、标准化。管理信息系统开发是一项复杂的系统工程，参加人员多，经历时间长。为了保证工作的连续性，根据系统工程的思想，管理信息系统的各个阶段性的成果必须文档化，文档资料规范化、格式化。只有这样，才能更好地实现用户与系统开发人员的交流，才能确保各个阶段的无缝连接。因此，必须充分重视文档资料的规范化、标准化工作，充分发挥文档资料的作用，为提高信息系统的适应性提供可靠保证。

3. 结构化系统开发方法的过程

结构化系统开发方法的过程，也称为系统开发的生命周期。开发过程包括五个阶段，即系统规划、系统分析、系统设计、系统实施、系统运行与维护。

(1) 系统规划。系统规划是系统开发的第一个阶段，也是一个企业战略规划的重要组成部分，是关于管理信息系统长远发展的规划，在整个开发过程中处于十分关键的地位，决定了系统开发的成败和未来的发展方向。

(2) 系统分析。系统分析在整个系统开发过程中，主要是解决"做什么"的问题，把要解决的问题和满足用户的信息需求调查分析清楚，是系统开发的关键阶段。系统分析阶段的任务是明确用户的需求，通过对现行系统进行详细调查分析，描述现行系统的业务流程，指出局限性和不足，确定新系统的基本目标和逻辑功能要求，即提出新系统的逻辑模型。该阶段又称为系统逻辑设计阶段。

系统分析的过程，如图 12-1 所示。

图 12-1　系统分析的过程

首先，获得现行系统的物理模型。现行系统可能是某个已在计算机上运行的需要改进的管理信息系统，也可能是一个人工的处理过程。系统分析员经过详细调查分析，了解用户需求，理解业务处理过程，进而理解当前系统的运行方式。然后进一步了解系统的组织机构、输入输出、资源现状和利用情况及日常数据处理过程，并用一个具体的模型来反映对当前系统的理解。其次，抽象出当前系统的逻辑模型。在理解当前系统"怎样做"的基础上，抽取出其"做什么"的本质，进而从当前系统的物理模型中抽象出逻辑模型。最后，建立新系统的逻辑模型。分析用户需求，了解新系统和现行系统的差别，明确新系统要"做什么"，从而对当前现行系统进行改进、补充和优化，由当前系统的逻辑模型导出新系统的逻辑模型。

(3) 系统设计。系统设计主要解决管理信息系统"怎么做"的问题，即在系统分析的基础上，按逻辑模型的要求，科学合理地进行系统的总体设计和详细设计，为系统实施提供必要的技术资料。其中，总体设计又称结构设计或概念设计，内容包括将系统划分成模块、确定每个模块的功能和调用关系、画出模块结构图设计。详细设计是为各个具体任务选择恰当的技术手段和处理方法，包括代码设计、数据存储设计、输出输入/人机界面设计、处理过程设计、系统物理配置方案设计和系统设计说明书等。

(4) 系统实施。系统实施的目的是把系统分析和系统设计的成果转化为可实际运行的系统，系统实施作为系统的物理实现阶段，对于系统的质量、可靠性和可维护性等有着十分重要的影响。

系统实施的主要任务为：编程，按照详细设计阶段产生的程序设计说明书，用选定的程序设计语言编写源程序。系统测试，是系统可靠性保证的关键，运用一定的测试技术与方法，通过模块测试、组装测试、确认测试和系统测试几个步骤，发现和排除系统可能存在的问题。系统安装，主要工作有各种软、硬件设备的选型、论证、购置、安装及整个系统的调试运行。新旧系统转换，是以新开发的系统替换旧的系统，并使之投入使用的过程。

(5) 系统运行与维护。系统投入运行后，需要进行系统的日常运行管理、维护、验收和评价三部分工作。系统运行管理的主要内容包括系统运行情况的记录、审计踪迹、审查应急措施的落实、系统资源的管理。信息系统实施之后，为了保证系统的正常工作，要求不断地完善系统并使之能适应各种变化，还需要进行系统的维护工作。其主要内容包括硬件设备的维护、数据文件及代码的维护、应用软件的维护。信息系统在运行过程中还要定期进行审核和评价，其目的是检查系统是否达到预期的目标，估计系统的能力、工作性能和利用率，指出系统的优点与不足，为以后的改进与扩展提出意见。

4. 结构化系统开发方法的优缺点

结构化系统开发方法的优点：采用系统的观点与系统工程的方法，整体思路清楚，能够从全局出发，步步为营，减少返工，有利于提高开发质量；开发工作的阶段性任务明确，每一阶段均有标准化的报告、流程图、说明文本等阶段性性文档资料及书面审定记录，每一阶段的工作成果是下一阶段工作的依据，工作进度容易把握，有利于系统开发的总体管理和控制；强调从整体来分析和设计整个系统,因此在系统分析时,可以诊断出原系统中存在的问题和结构上的缺陷。

结构化系统开发方法的缺点:系统的开发周期太长,甚至系统开发尚未完成时,内外环境已经发生变化,系统的需求也发生变化,使得系统的功能无法满足用户需求;这种方法要求系统开发者在调查中应充分地掌握用户需求、管理状况,以及预见可能发生的变化,这不太符合人们循序渐进地认识事物的规律性;需要大量的文档和图表,这方面工作的劳动量非常大,有时会带来效率低、成本高等问题。

5. 结构化系统开发方法的适用范围

结构化系统开发方法主要适用于大系统或系统开发缺乏经验的情况。

课堂讨论专题

了解信息系统开发的系统化过程,培养用系统性思维规划、分析和解决问题的意识和能力。

12.2.2 原型法

1. 原型法的基本思想

<u>原型法是根据系统开发人员对用户需求的理解,在强有力的软件环境支持下,快速开发出一个原型系统,提供给用户,与用户一起反复协商修改,直至实现新系统,其系统开发是一个分析、设计、编程、运行和评价的多次重复和不断演进的过程。</u>

目前,非常流行的概念,如迭代式开发、迭代增量式开发、迭代进化式开发,就属于典型的原型化开发方法。这种开发方法强调信息系统开发是个复杂且不可预测的过程,最终的软件需求无法一开始就明确固定下来,应采用迭代、增量的开发方式快速地创造高质量、高可靠性的信息系统。

2. 原型法的开发步骤

原型法的开发过程是一个循环的、不断修改完善的过程,其开发流程如图 12-2 所示。

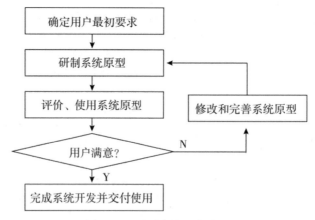

图 12-2 原型法的开发流程

(1) 确定用户的基本需求。首先要在很短的时间内调查并确定用户基本需求,这时的需求可能是不完全的、粗糙的,但也是最基本的。例如,系统功能、数据规范、结果格式、屏幕及菜单等。

(2) 开发初始原型系统。开发者根据用户基本需求开发出系统的初始原型,并说明原型的基本功能及有关屏幕画面。

(3) 对原型进行评价。用户试用原型系统后，根据实际运行情况，明确系统存在的问题。

(4) 修正和改进原型系统。开发者根据用户试用情况及提出的问题，与用户共同研究确定修改方案，经过修改和完善得到新的原型。然后再试用、评价，再修改完善，多次反复直到满意为止。

3．原型法的优缺点

原型法的优点：

第一，认识论上的突破。开发过程是一个循环往复的反馈过程，它符合用户对计算机应用的认识逐步发展和螺旋式上升的规律。开始时，用户和设计者对系统功能要求的认识是不完整的、粗糙的。通过建立原型、演示原型、修改原型的循环过程，设计者以原型为媒介，及时取得来自用户的反馈信息，不断发现问题，反复修改、完善系统，确保用户的要求得到较好的满足。

第二，改进了用户和系统设计者的信息交流方式。有了用户的直接参与，就能直接、及时地发现问题，并进行修正，从而减少产品的设计性错误。大多数情况下，设计中的错误是对用户需求的一种不完整或不准确的理解造成的，实质上也是一种信息交流通信上的问题。采用原型法后，改善了信息的沟通状况，设计错误必然大大减少。

第三，用户满意度提高。原型法展示了一个供用户使用和修改的原型系统，从而提高了用户的满意程度。当用户并不确定需求时，采用现实系统模型做试验要比参加系统设计会议、回忆静态屏幕设计及查看文件资料更有意义。

第四，开发风险降低。原型法减少了大量重复的文档编制时间，缩短了开发周期，从而减少了开发风险。另外，使用原型系统来测试开发思想及方案，只有当用户和开发人员意见一致时，才能继续开发最终系统，所以也会降低开发风险。

第五，减少了用户培训时间，简化了管理。由于用户在审查评价原型时就已经得到了训练，所以会大大减少培训时间。

原型法的缺点：

首先，开发工具要求高。原型法需要有现代化的开发工具支持，否则开发工作量太大，成本过高，就失去了采用原型法的意义。可以说，开发工具水平的高低是原型法能否顺利实现的第一要素。

其次，解决复杂系统和大系统问题很困难。根据目前的支持工具状况，在分析阶段直接模拟用户业务领域的活动，演绎出需求模型是相当困难的，通常都是在进入设计阶段之后才具有开发基础。这就意味着可实现的原型都是经过设计人员加工的，设计人员的误解总是影射到原型中。因此，在对大型系统或复杂系统的原型化过程中，反复次数多、周期长、成本高的问题很难解决。另外，对于大型系统，如果不经过系统分析来进行整体性划分而直接用屏幕来一个一个地模拟是很困难的。

最后，管理水平要求高。如果基础管理不善、信息处理过程混乱，就会给构造原型带来一定困难。如果基础管理不好，没有科学合理的方法可依，系统开发容易走上机械模拟手工系统的误区。

4．原型法的适用范围

原型法适用于用户事先难以说明需求的、较小的应用系统，以及决策支持系统。

此外，原型法可与结构化系统开发方法结合起来使用，即整体上仍使用结构化系统开发方法，而仅对其中功能独立的模块采用原型法。

12.2.3 面向对象法

1．面向对象法的基本思想

面向对象法是根据用户的需求，找出并确定问题领域对象和类型，对其进行静态的结构描述和动态的行为描述，然后建立解决领域的模型，用问题领域对象和类、接口对象和类、运行对象和类，

以及基础与实用对象和类去构成一个体系结构,通过不断地反复与累增,尽可能直接地描述现实世界,实现模块化、可重用,完全而准确地满足用户的所有要求。

面向对象法的概念中,涉及的元素如下:

(1) 对象。对象是现实世界中具有相同属性、服从相同规则的一系列事物的抽象,即将相似事物抽象化,其中的具体事物称为对象的实例。从计算机角度看,对象是把数据(即对象的属性)和对该数据的操作(即对象的行为)封装在一个计算单位中的运行实体,属性的值刻画了对象的状态,操作是对象的行为,通过操作改变对象的状态;从程序设计者角度看,对象是一个高内聚的程序模块;从用户角度看,为他们提供所希望的行为。对象可以是具体的,如一台空调、一辆轿车等;也可以是概念化的,如一种思路、一种方法等。

(2) 类。类是具有相同属性和相同行为描述的一组对象。通过忽略对象的部分特征,重点关注与当前目标相关的本质特征,从中找出事物的共性,把本质特征相同的事物划分为一类。即类是多个对象的抽象,对象则是类的特殊实例。

(3) 消息。消息是指对象间相互联系和相互作用的方式,对象通过接收消息、处理消息、传出消息或使用其他类的方法来实现一定的功能。对象之间相互联系的唯一途径就是消息传递。

2. 面向对象法的特点

(1) 封装性。在面向对象法中,程序和数据是封装在一起的,对象作为一个实体,其操作隐藏在行为中,其状态由对象的"属性"来描述,并且只能通过对象中的"行为"来改变,外界一无所知。封装性是一种信息隐蔽技术,是面向对象法的基础。

(2) 抽象性。在面向对象法中,把抽出实体的本质和内在属性而忽略一些无关紧要的属性称之为抽象。类是抽象的产物,对象是类的一个实例,类中的对象具有类中规定的属性和行为。

(3) 继承性。继承性表示类之间的归属关系。继承是指一个类因承袭而具有另一个已经存在的类的全部属性和操作,前者被称为子类或派生类,后者被称为父类或基类。子类可以继承父类的属性与方法,同时再加入新的内容。

(4) 多态性。多态性是指由继承而产生的相关的、不同的类,其对象对同一消息会做出不同的响应。当一个对象接收到进行某项操作的消息时,多态机制将根据对象所属的类,动态地选用该类中定义的操作。

3. 面向对象法的开发阶段

(1) 系统分析阶段。根据用户对系统开发的需求进行调查研究,在繁杂的问题领域中抽象地识别出对象及其行为、结构和属性等。

(2) 系统设计阶段。根据系统分析阶段的文档资料,做进一步的抽象、归类和整理,运用雏形法构造出系统的雏形。

(3) 系统实现阶段。根据系统设计阶段的文档资料,运用面向对象的程序设计语言加以实现。

(4) 系统运行维护阶段。进行系统的日常运行管理、维护与评价工作。

4. 面向对象法的优缺点

面向对象法的优点:以对象为中心,利用特定的软件工具直接完成从对象客体的描述到软件结构间的转换,缩短了开发周期,是一种很有发展潜力的系统开发方法。

面向对象法的缺点:需要一定的软件支撑,并且在大型信息系统开发中不经自顶向下的整体划分而直接采用自底向上的开发,同样会存在系统结构不合理、各部分关系失调等问题。

12.2.4 敏捷开发法

1. 敏捷开发法的基本思想

敏捷开发法是一种为应对快速变化的需求，以人为核心，迭代、循序渐进的开发方法。敏捷开发更强调系统开发团队与业务专家之间的紧密协作、面对面的沟通、频繁交付新的软件版本、紧凑而自我组织型的团队、能够适应需求变化的代码编写和团队组织方法。

敏捷开发法与原型法类似，两者都强调在较短的开发法周期提交软件，但敏捷开发法的周期可能更短，并且更加强调队伍中的高度协作。

2. 敏捷开发法的特点

(1) 迭代速度快。敏捷开发法要求产品交付的时间间隔越短越好，也就是产品有较短的迭代周期，通常是 2～4 周。这样有利于功能的快速展现，对于复杂的客户需求可实现合理地分割与总体上的统一。

(2) 注重计划，应对变化。敏捷开发法更加注重计划的制定，但不会死守着计划不进行调整，一旦市场发生变化，即使到了开发后期，采用敏捷开发法也可以不断地修正原计划，利用变化来为产品创造竞争优势。

(3) 测试驱动而不是文档驱动。采用敏捷开发法开发模块的过程中，必须保证所开发的模块可以通过这一单元的测试，并且集成测试贯穿了整个开发过程的始终。集成测试每天会进行十几次甚至几十次，而不是像传统方法一样只有当各个模块的编码都结束后再进行联合调试。这样，在软件开发的进程中每一点改动所引起的问题都更加容易暴露出来，避免了在最后整个系统完成时错误隐藏得太深给调试造成极大的困难。

12.3 信息系统的开发方式

在系统开发之前，必须确定开发方式，不同开发方式各有优点和不足，需要根据使用单位的技术力量、资金情况和外部环境等各种因素进行综合考虑和选择。

12.3.1 自行开发

自行开发，是由用户依靠自己的力量独立完成系统开发的各项任务。这种开发方式适合于有较强专业开发分析与设计队伍、程序设计人员和系统维护使用队伍的组织和单位，如大学、研究所、计算机公司和高科技公司等单位。

自行开发方式的优点是开发费用少，容易开发出适合本单位需要的系统，方便维护和扩展，有利于培养自己的系统开发人员。

自行开发方式的缺点是由于是非专业开发队伍，除缺少专业开发人员的经验和熟练水平外，还容易受业务工作的限制，系统整体优化不够，开发水平较低。同时，开发人员一般都是临时从所属各单位抽调出来进行开发工作，这些人员还要兼顾自己的工作，精力有限，会造成系统开发时间长，开发人员调动后，系统维护工作没有保障的情况。

12.3.2 委托开发

委托开发,是指使用单位(甲方)委托有丰富开发经验的机构或专业开发人员(乙方),按照用户的需求承担系统开发的任务。这种开发方式适合于没有管理信息系统的系统分析、系统设计及软件开发人员,或开发队伍力量较弱但资金较为充足的单位。

委托开发方式的优点是省时、省事,开发的系统技术水平较高。

委托开发方式的缺点是费用高、系统维护与扩展需要开发单位的长期支持,不利于本单位的人才培养。

12.3.3 合作开发

合作开发,是由使用单位(甲方)和有丰富开发经验的机构或专业开发人员(乙方),共同完成开发任务。双方共享开发成果,实际上是一种半委托性质的开发工作。合作开发方式适合于有一定的信息系统分析、设计及软件开发人员,但开发队伍力量较弱,希望通过管理信息系统的开发建立、完善和提高自己的技术队伍,便于系统维护工作的单位。

合作开发方式的优点是相对于委托开发方式比较节约资金,可以培养、增强使用单位的技术力量,便于系统维护工作,系统的技术水平较高。

合作开发方式的缺点是在合作中沟通易出现问题,因此需要双方及时达成共识,进行协调和检查。

12.3.4 商业软件包和云软件

目前,软件的开发正在向专业化方向发展,许多商业软件公司开发出大量使用方便、功能强大的应用软件包或者云软件。企业可以通过直接购买预先编制好的商业软件包或租用云软件的方式快速实施信息系统项目。该方式对于功能相对简单的系统开发颇为有效,但不太适用于规模较大、功能复杂、需求的不确定性程度比较高的系统开发。

利用商业应用软件包的优点是能缩短开发时间,节省开发费用,技术水平比较高,系统可以得到较好的维护。

利用商业应用软件包的缺点是功能比较简单,通用软件的专用性比较差,难以满足特殊要求,需要有一定的技术力量,根据使用需求做软件改善和编制必要的接口软件等二次开发工作。

12.3.5 信息系统外包

信息系统外包,是指企业委托外部专业的第三方IT供应商来提供所需的有关IT产品或服务的一种实践活动。信息系统外包的具体范围可以是IT相关的资产、人员、活动、功能和服务。企业可以将部分或全部IT资产、人员和活动委托给一个或多个外部供应商来完成。

信息系统外包的优点体现在降低企业IT成本,及时采用新技术,使企业集中于核心业务活动,改善IT管理水平。

信息系统外包的缺点是部分IT功能不容易从企业分离,存在信息技术发展的不确定性风险,信息系统外包的估价困难,不同供应商之间的IT服务转换成本很高。

不同的开发方式有不同的优点和缺点,需要根据使用单位的实际情况进行选择,也可以综合使用各种开发方式。表12-1对上述五种开发方式做了简单的比较。

表 12-1 开发方式的比较

特点	开发方式				
	自行开发	委托开发	合作开发	商业软件包和云软件	信息系统外包
分析和设计能力的要求	较高	一般	逐渐培养	较低	不要求
编程能力的要求	较高	不需要	需要	较低	不要求
系统维护的难易程度	容易	较困难	较容易	较困难	不要求
开发费用	低	高	较低	较低	较高

案例分析

产品经理混战 CIO——企业信息系统开发路在何方

陈彬是大型制造企业 S 公司的 CIO，近日，他受邀参加信息系统开发会议，会议的主题是"传统企业如何向互联网转型"。

会议最开始，主持人抛出一个传统企业向互联网转型失败的案例——一家利润值在千万级别的传统企业准备向互联网转型，企业的做法是前期研发投入了几百万元，研发一年后才上线，接着又投入了两千多万元的运营费用，结果直接造成当年的亏损，影响了该企业的上市计划。S 公司的 CIO 陈彬当时听完就好奇心大增，因为他所在的 S 公司最近也提出了要向互联网转型，而下个月他就需要向公司董事会提交新的信息系统开发方案，正好能借此机会取取经。

率先上台的是来自互联网企业的年轻人阿德，举起话筒他就直奔主题："通过这个案例呢，我们可以发现，其实许多企业刚开始向互联网转型时，就想尽可能地把信息化系统做得非常健全，但很容易产生问题。"阿德继续说，"在我们互联网企业是不会这么做的，如果要开发一个项目，我们一般会先用很少的资金去验证，通常会设置一个投资止损线。再运用一系列能反映运营效果和用户价值的相关指标来确定项目是否达标。如果能适应市场，我们就加大投入，然后不断敏捷迭代，推动项目发展。如果过线就及时止损，即便项目不成功，我们通过这样试错收集的用户数据也是在为企业创造价值。"

陈彬开始慢慢思索阿德的话。互联网企业可真有点意思，小步快跑，快速迭代就把产品做起来了。这些是不是我们公司该学习的呢，陈彬陷入沉思。

某知名汽车制造商的 CIO 张总发言："在传统企业转型过程中，像刚才这个例子中犯的错误肯定是有的，并且可能在国内还不少，但我觉得身处这样一个变革的时代，就算摸着石头过河也会有落水的可能吧。所以，这样简单就推出传统企业的开发思路不对，我是不能认同的。在传统企业尤其是大型企业中，主营业务生产是要求在一个相对稳定的状态下运行的，底下的信息化系统就是支撑，所以信息系统要详细规划、设计、测试和实施，不能动不动出问题。如果今天试试这个，明天不行就换那个，那停工后的成本怎么算？所以说，传统企业信息化系统开发的路子和互联网公司不一样。"

这段陈彬听得格外认真，因为张总的大名确实如雷贯耳，他以前做的一些项目都是陈彬在培训时给员工讲的案例。俗话说，船大难掉头，传统企业转型可真的不是想转就能转啊，陈彬叹了口气。

此后，国内某知名券商的首席架构师梁总说："我们金融业其实也是一个非常讲究稳定性的行业，虽然说券商的核心交易系统不适用于敏捷迭代，但是许多非核心的经济业务还是适用的。比如我们前两年受'滴滴打车'的抢单思维启发，开发了一套响应式全天候的移动服务系统。具体运营是这样的，一边是客户通过手机在平台发单，另一边是我们的经济投资顾问在平台抢单，然后客户的满意度打分会影响服务的投资顾问的绩效。自从我们从两年前初次上架这套系统，直到现在采用的就是小步快跑的思路。在不断接受用户体验反馈的同时，我们还会借鉴了一些跨行业的经验，持续地进行优化，可以说这个项目颠覆了整个传统零售金融业务。从这个例子来看，其实某些传统的IT方法论已经过时了。传统的软件开发经常是一种'交钥匙工程'，也就是说系统交付完成后除了运维，基本就没开发商什么事了。但在互联网时代，系统开发一定要能形成一个反馈的闭环，不断地改进与创新，讲究持续交付，敏捷迭代。"

会后，陈彬梳理了几位业界CIO的企业信息化系统开发思路。下个月就要提交有关如何实现公司向互联网转型的信息系统开发方案了，但陈彬疑惑的是，究竟采取哪种开发思路才更符合公司的发展呢？

(资料来源：王舰，刘炀，吕航，颜容. 产品经理混战CIO——企业信息系统开发路在何方[EB/OL]. [2018-02-25]. http://www.cmcc-dut.cn. 作者有删改)

思考题：
1. 案例中提到的信息系统开发方式分别是什么，各自有什么特点？
2. 结合信息系统开发思路，传统企业的信息系统开发可以如何进行？

本章习题

1. 信息系统开发的特点有哪些？
2. 信息系统开发的要求有哪些？
3. 简述结构化方法的基本思想。
4. 结构化方法的优缺点是什么？
5. 结构化方法的过程有哪些？
6. 简述原型法的基本思想。
7. 原型法的优缺点是什么？
8. 简述面向对象法的基本思想。
9. 面向对象法的特点有哪些？
10. 简述敏捷开发法的基本思想。
11. 敏捷开发法的特点有哪些？
12. 信息系统开发的方式有哪些？

第 13 章
信息系统开发过程

信息系统开发是一个系统、规范的流程，系统开发过程应具有严格的阶段划分，才能够较好地保证系统开发的质量。本章将按照结构化系统开发方法的生命周期分别介绍信息系统规划、信息系统分析、信息系统设计、信息系统实施和信息系统运维几个阶段的主要内容。

知识导航

1. 诺兰模型的阶段
2. 系统规划的任务及特点
3. 企业系统规划法的基本思想及步骤
4. 关键成功因素法的基本思想及步骤
5. 可行性分析的内容
6. 业务流程图和数据流程图的绘制
7. 决策树和决策表的绘制
8. 系统设计的任务
9. 系统转换的方式
10. 系统维护的内容

关键概念

企业系统规划法　关键成功因素法　战略目标集转化法　业务流程图　数据流程图　数据字典　代码　系统测试　系统转换　系统维护

开篇案例

金字塔下的 IT 蓝图

经过 10 年的发展，RTQ 鞋业集团(以下简称 RTQ 集团)已成为国内知名的以皮鞋为主，同时经营休闲鞋、运动鞋和童鞋的大型鞋业集团。其下属单位包括集团总部、营销公司、原始设备制造商、采购公司、生产公司和研发公司。

在日益激烈的市场竞争环境下，为增强竞争力，确保在市场中的领先地位，RTQ 集团决定与 ATM 公司合作，制定了集团未来 3~5 年的管理信息化建设规划，通过信息化提高企业业务运作和管理水平。通过与 ATM 公司的沟通，RTQ 集团确定了自己的 IT 规划项目，主要内容包括集团业务模式分析和 IT 蓝图规划等。

1. 业务模式分析

通过对 RTQ 集团业务模式的深入分析，ATM 公司将其业务模式分为以订单、季节和集团为主线的三级金字塔模式。以订单为主线的事务处理，以快速实现客户订单为核心，主要依靠 ERP 和分销资源计划等以结构化信息为主的软件系统。以季节为主线的计划管理，以快速响应市场需求为核心，主要依靠商务智能系统和协同知识管理系统。以集团为主线的管控支撑，以实现集团利益最大化为核心，主要依靠协同知识管理系统、财务及人力的集中管理系统等。

2. IT 蓝图规划

ATM 公司根据 RTQ 集团以集团、季节、订单为主线的金字塔业务模式及未来信息系统的主要业务需求，制定了 RTQ 集团信息系统蓝图架构。

RTQ 集团信息系统蓝图以服务器、存储设备、数据库系统、终端设备等作为系统网络支撑环境；以订货会系统、ERP 系统、DRP 系统、营销管理费用系统、VIP 管理系统及 POS 系统作为业务运营管理平台；以数据仓库、商业智能分析系统、竞争情报系统为经营决策分析平台；以协同知识管理系统、协同研发管理系统、人力资源管理系统构成协同管理平台。

通过与 ATM 公司的密切合作，历时四个多月，RTQ 集团最终完成了 IT 规划项目。
(资料来源：金敏力，矫庆军. 管理信息系统[M]. 北京：科学出版社，2014. 作者有删改)

讨论：
1. 分析 RTQ 集团在信息系统规划方面做了哪些工作？
2. 对于信息系统项目规划，需要更多地关注管理问题还是技术问题？

13.1 信息系统规划

规划一般是指对未来较长时期的活动进行总体的、全面的安排。信息系统建设具有投资大、周期长、复杂度高的特点，因此一个组织在建设信息系统前必须进行规划。信息系统规划是根据组织的目标和发展战略及信息系统建设的客观规律，并考虑组织面临的内外环境，科学地制定信息系统的发展战略和总体方案，合理安排系统建设的进程，它是一个组织战略规划的重要组成部分。科学的规划有利于减少盲目性，使系统具有良好的整体性和较高的适应性，建设工作有良好的阶段性，还能够缩短系统开发周期、节约开发费用。

13.1.1 诺兰阶段模型

1973 年，美国哈佛大学教授理查德·诺兰(Richard Nolan)根据大量资料和对实际发展状况的研究，提出了一个地区、一个行业乃至一个国家的计算机应用发展的客观规律，即诺兰阶段模型。1980 年，诺兰进一步完善该模型，把信息系统的成长过程划分为六个不同的阶段，如图 13-1 所示。

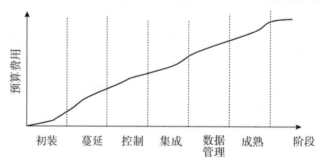

图 13-1 诺兰模型

诺兰的阶段模型是进行管理信息系统开发工作的重要参考，在确定开发信息系统的策略，或制定管理信息系统规划的时候，应明确信息系统应用所处的阶段，进而根据该阶段特征来指导信息系统的开发。

第一阶段：初装阶段。该阶段通常是企业购置第一台计算机并初步开发管理应用程序。计算机的作用被初步认识，个别人具备初步使用计算机的能力。初装阶段大多发生在单位的财务部门。

第二阶段：蔓延阶段。随着计算机应用初见成效，信息系统开始从最初的一些部门向各个部门扩散。这一阶段是数据处理发展最快的阶段，用户感受到计算机在事务处理上的好处，计算机利用率不断提高，各部门都开发了大量的应用程序。但由于缺乏综合系统开发，出现了信息冗余、代码不一致和信息难以共享等问题。

第三阶段：控制阶段。该阶段管理部门了解到计算机数量超出控制，计算机的投资预算每年以 30%～40%或更高的比例增长，而效果却不理想。随着经验不断丰富，应用项目不断积累，客观上也要求加强组织协调，于是就出现了由企业领导和职能部门负责人参加的领导小组，对整个企业的系统建设进行统筹规划，特别是利用数据库技术解决数据共享问题。这时，严格的控制阶段代替了蔓延阶段。诺兰认为，该阶段是实现从以计算机管理为主向以数据管理为主转换的关键，一般发展较慢。

第四阶段：集成阶段。在控制的基础上，企业开始按联机响应方式重新装备和设计应用系统，建立集中式数据库，逐步建设更有效的、为中层管理提供辅助决策的、充分利用和统一管理各种信息资源的系统。由于大量设备的重新装备，使支出又一次迅速增长。

第五阶段：数据管理阶段。在集成阶段后会真正进入数据管理阶段，这时的数据真正成为企业的重要资源，计算机作为日常数据处理工具的作用开始发挥出来，投资开始见效。

第六阶段：成熟阶段。一般认为，信息系统的成熟表明它可以满足企业各个管理层次的需求，从操作层的事务处理及中间管理层的控制管理，到支持高级管理层的决策，真正实现信息资源的管理。

13.1.2 系统规划的任务

信息系统规划的核心问题是使系统的发展战略与整个企业的发展战略保持一致。其主要任务包括制定信息系统的发展战略、进行信息系统的体系结构规划、制定系统建设的资源分配计划等，如表 13-1 所示。

表 13-1 信息系统规划的主要任务

系统规划	主要任务
战略规划	根据组织的目标与发展战略，确定信息系统的发展战略
系统体系结构规划	初步调查：识别系统的各类用户在他们的社会活动中需要系统为他们解决的问题、提供的服务
	业务规划：根据组织的目标与战略、用户需求，对组织的业务活动进行规划，特别是对相应的业务流程进行识别、改革与创新
	数据规划、应用系统规划与技术基础设施规划：识别系统的主题数据，进行系统的数据规划；确定系统的信息处理功能，进行应用系统规划；确定并保障信息系统正常、高效、安全运行的软硬件基础设施，进行技术基础设施规划
项目开发与资源分配计划	根据应用需要和可能将整个系统划分成若干项目，估计每个项目所需硬件、软件、网络、资金、人员等各项资源

1. 制定信息系统的发展战略

信息系统服务于企业管理，其发展战略必须与整个企业的战略目标协调一致。制定信息系统的发展战略，首先要分析企业的目标和发展战略，评价现行信息系统的功能、运行环境和应用状况。然后确定信息系统的使命，制定信息系统的目标及相关政策。

2. 规划信息系统的体系结构

没有科学的总体规划，就难以把分散的系统模块组成一个有效的大型系统。因此，系统规划对于信息系统的设计来说是必需的。在确定系统的各类用户在社会活动中需要系统为其解决的问题、提供的服务的基础上，提出信息系统的体系结构方案。根据发展战略和总体结构方案，确定系统和应用项目开发的次序及时间安排。没有经过整体规划的信息系统，其内部各子系统、各模块难以实现协调统一。

同时，一个好的系统应该尽量避免过于复杂，每个模块都应该尽量简单且有效，有利于系统高效运行和降低维护费用。

3. 制订系统建设的资源分配计划

资源分配计划，是指提出实现开发计划所需要的硬件、软件、技术人员和资金等资源，以及整个系统建设的概算，并进行可行性分析。

需要注意的是，在系统规划过程中，要发挥人的主动性。信息系统开发成功与否，与管理者的参与度和支持程度有着密切的关系，尤其是高层管理者。在信息系统的开发中，管理者、设计人员和用户要密切互动，将自己的需求清晰准确地传达给设计开发人员。同时，还要加强管理者和数据处理部门之间的交流和联系。此外，还应将局部设计与自顶向下的规划结合起来，在数据规划所建立的框架内进行局部设计，再通过逐步求精的设计方法来完善框架的各个部分。

13.1.3 系统规划的特点

为了提高系统规划工作的科学性和有效性，必须充分认识这一阶段工作所具有的特点和应该注意的一些关键问题。系统规划具有以下几个特点：

(1) 系统规划工作是面向长远的、未来的、全局性和关键性的问题，关系到整个组织的改革与发展进程，具有较强的不确定性，结构化程度较低。

(2) 系统规划是高层次的系统分析，高层管理人员是工作的主体。

(3) 系统规划不宜过细。系统规划的目的是为整个系统确定发展战略、总体结构和资源计划，而不是解决系统开发中的具体问题。系统规划是给后续各个阶段的工作提供指导，为系统的发展制定一个科学而又合理的目标和达到该目标的可行途径，而不是代替后续阶段的工作。

(4) 系统规划必须纳入整个组织的发展规划，并定期动态调整。企业所处的市场环境会变化，企业目标也会动态调整，企业发展战略和总体规划也会随之变化，所以相应的系统规划也不可避免地要动态适应变化。

(5) 系统规划人员对管理与技术环境的理解程度，对管理与技术发展的见识，以及开创精神与务实态度是规划工作的决定因素。目前尚无可以指导系统规划全过程的适用方法，因此必须采用多种方法相互配合、取长补短。

系统规划阶段是一个管理决策过程，要应用现代信息技术有效地支持管理决策的总体方案。它又是管理与技术结合的过程，规划人员对管理和技术发展的见识、开创精神、务实态度是系统规划成功的关键因素。

13.1.4 系统规划的方法

信息系统总体规划的方法有多种,但使用最为广泛的有两大类:一类是面向底层数据的规划方法,该方法关注数据的准确性和一致性,偏重技术分析,涉及数据实体或者数据类的识别、定义、抽取及数据库逻辑分析等,这种方法在组织过程建模上具有独到之处,属于这一类规划方法的主要有企业系统规划法和战略系统规划法;另一类是面向决策信息的规划方法,该方法以支持组织战略决策信息为核心进行信息系统战略规划,其优势在于处理组织战略和信息系统战略的相互关系,属于这一类规划方法的主要有关键成功因素法和战略目标集转化法。还有一些用于特殊情况或者用于整体规划某一部分的方法,如企业信息分析与集成技术、产出/方法分析、投资回收法、征费法、零线预算法、阶石法等。应用最为广泛的系统规划方法有企业系统规划法、关键成功因素法和战略目标集转化法,下面主要介绍这三种方法的基本原理。

1. 企业系统规划法

1) 企业系统规划法的基本思想

企业系统规划法(business system planning,BSP)是由IBM公司于20世纪70年代提出的信息系统规划的结构化方法,其基本思想是自上而下识别系统目标、企业过程、数据,然后自下而上设计系统,以支持系统目标的实现。

BSP 法从企业目标入手,逐步将企业目标转化为信息系统的目标和结构,摆脱信息系统对原组织结构的依从性,从企业最基本的活动过程出发,进行数据分析,提供决策所需数据,然后自下而上设计系统,以支持系统目标的实现。BSP 法的工作过程,如图 13-2 所示。

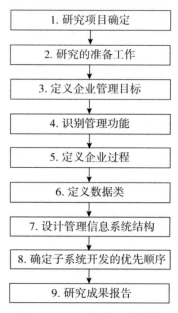

图 13-2 BSP 法的工作过程

BSP 法的作用:一是确定信息系统的总体结构,明确整个系统的子系统组成及开发这些子系统的先后顺序;二是对数据进行统一规划、管理和控制,明确各子系统之间的数据交换关系,保证信息的一致性。

BSP 法的优点是保证信息系统独立于企业的组织机构,使其具有对环境变更的适应性,即使将来企业的组织机构或管理体制发生变化,信息系统的结构体系也不会受到太大的冲击。

2) 企业系统规划法的工作步骤

(1) 准备工作。准备工作包括成立由企业最高领导牵头的总体规划委员会,下设具体规划小组;确定总体规划的范围,一般要延伸到高层管理;调查研究,收集数据,了解企业有关决策过程、组织职能和部门的主要活动及存在的主要问题;制订计划,画出总体规划工作的计划评审技术图或甘特图;进行信息系统开发动员。

(2) 定义企业管理目标。需要调查了解企业的管理目标和为了达到这个目标所采取的经营方针及实现目标的条件。通过对企业管理目标的定义,能明确界定信息系统的目标。一个信息系统的好坏,不在于它的设备是否先进,而是它是否符合企业的目标,是否能解决企业需要解决的问题。

(3) 识别管理功能。在系统初步调查的基础上,进一步确定系统功能模型。系统功能应独立于现行系统的组织结构,它不是企业现行各组织机构职能的罗列,而是从企业的全部管理工作中理出相关的管理活动,即管理功能。这样得出的管理信息系统的功能与企业的组织机构相对独立,因此组织结构的变动不会引起管理信息系统结构的变动。

识别系统功能的方法有两种:一是归纳法,该方法从现状出发,从基层开始,对现行各职能部门的职能进行整理、归纳,识别系统的管理功能;二是演绎法,该方法从各管理决策所需的信息角度出发,由高到低来分析企业的管理功能。

(4) 确定企业过程。企业过程是指逻辑上相关的一组决策或活动的集合,它构成整个企业的管理活动。对功能模型进一步分解即可达到企业过程。一项任务可以分解为若干个执行过程,每个执行过程都是相对独立的一项功能。

过程确定后,应结合功能模型和调查资料来检查过程的正确性和完备性,并对过程按功能分组。最后把过程与组织结构之间的关系整理成组织/过程矩阵,如表 13-2 所示。

表 13-2 组织/过程矩阵

组织	市场		销售				设计			工艺定额			物供管理			生产管理				财务管理			
	市场研究	市场/产品预测	销售策略与管理	订货服务	合同管理	产品与库存管理	产品开发与设计	生产设计	技术规格	工艺过程设计	制定材料定额	制定工时定额	材料计划与采购	收发存管理	材料成本核算	生产计划大纲	作业计划	生产统计	调度	财务计划	资金筹措	成本控制	应收应付管理
规划	●															○							
经营	○	●	●	●	●	●										○							
设计							●	●	●	○													
工艺定额										●	●	●					○						
物供													●	●	○								
生产																●	●	●	●				
财务															○					●	●	●	●
质管																							

注:●代表主要负责者,○代表主要参加者。

(5) 确定数据类。数据类指逻辑上相关的一组数据,如记账凭证数据,包括凭证号、借方科目、贷方科目和金额等。一个系统中存在着许多数据类,如顾客、产品、合同和库存等。数据类有如下两种划分方法:

一是实体法,实体法是先识别系统的实体,如记账凭证、物资和产品等,然后用四种类型的数据描述每个实体,这四种类型的数据为计划型、统计型、存储型和事务型,然后把实体和数据类型整理在一张表上就得到了实体/数据类型表,如表13-3所示。

表13-3 实体/数据类型表

数据类	实体			
	记账凭证	设备	材料	人员
计划	资金筹措计划	设备使用、添置、维修、保养	材料需求	人员需求计划
统计	统计销售收入、成本、应收、应付	设备利用率	材料耗用	各类人员统计
存储	凭证文件	设备维护、使用记录	材料入库、出库记录	职工档案
事务	记账	设备进出记录	采购订货、收发	调动、晋升记录

二是过程法,每一个过程都有相应的输入和输出的数据类型。对每一个过程标出其输入、输出数据类,与第一种方法得到的数据类比较并进行调整,最后归纳出系统的数据类,一般为30~60个数据类。过程法示例,如图13-3所示。

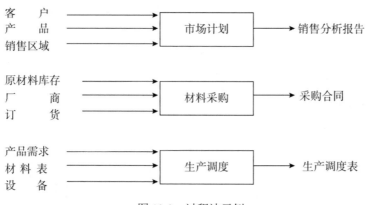

图13-3 过程法示例

(6) 设计信息系统结构。定义过程和数据类之后可以形成过程/数据类表格,该表格又称为过程/数据类矩阵或U/C矩阵,表达了过程与数据类之间的联系,如表13-4所示。过程与数据类的交叉点上标以C(create)表示该数据类由相应的过程产生,标以U(use)表示该过程使用这个数据类。

根据过程/数据类矩阵即可定义信息系统的结构,即划分子系统。具体的步骤为:首先,对过程列按过程组排列。过程组指同类型的过程,如"经营计划""财务计划""资产规模"属计划类型,归入"经营计划"过程组。其次,排列"数据类",使矩阵中C靠近主对角线。由于过程的分组并不绝对,在不改变过程分组逻辑性的基础上,可以适当调整过程分组,使U也尽可能靠近主对角线。画出过程组对应的方框,命名后构成子系统,如表13-5所示。最后,把落在框外的U与子系统联系起来,表示子系统之间的数据流。例如,数据类"计划",由经营子计划系统产生,而技术准备子系统使用"计划"数据类,如表13-6所示。

表 13-4　过程/数据类矩阵

过程	客户	订货	产品	操作顺序	材料表	成本	零件规格	材料库存	成品库存	职工	销售区域	财务	计划	机器负荷	材料供应	工作令
经营计划						U						U	C			
财务计划						U				U		U	C			
资产规模												C				
产品预测	U	U										U	U			
产品设计开发	U		C	U	U		C									
产品工艺			U	C	C		C	U								
库存控制							C	C							U	U
调度			U											U		C
生产能力计划				U										C	U	
材料需求			U		U										C	
操作顺序					C									U	U	U
销售区域管理	C	U	U													
销售	U	U	U								C					
订货服务	U	C	U													
发运		U	U							U						
通用会计	U		U							U						
成本会计		U					C									
人员计划										C						
人员考核										U						

表 13-5　划分子系统

过程		计划	财务	产品	零件规格	材料表	材料库存	成品库存	工作令	机器负荷	材料供应	操作顺序	客户	销售区域	订货	成本	职工
经济计划	经营计划	C	U													U	
	财务计划	C	U													U	U
	资产规模		C														

(续表)

过程		数据类															
		计划	财务	产品	零件规格	材料表	材料库存	成品库存	工作令	机器负荷	材料供应	操作顺序	客户	销售区域	订货	成本	职工
技术准备	产品预测	U	U										U	U			
	产品设计开发			C	C	U							U				
	产品工艺			U	C	C											
生产制造	库存控制						C	C	U		U						
	调度			U					C	U							
	生产能力计划									C	U	U					
	材料需求				U	U					C						
	操作顺序								U	U	U	C					
销售	销售区域管理			U									C	U			
	销售			U									U	C	U		
	订货服务			U									U		C		
	发运			U				U							U		
财会	通用会计			U													U
	成本会计														U	C	
人事	人员计划																C
	人员考核																U

表 13-6 子系统之间的联系

过程	数据类															
	计划	财务	产品	零件规格	材料表	材料库存	成品库存	工作令	机器负荷	材料供应	操作顺序	客户	销售区域	订货	成本	职工
经营计划														U		
															U	U
技术准备	U											U	U			
												U				
生产制造																
			U													
			U		U											
销售			U													
			U													
			U													
			U				U									

(续表)

过程	数据类													
	计划	财务	产品	零件规格	材料表	材料库存	成品库存	工作令	机器负荷	材料供应	操作顺序	客户	销售区域	订货	成本	职工
财会			U									U				U
人事														U		

由于资源的限制，各个子系统的开发要安排先后次序。划分子系统之后，根据企业目标和技术约束确定子系统实现的优先顺序。一般来讲，对企业贡献大的、需求迫切的、容易开发的优先开发。确定子系统实施顺序的原则：一是系统需求程度与潜在的效益评估。通过对管理人员和决策者的调查访问来进行定性评估。根据评估准则(如潜在效益、对企业的影响、迫切性等)，对各系统在管理人员和决策人员中用评分的办法进行评估，各子系统的得分作为优先顺序的参考。二是技术约束分析。对子系统之间的关联可根据表 13-6 进行分析。利用该表很容易评出各子系统产生的数据有多少被其他子系统所共享，有较多子系统共享的数据应较早实现，也要兼顾数据的重要性及关联的紧密程度。

2. 关键成功因素法

1) 关键成功因素法的基本思想

<u>关键成功因素法(critical success factors，CSF)是通过分析找出企业成功的关键因素，然后围绕这些关键因素来确定系统的需求，并进行规划。</u>关键成功因素是指对企业成功起关键作用的因素，在每一个组织中，都存在着对该组织的成功起关键作用的因素，不同的业务活动中关键成功因素会有很大的不同，即使在同一类型的业务活动中，在不同时期内，其关键成功因素也会不同。组织的关键成功因素的特点是少量的易于识别的可操作的目标，可确保组织的成功，可用于决定组织的信息需求。

系统规划人员应该关注那些对管理活动确实有帮助的信息，必须具备鉴别与选择信息的能力，即侧重于"成功因素"。

2) 关键成功因素法的步骤

关键成功因素法的步骤为：首先，了解企业战略目标；其次，识别所有关键成功因素；再次，识别性能的评价指标和标准；最后，识别测量性能的数据。关键成本因素法的步骤，如图 13-4 所示。

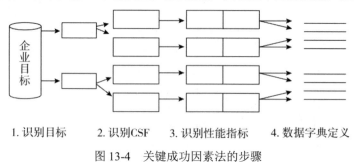

1. 识别目标　　2. 识别CSF　　3. 识别性能指标　　4. 数据字典定义

图 13-4　关键成功因素法的步骤

关键成功因素法源自企业目标，从对目标分解和识别、对关键成功因素识别、对性能指标识别，一直到产生数据字典。该过程就像建立一个数据库，一直细化到数据字典，因而有人又把这种方法用于数据库的分析与建立。关键成功因素就是要识别与系统目标相关的主要数据类及其关系。识别关键成功因素要从组织目标入手，判定哪些因素与之相关，哪些与之无关。再从相关因素中确定对组织目标具有直接影响力的主要因素和间接因素。

确定关键因素常常采用的工具是鱼骨图，鱼骨图作为一种工具，用来明确和发现问题以及导致问题的因果关系，也叫因果图，如图 13-5 所示。

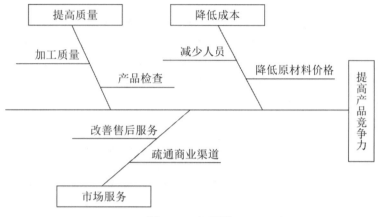

图 13-5　鱼骨图

如图所示，企业的目标是提高企业产品竞争力，用鱼骨图画出影响它的各种因素，以及影响这些因素的子因素。然而如何评价这些因素中的关键成功因素，不同的企业是不同的。对于一个习惯于高层人员个人决策的企业，主要由高层人员个人在此图中选择；对于习惯于群体决策的企业，可以用德尔斐法或其他方法把不同人的关键因素综合起来。关键成功因素法一般在高层应用中效果较好。

3. 战略目标集转化法

1) 战略目标集转化法的基本思想

<u>战略目标集转化法(strategy set transformation，SST)是把组织的战略目标转化为信息系统战略目标的过程。</u>组织的整个战略目标是一个"信息集合"，由使命、目标、战略和其他战略组织属性(如管理水平、发展趋向和环境约束等)等组成，组织的使命明确了组织是什么及存在的原因；组织目标可以定性，也可以定量，是根据组织的使命制定的；组织的战略则是为了实现目标而制定的总方针。信息系统战略集由系统目标、系统约束及系统发展战略构成。图 13-6 粗略地给出了用战略目标集转化法进行信息系统战略规划的过程。

图 13-6　战略目标集转化法

如图所示，信息系统的战略集合直接来源于另一个信息集即"组织的战略集合"，而图中"IS战略规划过程"是指把由组织的使命、目标、战略及其他战略性质组织属性组成的"组织的战略集合"转换成包括系统目标、环境约束和系统战略规划的"信息系统的战略集合"。

2) 战略目标集转化法的步骤

(1) 识别组织的战略集合。先考察企业是否有成文的战略或长期计划，如果没有就要去构造这种战略集合。组织的战略集合的构造过程为：首先，画出组织的利益相关者(利益集团)的结构，如组织的投资者、拥有者、经营管理者、职工、直接与间接客户、相关政府机构等；其次，确定每个利益相关者的目标；最后，确定组织关于每个利益相关者的目的和战略。当企业战略初步识别后，应立即送交有关领导审阅和修改。

(2) 将组织的战略集合转化为信息系统的战略集合。信息系统战略应包括系统目标、系统约束、开发策略，以及设计原则等。该转化的过程包括为组织的战略集合的每个元素识别对应的信息系统战略要素。在此基础上，信息系统规划者在系统规划的后续阶段可根据信息系统的战略集合所列举的目标、约束和战略，提出各种供选择的、能够解决需求与业务问题的方案，相应的业务流程改革与创新方案，以及信息系统总体结构方案。

4. 三种系统规划方法的比较

企业系统规划法通过识别企业"过程"引出系统目标，企业目标到系统目标的转化是通过企业过程/数据类等矩阵的分析得到的。数据类也是在企业过程基础上归纳出的，所以识别企业过程是企业系统规划法战略规划的中心，绝不能将过程/数据类作为企业系统规划法的中心内容。

关键成功因素法能抓住主要矛盾，使目标的识别突出重点。由于高层经理比较熟悉这种方法，使用这种方法所确定的目标，他们乐于努力去实现。该方法有利于确定企业的管理目标。

战略目标集转化法从另一个角度识别管理目标，它反映了各种人员的要求，而且给出了按这种要求的分层，然后转化为信息系统目标的结构化方法。该方法能保证目标比较全面，疏漏较少，但在突出重点方面不如关键成功因素法。

13.2 信息系统分析

系统分析是信息系统开发的第二阶段，也是决定系统开发成败的最重要阶段。系统分析的任务是在充分认识原有信息系统的基础上，通过问题识别、可行性分析、详细调查、系统化分析，最终完成新系统的逻辑方案设计，或称逻辑模型设计。逻辑方案不同于物理方案，前者解决"做什么"的问题，是系统分析的任务；后者解决"怎么做"的问题，是系统设计的任务。系统分析的过程是一个由具体到抽象的过程，即对收集到的大量反映原系统现状的材料进行分析归纳和提炼，最后抽象出反映系统功能的逻辑模型。

13.2.1 可行性分析与详细调查

开发新系统的要求往往来自原系统的功能不能满足业务需要。由于原系统存在的问题可能涵盖各个方面，内容分散，甚至含糊不清，这就要求系统分析人员针对用户提出的各种问题和初始要求，进行详细调查，对问题进行识别，通过可行性分析确定开发系统的必要性。

1. 可行性分析的内容

可行性分析的任务是明确信息系统开发的必要性和可行性。必要性来自实现开发任务的迫切性，而可行性则取决于实现应用系统的资源和条件。可行性分析必须从总体出发，除了分析系统开发的必要性之外，还要从技术可行性、经济可行性、社会可行性和管理可行性四个方面进行分析。

(1) 技术可行性。技术可行性是指根据现有的技术条件是否可以达到提出的要求，所需要的物理资源是否具备，能否得到。这里的技术条件是指已经普遍采用、切实可行的技术手段，而不是正在研究中的新技术。

技术条件主要包括几个方面：①硬件，包括计算机的存储量、运算速度，外部设备的功能、效率、可靠性，通信设备的能力、质量等。②系统软件，包括操作系统提供的接口能力是否符合需要，如是否具备实时处理能力或批处理能力、分时处理的响应时间是否可接受、数据库管理系统的功能是否足够、程序设计语言的种类和表达能力是否满足要求、网络软件的性能是否满足需要等。③应用软件，指是否已经有专用的软件。④技术人员，包括各类技术人员的数量、水平和来源等。

(2) 经济可行性。经济可行性分析主要估计项目成本和效益，分析项目在经济上是否合理。如果不能提供研制系统所需的经费，或者不能提高企业利润，或一定时期内不能回收投资，就不应该开发该项目。

(3) 社会可行性。社会可行性具有比较广泛的内容，它需要从政策、法律、道德、制度、管理和人员等各个社会因素来论证信息系统开发的可能性和现实性。例如，信息系统所服务的行业及应用领域、国家和地方已经颁布的法律和行政法规是否与所开发的系统相抵触、人员的素质和人员的心理是否能为信息系统开发和运行提供支持，诸如此类问题都属于社会可行性需要研究的范畴。

社会可行性还包含所建设的信息系统能否在该企业实现，在当前环境下能否很好地运行，即组织内外是否具备接受和使用新系统的条件。从组织内部来说，管理信息系统的建立，可能导致某些制度甚至某些体制的变动。对于这些变动，组织的承受能力影响着系统的生存，尤其是从手工过渡到人机系统影响更大。从组织外部来说，管理信息系统运行以后，报表、票证格式的改变是否被有关部门认可和接受，将直接影响企业的效益。对于涉及社会经济现象的系统，还应考虑原始数据的来源有无保证。

(4) 管理可行性。管理可行性是指从组织管理上分析新系统开发的可行性，要考虑管理方法是否科学、相应管理制度改革的时机是否成熟、规章制定是否齐全，以及原始数据是否正确等。

管理可行性的主要内容包括：组织的主要领导，尤其是一把手对新系统开发是否支持，态度是否坚决；中基层管理人员对新系统开发的态度和配合情况；管理基础工作如何，以及现行管理系统的业务处理是否规范等；企业现行的管理体制、制度和水平与新系统体现的管理思想的差距有多大，是否可以通过较短时间的提升达到或接近新系统的管理水平；新系统开发运行带来的管理模式、数据处理方式及工作习惯的改变，是否在管理人员可承受的范围内。

2. 可行性分析报告

可行性分析的结果要用可行性分析报告的形式编写出来，报告内容主要包括：系统概述，项目目标，所需资源、预算和期望效益，对项目可行性的结论。

其中，可行性分析结论应明确指出以下内容之一：可以立即开发、改进原系统、目前不可行或需推迟到某些条件具备后再进行。

可行性分析报告要尽量取得有关管理人员的一致认可，并在主管领导批准后方可实施。

3. 详细调查

详细调查的对象是现行系统(包括手工系统和管理信息系统)，目的在于弄清原系统的状况，查明其执行过程，发现薄弱环节，收集数据，为设计新系统提供必要的基础资料。详细调查主要是针对管理业务调查和数据流程分析这两部分进行的。

详细调查应遵循用户参与的原则，即由使用部门的业务人员和主管人员、设计部门的系统分析人员和系统设计人员共同进行。设计人员虽然掌握计算机技术，但对使用单位的业务不了解，而使用单位的人员则熟悉自身业务，两者结合，就能取长补短，从计算机系统的观点更深入地了解对象系统存在的问题。为了全面及时地完成调查分析工作，调查组应拟定详细的调查计划、规定调查研究的范围和调查组成员的工作任务、明确调查内容和进度，并选择适当的调查方法。

为了便于分析人员和管理人员之间进行业务交流和问题分析,在调查过程中应尽量使用各种形象、直观的图表工具。图表工具的种类很多,通常用组织结构图描述组织的结构,用管理业务流程图和表格分配图描述管理业务状况,用数据流程图描述和分析数据、数据流程和各项功能,用决策树和决策表等描述处理功能和决策模型。

13.2.2 管理业务调查

开发信息系统的根本目的在于提升管理水平,因此设计一个新的信息系统,应首先进行组织的重新设计,把建立新系统看成是对组织的一种有目的的改变过程。因此,对现行管理业务的调查十分重要,包括组织结构调查、管理功能调查和业务流程调查等。

1. 组织结构调查

组织结构是指一个组织(即企业、部门、车间等)的组成部分及这些组成部分之间的隶属关系、管理与被管理的关系,通常可用组织结构图来表示,如图 13-7 所示。组织结构是一种非结构化的图形工具,是反映组织内部之间隶属关系的树状结构图。

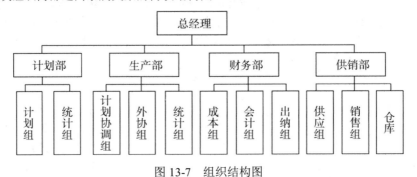

图 13-7 组织结构图

在组织结构调查中,还应详细了解各级组织的职能和有关人员的工作职责、决策内容、存在问题及对新系统的要求等。

2. 管理功能调查

为了实现系统的目标,系统必须具有各种功能。以组织结构图为背景,对调查资料进行整理,分析清楚各部门的功能后,分层次将其归纳、整理出以系统目标为核心的整个系统的树型功能结构图,如图 13-8 所示。

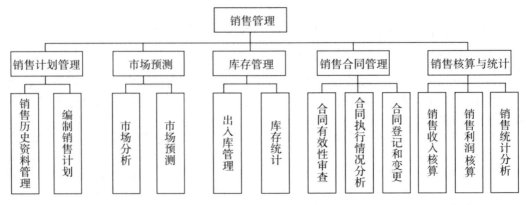

图 13-8 功能结构图

3. 业务流程分析

调查管理业务流程应顺着原系统信息流动的过程逐步进行，内容包括各环节的业务处理、信息来源、处理方法、计算方法、信息流经去向、信息提供的时间和形态。描述业务流程的工具如下。

1) 业务流程图

<u>业务流程图(transition flow diagram，TFD)是一种描述管理系统内各单位、人员之间业务关系、作业顺序和管理信息流动的流程图，它用一些规定的符号及连线表示某个具体业务的处理过程，它可以帮助分析人员找出业务流程中的不合理流向。</u>

业务流程图基本上按照业务的实际处理步骤和过程绘制，是一种用图形方式反映实际业务处理过程的"流水账"。绘制这个"流水账"对于开发者理顺和优化业务过程是很有帮助的。业务流程图是分析和描述现行系统的重要工具，是业务流程调查结果的图形化表示。它反映现行系统各机构的业务处理过程和它们之间的业务分工与联系，以及连接各机构的物流、信息流的传递和流动关系，体现现行系统的界限、环境、输入、输出、处理和数据存储等内容。

(1) 业务流程图的基本符号。业务流程图的基本图形符号有四个，如图 13-9 所示。

图 13-9 业务流程图的基本图形符号

(2) 业务流程图的绘制。业务流程分析是在已经理出的业务功能基础上将其细化，利用系统调查的资料将业务处理过程中的每个步骤用一个完整的图形串起来。业务流程图是根据系统调查表中所得到的资料和问卷调查的结果，按业务实际处理过程且用给定的符号将它们绘制在同一张图上。在绘制业务流程图的过程中能够发现问题、分析不足、优化业务处理过程，所以其是分析业务流程的重要步骤。业务流程图的绘制并无严格的规则，只需简明扼要地如实反映实际业务过程，如图 13-10 所示。

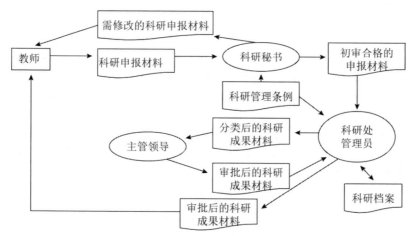

图 13-10 教师科研管理的业务流程图

图 13-10 是教师科研管理工作的业务流程，具体业务过程为：各院系科研秘书接收教师交来科研申报材料，根据科研管理条例进行初审，对需要修改的申报材料退回教师修改；对初审合格的材料，报科研处管理员，由其根据科研管理条例和科研档案进行分类；完成后将科研成果材料报主管领导审批，审批合格后，由科研处管理人员将材料存储到科研档案，并返回给教师。

业务流程图是一种用尽可能少和尽可能简单的方法，描述业务处理过程的方法。因此，其优点是符号简单明了，易于阅读和理解业务流程；不足之处是对一些专业性较强的业务处理细节缺乏足够的表现手段，它比较适用于反映事务处理类型的业务过程。

2) 表格分配图

为了传递信息，管理部门经常将某种单据或报告复印多份分发到其他多个部门，在这种情况下，可以采用表格分配图来描述有关业务，图 13-11 是一张描述物资采购业务的表格分配图。

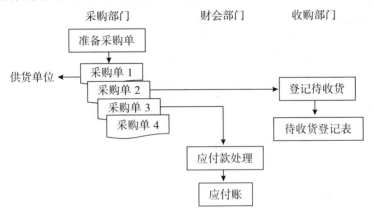

图 13-11　物资采购业务的表格分配图

图中采购部门的准备采购单一式四联：第一联送供货单位；第二联送收货部门，用于登记待收货登记表；第三联交会计部门做应付款处理，记入应付账；第四联留在采购部门备查。表格分配图表达清楚，可以帮助系统分析人员描述系统中复制多份的报告或单据的数量，以及这些报告或单据都与哪些部门发生业务联系。

13.2.3　数据流程分析

1. 数据流程图

<u>数据流程图(data flow diagram，DFD)用几种基本符号反映信息在系统中的流动、存储和处理状况，是进行数据流程分析的主要工具，也是描述系统逻辑模型的主要工具。</u>数据流程图具有抽象性和概括性。抽象性表现在数据流程图不考虑具体的物理因素，如具体的组织结构、工作场所、物流、存储介质、具体的处理方法和技术手段等内容，只抽象地反映信息的流动、加工、存储和使用的情况。概括性表现在数据流程图把系统对各种业务的处理过程联系起来，形成一个整体，从而给出一个系统全貌。无论是手工操作部分还是计算机处理部分，都可以用它系统地表达出来。

1) 数据流程图的基本成分

数据流程图由四种基本符号组成，如图 13-12 所示。

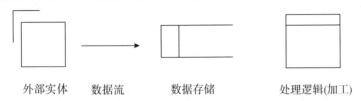

(说明：在一些介绍结构化系统分析的书中，所用符号可能与本书所用的符号有所不同，但基本元素都是以上四种。)

图 13-12　数据流程图的基本符号

(1) 外部实体。外部实体是指在所研究系统外独立于系统而存在的，但又和系统有联系的实体，它表示数据的外部来源和去向，可以是某个人员、组织、某一信息系统或某种事物，它是系统的数据来源或数据终点。确定系统的外部实体，实际上就是明确系统与外部环境之间的界限，从而确定系统的范围。例如，银行系统中的顾客是数据的源头，存取款人的信息、存取款类型、金额和密码等都需要由顾客提供。外部实体用一个正方形，并在其左上角外侧另加一个直角来表示，在正方形内写上这个外部实体的名称。

(2) 数据流。数据流表示流动着的数据，可以是一项数据，也可以是一组数据(如扣款数据文件、订货单等)。数据流用带有名称的箭头表示，名称表示流经的数据，箭头则表示流向。

(3) 数据存储。数据存储是指逻辑意义上的数据存储环节，即系统信息处理功能需要的、不考虑存储的物理介质和技术手段的数据存储环节，如数据文件、文件夹或账本等。用一个右边开口的长方形条表示，图形右部填写存储的数据和数据集的名字，左边填入该数据存储的标识，标识号通常以"D"开头。

(4) 处理逻辑(加工)。处理逻辑(加工)也称为处理，是指对数据进行的操作。处理逻辑(加工)包括两方面的内容：一是变换数据的组成，即改变数据结构；二是在原有数据内容的基础上增加新的内容，形成新的数据。处理逻辑用上下相连的两个矩形表示，上部为标识号，通常以"P"开头，下部为功能描述、执行部门或程序名称。

2) 数据流程图的绘制

绘制数据流程图的一般步骤如下：确定与本系统有关的外部实体，即确定与本系统有关的单位、部门和人；确定系统的处理逻辑；确定系统的存储单元，即确定系统中需要存储的文件和数据；按照系统功能结构绘制顶层的数据流程图，即按照从左到右、自顶向下的顺序，将各个处理单元和存储单元通过数据流连接起来，并填写处理单元、存储单元及数据名称，但顶层的数据流程图是概要性的，不涉及细节，不考虑特殊情况；将顶层的数据流程图中的处理单元展开，扩展成多个子处理框，进行详细描述，并加入特殊情况的处理，低层的数据流程图的绘制方法与顶层相似，这样逐层细化，直到对处理过程进行足够详细的描述为止，从而得到多个分层的数据流程图；组织各方面人员进行反复讨论、分析和比较，直到得到一个用户和开发人员都能理解和满意的数据流程图。

图13-13是科研管理的顶层数据流程图，表示科研秘书接到教师的科研申报材料后，根据科研管理条例和科研档案等进行处理，并将审批后的材料交回教师。

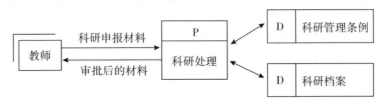

图13-13 科研管理的顶层数据流程图

对顶层数据流程图中的"处理逻辑"进行分解，也就是将"科研处理"分解为更多的"处理逻辑"，如图13-14所示。

图中，初审(P1)是根据科研管理条例，将需要修改的科研申报材料退回给教师，将初审合格的申报材料送到下一步"分类处理"；分类(P2)是根据科研管理条例和科研档案，对初审合格的申报材料进行分类，分类后的科研成果申报材料送到下一步"审批处理"；审批(P3)是将审批后的科研成果申报材料返回给教师，并送到下一步"存档处理"；审批(P4)是将审批后的科研成果申报材料存入科研档案。

数据流程图分为多少层要视实际情况而定，一般来说，由顶层、中间层和底层组成。顶层图说明了系统的边界，即系统的输入和输出数据流，顶层图只有一张。中间层的数据流程图描述了某个处理逻辑(加工)的分解,而它的组成部分又要进一步被分解,较小的系统可能没有中间层,而大的系统中间层可达七八层之多。底层图由一些不必再分解的处理逻辑(加工)组成。

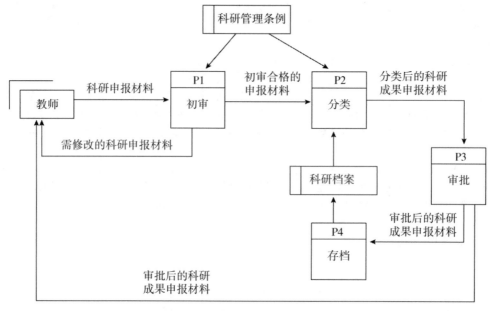

图 13-14　教师科研管理的数据流程图

2. 数据字典

数据字典(data dictionary,DD)是以特定格式记录下来的,对系统的数据流程图中各基本要素(数据流、加工、存储和外部实体)的内容和特征所做的完整的定义和说明,是对数据流程图的重要补充和说明。数据字典是关于数据的数据,是描述系统中数据流程图的全部组成部分的清单,它能弥补数据流程图对数据的具体内容不能详细说明的不足。数据流程图配以数据字典,就可以从图形和文字两个方面对系统的逻辑模型进行完整的描述。数据字典的内容包括:数据项、数据结构、数据流、处理逻辑、数据存储和外部实体,下面分别说明它们的含义和定义的方法。

(1) 数据项。数据项也称数据元素,是具有独立逻辑含义的最小数据单位和不可再分的数据单位。在数据字典中对其定义包括:数据项的名称、编号、别名、简述、数据项的取值范围和数据项的长度。

数据项名称:订货量
数据项编号:F01
别名:数量
简述:某种商品的订货数量
取值范围:0~999999
长度:6个字节

(2) 数据结构。由若干数据项构成的数据组合称为数据结构,它描述了某些数据项之间的关系。数据结构可以包括若干数据项或(和)数据结构(可以递归)。在数据字典中对其定义包括:数据结构的名称、编号、简述和数据结构组成。

数据结构名称:订货单
数据结构编号:F02
简述:用户所填写的用户情况及订货要求等信息

数据结构组成：订货单编号+用户情况+商品情况

(3) 数据流。数据流表明系统中数据的逻辑流向，可以是数据项或数据结构。在数据字典中对其定义包括：数据流的名称、编号、简述、数据流来源、数据流组成、流通量和高峰期流通量。

数据流名称：发货单
编号：F03
简述：销售科为用户开出的发货单
数据流来源：开发货单处理功能
数据流组成：发货单数据结构
流 通 量：150 份/天
高峰期流通量：70 份/每天上午 9：00—11：00

(4) 处理逻辑。处理逻辑是对数据流程图中最底层的处理逻辑加以说明。在数据字典中对其定义包括：处理逻辑名称、编号、简述、输入、处理过程、输出和处理频率。

处理逻辑名称：验收订货单
处理逻辑编号：P01
简述：确定用户的订货单是否填写正确
输入的数据流：订货单，来源是外部实体"用户"
处理过程：检验订货单数据，查明是否符合供货范围
输出的数据流：合格的订货单，去向是处理逻辑"确定发货量"；不合格的订货单，去向是外部实体"用户"
处理频率：50 次/天

(5) 数据存储。数据存储是数据流动的暂停或永久保存的地方。在数据字典中对其定义包括：数据存储的名称、编号、简述、组成、关键字和相关的处理。

数据存储名称：库存账
数据存储编号：D01
简述：存放商品的历年库存和单价
数据存储组成：商品编号+商品名称+单价+库存量+备注
关键字：商品编号
相关的处理：P02（"确定发货量"），P03（"开发货单并修改库存"）

(6) 外部实体。外部实体是数据的来源和去向。在数据字典中对其定义包括：外部实体名称编号、简述、输入的数据流和输出的数据流。

外部实体名称：用户
外部实体编号：S01
简述：购买本公司商品的用户
输入的数据流：F03（"发货单"）
输出的数据流：F02（"订货单"）

数据字典是系统开发的一项重要基础工作，一旦建立，并按编号排序之后，就是一本可供查阅的关于数据的字典，从系统分析一直到系统设计和实施都要使用它。数据字典是所有人员工作的依据和统一的标准。在数据字典的建立、修改和补充过程中，始终要注意保证数据的一致性和完整性。数据字典可以用人工建立卡片的办法来管理，也可存储在计算机中用一个数据字典软件来管理。

13.2.4 处理逻辑描述

数据流程图中的处理逻辑已在数据字典中做了简要介绍，但对于一些比较复杂的处理逻辑，还有必要进行更为详细的说明。对处理逻辑加以说明，只需针对数据流程图中最底层的处理逻辑进行

即可,而不必去描述各上层数据流程图中的处理逻辑,因为上层处理逻辑仅是底层处理逻辑的概括。为了简洁地表达处理逻辑中一些难以说明的逻辑判断功能,可以采用以下几种工具。

1. 结构化英语

结构化英语是由结构化程序设计思想启发而来的,是介于形式化语言和自然语言之间的一种语言,主要作用是解决自然语言描述不准确的问题。它使用了由"IF""THEN""ELSE"等词组成的规范化语言。

例如,移动通信公司为促进业务的发展发行各种优惠卡,其中包括金卡、银卡和普通卡三种,用户可以依据其信用度享受不同额度的透支。发生的规则如下:从未发生过话费拖欠,且每月通话费在 300 元(含)以上者可获金卡,每月通话费在 150 元(含)以上者可获银卡,低于 150 元者可获普通卡;发生过话费拖欠,能在规定时间内补清欠款,每月通话费在 300 元(含)以上者可获银卡,每月通话费在 150 元(含)以上者可获普通卡;发生过话费拖欠,并未能在规定时间内补清欠款,无论每月话费多少均不能获得优惠卡。

```
IF   未发生话费拖欠
     IF   通话费用≥300
               THEN   金卡
     ELSE
          IF   150≤通话费用＜300
                    THEN   银卡
          ELSE
                    普通卡
ELSE
     IF   补清欠款
          THEN   IF   通话费用≥300
                         THEN   银卡
                    ELSE
                         普通卡
     ELSE
               不发卡
```

2. 决策树

当某个动作的执行不是只依赖于一个条件,而是与若干个条件有关,如果仍然用结构化语言表达,可能要使用多层判断语句,结构会较复杂,不能一目了然,在这种情况下使用决策树比较合适。

决策树又称判断树,是用来表示逻辑判断问题的一种图形工具,它用"树"来表达不同条件下的不同处理,比用语言的方式更为直观。决策树的左边为树根,从左向右依次排列各种条件,左边的条件比右边的优先考虑。根据每个条件的取值不同,树可以产生很多分支,各分支的最右端(即树梢)即为不同的条件取值状态下采取的行动(也称策略)。

以上文通信优惠卡政策为例,其决策树如图 13-15 所示。

决策树的优点是直观和明确,可以清楚地看出各种条件下的不同取值应当采取的行动,还可以看出根据条件的优先级别逐步判断和决策的过程。

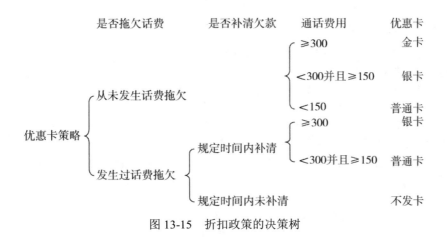

图 13-15 折扣政策的决策树

3. 决策表

决策表也称判断表，也是一种表达逻辑判断的工具，它以表格的形式给出各种条件的全部组合及在各种组合下应采取的行动。当条件的个数较多，每一条件的取值有若干个，相应的动作也很多的情况下，使用决策表比决策树更加有效和清晰。

决策表分成四大部分，左上角为条件说明，左下角为行动说明，右上角为各种条件的全部组合，右下角为各种条件组合下采取的行动。决策表要反映出所有的条件组合，若有 C_1、$C_2 \cdots C_n$ 共 n 个条件，每个条件分别可能取 S_1、$S_2 \cdots S_n$ 个值，则全部的条件组合有 $S_1 \times S_2 \times \cdots \times S_n$ 个。一般用 "Y" 表示条件成立，"N" 表示条件不成立，"√" 表示采取此行动。

依旧以通信优惠卡政策为例，其决策表如表 13-7 所示。

表 13-7 公司折扣政策的决策表

条件和行动	条件组合					
	1	2	3	4	5	6
C1：从未拖欠话费	Y	Y	Y	N	N	N
C2：补清欠款	—	—	—	Y	Y	N
C3：通话费用	A	B	C	A	B	—
A1：金卡	√					
A2：银卡		√		√		
A3：普通卡			√		√	
A4：不发卡						√

说明：A 代表通话费用≥300，B 代表通话费用≥150 并且<300，C 代表通话费用<150。

13.2.5 新系统的逻辑模型

新系统逻辑模型的建立是系统分析阶段的最终成果，是下一阶段工作的基础。新系统逻辑模型的建立，要以现行系统的数据流程图为基础，并以新系统的目标为依据，逐层修改现行系统的数据流程图来实现。

1. 确定新系统的目标

新系统的目标是在可行性研究和对现行系统目标进行评价的基础上确定的。

1) 确定新系统目标的原则

(1) 适用性原则。新系统能够解决现行系统中的关键问题，能够在短时间内表现出明显的经济效果。

(2) 经济性原则。研制任何一个管理信息系统，都要花费较大的成本费用。因此，要从现有的条件和可能提供的条件出发，分阶段实现。

(3) 整体性原则。新系统的目标既要考虑当前的状况，又要考虑长远发展的需要，最终要形成一个完整的管理信息系统。

2) 确定新系统目标的依据

(1) 以现行系统存在的问题作为系统开发的突破口。

(2) 根据开发的情况，恰当地确定新系统开发的范围和进度。

2. 确定新系统的边界

在确定新系统的边界之前，要检查系统的边界是否有变更，以及边界上的输入和输出信息有无增减。除了在这方面对数据流程图进行修改和完善外，还要考虑出错等例外情况的处理细节，以保证系统能正常运行。新系统边界的确定，就是确定新系统的人机接口边界，即恰当地划定出哪些处理部分由计算机处理比较合适，哪些部分应由人工来完成。

3. 确定新系统的主要处理功能

检查系统中的主要处理功能是否满足新系统目标的要求，如果需要增加新的功能，可以通过修改数据流程图来实现。要检查每项功能的处理细节，每个数据存储文件是否都有保留的必要，是否要增加新的数据存储文件等。此外，还需要合理地修订出新系统内部的各种数据流及其合理的流向。

4. 确定新系统的数据处理方式

新系统数据处理方式的确定对于满足用户要求，改善系统的服务质量，以及选择硬件设备都是很重要的一个环节。数据处理方式一般分为联机处理和批处理两种形式。联机处理方式比较适合于用户要求系统能及时反映某些数据处理结果，以及数据收集费用较高和处理负荷容易波动的场合。而批处理方式适合于固定周期的、大量的、无法用联机方法处理的数据处理场合，以及需要在一段时间内积累数据后再进行数据处理的场合。数据处理方式的确定是根据用户要求和数据处理的实际可能性来考虑的，可以直接在数据流程图中体现出来。

13.3 信息系统设计

系统设计阶段是信息系统开发的第三阶段，在系统分析阶段建立的系统逻辑模型的基础上，构建信息系统的物理模型。系统设计阶段主要包括总体设计和详细设计，其中总体设计又称为结构设计，主要进行系统的功能模块设计；详细设计包括代码设计、数据库设计、人机界面设计、处理流程设计和系统物理配置方案设计等。系统分析阶段要解决管理信息系统"干什么"的问题，系统设计阶段则要解决管理信息系统"怎么干"的问题。

13.3.1 功能模块设计

功能模块结构图就是按照功能从属关系画成的图表,表中的每一个框为一个功能模块。功能模块可以根据具体情况划分得大一点或者小一点。分解的最小的功能模块可以是一个程序中的一个处理过程,较大的功能模块则可能是完成某一任务的一组程序。图 13-16 是某企业 ERP 系统的功能模块结构图,这种将一个复杂的系统经过层层分解可以分解为多个功能较单一的功能模块的思想就是结构化系统设计。

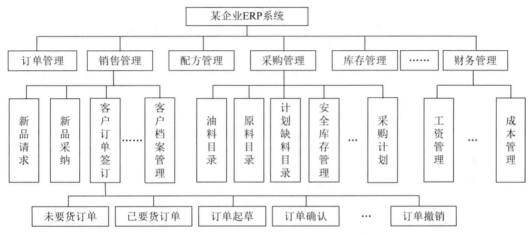

图 13-16　某企业 ERP 系统的功能模块结构图

结构化系统设计的基本思想是采用分解的方法,将系统设计成由相对独立、功能单一的模块组成的结构,是以系统的逻辑功能和数据流关系为基础,根据数据流程图和数据字典,借助于一套标准的设计准则和图表工具,通过"自上而下"和"自下而上"的反复,把系统逐层划分为多个大小适当、功能明确、具有一定独立性且容易实现的模块,从而把复杂系统的设计转变为多个简单模块的设计,使系统开发的整体工作量变小。这些能够实现某种事物处理或管理业务的一个程序化的软件单元称为模块。利用这种思想设计的各个模块内部的联系要紧密,但是模块之间的联系要松散,即模块间要尽可能地相对独立。这些模块共同构成一个统一的整体,实现系统的功能。

13.3.2 代码设计

代码是代表事物名称、属性、状态等的符号,为了便于计算机对信息的处理,一般用数字、字母或它们的组合来表示。在信息系统的开发中,代码设计是一项重要的基础工作,代码设计的好坏,不仅关系计算机的处理效率,而且还直接影响了信息系统的推广和使用。因此,一个好的代码设计方案对于系统的开发是极为有利的。

1. 代码的作用

在信息系统中,代码是人和计算机共同的语言,有规律的代码组合便于信息的分类、校对、统计和检索,以及文件的管理,可有效地提高系统的运行效率。代码的作用主要包括如下几点。

(1) 标识:代码唯一地代表了系统中的某个事物,便于计算机识别。

(2) 分类:当按编码对象的属性或特征(如工艺、材料、用途等)分类,并赋予不同的类别代码时,代码又可以作为区分编码对象类别的标志。

(3) 排序:当按编码对象发现(产生)的时间、所占的空间或其他方面的顺序关系分类,并赋予不同的代码时,代码又可作为编码对象排序的标志。

(4) 特定含义：由于某种客观需要而采用一些专用符号时，代码又可代表特定的含义。

(5) 代码是人和计算机的共同语言，是两者交换信息的工具。

由于代码的编制需要仔细调查和多方协调，是一项很费事的工作，需要经过一段时间。所以，代码设计在系统分析阶段就应该开始，在系统设计阶段才能最终确定。

2. 代码设计的原则

代码设计是一项关系全局的工作。如果系统开发完成，发现代码设计不合适或者不符合国家标准，小的修改会引起程序的变化，大的修改则会导致文件的重新建立乃至数据的混乱；不修改则会影响系统的扩展性、通用性及与其他系统的连接。因此，在代码设计时必须要考虑如下几个原则。

(1) 唯一性。每个代码都仅代表唯一的实体或属性。

(2) 标准化与通用性。凡国家和主管部门对某些信息分类和代码有统一规定和要求的，则应采用标准形式的代码，以使其通用化。

(3) 稳定性。代码应能够适应环境的变化，要具有不能改变的持久性，避免经常修改代码，使其具有稳定性。

(4) 可扩充性。代码系统要考虑系统的发展变化，当增加新的实体或属性时，可以直接利用原代码加以扩充，而不需要变动代码系统。

(5) 规律性。便于编码和识别。代码应具有逻辑性、直观性好的特点，便于用户识别和记忆。

(6) 简洁性。代码的长度应以短小为好，代码的长度会影响所占据的存储单元和信息处理速度，也会影响代码输入时出错的概率及输入、输出速度。

3. 代码的种类

(1) 顺序码。顺序码也称系列码，是用连续的数字代表编码对象。例如，对于全班 30 名同学的班级可以按照 1~30 的顺序进行编码。这种编码的特点是代码短，简单明了，易扩充，但是这种代码不易分类处理，追加编码时只能排在最后，删除则会造成空码。由于缺乏逻辑含义，这种编码除了起序列作用之外，本身并无意义，因此通常放在其他分类编码之后，作为进行细分类的一种补充手段。

(2) 区间码。区间码把数据项按位分成若干区间，每个区间都代表了不同的意义。典型的例子是我国的行政区代码和邮政编码。例如，中华人民共和国行政区代码(GB2260—84)是用 6 位数字，按层次分别表示我国各省(自治区，直辖市)、地区(市，州，盟)、县(市，旗，镇，区)的名称。其从左至右的含义是：第 1、2 位表示省(自治区，直辖市)；第 3、4 位表示地区(市，州，盟)；第 5、6 位表示县(市，旗，镇，区)。区间码的特点是信息处理比较可靠，检索、分类和排序都很方便；但这种码的长度与它的分类属性有关，有时可能会造成编码过长，同时这种码的维护也较困难。

(3) 表意码。表意码(或称助记码)是把直接或间接表示编码化对象属性的某些文字、数字、记号原封不动地编码。例如，cm 表示厘米、mm 表示毫米、kg 表示千克。助记码的优点是直观、易理解、易记忆，但这种编码方式仅适用于数据量较少的情况，否则容易引起联想错误，同时这种编码还不利于计算机进行分类和汇总处理。因此，这种编码方式适用于对物质的性能、尺码、重量、容积、面积和距离等特征的描述。

(4) 合成码。合成码是把编码对象用两种以上编码进行组合，可以从两个以上的角度来识别、处理的一种编码。它可以由多个数据项/字段构成，每个数据项/字段分别表示分类体系中的一种类别。这种码的特点是容易进行大分类、增加编码层次，可以从多方面去识别，做各种分类统计非常容易，但位数和数据项个数较多。

13.3.3 数据库设计

数据库承担信息系统的信息组织与管理功能，数据库设计是信息系统设计的重要组成部分。数据库设计是在特定数据库管理系统的基础上建立数据库的过程，由用户需求分析、概念结构设计、逻辑结构设计和物理结构设计四个阶段构成。数据库设计开始于系统分析阶段，详细设计过程见第 5 章。

13.4 信息系统实施

系统实施是信息系统开发的第四个阶段，其任务是实现系统设计阶段提出的物理模型，按实施方案完成一个可以实际运行的信息系统，交付用户使用。系统实施阶段将投入大量的人力、物力和财力，占用较长的时间，使用部门也将发生组织机构、人员、设备、工作方法和工作流程的重大变革。系统实施阶段的主要内容包括物理系统的实施、程序设计与调试、系统测试、基础数据准备、操作人员培训，以及系统转换等。下面主要介绍程序设计、系统测试和系统转换。

13.4.1 程序设计

在信息系统的开发过程中，程序设计是系统实现的主要内容。程序设计的主要任务是以用户需求为出发点，以系统分析与系统设计阶段的结构图、判断表、设计说明书等为依据，选择适当的程序设计语言及软件开发环境和工具，编制和调试程序，检查运行结果是否符合设计要求。目前，在程序设计过程中主要采用的方法是结构化程序设计方法和面向对象的程序设计方法。程序设计需要遵循如下几个基本要求。

(1) 可维护性。程序本身存在某些隐含的错误，系统功能不完善或者系统满足不了用户的要求，这些原因都可能导致程序的修改。此外，用户也可能提出一些新的要求，或者是由于计算机软件与硬件的更新换代，需要对应用程序进行相应的调整或移植。在系统生命期内，程序维护的工作量是相当大的，所以可维护性是程序设计追求的主要目标。

(2) 可靠性。系统的可靠性在任何时候都是衡量系统质量的首要指标。一个程序不仅能够在正常情况下工作，而且在意外情况下，也要能够适当进行处理，以防造成严重的损失，这些都是程序可靠性的范畴。尽管一个程序无法达到零缺陷，但它应当是可靠的。

(3) 可理解性。程序不仅要求逻辑正确，计算机能够执行，而且应当层次清楚、简洁明了，便于人们阅读。这是因为程序的维护工作量很大，程序维护人员经常要维护他人编写的程序，如果一个程序不便于阅读，那么将会给程序检查与维护工作带来极大的困难。

(4) 效率。程序效率是指计算机资源能否有效地使用，即系统运行时应该尽量占用较少的空间，以较快的速度完成规定的功能。

(5) 健壮性。健壮性是指系统对错误操作、错误数据输入予以识别与禁止的能力，不会因这些错误及硬件故障造成系统崩溃。健壮性即系统的容错能力，这是系统长期平稳运行的基本前提。

13.4.2 系统测试

信息系统开发的各个阶段都不可避免地会出现差错，发现这些错误的方法就是系统测试。系统测试的意义不仅在于发现系统内部的错误，还可以了解系统的响应时间、事务处理吞吐量、载荷能力、失效恢复能力，以及系统实用性等指标，以对整个系统做出综合评价。所以，系统测试是保证系统开发成功的重要一环。

系统测试是对软件计划、软件设计、软件编码进行纠错的活动。测试的目的是找出软件开发过程中各个阶段的错误，以便分析错误的性质和确定错误的位置，并纠正错误。所以，对系统进行测试是必要的，是保证系统质量的关键步骤。统计资料表明，对于一些较大规模的系统来说，系统测试的工作量往往占据系统开发总工作量的40%以上。

系统测试可分为五个阶段，即单元测试、组装测试、确认测试、系统测试和验收测试。

(1) 单元测试。单元测试主要是以模块为单位进行测试，即测试已设计出的单个模块的正确性。

(2) 组装测试。在每个模块完成单元测试后，需按照设计时制作的结构图把它们连接起来，进行组装测试。

(3) 确认测试。组装测试完成后，在各模块接口无错误并满足软件设计要求的基础上，还需进行确认测试。

(4) 系统测试。在软件完成确认测试后，应对它与其他相关的部分或全部软硬件组成的系统进行综合测试。系统测试的内容应包括对各子系统或分系统之间的接口正确性的检查和对系统的功能、性能的测试。

(5) 验收测试。系统测试完成且试运行了预定的时间后，企业应进行验收测试。确认已开发的软件能否达到验收标准，包括对测试有关的文档资料的审查验收和对程序的测试验收。对于一些关键性的软件还必须按照合同进行一些严格的特殊测试，如强化测试和性能降级执行方式测试等，验收测试应在软件投入运行后所处的实际工作环境中进行。

课堂讨论专题

了解信息系统开发团队人员的职责，明确团队合作的重要性，培养参与奉献与互助的意识以建立团队合作氛围。

13.4.3 系统转换

系统测试以后，需要完成系统转换并交付使用。系统转换是新系统与旧系统的交替，旧系统停止使用，新系统投入运行。在这个过程中要选择切换的方式、进行用户操作培训、完成数据准备等工作。

1. 系统转换前的准备工作

在进行新旧系统转换之前，必须预先做好大量的准备工作，这样才能保证转换工作的顺利进行。准备工作主要包括数据准备、文档准备和用户培训几个方面。

(1) 数据准备。数据准备是系统转换工作中的一项十分艰巨的任务。如果新系统是在手工管理基础上建立起来的，那么就要将手工处理的数据如各类单证、报表、账册、卡片等按照新系统的规则进行分类并集中在一起，然后组织人力进行数据的录入工作，将这些纸介质中存放的数据转换成机内信息。如果新系统是在已有的计算机信息系统上开发的，那么就要通过合并、更新、转换等方法，将原系统的数据转换到新系统中来，这种转换工作也是十分复杂而耗时的，有时要涉及数据库的改组或重建。

(2) 文档准备。总体规划、系统分析、系统设计、系统实施、系统测试等各项工作完成后，应有一套完整的开发文档资料，这套资料记录了开发轨迹，是开发人员工作的依据，也是用户运行系统、维护系统的依据。因此，文档资料要与开发方法一致，并且符合一定的规范。在系统运行之前要将这套文档资料准备齐全，形成正规的文件。

(3) 用户培训。用户培训可以根据实际需要采取不同的方式进行。例如，在进行具体操作培训并且被培训人员较少的情况下可以采用面对面、手把手的方式，在实际系统上进行演示和培训；当被培训人员较多或是一些具有共性的问题需要培训时可以采用授课方式来进行；对于管理规则的培训可以通过授课的形式进行，也可以将这些管理规则印制成文件下发到各类人员手中，组织他们进行学习。

2. 系统转换的方式

系统转换的过程实际上是新旧系统的交替过程，旧的系统被淘汰，新的系统投入使用。这种交替过程可以根据实际需要选择不同的方式进行。

系统转换主要有直接转换、平行转换和逐步转换三种方式。一般来说，可将几种转换方式互相配合使用，以达到平稳过渡到新系统的目的。

(1) 直接转换。直接转换是指在某一特定时刻，旧系统停止使用，新系统立即投入运行，如图 13-17 所示。这种方式操作简单，节省人员、设备费用，但风险较大。对于信息系统来说，如果采用这种方式则预先要经过详细测试和模拟运行，否则一旦运行失败，旧的系统已被弃之不用，新系统又不能正常运转，将直接影响到企业或组织的日常工作秩序，严重的可能会导致企业或组织的瘫痪。

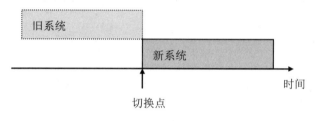

图 13-17 直接转换方式

(2) 平行转换。平行转换是指在一段时间内新旧系统并存，各自完成相应的工作，并相互对比、审核，如图 13-18 所示。这种方式需要双倍的人员、设备，其费用是比较大的，但系统运行的可靠性得到大大提高，风险较小。在新旧系统并存阶段可以继续进行用户的培训、规范用户的行为、检查并改进新系统的功能，新系统运行的成功率较高。

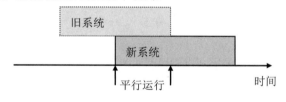

图 13-18 平行转换方式

(3) 逐步转换。逐步转换是指分阶段、按部分地完成新旧系统的交替过程，开发完一部分则在某一时间段内就平行运行一部分，如图 13-19 所示。这样做既可避免直接转换方式的风险，又可避免平行转换方式的双倍费用，但这种方式的不足之处是接口多。目前，逐步转换是许多组织采用的系统转换方式。

图 13-19 逐步转换方式

13.5 信息系统运维

13.5.1 系统运行管理

系统运行管理的主要内容如下。

1. 系统运行情况的记录

从每天计算机的打开、应用系统的进入、功能项的选择与执行，到下班前的数据备份、存档、关机等，都要就系统软硬件及数据等的运行情况进行记录。

2. 审计踪迹

审计踪迹是指系统中设置了自动记录功能，能通过自动记录的信息发现或判明系统的问题和原因。

3. 审查应急措施的落实

为了减少意外事件引起的对信息系统的损害，首先要制定应付突发事件的应急计划，然后每日要审查应急措施的落实情况。应急计划主要针对一些突发性的、灾害性的事件，如火灾、水灾等。

4. 系统资源的管理

系统资源管理包括人员管理、软件管理、硬件资源管理、资金管理等。

13.5.2 系统维护

系统维护是信息系统实施之后，为了保证系统的正常工作，在硬件、软件和数据等方面不断地完善系统以适应各种变化。 其主要内容有：

1. 硬件设备的维护

硬件设备的维护主要包含两种类型的维护活动，一种是定期的设备保养性维护；另一种是突发性的故障维修。

2. 数据文件及代码的维护

数据文件维护工作一般是由数据库管理员负责，主要是保证数据库的安全性和完整性，以及进行并发性控制。代码的维护由代码管理小组进行。

3. 应用软件的维护

应用软件的维护是系统维护的主要部分。软件维护的内容一般包含如下几个方面。

(1) 正确性维护，是指改正在系统开发阶段已发生而系统测试阶段尚未发现的错误。据统计，这方面维护的工作量要占整个维护工作量的 17%~21%。

(2) 适应性维护，是指使应用软件适应外界环境变化和管理需求变化而进行的修改。这方面维护的工作量占整个维护工作量的 18%~25%。

(3) 完善性维护，是指为扩充功能和改善性能而进行的修改，主要是为已有的软件系统增加一些在系统分析和设计阶段没有规定的功能与性能特征，这些功能对完善系统功能是非常必要的。另外，完善性维护还包括对处理效率和编写程序的改进。这方面维护的工作量占整个维护工作的 50%~66%。

(4) 预防性维护，是为了改进应用软件的可靠性和可维护性，以适应未来软硬件环境的变化，主动增加的预防性新功能，以使应用系统适应各类变化而不被淘汰。这方面维护的工作量占整个维护工作量的 4%左右。

13.5.3 系统评价

信息系统在其运行过程中除了要不断进行大量的维护工作外，还要定期对系统的运行状况进行审核和评价。其目的是检查系统是否达到预期的目标，估计系统的技术能力、工作性能和系统的利用率；指出系统的长处与不足，为以后的改进与扩展提出意见。

1．系统评价工作

对系统的评价主要从技术性能及效益这两个方面进行。技术性能评价的具体内容包括系统的总体技术水平、系统的功能覆盖范围、信息资源开发与利用的范围与深度、系统本身的质量、系统的安全性与保密性，以及系统文档的完备性等。系统的效益评价可分为直接效益评价和间接效益评价。

2．系统验收工作

系统验收是由投资项目并使用系统的企业负责，同时聘请有关专家和主管部门人员参加，按照系统总体规划和合同书、计划任务书进行全面检查和综合评价。其检查的内容不仅包括系统的各项技术指标，还包括企业的相应管理措施和应用水平，是否达到建立信息系统的目标等。通过验收，标志着整个系统开发阶段的结束。

案 例 分 析

ABC 银行的信息系统规划过程

ABC 银行成立于 20 世纪 90 年代初期，资产价值约 5 千万美元。企业信息系统建设的现状为：硬件方面包括一台 IBM 高端 PC 机、一台激光打印机、一台高速点阵式打印机、一台将 PC 机及终端与洛杉矶另一家银行相连的通信设备(这家银行提供总账服务)；软件方面主要是电子表格处理程序、Word 及其他一些软件包(用于输出报表)。

随着业务的不断发展，原本的信息系统已逐渐无法满足银行的工作需要，因此银行高层领导决定要建立一套与银行战略方向相一致的信息系统。

1．项目的启动

银行首先成立了信息系统项目规划小组，项目的主管(项目经理)由银行的高级副总裁担任，保证项目能获得高层管理者的支持。项目小组的成员包括项目经理助理、一位兼职程序员、一位 ISP 专家。副总裁编写了项目启动和目标备忘录，指定其助理为用户代表。

项目启动后，项目小组首先与企业的战略层一起探讨了该企业的主要战略目标，然后又深入到企业的各个部门，与每一位员工交谈，了解他们对该项目的看法与需求。项目组制定了严格的汇报制度，包括每隔一周向全体员工报告项目进展，以及不定期地与高层领导讨论。

2．项目调研

信息系统规划小组通过对员工的调查得出了银行的三个组织特征：部门主管人员希望规划项目尽快结束，只需要对未来的信息系统有粗略的了解；几乎所有员工都缺乏计算机知识，而且没有使用程序语言的经验；银行客户的迅速增长导致日常文书工作量激增。在与高层领导的讨论中，项目小组得出了该银行的五个目标：利润最大化；成本最小化；稳步成长；维持员工满意度；优秀的客户关系。

通过组织战略集合，项目小组得出的结论为：首先，信息系统规划必须避免技术术语和细节，只提供潜在应用程序和数据库文件的粗略意见。同时，此规划将作为未来信息系统开发者的线路图。其次，高层管理者希望通过有竞争力的价格和友好的服务来争取和保持更多的客户。

3. 企业业务活动及关键成功因素

银行的业务功能为：生产/运作、财政、销售、人事、业务审计/核算、客户服务6个方面。调查分析银行在这些方面的业务功能是如何实现的，得出业务功能实现的流程图。通过业务功能和信息流的分析，确定出ABC银行的关键成功因素，如表13-8所示。

表13-8 ABC银行的业务活动和关键成功因素

业务活动	关键成功因素
生产/运作	通过有竞争力的价格来保持可获利的边际利息
财政	根据不同的投资风险水平来制定合适的利息率
销售	了解竞争对手的活动以便主动进军一些潜在的获利领域；吸引和保留现有的存款客户及授权的贷款客户；动态监测实际的存贷款以便根据预算来调整价格
人事	建立并维护高效的人力资源管理系统；通过良好的额外福利、健康的工作环境、合理的工作量、合适的员工个人发展计划来提高员工的满意度；确保所有岗位的工作人员都能很好地胜任自己的工作
业务审计/核算	给高层管理者提供实时的财务信息；确保银行所需要的报告能及时传递
客户服务	通过提供高品质的客户服务来创造和保持高的客户满意度

4. 确定需要开发的应用程序大纲

根据上述分析，确定了实现这些业务流程所需要的支持系统，包括潜在的应用程序。对每个项目的成本、效益和时间进行估算，还包括对预期的风险进行评估。银行的规划小组制定了一份应用程序的大纲，如表13-9所示。

表13-9 ABC银行的应用程序大纲(略表)

编号	业务活动	业务/应用流程	
1.0	生产/运作	存款账户管理 贷款管理 投资管理	应付存款(O)储蓄存款(O)授权存款(O) 商业账户管理(O)个人账户管理(O)不动产账户管理(M) 债券(M)联邦基金债券(M)现金债券(M)
2.0	财政	资产管理	利息灵敏度分析(C)……
……	……	……	……

注：C表示目前已经实现计算机化的流程；M表示目前是手工流程；O表示目前是外包的计算机化流程。

然后，根据项目规模、本公司实施项目的技术经验、项目结构三个方面来综合考虑需要实施的项目，并和高层管理者一起权衡风险和收益，选定要实施的项目。

5. 项目规划的总结

项目组经过几个月的工作，提交了信息系统建设规划文档，并向银行总裁、副总裁做演示报告。最后，决策者决定先开发三个应用系统：战略决策系统、资源分配系统、客户服务系统。前两个都是决策支持系统，后一个则有助于吸引更多客户。

(资料来源：傅湘玲，方红. 以输出为目标的信息系统规划方法[EB/OL]. [2004-08-01]. https://qbkx.chinajournal.net.cn/WKG/WebPublication/index.aspx?mid=qbkx. 作者有删改)

思考题：
1. ABC 银行信息系统规划的主要过程有哪些？
2. 在信息系统规划阶段，需要哪些人参与？是技术人员还是管理人员？
3. 如果让你对信息系统进行规划，你会怎么做？

本章习题

1. 诺兰模型分为哪几个阶段？
2. 系统规划的任务是什么？
3. 系统规划的特点是什么？
4. BSP 方法的基本思想是什么？具体的步骤有哪些？
5. CSF 方法的基本思想是什么？具体的步骤有哪些？
6. 可行性分析的内容有哪些？
7. 数据字典包括哪些内容？
8. 请根据以下销售过程画出业务流程图和数据流程图：用户将订货单交某企业的业务经理，经检验后，对于不合格的订单要由用户重填，合格的订单交仓库保管员做出库处理，即查阅库存台账，如果有货则向用户开票发货，如缺货，则通知采购人员采购。
9. 请根据以下销售过程画出业务流程图和数据流程图：车间填写领料单给仓库要求领料，库长根据用料计划审批领料单，未批准的退回车间，已批准的领料单送到仓库保管员处，由他查阅库存账。若账上有货则通知车间前来领料，否则将缺货信息通知采购人员。
10. 某工厂对一部分职工重新分配工作，其原则如下：年龄不满 20 岁，文化程度为小学的人员脱产学习；文化程度是中学的人员为电工；年龄满 20 岁但不满 50 岁，文化程度为小学或中学，男性为钳工，女性为车工；文化程度是大学的人员为技术员；年龄满 50 岁及 50 岁以上，文化程度是小学或中学的人员为材料员；文化程度是大学的人员为技术员。请画出处理职工分配政策的决策树和决策表。
11. 某用电量计费系统的计费方法如下：如果按固定价格方法记账，对耗电量小于 100 度(不包含 100 度)的情况，按每月最低费用收费，超过 100 度时就按 A 类计费办法收费。如果按可变价格方法记账，则对耗电量小于 100 度(不包含 100 度)的情况按 A 类计费办法收费，超过 100 度时按 B 类计费办法收费。画出上述计费方法的决策树和决策表。
12. 系统设计的任务有哪些？
13. 代码的作用是什么？
14. 系统测试分为几个阶段？
15. 系统转换的方式有哪些？
16. 软件维护的内容有哪些？

第 14 章
信息系统项目管理

由于项目本身的计划性和执行环境的变动,使得项目不可能完全按照原本的规划来完成,因此造成了项目的不确定性,而项目管理就是解决项目不确定性的一种计划管理方法。信息系统项目具有特殊性,由于信息系统项目的特点使得组织不能正确地评估其商业价值或在引进新技术过程中未能有效地管理组织变革,使信息系统项目的失败率很高,因此信息系统项目的实施过程也需要项目管理。本章将阐述项目管理的一般理论及信息系统项目涉及的成本管理、风险管理、时间管理和质量管理等几个主要内容。

知识导航

1. 项目的概念与特点
2. 项目管理的概念及发展
3. 信息系统项目的特点
4. 信息系统项目成本管理的过程
5. 信息系统项目风险管理的过程
6. 信息系统项目时间管理的过程
7. 信息系统项目质量管理的过程

关键概念

项目　项目管理　项目成本管理　项目风险管理　项目时间管理　项目质量管理

开篇案例

新华软件开发公司挣值管理成功之旅

北京新华软件开发公司是一家专门从事软件开发的企业,是业界最大的软件设计开发商之一。由于行业的特点,公司采用了业内通用的项目型的组织结构设计,公司中最重要的部门就是 IT 管理部,承担了公司每年 80%的研发任务。IT 部门下设研发部、质量管理部和测试中心,并配有部门级项目管理办公室来指导项目管理工作。

新华软件开发公司的项目管理历史

1995 年,也就是新华软件开发公司刚刚成立的时候,在业界还是一家名不见经传的 IT 企业。公司总人数加上管理层,总共就几十个人,业务量也不多,勉强能够维持公司的生存。刘大伟作为公司的重要成员之一,负责管理公司所有项目任务的排期及人员调度任务,同时也担任着公司各 IT 部门各领域的研究和改进工作。公司成立之初,由于管理层几乎都是技术人员出身,所以不怎么重视管理过程。如果用一个词来概括那时公司的管理方式的话,就是"人治",即项目的管理工作都是基于项目经理个人的经验和主观判断。

2005年，随着公司的快速发展，公司的管理瓶颈很快出现了。事情的起因，源于一位项目经理由于设计流程的误报，把一套交易系统中的一个关键按钮的后台连接设计错了，造成客户进行交易的时候出现了巨大损失，给公司带来了极坏的影响。这件事情让公司高层开始认识到，公司以前的管理方式已经不能满足现在企业的发展需要了。

引进挣值管理

2005年6月19日，在一次公司为高层领导准备的定期培训课中，身为项目研发部总监的刘大伟第一次接触到了"挣值管理"这个词。没想到那次课成了新华软件开发公司项目管理里程碑式的事件。"挣值管理可以促使企业对项目的进度和成本实现集成控制，大大降低管理和沟通成本，并且可以让项目经理对每一个项目实现可视化管理，大大扩宽了项目经理管理的幅度。"培训课上讲师的一番话久久回荡在刘大伟耳旁。

2005年10月，经过几个月的前期准备和商讨之后，总经理办公室决定在个别项目中启动挣值管理。公司项目管理办公室在与其他部门的配合下，结合新华软件开发公司的实际情况制定了挣值管理实施的目标和总体思路。总经理公布了挣值管理的目标，推行挣值管理，对项目进度和成本实行集成控制；实现对项目管理的可视化管理，增加管理层的管理幅度和透明度；在各个项目团队之间建立统一的管理方法，搭建统一的沟通交流平台。

新华软件开发公司的挣值管理方法参考了国内外同行和许多优秀企业的挣值管理最佳实践，并结合公司所在行业和自身的特点量身定做了一套挣值管理实施流程。这套流程按照实践的先后逻辑顺序分三个阶段：

(1) 准备工作。为了服务后续挣值数据的处理，项目管理办公室联合其他职能部门花费了将近一年的时间专门开发出了一套《项目健康度评估纬度指标》。这套指标细则主要包括整体情况、项目范围、时间进度、成本预算、质量性能、项目风险和数据检查。指标对项目的整个实施过程中可能遇到的每一个需要监控的环节都进行了量化，并以此设定来进行监控。以进度和成本的监控为例，指标体系对CPI和SPI分别规定了浮动区间、预警区间和采取措施区间，并分别付之于绿灯、黄灯和红灯给予提示，公司称这种管理方式为"亮灯管理"。指标体系中每一个指标内容说明包括基本信息、管理要求和目标、计算公式、公式说明、数据来源、适用范围/场景/时效、前提成熟条件。在实际的运用中一旦SPI和CPI出现异常，系统马上就会向工作人员和权限更高级别的项目管理者发出警告，通知他们采取相应的措施。管理者也可以随时登录系统来检查即刻的SPI和CPI值，以对项目实施实时监控，从而尽可能早地杜绝了工期滞后、成本超支的现象。最后，该阶段还要考虑如何设计项目组织结构，风险控制计划的制订等一系列的辅助计划。这些辅助工作和技术工具虽然不是核心，但却是保证挣值管理成功实施必不可少的。

(2) 数据收集。新华软件开发公司凭借自己强大的项目管理信息系统和办公系统，在项目执行过程中自动记录和收集项目执行过程中产生的挣值(EV)和实际成本(AC)数据。这个阶段按照挣值和实际成本值获取的先后顺序可以分为两个过程：挣值的获得过程和实际成本的获得过程。挣值主要根据工作分配人员利用办公系统自动或者手动将保存在组织级项目管理系统中的项目计划任务，按照80小时为一个单位的工作包分配给项目的工作人员来测量。具体来讲，挣就是到达某一预设的监控时点时，工作分配人员实际上分配的工作量；实际成本主要是根据执行工作的人员接到任务后每天的实际工作登记来测量的。具体来讲，实际成本就是到达某一预设的监控时点时，工作执行人员完成工作分配员分配的工作的实际消耗工作量。

(3) 数据应用。新华软件开发公司对数据的应用分为两大模块：一是用来对项目执行过程的进度和成本进行监控；二是用来估算完工总工期和成本，在试点阶段前者是重点。过程监控就是依照在准备阶段设定的SPI、CPI等指标，以及临界指标值对项目的执行情况进行实时监控，并根据计算结果反馈的SPI、CPI数据和项目经理手中的主进度计划图来判断是否对项目采取措施，以及采取何种措施。

2009年11月，经过三年零两个月的实践，在项目管理办公室的带领下，新华软件开发公司员工齐心协力，克服重重困难，终于在试点项目中成功实施了项目挣值管理。

推广改进

时至今日，挣值管理在公司所有项目中推广应用已经多年，期间公司又遇到了不少新的问题，也为解决这些问题设计出了种种解决和改进方案。其中最主要的几点改进如下：

(1) 挣值管理实现由单项目管理向多项目和项目集的平稳过渡。随着公司规模的扩大，每年并行的项目已经由原来的十几个猛增到了上百个。挣值管理在单项目管理中的应用已经不足以解决公司多项目管理的问题。在这种情况下，公司启动了挣值管理在多项目管理中的应用，并取得了一定的成效。

(2) 项目管理办公室的职能得到进一步加强。现在，在新华软件开发公司，项目管理办公室不再仅仅作为一个"咨询者"的角色出现，而是作为一个更高层次的"运作者"，负责公司所有项目进度、人员和资源的调度。如今再也没有人敢不重视项目管理办公室下达的"命令"了。可以说，在新华软件开发公司，项目管理办公室的发展历程是与挣值管理的发展历程一脉相承的。

(3) 完善了对项目完工成本的预测方法。在之前运用现成公式预测方法的基础上，项目管理中还加上了人的主观判断和分析。具体来讲就是在完工成本的预测中加入了根据项目计划基线的多干系人讨论分析法。

(4) 公司对项目的挣值管理上升到了更为全面和精细的"范围、进度、成本、风险"综合管理。

(5) 加强了质量管理，将挣值管理与质量管理结合，实现了项目进度、成本和质量的一体化控制。

在这种不断发现问题和改进问题的进程中，挣值管理这套工具被新华软件开发公司的员工越用越熟练，越用越成熟。目前，新华软件开发公司的挣值管理在公司得到了普遍和广泛的应用，与之相配套的制度、流程和方法论均做到了结构化和标准化，形成了一套属于自己的挣值管理最佳实践。

(案例来源：李立，蒋石梅. 新华软件开发公司挣值管理成功之旅[EB/OL]. [2015-11-16]. https://max.book118.com/html/2017/0613/114871511.shtm. 作者有删改)

讨论：
1. 结合新华软件开发公司的挣值法开发过程，谈谈挣值法对成本控制的好处。
2. 除了成本管理外，信息系统项目还需要进行哪些方面的管理？

14.1 信息系统项目管理概述

14.1.1 项目

项目是在一定的资源约束下，为创造某项独特产品、服务或成果所做的临时性努力。项目一般具有以下特点：

(1) 临时性。临时性就是项目的周期属性。项目就是一个一次性的任务，一次性是项目与其他重复运行的工作的最大区别。任何项目都有明确的开始和结束，当项目目标已经达到，或者明确知道项目目标不可能达到时，就意味着项目的结束。

(2) 目的性。项目的结果就是项目要创造的产品、服务或成果。任何一个项目都是为完成一个特定的目的而服务的。了解客户需求、明确可交付成果，以及对项目实施目标化管理是提高项目管理效率和增强项目管理效果的前提。

(3) 独特性。独特性是项目可交付产品、服务或成果的重要特征。任何一个项目都有与以往的项目不完全相同的目标。项目的内容是唯一的，它所涉及的某些内容是以前没有被做过的，即使项目产品、服务或成果是属于某一类别，它仍然被认为是唯一的。例如，办公楼建造了成千上万栋，但每一栋都是独特的，它们有不同的业主、不同的承包商、不同的地点和不同的设计。

(4) 制约性。制约性是指项目的完成受到一些因素的影响，特别是资源的制约，每一个项目都需要运用各种资源来实施，而资源是有限的。具体约束包括时间的制约、资金和成本的制约、人员的制约等，这些制约因素是影响项目成功的重要因素。

(5) 不确定性。由于项目的临时性、独特性和制约性，以及在项目的实施过程中内外环境因素的随时变化，项目会表现出不确定性。项目持续的时间短则几个月，长则数年，项目所处的环境总是不断变化的。因此，在进行项目开发时必须及时根据环境的动态做出必要的修正。

14.1.2 项目管理

项目规模的扩大和复杂性的增加，使得进行项目管理十分必要。项目管理的历史悠久，中国的长城、埃及的金字塔、古罗马的供水渠等伟大工程都是项目管理的成功典范。现代项目管理起源于第二次世界大战，20 世纪 50 年代后期，美国出现的关键路径法和计划评审技术标志着项目管理有了科学的方法。项目管理的传播和现代化要归功于 20 世纪 60 年代出现的两个项目管理国际组织，即欧洲国际项目管理学会(international project management association，IPMA)和美国项目管理学会(project management institute，PMI)。这两个组织的出现极大地推动了项目管理的发展，尤其是 PMI，在项目管理知识体系化和标准化方面做出了重要贡献，其在 1987 年推出了项目管理知识体系指南(project management body of knowledge，PMBOK)。

按照 PMBOK 的定义，**项目管理是指把各种系统、方法和人员结合在一起，在规定的时间、预算和质量目标范围内完成项目的各项工作**。有效的项目管理是指在规定用来实现具体目标和指标的时间内，对组织机构资源进行计划、引导和控制工作。

项目管理正广泛应用于 IT、通信、交通、能源、航空航天、国防、建筑和制造等行业，项目管理正成为社会发展的重要构成要素。

14.1.3 信息系统项目管理职能

信息系统项目是项目中的一种，主要指信息系统建设项目或开发项目。早在 20 世纪 70 年代中期，美国国防部专门研究了信息系统开发项目不能按时提交、预算超支和质量达不到用户要求的原因，结果发现 70%的这类项目是因为管理不善引起的，而非技术原因。目前，虽然信息系统项目管理技术得到了较大的改善，但是信息系统项目失败的案例比比皆是，因此进行信息系统项目管理是十分必要的。

与一般的项目相比，信息系统项目具有特殊性，主要表现在以下几个方面。

(1) 项目成功标准的主观性。信息系统是一个人机系统，与其他项目相比，信息系统项目很难确定成功的标准，无法找到一个客观公正的标准来衡量它是否成功，只能判定它是否可用、有效，而用户在评论信息系统项目的开发过程和效果时带有很强的主观性。

(2) 项目结果的可预览性差。信息系统项目与工程类项目(如建筑工程类项目等)甚至与非工程类项目(科研项目)都有很大的区别，这些项目可以明确预知未来要实现的成果是什么、功能如何，而信息系统项目在实施前不能给出明确的项目范围，如信息系统的结构和要实现的功能等，信息系统的内容是一行行的代码，是不可见的逻辑实体。信息系统项目是在项目实施过程中逐渐明确和完善的，导致项目干系人不能对该项目在实施过程中做到心中有数，从而可能会影响项目的实施。

(3) 用户需求变化的频繁性。当今社会和组织处于一个不断变化的、竞争激烈的环境中，随着信息系统项目的实施，用户对信息系统的功能需求也会随之产生一定的变化，而且在项目实施过程中，用户对信息系统的认识逐步完善，这就使得项目范围不断地变更，最终导致信息系统项目的成本、时间、资源都会变化。即使项目负责人与用户已签订合同，明确规定了项目的实施内容，而且项目团队成员也已经做好了系统规划和可行性分析，但是随着项目的不断实施，用户对项目要求的变更，使得项目的相关程序和数据等不断变化，导致项目的范围变化很大。

(4) 项目的风险性。信息系统涉及计算机技术、商务智能技术与管理变革的结合，所以信息系统项目工作相对来说比较复杂，对项目团队成员的合作精神和能力等要求都很高，而且项目本身就是不可见的逻辑实体，对于没有实际开发经验的人来说，很难做到短时间内的项目后续的承接工作，因此信息系统项目对人员的依赖性很强。信息技术的快速发展，更新周期越来越短，使得信息系统项目可能因为技术的改变而失去价值，同时信息系统项目实施期间人员的流动和环境的改变都使得信息系统项目面临着很大的风险。

信息系统项目管理实际上是在时间和活动这两个维度上展开的，即基于生命周期的管理和基于职能活动的管理。基于生命周期的项目管理将项目按照时间进程划分为启动、计划、执行、控制和收尾五个阶段，对每个阶段内的各项活动进行计划、组织、指导和控制。基于职能活动的项目管理则将项目所涉及的活动按照其性质进行归类，分成整体管理、范围管理、时间管理、成本管理、质量管理、人力资源管理、沟通管理、风险管理和采购管理九个功能，再对为完成每个职能的活动进行计划、组织、指导和控制。本书将重点介绍信息系统的成本管理、风险管理、时间管理和质量管理等四个方面的职能。

14.2　信息系统项目成本管理

14.2.1　项目成本管理概述

为保证项目能完成预定的成本目标，必须要加强对项目实际发生成本的控制，一旦项目成本失控，就难以在预算内完成。不良的成本管理会使项目处于超出预算的危险境地，在实际的项目实施过程中，项目超预算的现象屡见不鲜。

项目成本管理是指在项目的实施过程中，为了保证在成本约束下完成项目而开展的估算项目成本、编制项目预算和控制项目成本三方面的管理活动。其中，信息系统项目的成本主要是指信息系统建设阶段的成本，具体来讲包括软件的分析/设计费用(系统调研、需求分析、系统分析、系统设计)、实施费用(编程/测试、硬件购买与安装、系统软件配置、数据收集、人员培训)，以及系统切换等方面的成本。

14.2.2　项目成本管理过程

1. 信息系统项目的成本估算

成本估算是对完成项目所有活动所需的资源成本进行近似估算的过程。在估算成本时，需要识别和分析可用于启动与完成项目的备选成本方案；需要权衡备选成本方案并考虑风险，如比较自制成本与外购成本、购买成本与租赁成本及多种资源共享方案，以优化项目成本。

信息系统项目成本估算的依据主要是工作分解结构、资源需求计划及资源的价格和项目进度计划。通过工作分解结构，将信息系统项目的项目内容进行逐级细分，方便相关人员对项目的费用进行估算。资源需求计划和资源的价格说明了项目所需资源的种类和数量，以及资源的单价。项目进度计划说明了项目完成的持续时间。

信息系统成本估算常用到的工具与技术包括专家判断法、类比估算法、参数估算法和自下而上法。

(1) 专家判断法。专家判断通常是由相关领域的专家运用自己的技术知识和对本项目的判断，进行合理预测，进行项目成本估算。专家在对项目进行了解后，通过座谈会和讨论会等形式，制定出项目成本估算。

(2) 类比估算法。类比估算法是指以过去类似项目的参数值(如范围、成本预算和持续时间等)或规模指标(如尺寸、重量和复杂性等)为基础，来估算当前项目的同类参数或指标。这是一种粗略的估算方法，有时需根据项目复杂性方面的已知差异来进行调整。相对于其他估算技术，类比估算通常成本较低、耗时较少，但准确性也较低。

(3) 参数估算法。参数估算是指将项目的特征参数作为预测项目成本的数学模型的基本参数，它主要是利用历史数据与其他变量之间的统计关系，来估算诸如成本、预算和持续时间等活动参数。参数估算的准确性取决于参数模型的成熟度和基础数据的可靠性。

(4) 自下而上法。自下而上估算是对工作组成部分进行估算的一种方法。首先对单个工作包或活动的成本进行最具体、细致的估算；然后把这些细节性成本向上汇总或"滚动"到更高层次，用于后续报告和跟踪。

信息系统项目成本估算的成果是项目的成本估算和成本的详细说明。项目的成本估算用于描述完成该项目的各种资源的费用，是对完成项目工作可能需要的成本的量化估算。在项目过程中，应根据最新得到的更详细的信息，对成本估算进行优化。在项目生命周期中，项目估算的准确性将随着项目的进展而逐步提高。例如，在启动阶段可得出项目的粗略量级估算，其区间为±50%；之后随着信息越来越详细，估算区间可缩小至±10%。成本的详细说明是对工作成本估算的基本说明，如成本估算是怎样实施的、估算的有效范围等。

2. 信息系统项目的成本预算

项目成本预算是按时间段将整个项目成本估算分配到具体的工作包或者活动上去，建立和确定成本控制基准的过程。项目成本预算的依据是项目成本估算、项目工作分解结构和项目进度计划。项目活动成本估算是指通过工作分解结构，将项目分解为一些工作包，在各工作包内每个活动的成本预算汇总后，即得到各工作包的成本估算。因此，项目成本预算的步骤包含两部分：一是将项目成本估算分摊到项目工作分解结构的各个工作包，为每一个工作包建立预算成本；二是确立各个工作包预算支出的进度计划和每一个时间点对应的预算成本。

项目成本预算得到的成果主要是成本绩效基准。成本绩效基准是经过批准且按时间段分配资金的完工预算，用于测量、监督和控制项目的总体成本绩效。它是每个时间段的预算之和，通常用 S 曲线表示，如图 14-1 所示。成本绩效基准描述了项目生命周期中各个时间点上的项目截止到该点上的成本累计值。

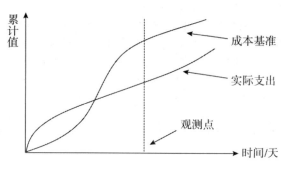

图 14-1 成本预算曲线

3. 信息系统项目的成本控制

项目成本控制是指项目组为了确保项目预算的价值，在外界条件改变的情况下，控制项目预算的变更并及时进行调整的活动。即在项目管理过程中，根据成本预算和成本管理计划对项目进行成本管理，从而保证项目成本控制在预算范围内。

项目成本控制包括跟踪项目的执行情况，将其与项目管理计划相比较，找出偏差，寻找偏差出现的原因，并采取相应的措施对偏差进行变更；防止不正确的、不适宜的与未经批准的变更纳入成本管理计划中，确保有关正确的变更被准确地记录在成本计划中。

成本控制的依据是项目管理计划、项目的资金需求和现行工作的绩效信息。项目管理计划中包含的用于控制成本的信息有成本绩效基准和成本管理计划。根据成本基准，确定总资金的需求情况和阶段性需求情况。工作绩效信息说明了项目的进展情况，如可交付成果完成情况及相应的成本。

成本控制常用到的工具与技术是挣值法和成本累计曲线法等。

(1) 挣值法。挣值法是通过分析项目目标实施与项目目标期望之间的差异，从而判断项目实施的费用和进度绩效的一种方法，又称偏差分析法。它的独特之处在于将费用和进度统一起来考虑，用预算和费用来衡量项目的进度，是项目费用与项目进度控制系统的重要组成部分。在这里，挣值就是指已完成工作预算费用。

挣值法用到的三个基本参数：计划工作量的预算费用、已完成工作量的实际费用、已完成工作量的预算成本。

计划工作量的预算费用是指项目实施过程中某阶段计划要求完成的工作量所需的预算工时(或费用)，主要是反映进度计划应当完成的工作量而不是反映应消耗的工时(或费用)。计算公式为

$$计划工作量预算费用=计划工作量×预算定额$$

已完成工作量实际费用是指项目实施过程中某阶段实际完成的工作量所消耗的工时(或费用)，主要是反映项目执行的实际消耗指标。

已完成工作量的预算成本是指项目实施过程中某阶段按实际完成工作量及按预算定额计算出来的工时(或费用)，即挣值。其计算公式为

$$已完成工作量的预算成本=已完工作量×预算定额$$

挣值用到的四个衡量指标是费用偏差(CV)、进度偏差(SV)、成本绩效指数(CPI)、进度绩效指数(SPI)。其中，CV=已完成工作量的预算成本-已完成工作量的实际成本，表示已经完成的工作是超过预算还是低于预算，当 CV<0 时表示执行效果不佳，即实际消费人工(或费用)超过预算值即超支；当 CV>0 时表示实际消耗人工(或费用)低于预算值，表示有节余或效率高；当 CV=0 时表示预算与实际相符。SV=已完成工作量的预算成本−计划工作量的预算费用，表示当前进度是提前还是滞后，当 SV>0 时表示进度提前；SV<0 时表示进度延误；当 SV=0 时表示当前进度与计划相等。CPI=已完成工作量的预算成本/已完成工作量的实际成本，是指预算费用与实际费用值之比(或工时值之比)，当 CPI>1 时表示低于预算；当 CPI<1 时表示超出预算；当 CPI=1 时表示实际费用与预算费用吻合。SPI=已完成工作量的预算成本/计划工作量的预算费用，是指项目挣得值与计划值之比，当 SPI>1 时表示进度提前；当 SPI<1 时表示进度延误；当 SPI=1 时表示实际进度等于计划进度。

(2) 成本累计分析法。成本累计分析法也叫作时间—累计成本图，是将各个时间段的成本支出金额累加，反映了整个项目或工作包的某个时间段的支出，横坐标表示时间，纵坐标表示支出金额。

成本控制的成果主要是成本预算的更新、成本的偏差纠正措施和修改后的成本估算，以及经验和教训。

14.3 管理信息系统项目风险管理

14.3.1 项目风险管理概述

项目与其他经济活动一样都具有风险,风险对项目目标的实现具有非常不利的影响。项目风险是指由于项目所处环境和条件本身的不确定性和项目业主/顾客、项目实施组织,或者其他相关利益主体主观上不能准确预见或控制影响因素,使得项目的最终结果与项目相关利益主体的期望产生背离,从而可能给项目相关利益主体带来损失或收益。**项目风险管理是识别和分析项目风险及采取应对措施的活动,包括风险管理规划、风险识别、风险分析与评价、风险应对与风险监控 5 个部分。**项目风险管理是为了使项目相关人员加深对项目风险的认识和理解,了解风险对项目的影响,进而提高项目积极事件的概率和影响,降低项目消极事件的概率和影响。

在信息系统开发过程中,由于出现项目风险而未对其做出有效的应对措施,可能使项目出现一些问题,如项目延期、项目成本超支、项目交付的成果质量不符合客户要求,甚至导致项目失败,而且由于信息系统项目具有独特性,所以项目非常容易受到风险的影响。实施信息系统项目风险管理是将项目技术管理引入到项目管理中,使项目相关人员从对风险的被动接受到对风险的主动控制。要对项目实现过程中可能遇到的风险和干扰因素做到防患于未然,从而减少或避免项目损失。

14.3.2 项目风险管理过程

1. 风险规划

风险规划是在项目正式启动之前或者启动初期,对项目风险进行规划的过程。风险规划是项目风险管理的一整套计划,包括定义项目组关于项目风险管理的行动方案,选择合适的项目风险管理方法等,对项目风险管理活动的计划和实施进行决策,从而强化有组织、有目的的风险思路和途径,预防、减轻或消除风险事件的发生。总之,风险规划是指确定一整套系统全面的、有机配合的、协调一致的策略和方法并将其形成文件的过程,这套方法用于辨别和跟踪风险,拟订风险缓解方案,进行持续的风险评估,从而确定风险变化情况并配置充足的资源。

1) 风险规划的依据与成果

风险规划的依据是事业环境因素和组织过程资产等,即说明组织及参与项目的人员对风险的态度和风险承受度,以及组织拥有的一些项目管理方法。

风险规划的成果主要是风险管理计划。风险管理计划描述了如何安排与实施项目风险管理,包括方法论、角色与职责、预算、时间安排、风险类别、概率影响矩阵、报告格式和跟踪等。其中,方法论说明了实施项目风险管理所需的方法与工具等;角色与职责说明了项目风险管理计划中每项活动支持者和领带者以及风险管理团队的成员,并确定其相应的职责;预算是估算风险管理所需要的资金,将其纳入到成本绩效基准中,并建立应急储备的使用方案;时间安排是确定在项目周期中实施项目风险管理的时间和频率,将其纳入到项目进度计划中;风险类别列出了项目活动中可能发生的风险类别和所属的领域及潜在原因,它为项目相关人提供了一个框架,确保其能全面、系统地识别各种风险,将不同的风险施以不用的管理措施;概率影响矩阵指出了项目中风险对其项目目标的影响水平和概率,对风险进行优先排序,以便进行相应的应对规划。

2) 风险规划的工具与技术

根据 PMBOK 指南,风险规划用到的工具与技术主要是规划会议和分析,项目团队通过举行规划会议制订风险管理计划。在会议期间,项目相关人将界定风险管理活动的基本计划,确定风险费用因素和所需的进度计划,并分别将其纳入到项目预算和进度计划中,对风险职责进行分配。其中,涉及的项目相关人包括项目经理、相关项目团队成员及干系人、组织中负责管理风险规划和应对活动的人员等。

2. 风险识别

项目风险识别是指确定哪些风险会影响项目,并记录其特性的过程。项目风险识别是一项贯穿于项目实施全过程的项目风险管理工作。它是一个反复性的过程,随着项目的推进,新的风险可能随时会产生。风险识别包括识别内在风险和外在风险。内在风险指项目工作组能加以控制和影响的风险,如人事任免和成本估计等。外在风险指超出项目工作组控制力和影响力之外的风险,如市场转向或政府行为等。通过风险识别,可以使项目相关人预先估算潜在风险可能造成的影响,从而对风险进行监控,避免其造成的损失。

风险识别的过程包括收集有关影响项目本身、项目环境、项目投资者、项目实施单位等的详细资料;整理收集的资料并进行详尽的分析和研究;结合分析结果,将已经存在或将要发生的风险识别出来。

1) 风险识别的依据与成果

风险识别的依据主要是事业环境因素、组织过程资产、项目范围说明书以及项目管理计划和风险管理计划。事业环境因素是指在项目识别中,可能影响项目成功与否的事业环境和制度,如国家关于信息系统产业的项目管理制度等。组织过程资产是从先前项目档案中获得的相关经验教训和实际数据等。通过项目范围说明书,可以查到项目的假设条件信息,并根据有关项目假设条件的不确定性,对项目风险的潜在成因进行评估。

风险识别最后得到的成果是风险登记册。风险登记册包括已识别的风险清单、风险的潜在应对措施、导致风险产生的根本原因和更新的风险类别等。

2) 风险识别的工具与技术

在项目风险识别过程中,常用的工具与技术有以下几种。

(1) 核对表分析。核对表分析是根据历史上类似项目曾发生的风险,运用项目风险管理的经验数据,将项目可能发生的风险列在一个表上,供项目相关人员进行总结分析。

(2) 流程图法。流程图法是将项目的全部过程,按其内在逻辑联系绘制成作业流程图。通过项目流程的分析,可以发现和识别项目风险可能发生在哪一个环节,以及各个环节对项目的影响程度。

(3) 假设分析法。假设分析法也叫作预先分析法,是指在每一项活动开始之前,对项目存在的风险因素类型、产生的条件、风险的后果预先进行分析。通过预先分析,若发现风险因素,可积极采取防范措施,以避免考虑不周而造成的损失。

(4) 头脑风暴法。头脑风暴法也叫作集思广益法,它是通过营造一个无批评的、自由的群体环境,使与会者畅所欲言、充分交流、互相启迪,尽可能激发与会者的创造性,产生尽可能多的创造性意见的过程。头脑风暴法更注重意见的数量,而不是质量。这样做的目的就是要使项目团队尽可能想出更多的意见,鼓励成员有新奇或突破常规的主意。在头脑风暴的过程中,团队成员遵守头脑风暴的原则,即自由畅谈、禁止批评、追求数量、明确讨论主题,从而使会议在一个轻松的环境下进行,以获得尽可能多的项目风险的可能性。当发言结束后,由项目相关专家和风险管理团队对已获得的想法进行汇总和分析,筛选出有价值的想法并实施。

(5) 德尔菲法。德尔菲法又叫作专家调查法,是专家就某一议题达成一致意见的方法。项目风险团队将邀请项目风险管理专家以信函和匿名的方式参加此活动。通过匿名征求专家对项目风险方面的意见,将问卷归纳、统计后,再将集合分析答案发给所有专家,并要求专家在这次反馈的基础上重新分析,如此反复的一个过程。

(6) 情景分析法。情景分析法就是通过有关数学、图表和曲线等,对项目未来的某种状态或某种情况进行详细的描绘和分析,从而识别出引起项目风险的关键因素及其影响程度的一种风险识别的方法。

它注重说明某些事件出现风险的条件和因素，并说明这些因素发生改变时，又会出现怎样的风险及产生的后果。通过情景分析法，识别出项目可能引起的风险后果，从而提醒决策者对此风险的重视。通过此法，也可对项目风险的范围提出合理意见，就某些主要风险因素对项目的影响进行分析研究等。

3. 风险分析与评价

在对项目进行风险识别后，通过对风险登记册记载的潜在风险进行分析和评价是必需的。风险分析与评价是应用相关的工具与技术，对项目风险进行综合分析，对风险发生的概率及影响程度、风险后果的严重程度和风险发生时间进行估计和评价，以降低项目的不确定性。风险分析包括定性风险分析和定量风险分析。定性风险分析是指对识别的风险进行分类，评估风险发生的概率，对已识别的风险优先排序，以及分析风险对项目产生的后果。定量风险分析是指量化各项风险对项目预期产生的影响，得到每个风险的期望值，对所有风险进行排序和确定风险级别。定量风险分析是分析定性风险分析过程中对项目需求存在潜在重大影响的风险进行分析。

1) 风险分析与评价的依据与成果

风险分析与评价的依据包括风险管理计划、项目管理计划等。其中，风险管理计划包括风险管理角色和职责、风险管理预算和进度、风险类别等。项目管理计划包括为项目进度的制定和控制制定格式和标准的项目进度管理计划，为项目费用的规划、架构、估算、预算和控制制定标准的项目费用管理计划。

风险分析与评价的成果是更新的风险登记册。更新的内容主要包括项目风险的排序和分类，风险按照重要性和影响程度重新进行的排序，以及风险的优先级、风险的影响程度、风险的敏感性和风险的发展趋势等。

2) 风险分析与评价的工具和技术

风险分析与评价的工具和技术有很多种，针对信息系统项目，最常用的工具有如下几种。

(1) 风险概率和影响评估。风险概率和影响评估是定性风险分析的一种，是通过挑选对项目风险熟悉的人员，采用召开会议或访谈等方式对每项项目的具体风险进行评估，确定风险概率和影响的等级。评估时需要考虑的因素包括风险对项目进度、费用、质量等的潜在影响，既包括消极影响和威胁，也包括积极影响和机会。

(2) 概率和影响矩阵。根据评定的风险概率和影响级别，通过概率和影响矩阵对风险进行等级评定，从而评估每项风险的重要性及其紧迫度。概率和影响矩阵形式规定了各种风险概率和影响组合，并规定了哪些组合被评定为高重要性、中重要性和低重要性。针对不同的重要性，有不同的风险应对措施。

(3) 敏感性分析。敏感性分析是将所有不确定因素保持在基准值的条件下，考查项目的每项要素的不确定性对项目目标的影响程度。敏感性分析最常用的方式是龙卷风图。龙卷风图能够表达较高不确定性的变量与相对较稳定的变量之间的相对重要程度。

(4) 决策树分析。决策树分析法应用了概率论的原理，利用一种树形图作为分析工具。其基本原理是用决策点代表决策问题，用方案分枝代表可供选择的方案，用概率分枝代表方案可能出现的各种结果的概率。

(5) 模型和模拟法。项目模拟是用一个模型，将详尽规定的各项不确定性换算成它们对整个项目层次上的目标所产生的潜在影响。项目模拟一般采用蒙特卡洛技术，通过对随机变量的统计试验和随机数学模拟，求解出其相应问题的数学模型和方法。

4. 风险应对

风险应对就是对信息系统项目风险提出处置意见和办法。其通过对信息系统进行风险规划、识别、分析与评价，并在确定信息系统项目的风险等级后，采取相应的措施。其目的是通过制订方案，增加信息系统目标实现的机会，并减少失败威胁。

1) 风险应对的依据与成果

风险应对中需要的依据就是通过风险规划、识别、分析与评价而得到的风险管理计划和风险登记册。风险应对得到的成果就是将风险管理计划与风险登记册进行更新。在风险应对中，风险登记册记入了适当的应对措施等；然后，应根据风险应对措施，改变项目、预算等计划，更新项目管理计划；同时，会得到与风险相关的合同协议，包括保险协议、服务协议等，从而规定项目各方在特定风险发生时应承担的责任。

2) 风险应对的工具与技术

根据不同的风险，风险应对有两类策略，即消极风险的应对策略和积极风险的应对策略。

(1) 消极风险的应对策略，包括回避、转移和减轻。

回避。回避风险策略是指当项目风险潜在威胁发生的可能性太大，不利后果过于严重，且无其他策略可实施时，主动放弃项目或改变项目管理计划，以完全消除风险或产生风险的条件。最极端的回避策略是取消整个项目。这是一种消极的风险处置方法，它失去了实施项目可能带来的效益。

转嫁。转嫁风险策略也叫作合伙分担风险，就是将风险的后果及其对应的责任转移到第三方。其目的不是降低风险发生的可能性，而是将风险产生的后果及责任转移到第三方来承担。转嫁工具一般是保险、合同或协议，此时第三方可得到相应的回报。

减轻。减轻风险策略就是通过缓和或预知等手段来减轻风险，降低风险发生的可能性或风险发生后带来的不利后果，从而将风险降低到一个可接受的临界值。提前采取措施减少风险发生的概率或减少其对项目所造成的影响，比在风险发生后再补救要有效。

(2) 积极风险的应对策略，包括开拓、分享和提高。

开拓。开拓策略就是组织希望确保机会得以实现，而消除与风险相关的不确定性。比如组织可以为项目分配更多资源，从而使项目质量提高或使进度提前。

分享。分享策略就将风险的责任分配给最能因项目取得利益的第三方，如建立风险分享合作关系等。

提高。提高策略是通过提高积极风险的概率或积极影响，识别并最大限度发挥这些积极风险驱动因素，促进或增强机会的成因，提高积极风险发生的概率。

除了上述针对两大风险的应对策略外，还有针对两大风险都可实施的接受风险策略和储备风险策略。接受风险策略是当项目团队觉得自己有能力承担损失或它们无法找到任何应对措施时所采用的策略。接受风险可以是主动的，也可是被动的。由于在项目规划阶段已对项目风险有了准备，所以在风险事件发生时马上执行应急计划，这是主动接受。被动接受风险是指当风险事件造成的损失不大，不足以对项目整体收益造成很大影响时，项目管理组将风险事件作为一项费用来支出。储备风险策略就是根据项目风险规律事先制订应急措施和科学高效的项目风险计划，一旦进展情况与计划不同，就动用后备应急措施。

5. 风险监控

风险监控就是对风险规划、识别、分析与评价、应对等进行监视和控制，从而保证风险管理能够达到预定目标。

1) 项目风险监控的内容

项目风险监控包括风险管理计划、风险识别和分析，以及风险应对计划等。

(1) 风险管理计划。风险管理计划是项目风险控制的最基本的依据，可以说项目风险的控制活动都是依据项目风险管理计划而展开的。在项目进展中识别出新风险以后，需要立即对项目风险管理计划进行更新。

(2) 风险识别和分析。随着项目的进展，在对项目进行评估和报告时，可能会发现以前未曾识别的潜在风险事件。应对这些风险继续执行项目识别、风险分析与评价、风险应对与风险监控等工作。

(3) 风险应对计划。应针对具体可能会出现的项目风险，制订相应的应对计划。

2) 项目风险监控的成果

项目风险监控所要实现的目标有如下几个方面。

(1) 及早识别项目的风险。通过有效的风险技术和工具，识别项目风险，及早发现项目中存在的各种风险，以及项目风险各方面的特性。

(2) 尽量避免项目风险事件的发生。在识别出项目风险后就要积极地采取应对风险的措施，从而防患于未然，确保不给项目造成不必要的损失。

(3) 积极消除项目风险事件的消极后果。并不是所有的风险都可以避免，当项目风险最终发生时要积极采取行动，努力消除风险事件的消极后果。

3) 项目风险监控的工具与技术

(1) 审核检查法。审核检查法是一种传统的风险控制方法，该方法适用于项目的全过程，从项目建议书开始，一直到项目结束。审核要查出错误、疏漏、不准确、前后矛盾和不一致之处。审核还应发现以前他人未注意的或未考虑到的问题。审核一般是在项目进展到一定阶段时，以会议的形式进行。检查是在项目实施过程中进行的，目的是将各方面的反馈意见及时通知给有关人员。一般以完成的工作成果作为研究对象，包括项目的设计文件、实施计划、试验计划、试验结果、正在施工的工程、运到现场的材料和设备等。

(2) 监视单。监视单是一种简单明了又容易编制的文件，包括辨识出的风险、风险顺序、风险处理活动、风险处理活动的计划完成日期和实际完成日期、对偏差的解释等。

(3) 风险图表表示法。风险图表表示法是根据风险评价结果，从项目所有风险中挑选出最严重的几个风险，列入监视范围，每月进行检查，写出风险规避计划，说明规避风险策略和措施成败。

(4) 因果分析图。因果分析图是表示特性与原因关系的图，它把对某类风险具有影响的各种因素加以归类和分解，并在图上用箭头表示其关系。因果关系图主要是说明需要改进的项目特性与项目风险后果的影响之间的关系，从而确定项目风险的根本原因，进行项目风险监控。

14.4 管理信息系统项目时间管理

14.4.1 项目时间管理概述

在实施信息系统项目的过程中，项目延期实施十分常见，因此项目进度问题是信息系统项目的最重要问题。**项目时间管理，又称项目进度管理，是采用科学的方法确定项目时间目标，编制进度计划和资源供应计划，进行进度控制，在质量和费用目标协调的基础上，实现时间目标而开展的一系列管理活动。**

项目时间管理主要是围绕时间或进度来对项目及其所拥有的资源，运用系统的理论和方法进行高效率的计划、实施和控制的过程，从而最终获得项目目标交付物的系统管理方法。项目时间管理包括定义项目活动、项目活动排序、项目活动的持续时间估算、制定进度表和进度控制5个部分。

14.4.2 项目时间管理活动

1. 定义项目活动

活动定义是将项目工作分解为更小、更易管理的工作包或工作单元，这些小的活动应该能够保障完成可交付产品的、可实施的详细任务。定义项目活动的依据是项目范围说明书、工作分解结构、历史信息、项目的约束条件和项目管理计划等，最后得到的成果主要是活动清单，让项目团队清楚有多少工作需要处理。

活动定义的方法主要有分解法和模板法。

(1) 分解法。项目的活动分解工作是项目时间管理的一项重要内容，分解项目活动的主要依据是项目分解结构(work breakdown structure，WBS)。项目分解结构是关于项目所要开展工作的层次性结构描述，指出了一个项目所需完成工作的整体与它所包括的分解工作之间的层次关系。项目活动分解是在工作分解的基础上，将工作分解结构所包含的活动分解为具体工作包或工作单元的技术。

(2) 模板法。根据以前做过类似项目的活动清单，为新项目的活动定义提供参考，可用作新项目的活动模板。

2. 项目活动排序

项目活动排序是指通过分析和确认项目活动清单中各项活动的相互关联和相互依赖关系，对项目活动的先后顺序进行合理安排与规划的项目时间管理工作。

1) 项目活动排序的依据

项目活动排序的主要依据包括项目活动清单、活动属性、项目活动的相关性、项目活动的约束和假设前提条件等。活动清单主要是指信息系统项目主要包括哪些模块，需要由项目利益相关方确定。活动属性是指项目最后生成的产品的特征。项目活动的相关性是指所做项目活动之间固有的依赖关系以及项目与外部活动之间的相关性。

2) 项目活动排序结果

信息系统项目排序的结果包括如下两部分。

(1) 项目进度网络图。项目进度网络图是展示项目各计划活动及逻辑关系(依赖关系)的图形。

(2) 更新的活动清单。更新的活动清单是将活动排序中所增减的、经批准的活动内容在活动清单中做出相应的增减，并做进一步的定义。

3) 项目活动排序工具

项目活动排序的工具与技术主要包括紧前关系绘图法和箭线绘图法。

(1) 紧前关系绘图法。紧前关系绘图法(precedence diagramming method，PDM)又称单代号网络图法，是一种用方格或矩阵(节点)表示活动，并用表示依赖关系的箭线连接节点构成项目进度网络图的绘制法。紧前关系图，如图14-2所示。

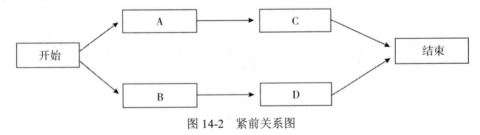

图 14-2 紧前关系图

紧前关系绘图法包括如下 4 种依存关系或紧前关系。

完成对开始：后继活动的开始要等到先行活动的完成。例如只有在系统设计之后才可以进行系统调试，这是信息系统经常用到的关系。

完成对完成：后继活动的完成要等到先行活动的完成，如代码编制与单元测试是同时结束的。

开始对开始：后继活动的开始要等到先行活动的开始。一个系统启用时，许多任务会同时发生。

开始对完成：后继活动的完成要等到先行活动的开始。这种方法很少用。

(2) 箭线绘图法。箭线绘图法(arrow diagramming method，ADM)又称双代号网络图，是一种用箭头表示活动，并在节点处将其连接起来，以表示其依赖关系的一种项目进度网络图的绘制法，如图14-3所示。

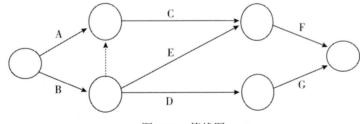

图14-3 箭线图

3. 项目持续时间估算

项目的持续时间估算是对已经确定的项目活动所做的持续时间可能长度的估算工作，包括对每项独立的项目活动和对于整个项目活动的时间估算。项目持续时间估算的主要方法是专家判断、类比估算和三点估算。

(1) 专家判断。当实施的项目涉及新技术、新工艺或者不熟悉的领域时，就要借助特定领域的专家的知识和经验，对项目活动的持续时间做出权威的估算。

(2) 类比估算。类比估算就是以之前类似项目活动的实际持续时间为根据，估算将来的计划活动的持续时间。

(3) 三点估算。三点估算包括三个持续时间，即最可能持续时间、乐观持续时间和悲观持续时间。最可能持续时间是根据项目范围说明书、活动清单等数据及以往经验计算出该项目最可能持续的时间；乐观持续时间是假设项目按照最好的情形进展所用的最少时间；悲观持续时间是项目最保守的最长时间。利用上面三种估算的活动持续时间的平均值，估算出该活动的持续时间。

4. 制定进度表

通过分析项目活动的定义、项目活动的排序和项目活动的持续时间估算，编制出项目进度，包括项目的起止日期、具体的实施方案和措施。

制定进度表的主要依据是项目进度网络图、项目活动时间的估算、项目资源需求、活动清单和活动属性等。其内容主要包括相应的项目进度、项目进度的详细说明、项目进度管理计划和根据项目进展与项目标准比较得到的资源需求的修改。

常用的制定进度表的工具与技术是关键路径法、甘特图和进度压缩法等。

(1) 关键路径法。关键路径法(critical path method，CPM)也称为关键路径分析，是一种运用特定的、有顺序的网络逻辑，通过分析一组(或几组)活动序列(路线)进度安排的灵活性，来预测总体项目活动持续时间的网络分析技术。关键路径分析法主要是找出项目活动序列中路径最长或耗时最多的活动路径，即关键路径，组成关键路径的活动称为关键活动。用逆推法从最后一个活动最晚结束时间(finish time，EF)计算出各个活动的最晚开始时间(latest start time，LS)和最晚完成时间(latest finish time，LF)。其中，对同一活动，EF=ES+A，LS=LF-A(A 是当前活动历时)；对前后活动，后续活动的 ES=max(所有当前活动的 EF)，先前活动的 LF=min(所有后续活动的 LS)；然后计算总时差 TF=LF-EF=LS-ES。找出总时差最小的活动所组成的路线，即为关键路径，关键路径上的活动为关键活动。对关键路径上的活动时间求和，即可得到项目时间。计算方法如图14-4所示(假设规定项目完工时间是 42 天)。

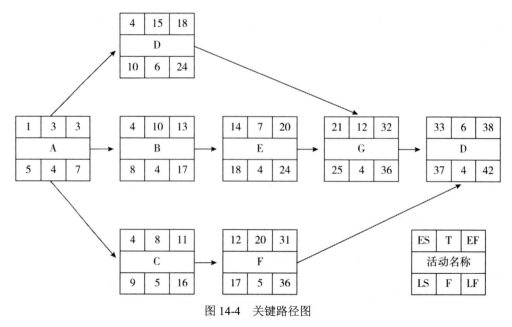

图 14-4 关键路径图

其中，ES 为最早开始时间；EF 为最早完成时间；LS 为最迟开始时间；LF 为最迟完成时间；T 为任务工期；F 为时差。

(2) 甘特图。甘特图又称横道图或条形图，是制定进度表最常用的一种工具，最早由 Henry L. Gantt 于 1917 年提出。甘特图是以一段横向线条表示一项活动，通过横向线条在带有时间坐标的表格中的位置来表示各项活动的开始时间、结束时间和各工作的先后次序，如图 14-5 所示。

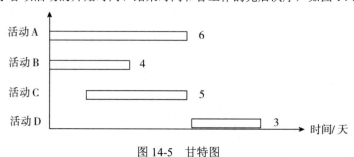

图 14-5 甘特图

(3) 进度压缩法。进度压缩是在不改变项目范围，满足进度制约条件的前提下，缩短项目的进度时间。进度压缩法有两种方法：一种是应急法，就是缩短各部分活动的时间，权衡成本和进度间的得失关系，以决定如何用最小增量成本达到最大量的时间压缩；另一种是快速跟进，即平行或同时按先后顺序进行项目活动。

5. 进度控制

在进度计划执行过程中，由于人力、物资的供应和其他因素的影响而出现与计划不符，在项目执行过程当中要不断地对项目进行监控，用以发现偏差，并采取有效的措施使项目按照预定的进度目标进行，从而避免项目进度的拖延，这一过程称为进度控制。

进度控制的主要内容包括判断项目进度的当前状态，即进行进度的跟踪与监控，通过执行报告分析当前进度的执行情况与计划的偏差；对造成进度变化的因素施加影响，将纠正措施写入进度计划；最后查明进度是否已经改变。

信息系统项目工期控制的依据是项目进度表、执行情况报告和项目有关进度绩效的变更要求。工期控制最后得到的成果是项目工期的更新、相应的纠正措施和经验与教训。

常用的信息系统进度控制的工具与技术包括进度改变控制系统、绩效衡量和项目管理软件。

(1) 进度改变控制系统。进度改变控制系统通常是指一些特定过程，通过这些过程可以改变项目进度。该系统包括书面工作、追踪系统以及允许的进度偏差。

(2) 绩效衡量。将现行进度与项目进度计划报告比较，产生进度偏差与进度绩效指数，从而估计实际发生的项目进度偏差的大小，判断进度偏差是否需要采取纠正措施。非关键路径上的重大偏差对项目总体影响可能不是很大，而关键路径上的微小偏差可能就需要项目相关人及时进行行动纠正偏差。

(3) 项目管理软件。项目管理软件是把计划日期和实际日期加以比较，并预测进度改变所造成的影响。

14.5 管理信息系统项目质量管理

14.5.1 项目质量管理概述

在很多信息系统项目的建设过程中，我们有时只考虑信息系统所必须实现的功能、应该遵循的进度，以及建设系统所必须花费的成本，而忽视了在整个生命周期中系统应该具有的质量标准。这种做法带来的后果是，运行过程中信息系统的可移植性和兼容性差，或者信息系统的维护成本很高。因此，必须注意信息系统项目的质量管理，引入监理和审计来确保系统的成功。

项目质量管理是指为了确保达到项目质量要求所开展的活动，它是在一定的技术、经济和社会环境下，在科学原理的基础上，运用先进的技术和方法，为实现项目目标所开展的行动。 信息系统项目质量管理包括两个方面的内容：一是信息系统项目工作质量的管理；二是信息系统项目终端产品的管理。从客户需求到产品发布，包括许多开发阶段，每一个阶段都要为下一个阶段产生中间产品。每一个阶段也要从前一阶段接受中间产品，每一个中间产品都要满足一定的质量特性，同时影响着终端产品的质量。

14.5.2 项目质量管理活动

项目质量管理包括质量规划、质量保证和质量控制三个部分，最终目的是保证交付的项目产出物符合客户标准。

1. 项目的质量规划

质量规划就是识别哪些质量标准适用于本项目，并确定如何满足这些标准的要求。质量规划是质量管理的一部分，致力于制定质量目标并规定必要的运行过程和相关资源以实现质量目标。项目质量规划阶段起始于项目的承诺和实施工作的授权，终止于项目质量实施的正式开始。

1) 质量规划的依据与成果

信息系统项目的质量规划的依据即项目质量计划的前提条件，包括项目质量方针、范围描述和产品描述等。

质量方针是项目组规定的项目质量管理的大致方针，是项目组织如何实现项目质量的正确描述和表达，是一个项目组织对待项目目标的指导思想和方针。其中包括信息系统项目需求调研的方针、系统设计的质量方针、系统实施的质量方针和系统测试的质量方针。范围描述说明了投资者的需求以及信息系统项目所要实现的功能和目标。产品描述的内容可能在范围描述中有所涉及，但是产品描述通常包含更加详尽的技术和要求。

质量规划的成果包括质量管理计划、质量测量指标、质量核对表、过程改进计划和质量基准等。质量管理计划说明了项目管理团队如何实施组织的计划方针，是整个项目规划、项目保证和项目控制的基础。质量测量指标是指对项目进行定义，具体描述项目的质量标准是什么，以及如何对质量控制过程进行度量。质量核对表是一种结构性的工具，用以核对项目所要求的各个步骤是否已经完成，记录了项目的执行情况。过程改进计划详细地说明了过程分析的具体步骤，指出了项目需要改进的详细情况。质量基准记录了项目的质量目标，用于衡量项目的质量绩效。

2) 质量规划的工具与技术

(1) 成本效益分析。成本效益分析法也称经济质量法，是指在制订项目质量管理计划时应该充分考虑完成项目的经济性和质量性。质量成本是为了提高项目质量而支出的一切费用，以及因未得到既定质量水平而造成的一切损失之和。项目质量是与其成本密切相关的，它们既相互统一，又相互矛盾。所以，在确定项目质量时必须将项目成本和项目质量紧密结合来进行分析。成本效益分析法的实质就是合理地安排项目的质量成本，使项目的总成本最低，质量收益相对较高。

(2) 基准对照法。基准对照法也称质量标杆法，是指通过将项目的实际做法或者计划做法与其他同类项目的做法进行对照，产生改进的方法，或者提供一套度量绩效的标准。基准对照法就是以同类优秀项目为标准或者参照，对其进行分析和比较、跟踪学习，不断改进本项目质量，力求超过同类优秀项目，主要环节包括收集信息、分析信息和资料、找出差距、制定对策。

(3) 流程图法。流程图是由若干箭、线联系的若干因素关系图。流程图在质量管理中的应用主要包括两方面，即系统流程图(或者处理流程图)和原因结果图。

系统流程图(或者处理流程图)是用来说明项目系统中各要素之间的相互关系，如图14-6所示。原因结果图主要用于分析和说明各种因素及原因如何导致或产生各种潜在的问题或后果。

图 14-6　系统处理流程

2. 项目的质量保证

质量保证是指在执行项目质量计划过程中，经常性地对整个项目计划的执行情况所进行的评估、核查和改进等工作，这是一项确保项目质量计划能够得以执行和完成的工作，是使项目质量能够最终满足项目质量要求的系统性工作。为了保证信息系统项目的质量，除了要对信息系统的开发计划、标准、过程、系统需求、系统设计、数据库及测试信息等进行评审，还要对系统产品的评审过程、项目的计划和跟踪过程、系统需求分析过程、系统设计过程、系统实现和单元测试过程、集成和系统测试过程、项目交付过程、子承包商的控制过程、配置管理过程等进行评审。

1) 质量保证的依据与成果

项目质量保证的依据是项目管理计划和项目质量控制衡量。项目质量管理计划是将与项目有关的质量标准标识出来，提出应该如何达到这些标准的要求，它是关于项目质量工作的全面计划与安排，同时是有关项目质量保证工作的目标、任务和要求的说明文件。质量控制衡量是分析质量控制活动的结果，并重新评估组织的质量标准和过程。

质量保证过程所产生的成果包括质量改进活动、推荐的纠正措施和更新的项目管理计划等。质量改进是在项目组织内部所采取的，旨在提高项目活动的效果和效率的各种措施。推荐的纠正措施是在质量保证过程后根据实际情况与标准的比较将质量不符合的过程采取措施使之进行纠正，从而使项目具有更加清晰的质量要求和更科学可靠的质量标准。

2) 质量保证的工具与技术

质量保证过程用到的工具与技术主要是质量审核和质量改进。质量审核是指进行系统的独立审查，确定项目活动是否符合组织和项目的政策、过程和程序依据。质量审核是为了确定质量活动及其相关结果是否符合质量规划安排以及这些质量规划安排是否被有效实施，并且是否适合于达到项目目标。质量审核分为第一方审核(内部审核)、第二方审计(外部审核)和第三方审计(外部审核)。其中第一方审核是由组织自身或以组织的名义进行，用于管理评审或其他的内部目的，可作为组织自我合格声明的基础。第二方审计是由项目的相关方(顾客)或其他人员以相关方的名义进行。第三方审计是由外部独立的审核机构进行。质量改进是在整个组织内采取的旨在提高活动和过程的效率和效益的各种措施。质量改进的目标是提高本组织收益，向顾客提供更多收益，提高活动和过程的效率和效益。质量改进需要全组织参与，通过改进过程和采取预防、纠正措施来完成。

3. 项目的质量控制

质量控制的目标是确保项目质量能满足用户的要求，从而对项目过程进行监控。其主要过程是：首先，通过度量来获得项目质量的真实状态；其次，将项目质量实际值与质量标准进行比较；最后，对项目的质量问题进行分析并且及时采取措施来纠正质量偏差。质量控制包括对产品质量本身的控制，以及为实现质量而进行的工作过程控制。

质量控制和质量保证的某些活动是相互关联的。两者的最大区别在于：项目质量保证是从项目质量管理的组织、程序、方法和资源方面对项目质量所做的保证工作，而项目质量控制是直接对项目的质量进行把关。项目质量保证是一种预防性、提高性和保障性的质量管理活动，而项目质量控制是一种过程性、纠偏性和把关性的质量管理工作。

1) 质量控制的依据与成果

项目质量控制的主要依据是项目质量控制计划、项目质量工作说明、项目质量控制标准与要求和项目质量的实际结果。质量控制标准是根据项目质量计划和项目质量工作说明所制定的具体项目质量控制的标准，根据项目质量计划和目标提出项目质量的最终要求，制定控制依据。项目质量的实际结果主要包括项目实施中间过程中的结果、项目产出物的最后总结果，以及项目工作本身的质量结果。通过项目质量的实际结果与项目的质量要求与控制标准进行对照，从而发现质量问题，并采取相应的措施进行项目质量纠正，从而使项目质量得到控制。

项目质量控制的成果是项目质量保证和项目质量控制的综合成果，也是项目质量管理工作的综合成果。它主要包括推荐的缺陷补救、确认的可交付成果、返工、核检结束清单和请求的变更。推荐的缺陷补救是指当项目质量出现偏差时根据项目质量标准对项目质量及时进行更正，目的在于确保产品缺陷及时补救，使之与要求或规范相符。确认的可交付成果是指项目质量控制人员根据项目总体质量标准对完成的整个项目工作结果进行检验后，最终所确定的项目工作。一旦做出了项目接受质量的决定，就表示一项工作已经完成；如果做出不接受项目质量的决定，则需要返工。返工是指在项目质量控制中发现某项工作存在质量问题时，通过采取行动，修改有缺陷的或者不符合要求的内容，使之符合项目质量要求。在项目质量管理中，返工是最严重的质量问题，是一种质量失控的控制结果，重大返工会使项目成本超出预算，甚至无法在批准的项目工期内完成。核检结束清单是项目控制工作的一种结果。当使用核检结束清单进行项目质量控制时，已完成的核检结束清单是项目质量控制的一部分，可以为下一个项目的质量控制做出必要的调整与改进。请求的变更是项目控制的一种整体性的结果，它是根据项目控制中出现的问题或根据项目各方提出的项目质量变更请求对整个项目的过程或活动采取的变更请求。

2) 质量控制的工具与技术

信息系统项目质量控制主要采用两种方法：评审和测试。

评审是对信息系统的中间产品，如信息系统规格说明、信息系统设计说明和信息系统测试说明进行错误和规范性检查，涵盖了信息系统的设计和开发过程。评审的相关人员依据合同、技术协议书、需求规格说明书、设计任务书以及有关标准、规范和质量保证文件对信息系统设计和开发的过程进行评审。

测试分为静态测试和动态测试两种方式。静态测试是对被测试信息系统进行系统分析的方法总称，主要是针对需求说明、设计文档等进行人工检查和静态分析，以保证信息系统质量。动态分析是指利用计算机检测被测试系统的运行情况，判定测试结果是否符合要求，从而保证信息系统的正确性、可靠性和有效性。信息系统一般按照单元测试、组装测试、确认测试和系统测试 4 个步骤进行。依据详细的设计，对每个单元模块进行测试并确定无误；将单元测试的程序组装到信息系统的过程中，对程序模块间的接口和通信方面的正确性进行检查；验证信息系统的功能和性能是否与用户的需求相一致；将确认测试的信息系统作为一个元素，在实际运行环境中，与某些支持信息系统、数据和人员等元素结合起来进行系统的整体测试。

4. 软件能力成熟度模型

软件能力成熟度模型(capacity maturity model，CMM)是一个行业标准模型，是软件开发组织或某开发项目有效地定义、执行、管理、测量和控制其各种软件过程的综合能力高低的一种度量尺度。

建立软件能力成熟度模型的目的在于为软件开发组织或开发项目设计一条能不断改进其软件过程的路径，形成一个使软件成熟度逐步优化的模型。软件能力成熟度模型把软件过程从无序到有序的进化过程分成 5 个等级，即初始级、可重复级、已定义级、定量管理级和优化级，如图 14-7 所示。其中，每一个等级的过程能力将作为达到下一个更高等级的基础，成熟度不断升级的过程也就是其过程能力逐步积累的过程。每个成熟度等级所包含的关键过程指出了各个成熟度等级首先应该关注的各个关键过程，即处于该等级上的软件开发组织应该解决的主要矛盾。对这些关键过程的良好定义、实施、管理并不断地改进将使一个软件开发组织逐步提高其软件过程能力。

(1) 初始级。初始级的软件开发组织一般不能提供开发和维护软件的稳定环境，软件开发过程依赖于个人能力而非组织能力，软件开发过程是不可预测的。

(2) 可重复级。软件开发组织已建立管理软件项目的方针和实施方针的规则。在此过程中，软件项目的管理过程制度化，使得可管理的过程是一个可重复的过程。项目过程处于组织的有效控制之下，可重复的过程逐渐进化和成熟。

(3) 已定义级。组织的开发和维护的标准过程均已文档化，包括软件工程过程和软件管理过程，而且这些过程被集成为一个有机整体，成为组织的标准软件过程。无论是软件工程活动还是管理活动，过程都是稳定且可重复的。

(4) 定量管理级。在定量管理级，组织对软件产品和过程都设置了定量的质量目标。对所有项目都测量其重要软件过程活动的生产率和质量。该组织的过程能力使软件开发组织能在定量限制范围内预测过程和产品质量方面的趋势。

(5) 优化级。整个组织集中精力对过程进行不断优化，所有软件项目组通过分析缺陷，确定其原因，并且评价软件过程，以防止一致类型的缺陷再次发生。优化级的目标是使软件开发过程达到一个可持续改进的境界。

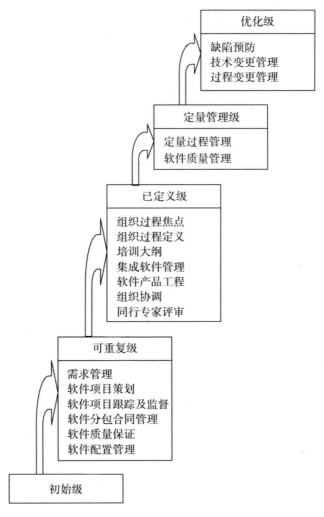

图 14-7　CMM 阶梯图

课堂讨论专题

　　理解信息系统项目的成本、风险、时间和质量管理的过程，讨论严谨的做事态度和科学精神对项目成功的重要性。

案例分析

项目管理中的放弃艺术

　　某公司的总经理近来正在学习项目管理的课程，通过学习他知道了如何确保项目成功的策略和方法，但他来学习的真正目的是：想知道什么时候，由谁来决定放弃一个不成功的项目才不至于损失更大？

　　近两年，公司一直在开发一套客户关系管理软件，最初做软件是由一家电器零售行业客户的需求驱动的，后来公司又争取到国家创新基金的支持，就决定以电器零售业为原型投入研发力量做客户关系管理产品。可原计划用 9 个月时间发布的产品，却耗时一年多仅将第一版交给原型客户试用。试用期间产品不稳定，客户经常抱怨。研发部门加班加点搞攻坚战解决问题，结果是这个问题解决了新的问题又出现了，产品还是不稳定，客户的抱怨依旧。如此反复，项目陷入怪圈。不仅如此，公司市场部门很早就为该软件做了强大的市场宣传，当时的客户关系管理概念在国内刚刚兴起，赶时髦的企业不少，销售部在产品还不能演示的情况下就卖了好几套。于是，几个客户同时上线系统，研发部全体成员穿梭于几个项目之间来回救火，根本顾不上产品的继续升级，公司陷入骑虎难下的尴尬局面。当总经理想到要停止该项目的时候，财务部出了一份报告，该项目已经先后投入 500 万元，还有三四个不能验收的合同。

了解到公司的问题后，培训老师提出了一些意见，即出现以下几种情况时，项目必须及时放弃，即所谓的硬风险。

(1) 需求发生重大变化。一般项目在启动的时候都要进行机会选择、可行性分析、盈亏平衡分析和敏感性分析，当市场环境发生变化时，如市场增长缓慢、需求下降、外部竞争者进入等，就算项目能够完好交付，但前期的投入和需要继续的投入已经很难收回，项目就应该果断放弃。

(2) 合作方出现重大问题。大型项目往往是跨组织协作完成的，所以项目管理也涉及多组织的项目管理。成功的项目应该能够让所有项目干系人满意，但现实的项目却不尽然。例如，项目的主要供货商出现问题，导致项目质量、进度难以保障或资金严重超出预算等。所以，项目经理要时刻警惕上下游合作方的变化，及时识别风险，论证项目是否能够继续，必要时要决然放弃项目。

(3) 核心技术问题难以解决或技术落后。如上述 CRM 项目，研发人员解决不了技术问题或项目中途发现技术路线错误，这种情况下硬撑下去大多不会有好的结果。还有部分高新技术项目，技术发展非常快，如果项目周期长一些的话，就可能出现项目所采用的技术已经落后，无法再继续下去的情况。

(4) 后续资金缺乏。因后续资金的缺乏导致的烂尾工程不胜枚举，这类项目如果放弃便意味着前期的投资血本无归，继续则实在力不从心。因此，这类项目的投资者往往会把口袋里的最后一分钱投入进去，才迫不得已放弃，造成更大的损失。

(5) 企业战略调整。市场因素决定企业的战略，企业战略决定企业资源的配置，因为资源配置的策略的改变而放弃一些项目也是经常发生的事情。一些企业的信息管理系统，在建成以后适逢领导班子的调整或企业流程重组便不合时宜了。适应企业管理变革的需要是 IT 项目的一个特点，不少企业的 ERP 项目因管理策略变革产生重新实施的需求，这也是近年来出现的软件服务比软件产品更有市场的深层次原因。

虽然多数项目经理具有较强的风险意识，但真正风险达到了该放弃的时候，他们却缺乏放弃的勇气和魄力，因为惋惜前期的投入，所以不肯罢休，最终导致投资者更大的损失。所以，保持敏锐的嗅觉，学会尽早放弃一个即将失败的项目，是项目经理不可或缺的一项修炼。在项目管理中，及时放弃一个即将失败的项目，比顺利建设一个项目更为重要。即将失败的项目每多延续一天就意味着多一分投资化为乌有，项目的投资者必须学会放弃。

(资料来源：郭宁. IT 项目管理[M]. 北京：清华大学出版社，北京交通大学出版社，2009. 作者有删改)

思考题：
1. 案例中的客户关系管理系统出了什么问题？
2. 你认为这个项目是否应该放弃？理由是什么？
3. 在项目实施的过程中如何防止本案例中的问题出现？

本章习题

1. 什么是项目？项目的特点有哪些？
2. 什么是项目管理？
3. 信息系统项目的特点有哪些？
4. 信息系统项目成本管理包括哪些活动？
5. 信息系统项目成本估算的方法有哪些？
6. 信息系统项目风险管理包括哪些活动？
7. 信息系统项目风险识别的方法有哪些？
8. 信息系统项目风险分析的方法有哪些？
9. 信息系统项目风险应对的策略有哪些？
10. 信息系统项目时间管理包括哪些活动？
11. 时间管理中制定进度表有哪些方法？
12. 信息系统项目质量管理包括哪些活动？
13. 简述软件能力成熟度模型的五个等级。

参考文献

[1] [美]肯尼斯·C.劳顿，简·P.劳顿. 管理信息系统[M]. 15版. 黄丽华，等，译. 北京：机械工业出版社，2018.
[2] 刘仲英. 管理信息系统[M]. 3版. 北京：高等教育出版社，2016.
[3] 陈国青，郭迅华，马宝君. 管理信息系统[M]. 3版. 北京：高等教育出版社，2019.
[4] 薛华成. 管理信息系统[M]. 6版. 北京：清华大学出版社，2012.
[5] 黄梯云，李一军. 管理信息系统[M]. 6版. 北京：高等教育出版社，2016.
[6] 刘伟. 管理信息系统[M]. 大连：东北财经大学出版社，2020.
[7] 滕佳东. 管理信息系统[M]. 6版. 大连：东北财经大学出版社，2018.
[8] [美]斯蒂芬·哈格，梅芙·卡明斯. 信息时代的管理信息系统[M]. 8版. 严建援，等，译. 北京：机械工业出版社，2011.
[9] 毛基业，郭迅华，朱岩. 管理信息系统——基础、应用与方法[M]. 北京：清华大学出版社，2011.
[10] 吴柏林. 管理信息系统[M]. 北京：清华大学出版社，北京交通大学出版社，2011.
[11] 韩雅鸣. 管理信息系统[M]. 北京：清华大学出版社，2011.
[12] [加]Jiawei Han，Micheline Kamber. 数据挖掘概念与技术[M]. 范明，等，译. 北京：机械工业出版社，2012.
[13] 郑称德，陈曦. 企业资源计划(ERP)[M]. 北京：清华大学出版社，2010.
[14] 陆安生. ERP原理与应用[M]. 北京：清华大学出版社，2010.
[15] 刘永胜，杜志平，白晓娟. 供应链管理[M]. 北京：北京大学版社，2012.
[16] 李志刚. 客户关系管理理论与应用[M]. 2版. 北京：机械工业版社，2012.
[17] 杨路明. 客户关系管理理论与实务[M]. 2版. 北京：电子工业版社，2010.
[18] [美]侯赛因·比德格里. 管理信息系统[M]. 6版. 张利强，译. 北京：机械工业出版社，2020.
[19] 芮廷先. 电子商务教程[M]. 上海：上海财经大学出版社，2014.
[20] 田芯，黄玉蓓. 电子商务概论[M]. 北京：化学工业出版社，2014.
[21] 蒲忠. 电子商务概论[M]. 北京：清华大学出版社，2013.
[22] [日]城田真琴. 大数据的冲击[M]. 周自恒，译. 北京：人民邮电出版社，2013.
[23] [美]查克·拉姆. Hadoop实战[M]. 韩冀中，译. 北京：人民邮电出版社，2011.
[24] [美]Kai Hwang，Geoffrey C. Fox，Jack J. Dongarra. 云计算与分布式系统：从并行处理到物联网[M]. 武永卫，等，译. 北京：机械工业出版社，2013.
[25] 刘云浩. 物联网导论[M]. 2版. 北京：科学出版社，2013.
[26] [英]维克托·迈尔-舍恩伯格，肯尼思·库克耶. 大数据时代[M]. 盛杨燕，等，译. 杭州：浙江人民出版社，2013.
[27] 涂子沛. 数据之巅：大数据革命，历史、现实与未来[M]. 北京：中信出版社，2014.